我看见成群的人，在绕着圈子走。

……

无实体的城，

在冬日破晓的黄雾下，

一群人流过伦敦街，

人是那么多。

——T. S. 艾略特《荒原》

Stock Market
The Waste Land

股市荒原

朱伟一 著

中国政法大学出版社

2018·北京

图书在版编目（ＣＩＰ）数据

股市荒原/朱伟一著. —北京：中国政法大学出版社，2017.11
ISBN 978-7-5620-7903-3

Ⅰ.①股…　Ⅱ.①朱…　Ⅲ.①证券市场—美国—文集　Ⅳ.①F837.125-53

中国版本图书馆CIP数据核字(2017)第283338号

出　版　者	中国政法大学出版社
地　　　址	北京市海淀区西土城路25号
邮寄地址	北京100088信箱8034分箱　邮编100088
网　　　址	http://www.cuplpress.com (网络实名：中国政法大学出版社)
电　　　话	010-58908437(编辑室) 58908334(邮购部)
承　　　印	北京华联印刷有限公司
开　　　本	720mm×960mm　1/16
印　　　张	27.25
字　　　数	380千字
版　　　次	2018年2月第1版
印　　　次	2018年2月第1次印刷
定　　　价	79.00元

序

　　法律语言应当是精准的，但再精准也难道出真相。我们做同一件事，不同的人动机不同，即便同一人做同一件事，也有不同的动机，甚至是相互矛盾的动机。但出于逻辑的需要，法律分析通常只论一个动机。可是若干动机并存时，只论一个动机，就难以令人信服。结果，律师和法官循环解释，诉状或判决书动辄洋洋数万言，数十万言也并不少见。但经常是越说越混乱，以一个谎言掩盖另一个谎言。文学语言不同，可以风光独占，一言以蔽之。

　　法律语言是锐器，直奔主题，切中要害。但法律语言同时也是钝器，表述定义横平竖直，逻辑推定横平竖直，不仅难以曲尽其幽，而且难免打击一大片。文学语言也是锐器，摧枯拉朽，乱云急雨，倒立江湖，但也可以是彩笔飞来云一朵：花在杯中，月在杯中。法律语言是攻防锐器，意在稳、准、狠地打击对方，而文学语言是青磷萤火，映照人的悲剧和荒诞之处。T. S. 艾略特（Eliot）的长诗《荒原》（The Waste Land）中有这样的描述："我看见成群的人，在绕着圈子走……无实体的城，在冬日破晓的黄雾下，一群人流过伦敦街，人是那么多。"

是的，"在绕着圈子走"，"人是那么多"——股市再"成熟"，也是荒原，是荒诞的悲剧，贪婪和恐慌始终是股市的两大原动力——或是说一大原动力，恐慌因贪婪而起。

朱伟一

2018 年 1 月 8 日

引　言

我相信，撰写证券法的判决书或法律专著，是件高尚和纯粹的工作。但法官和学者故作平和公正，观点隐藏得很深，让人不得要领。比如，在戈尔茨坦诉证交会案［Goldstein v. SEC，451 F. 2d 873（D. C. Cir. 2006）］判决意见中，美国法官指出，长期资本管理基金破产，会影响到美国的许多主要金融机构，但却没有提到，华尔街投资银行的许多高管在该基金中有投资。

美国证券市场牢牢掌握在金融寡头和工商巨子手中，普通投资者没有发言权，法官和学者也没有发言权，专业人士忙于埋头拉车，根本无暇抬头看路。学者整理和注释浩如烟海的法律法规，穷经皓首，为了一些残汤剩羹而耗尽自己的生命。俄罗斯诗人莱蒙托夫是这样悲叹的："我们为无用的学问把心智耗尽，还嫉妒地瞒着自己的亲朋，不肯讲出心底的美好希望和遭受怀疑嘲笑的高尚激情。"

法律的真正目的并不在于查明真相，也不在于公开、公平、公正。法律的真正目的是创建和维持秩序。就证券市场而言，法官、律师和学者的工作主要是为了维持现状，自觉或不自觉地为豪强服务，因为现状就是豪强称雄。美国法官偶尔对证券市场有所非议，但表述时小心翼翼，少许真话要放在一大堆假话和废话中说，生怕得罪华尔街豪强。"未敢高声语，恐惊天上人。"——法官撰写判决书有这个顾虑，学者写论文也有这个顾虑。当然，这也无可厚非。在金融豪强面前，我们身不由己，言不由衷，委曲求全。在资本纵横的今天，我们就更加卑微，法官也更加卑微。

但法律分析应当从提问开始，从否定开始，律师的法律分析首先就是从提问开始，只不过出于为客户保密的需要，相关分析并不公开。律师的工作就是为客户排难解忧。如果不存在问题，如何向客户收费？如果客户自己没有发现问题，律师还应当为其发现问题。证券市场和证券法的分析也应当如此。但本书的目的并不是要批评或批判美国证券市场。本书是《证券法》一书的配套阅读。《证券法》是学术性的法律专著，不便深谈金融背景，不便触类旁通，不便灵魂深处闹革命，但随笔可以短兵相接，一击得手，一矢中的。学术讨论主要是对比分析不同的法律条款，而随笔则是对比法律与现实生活。可以说，随笔更能拉近法律，更能拉近证券市场。2008 年金融危机后，我陆续撰写和发表了各类话题的金融和法律随笔，本书汇编时按内容分类，由微观到宏观，体现证券法相关内容的系统性。单篇文章可以攻其一点，不及其余，有偷放冷箭的快乐，但很多文章汇集成册，就是正面对垒，四面出击，需要瞻前顾后，努力保持逻辑上的一致。

我以为，阅读判决书和法律论文需要正襟危坐，聚精会神，还需要用彩笔勾勾点点。但我同样以为，越是复杂的问题，越是沉重的话题，讨论就越是应当简单明快。本书夹叙夹议，便于乘机、候车时闲看。

目录
CONTENTS

一、什么是证券？

证券定义是证券法的首要问题。游戏股市、游戏法律、游戏投资者从这里开始。

二、投资银行业务：发行和并购

证券公司别名投资银行（investment bank）。投资银行业务则特指证券发行和并购业务。

三、资产管理

　　资产管理形式多样，是华尔街银行获利的主要来源。证券投资基金是资产管理的主要形式，由证券公司所属的资产管理公司以及另立门户的资产管理公司管理。

四、交易

　　交易是欧美证券公司和银行收入的重要来源。交易中的股票回购和自营业务与内幕交易和市场操纵结伴而行。

十五、央行妾身不明

作为美国的央行，美联储有监管华尔街银行的职责。金融危机之后，美联储又忙于量化宽松（稀释美元的委婉语），为华尔街输血打气。

十六、资本市场是一种文化

从全球范围看，证券市场最发达的两个国家是美国和中国，也可以说是中国和美国，或者是排名不分先后。从历史上看，犹太人和华人的财产易主最为频繁，但这两个民族对金钱和财富的追求最为执着。或许，是历史使然，是文化使然。

十七、为美国资本市场卸妆

"常恨世人新意少，爱说南朝狂客容。把破帽年年拈出。"

一、什么是证券？

证券定义是证券法的首要问题。游戏股市、游戏法律、游戏投资者从这里开始。

1. 理财产品应当被界定为证券

近年来，由商业银行发行或销售的理财产品大行其道。但若是遇到违约问题，销售理财产品的商业银行就百般推诿，一口咬定自己是第三方，只是代人销售产品，无需承担任何法律责任。果真如此吗？

答案取决于理财产品是否被界定为证券。如果被界定为证券，那么发行理财产品的金融机构就可以被界定为发行人，而销售理财产品的商业银行就可以被定性为承销商，而不是什么第三方，就必须向投资者承担赔偿责任。不仅如此，如果理财产品被界定为证券产品，理当由证券公司来销售，至少是公开发行的证券不应当由商业银行发行。

即便商业银行无需为其所销售的证券承担责任，也不应当由商业银行向公众销售证券。潜意识中，普通投资者通常都以为商业银行是遵纪守法和讲信用的金融机构；有些普通投资者甚至会以为，商业银行所售理财产品已经有了商业银行的默示背书，而商业银行又有政府做后盾，所以理财产品就不会有问题，有问题政府也会援手。由商业银行销售理财产品，势必产生误导作用：挂羊头，卖狗肉。

理财产品是一个宽泛的名词，包括信托产品和许多其他类型的理财产品。既然如此，商业银行销售信托产品，也是在销售证券，也可以被定性为信托产品的发行人，必须向投资者承担赔偿责任。

那么理财产品是不是证券呢？按照中国《证券法》，国务院可以决定理财产品是否属于证券，或是哪些信托产品属于证券。《证券法》是这样规定的：证券包括"股票、公司债券"和"国务院依法认定的其他证券"。是的，《证券法》授权国务院依法认定其他证券，但国务院以及其下属机构都没有界定股票和公司债券之外的证券。相反，中国银监会推出了一个"非标准化债权资产"名词。

2013 年 3 月 25 日，银监会发布《关于规范商业银行理财业务投资运作有关问题的通知》（银监发［2013］8 号），将"非标准化债权资产"（简称"非标资产"）界定为："未在银行间市场及证券交易所市场交易的债权性资产，包括但不限于信贷资产、信托贷款、委托债权、承兑汇票、信用证、应收账款、各类受（收）益权、带回购条款的股权性融资等。"该定义十分宽泛，在中国遍地开花的理财产品和信托产品也包括在内。是的，银监会没有表明理财产品是证券，但银监会也从未表明理财产品不是证券产品。不说真话与公开说谎话之间还是有区别的。

2005 年中国人民银行和银监会联合颁布了《信贷资产证券化试点管理办法》（人民银行、银监会公告［2015］第 7 号）。根据该办法，信贷资产证券化指"在中国境内，银行业金融机构作为发起机构，将信贷资产信托给受托机构，由受托机构以资产支持证券的形式向投资机构发行受益证券，以该财产所产生的现金支付资产支持证券收益的结构性融资活动"。按照上述定义的逻辑，信托产品和理财产品也应当被界定为证券。发行理财产品，实际上就是资产证券化。

美国也有人发行类似中国理财产品的金融产品，其目的也是蒙混过关，违法发行证券。按照美国最高法院的判例，"投资者将钱投资于一个共同业务，并且仅仅依赖他人努力即可获取利润"，所涉及的就是投资合同，而投资合同又属于证券。美国最高法院1946年在证券交易委员会（简称"证交会"）诉豪伊公司案〔SEC v. W. J. Howey Co., 328U. S. 293（1946）〕判决中制定该规则，2004年又在证交会诉爱德华兹案〔SEC v. Edwards，540 U. S. 389（2004）〕中重申该规则。

吾人经常抱怨法律滞后，所以金融骗术屡禁不止。但事实并非如此：法律并不滞后，而是监管者和法官们不愿适用法律，故意顾左右而言他。请不要再自欺欺人。为大局计，为国家计，理财产品应当被界定为证券。切不要让银行继续肆意妄为。

2. 信托产品应当被界定为证券

"据说'女朋友'就是'情人'的学名，说起来庄严些，正像玫瑰花在生物学上叫'蔷薇科木本复叶植物'，或者休妻的法律术语是'协议离婚'。"《围城》中的这段话也适用于信托产品。信托产品号称中国金融创新，但却酷似美国的投资合同。

美国法院认定，投资合同有四大特点：投资者将自己的钱（1）投资于（2）一个共同业务，（3）期待获利，并且（4）完全借助他人努力。再看我国的"信托公司集合资金信托计划"——我们的信托产品之一。银监会规定，所谓信托公司集合资金信托计划，就是由（1）两个以上的受益人将资金委托给信托公司，（2）由其集中管理，（3）以获得利润，（4）而获利方式是借助信托公司的管理。而按照美国证券法，投资合同是一种证券。

中美两国远隔千山万水，投资合同与信托公司集合资金信托计划却如此相像，正因为资本市场是相通的，人性是相通的。投资合同现象还可以用一本书的书名来概括：《别人的钱——银行家如何用》（*Other People's Money—And How the Bankers Use It*）。"别人的钱，银行家如何用"——这是诛心之论，揭示了资本市场的本质。银行家们借投资合同用别人的钱投资冒险，而风险则由投资人承担，所以银行家必须披露相关情况。此书是美国最高法院大法官布兰代斯的扛鼎之作，奠定了美国证券法的理论基础。

证券法的核心就是披露，而银行家和金融机构则是要想方设法地不披露或少披露。因此，信托公司发行理财产品时，便闪身银监会之后，不愿接受证监会的监管，不愿承认其发行的信托产品为证券。银监会欣然从命。

监管机构有双重性，既是行业的婆婆，又是行业的老娘舅，而且经常是老娘舅的一面多于恶婆婆的一面。最近，银监会又给信托产品冠以"非标准化债权资产"之名，将其牢牢固化在自己的管辖范围之内。这就割裂了资本市场的监管：债务变为证券后游离表外，但银监会坚持称其为非标准化债权，不容证监会监管。这就不利于遏制影子银行的野蛮增长，不利于投资者主张权利。

按照《现代汉语词典》的解释，妾指"旧时男子在妻子以外娶的女子"。"妾"在中国又有其他各种称谓，常用的有：小老婆、偏房、二房、外室、外二奶、姨太太、如夫人，还有贵妃。但妾就是妾。沉鱼落雁是妾，荣华富贵是妾，三千宠爱在一身，也还是妾。同样，证券就是证券，指鹿为马也只能是掩耳盗铃。在信托产品的问题上，切不可再自欺欺人！在影子银行的问题上，切不可再自欺欺人！在资本市场的问题上，切不可再自欺欺人！

3. 寻找中本聪： 对待代币发行的两种做法

创新，多少欺诈假汝之名而行。近几年来，代币发行大行其道，是所谓的创新热点之一，各种违法行为随之而来。代币发行或"首次代币发行"（Initial Coin Offering 或 ICO）是指向投资者出售数字代币，筹集比特币

（Bitcoin）或以太币（Ethereum）等虚拟货币。[1]发行人筹集密码货币，而投资人则获得代币，用代币购买发行人未来出售的产品或服务，也可以转手出售代币。[2]严格说，代币发行包括首次代币发行和之后的代币发行。但首次代币发行之后，很少有能够再进行代币发行的。因此，"代币发行"和"首次代币发行"可以作为同义词混用。

一、美国规则：代币发行是证券

比特币的定性非常重要。只有对比特币定性之后，才能决定是否需要适用任何法律，是否需要加以监管以及如何进行监管。在2013年的证交会诉谢弗斯案〔U. S. v. Shavers，2013 WL 4028182（E. D. Tex. Aug 620131）〕（简称"谢弗斯案"）中，德克萨斯州东区美国联邦地区法院适用证交会诉豪伊案规则后认定，代币发行是投资合同。《1933年证券法》和《1934年证券交易法》所界定的证券包括投资合同，所以比特币是证券，公开发行需要在证交会注册。证券非公开发行可以得到注册豁免，但需要符合一定的条件。因此，如果事先没有在证交会注册，就为筹集比特币而进行公开代币发行，便构成违法发行证券。该案一审判决之后，被告并没有提出上诉，美国联邦地区法院一锤定音。可见，将代币发行定性为证券发行几乎已无争议。

美国关于证券法的法院判例规则很多，但多数判例规则不能有理、有节地断案和说理。比如，美国联邦法院以维护州权力为理由，推翻了证交会关于同股同权的要求。[3]豪伊规则是一个难得的例外，是辨别金融凭证是否为证券的试金石。各类主体发行证券可以巧立名目，掩盖证券的真实面目，但适用豪伊规则，就可以使其原形毕露。依照豪伊规则，只要(1)多位投资者以钱投资于（2）共同业务，并且（3）依靠他人努力，（4）期待获得利润，交易就构成投资合同（investment contract）。

谢弗斯案中，法院认定，代币发行符合豪伊规则的四个要件：第一，投资者以比特币投资于比特币储蓄信托（BTCST），等同于用钱投资。从形式上看，比特币是软件密码，又具有货币或黄金等商品的某些特性。美国国内税务署（Internal Revenue Service）则将比特币界定为财产（property）。谢弗斯案中，法院认定，比特币是"电子货币"（electronic currency），通过 P2P 平台进行交易。比特币可以用来兑换真实货币、货物和服务，但没有中央银行支持。证交会还表示，比特币并不是美国的法定货币（legal tender）。比特币的支持者主张，既然比特币非此非彼，就没有必要适用任何法律。第二，"投资者依赖谢弗斯的比特币市场的专业技能，也依赖谢弗斯在当地的关系……"所以"存在共同业务"。第三，"谢弗斯最初承诺，日利率为 1%，而且在相关阶段的某个时点，利率是 3.9%。显然，参与BTCST 的任何投资者都期待通过谢弗斯的努力获得利润。"所以该案的代币发行是依赖他人努力获得利润。

2014 年 9 月 22 日，法院就谢弗斯案的实体问题做出判决，认定被告的行为违反美国《1933 年证券法》和《1934 年证券交易法》，判被告吐出非法所得 4000 万美元，每位被告各另交 15 万美元的罚款。[4]

英美法判例具有灵活性，体现了英美法官机动灵活的战略战术，以适应各种新情况、新问题，豪伊规则便是一例。但也并不尽然。豪伊规则的第一个要件是，多位投资者以钱投资。谢弗斯案判决意见中，为了满足豪伊规则的第一个要件，法官将比特币定性为"电子货币"。比特币的使用者和支持者对此当然是拍手叫好。但比特币并没有央行的支持，也没有任何政府的支持，与法定货币之间有很大区别。所以，即便是在谢弗斯案之后，证交会也只认定比特币作为钱使用，但是虚拟货币。[5]

二、我国的规则：禁止代币发行

与美国不同的是，我国完全禁止比特币及其相关发行。[6]2017 年 9 月，人民银行、中央网信办、工信部、工商总局、银监会、证监会和保监会联合发布《关于防范代币发行融资风险的公告》（下称《公告》），禁止了所有代币或"虚拟货币"及其交易。[7]《公告》完全否定了代币或虚拟货币的货币属性。《公告》第1条第2款明确规定："代币发行融资中使用的代币或'虚拟货币'不由货币当局发行，不具有法偿性与强制性等货币属性，不具有与货币等同的法律地位，不能也不应作为货币在市场上流通使用。"

一个时期内，我国也有平台从事代币发行业务。按照《公告》的界定，"代币发行融资是指融资主体通过代币的违规发售、流通，向投资者筹集比特币、以太币等所谓'虚拟货币'"（第1条第1款）。《公告》将代币发行定性为"非法公开融资的行为"，具体行为有可能构成"非法发售代币票券、非法发行证券以及非法集资、金融诈骗、传销等违法犯罪活动"（第1条第1款）。除前述犯罪行为之外，域外的经验显示，比特比还有两大公害：一是可以为毒品交易或其他犯罪活动提供资金；二是比特币用电惊人。

三、比特币的"邪恶"性

比特币2008年左右在网上出现，进入2017年后发展迅猛，年初时一个比特币大约价值1000美元，12月已经卖到14 000美元。[8]但也有乐极生悲的。据报道，某君遗失其便携式计算机，结果损失了数百亿美元的比特币。比特币的存在形式是软件密码，可以将密码记在纸上或用U盘拷贝。如果没有备份，遗失密码之后，比特币就无法失而复得。到2017年，已有400万个比特币因为遗失或其他原因灭失。[9]此外，更有人主张完全铲除比特币。

约瑟夫·施蒂格利茨（Joseph Stiglitz）是哥伦比亚大学经济学教授，诺贝尔经济学奖得主，担任过世界银行副总裁和首席经济学家。施蒂格利茨全盘否定比特币，坚决主张铲除比特币。他的逻辑是，已经存在美元、欧元等成熟货币，另外再创造货币，舍近求远，舍宜求难，必有其不可告人的目的。施蒂格利茨教授进一步指出，使用比特币是出于洗钱、偷税漏税或逃避披露等目的。对于比特币的各种用途，施蒂格利茨教授只用一个形容词："邪恶"（nefarious）。[10]但施蒂格利茨教授认为，铲除比特币无需全面禁止，只需禁止以比特币兑换美元等真实货币，禁止以比特币购物，比特币即难以维系。[11]越南监管部门就按计行事，没有完全取缔代币发行，但取缔了密码货币支付，产生了连锁反应，[12]沉重打击了代币发行活动。

施蒂格利茨教授并非凭空想象，耸人听闻。在美国诉罗伯特·费埃拉案[U. S. v. Robert Faiella，39 F. Sup. 3d 544（S. D. N. 7 2014）]中，美国检察官指控被告犯有无照经营汇款业务（operating unlicensed money transmitting business）和洗钱业务（money laundering conspiracy）的罪行，[13]分别违反了《美国法典》21 编第 812 节、第 841 节和第 845 节[14]以及《美国法典》18 编第 1956（2）（2）（A）节。[15]两位被告都认罪伏法，未经审判便承认自己有罪。其中一位被告查理·施拉姆（Charlie Shrem）接受 BBC 记者采访时称，作案时他就知道自己是在从事犯罪活动。[16]

施蒂格利茨教授指出，虚拟货币并不等于数字货币（digital currency），数字货币是法定货币的数字体现。但即便是数字货币，也会有其不利的一面。比如，遇到金融危机，储户很可能取出其在银行的存款，转而买入数字货币，因为数字货币更加安全，不存在因为银行倒闭而丧失存款的风险。结果，实体银行遇到的挤兑便会更加严重，加剧实体银行的倒闭。[17]

施蒂格利茨教授知无不言，但在经济学家中属于少数。是的，每年都有一至三位经济学家获得诺贝尔经济学奖，目前存活在世的诺贝尔经济学奖得主有数十人，但只有施蒂格利茨教授一人剑指比特币，只有施蒂格利茨教授一人单刀赴会。那么大多数经济学家们为什么不愿意说真话呢？或许，鲁迅先生的洞见有助于我们理解。

鲁迅先生发明了"人肉筵席"一词，形容鱼肉百姓的游戏。"人肉筵席"一词也适用于美国证券市场：1929 年美国股市崩溃导致经济大萧条，美国股票市场就是人肉筵席；2008 年发生金融危机，靠打劫中产阶级救助华尔街，美国的证券市场也是人肉筵席；若不对比特币等虚拟货币严加约束，代币发行下去，很有可能成为人肉筵席。遗憾的是，到了有资格赴人肉筵席后，很多人便装聋作哑，顾左右而言他，因为他们自己想赴人肉筵席，岂可一语道破天机？即便他们良心发现，不愿赴人肉筵席，但他们的子女或子孙有可能还是想赴人肉筵席，所以他们还是装聋作哑，顾左右而言他。可以理解，经济学家寒窗十年，含辛茹苦，成名之后苦尽甘来，自然不愿意自毁前程。但这样说来，施蒂格利茨教授仗义执言，就更加难能可贵。有必要研究一下，施蒂格利茨教授愿意说真话，究竟是什么原因？找出这个问题的答案，比研究发明一万个经济学概念都重要，比制定一万条法律规则都重要。

施蒂格利茨教授历数比特币的种种弊端，但还是没有穷尽比特币的问题，甚至没有掐住比特币的咽喉。比特币的一个致命问题是用电过多，发展下去难以持续。2011 年比特币的用电量相当于丹麦全国的用电量。如果不出现重大变化，比特币 2020 年的用电量将相当于美国全国的用电量。[18]比特币用电量巨大，是因为大量使用计算机进行"开采"。开采（mining）是指保持比特币记录的服务，必须借助计算机功能进行。比特币矿是一些区块（block），必须不断核查和收集这些区域的比特币交易的信息，以确保信息的完整性和统一性。区块与区块相连便形成了区块链。就其定义而言，区块链（blockchain）可以被视为公共分户总账，记录了每次比特币交易的详细信息。[19]分户总账（ledger）是指记录每次交易所涉及的账户以及每个账户内的所有交易情形的最终簿记。按照比特币发明者的设计，2040 年之前，还会有更多的比特币问世，交易量势必增加。此外，随着比特币的价格不断上升，比特币的交易量也会增加，计算机的使用会愈加频繁，用电量也会随之增加。比特币天量用电，势必对其他经济部门的用电产生不利影响，进而冲击整个经济领域，政府有可能因此而限制或取缔比特币。

四、代币发行好在哪里？

当然，比特币是好是坏，涉及价值判断，有很强的主观性。硅谷的创新企业家们和其他地方的创新企业家们就欢迎比特币。微软同意接受交易对手用比特币支付。瑞士人不甘落后，专门把瑞士的楚格市（Zug）开辟为虚拟货币中心，延揽世界各地的技术专家和金融专家来此共创大业，一同推出比特币等虚拟货币。楚格市政府也接收以比特币进行的支付。[20]不少离岸避税天堂（offshore tax havens）也热烈欢迎代币发行，马恩岛（Isle of Man）、开曼群岛（Cayman Islands）、毛里求斯（Mauritius）和直布罗陀（Gibraltar）都为代币发行大开方便之门。[21]

硅谷、楚格市和离岸避税天堂的创新先生们和创新女士们笃信，必须破旧立新，即便是为了创新而创新也在所不辞。但硅谷所鼓吹的创新有很大的片面性。一位名叫阿德里安·陈（Adrian Chen）的作者在《纽约客》（*The New Yorker*）发表文章指出："'搅局'是一个时髦的专有名词，可以用来讴歌技术创新，是将技术创新本身作为目的，很少考虑现有的社会关系。"[22]正是，比特币为偷税漏税提供了便利，瑞士人并不考虑纳税人与国家之间的关系，瑞士银行家们就一度通过理财业务帮助其客户偷税漏税。或许，正是因为比特币有助于偷税漏税，瑞士人才对其情有独钟。

代币发行是好是坏，也取决于其融资目的，取决于其是否服务于实体经济。代币发行颇为诡秘，其用途并不十分清楚。但有数据表示，2017年全年的代币发行融资的三分之一的资金，是用于新建或改进初设的区块链的基础设施。2017年的所有代币发行中，Filecoin的代币发行融资最多，一次性融资2.57亿美元。该项目的创新概念是，由计算机主出租其闲置的数据储存空间。[23]

证交会允许比特币存在，但并不否认其中深藏玄机。证交会告诫投资者，比特币有诸多固有风险：第一，证交会无法集中收集比特币的相关信息，必须从比特币交易场所和使用者处获得相关信息。第二，比特币以编码形式存在，并没有交由第三方托管，所以查处违法违规行为时，难以收缴和查封比特币。第三，比特币并非法定货币，联邦政府和州政府有可能限制其使用。第四，比特币波动较大，一日跌幅可以达到50%。第五，比特币的交易平台有可能关闭。日本一家叫作 Mt. Gox 的比特币交易平台因为价值数百万的比特币被盗，不得不申请破产。[24]

证交会还指出，违法代币发行有各种可疑迹象，可以借此识别欺诈交易。可疑迹象包括：保证高额回报；卖方主动推销；卖方没有营业执照；对买方并没有合格投资者的要求；有欲购从速的压力；好得令人难以置信。[25]在我国，包括非法吸收公众存款在内的非法集资活动中也有类似特征。此外，尽管《公告》禁止在我国境内进行代币发行，但境外发行的代币仍然可以向国内投资者出售，国内投资者仍然有可能上当受骗，所以证交会的提示对我国国内的投资者也有积极意义。

既然比特币的问题很多，证交会何以有畏难情绪，迟迟没有禁止比特币及其相关的代币发行？原因之一是，美国的一些对冲基金和私募股权基金已经持有大量比特币，强烈反对取缔比特币。比如，美国基金管理人中的大鳄红杉资本（Sequoia Capital）已经开发了代币发行业务，[26]播种之后正在等待收获，坚决反对禁止代币发行。原因之二可能是，比特币的总量尚小，交易量尚小，尚不对金融系统构成威胁。截至 2017 年 12 月 10 日，代币发行融资全年的总金额为 35 亿美元，[27]反观 2017 年 11 月 11 日一天，阿里巴巴网上的销售额便达到 254 亿美元。[28]当然，比特币及其代币发行也不是绝对没有风险。如果比特币的价值无限攀高，则有可能对金融系统构成威胁，毕竟比特币与法定货币是有互动的。此外，涉及比特币和其他虚拟货币的代币发行的金额猛增。2017 年代币发行融资全年的总金额虽然只有 35 亿美元，却大约是以往各年的代币发行融资总额的 12 倍。[29]不过，无数投资者追捧代币发行的现象也不可能永远继续下去。2017 年的所有代币发行中，只有 5 个融资金额在 1 亿美元以上。2017 年，各代币发行有 587 次尝试，但成功率仅为54%，[30]代币发行的势头似乎有所减缓。但还有一个变数：如果比特币与很多类似比特币的虚拟货币同时并存，对金融系统构成的风险就会更大。

涉及比特币或其他虚拟货币的代币发行是通过互联网进行的跨国融资活动，各国遇到的情形大同小异，甚至是基本相同，但所采取的对策却相去甚远。就规制政策而言，我国和韩国的做法是，全面取缔代币发行。新加坡和瑞士的金融监管当局则效仿美国，对代币发行发出各种警示。英国也是如此，其金融行为监管局（Financial Conduct Authority）表示：正在考虑，名人为代币发行背书是否违反消费者公平、完整信息的规定。[31]

五、寻找中本聪

据传，比特币是一个叫中本聪（Satoshi Nakamoto）的人发明的，但中本聪是化名，至今无人知道中本聪的真实身份。是独行侠，还是团伙？是人，还是鬼？还有，为什么要取日文人名？是因为东方神秘主义？与悬念侦探小说有关？日本的侦探小说在世界上小有名气。很多疑问至今仍然无解。

比特币2008年问世，中本聪2011年又在网上抛出若干有关比特币的白皮书（white paper），随后从网上神秘消失。之后，各方人士努力搜寻此人，但查了十多年，仍然无法查出其真实身份，而且是完全断了线索。2016年，一个名叫雷格·赖特（Craig Wright）的澳大利亚人跳了出来，非说自己是中本聪，但在各方质疑之下，很快认定此人为冒牌货。[32]

也有人主张，没有必要在世界上乱找此人。一位名叫安德烈亚斯·安东诺普洛斯（Andreas Antonopoulos）的比特币业务企业家指出："比特币是信任的中性框架，数十亿人可以借此在金融方面自力更生。之所以能够做到这点，是因为不需要任何人的权威，甚至不需要中本聪的权威。"[33]比特币是由分散的计算机网络督导的。中本聪本人也是这个意思。自称是中本聪的人在网上发文，描述了由政府发行但没有金银为支撑的货币（fiat currency）与比特币之间的差别：

> ［比特币］完全是分散管理，没有中央服务器，也不存在可以信任的一方，无需依靠信任，而是依靠隐秘证明。常规货币问题的根源是，此类货币的使用必须依靠信任。必须信任央行，相信银行不会贬值货币。但从历史上看，对由政府发行但没有金银为支撑的货币的信任并没有得到尊重，背信弃义的情形屡屡发生。还必须相信银行会持有并电汇我们的钱，但银行用我们的钱放贷，信贷泡沫一波接着一波，而银行的储备金则寥寥无几。我们必须相信银行会保护我们的隐私，我们必须相信银行不会让身份盗贼掏空我们的账户，而电子货币基于密码，无需第三方中间人也可以轻而易举地汇钱。[34]

确实，借助银行流通的货币确实存在各种问题，但比特币并没有解决相关问题，而且还会产生新的问题，如前所述，比特币也有种种问题；比如，比特币的价格飞速飙升，其泡沫远大于银行信贷的泡沫。即便中本聪菩萨心肠，事事出于公心，许多问题还是他始料不及的，网上交易比特币费时费电便是一例。还有，比特币为不法分子从事犯罪活动提供了便利。事实上，比特币无需信任的所谓优点也并不存在。比特币若能成为被普遍接受的结算钱币，必定还是离不开信任，而且需要信任第三方。目前比特币持有者在网上输入和验证密码的时间过长，不方便交易，必须有一家机构愿意像接收支票一样接受比特币的凭证，支付才有可能快速、便利。

乔治·奥威尔（George Orwell）有如下洞见："知道又不知道；明白全部事实，却说着精心编造的谎言；同时拥有两种针锋相对的意见，一方面知道两者之间的矛盾，一方面又都信；利用逻辑来反逻辑……"这段箴言也适用于中本聪的论点。[35]是的，既然中本聪的真实身份无人知道，那么其言论也可能是他人盗用其名在网上发表的。没有人见过中本聪，尽管有人在网上与其共同切磋过问题。中本聪何以不愿暴露真实身份呢？究其原因，首先是中本聪有很大的利益冲突。据称，到 2015 年，中本聪所持有的比特币已经价值 4.48 亿美元。按照中本聪的设计，比特币到 2140 年将全部售完，中本聪是否还有其他伏笔仍然是一个悬念。[36]可见，中本聪深藏不露并不是出于公心，他有巨大的经济利益，不愿出面回答各种问题。还有一个原因：中本聪深藏不露，很可能是为了个人安全，害怕有人追杀，害怕"梁山好汉"上演现代版的"智取生辰纲"。

五、结论

"一从大地起风雷，便有精生白骨堆。"金融创新中肯定有好的或是比较好的，但大多数金融创新是别有用心，为了规避法律和监管，比特币就是突出的例子。我国六部委联合出手，除恶务尽，彻底禁止代币发行。而面对比特币的坏人坏事，美国却行动迟缓，姑息养奸，人妖颠倒。美国一直以金融教师爷的面貌出现，但 2008 年金融危机业已证明，美国的规制漏洞百出，破绽百出，在代币发行的问题上又重蹈覆辙。

4. 杠杆贷款： 理财产品的异国孪生姐妹

杠杆贷款（leveraged loan）是美国的又一金融创新。摩根大通和美国银行等华尔街银行贷款给企业，然后将贷款转给对冲基金、养老基金和针对小投资者的共同基金。自 2013 年以来，杠杆贷款业务发展迅速，其总金额已经达到 2 万亿美元。2014 年通过杠杆贷款融资的企业的债务较高，债务金额达到了现金流的 4.9 倍。

杠杆贷款风头正劲的时候，美国监管机构开始担心了。曾记否，资本市场杠杆化是催生美国金融危机的一个重要原因：杠杆抬高资产价格（应当是虚高），放大利润的同时也放大了风险，加剧了资金链的脆弱性。杠杆贷款业务的借款方大多是一些信用评级较低的公司,美国监管机构担心,一旦企业出现问题或是整体经济下滑,接手这些债务的投资者有可能血本无归。量化宽松期间,贷款再融资相对容易,而美联储逐渐淡出量化宽松措施,杠杆贷款再融资有可能遇到问题。对冲基金当然没有问题,因为对冲基金本来就是从事高风险业务的,投资对冲基金的大多是机构投资者和富豪——膘厚,抗亏损能力很强。但是那些养老基金就可能危及靠养老金过活的普通民众。

监管机构对杠杆贷款业务提出了新的要求:如果企业的债务为现金流的 6 倍,放贷机构就必须高度警惕。华尔街银行对此十分不满,理由是杠杆贷款的总额远低于垃圾债券的总额,杠杆贷款还有企业的资产担保,风险应当在可控范围之内。反对政府监管的一个理由就是,大银行退出或压缩杠杆贷款业务后,小银行便会乘虚而入,反而增加了杠杆贷款的风险。是的,美国的小银行大多由州政府监管,美联储和货币监管局对其奈何不得。但物竞天择的原则也适用于美国的中、小银行:中、小银行经营不善便会倒闭,而华尔街的大银行通常是大到不败。还有,中、小银行的客户很多是中、小企业,而中、小企业是创造就业的中坚力量。相反,华尔街银行为之服务的大多不是中、小企业。向中、小企业提供贷款的规模效益太低,所以大银行不愿意为其提供金融服务。杠杆贷款主要也不是面向中、小企业。比如,Bowlmor AMF 通过杠杆贷款融资 4.1 亿美元。Bowlmor AMF 就不是什么小企业,而是一家保龄球馆连锁店,在美国有 338 家保龄球馆。

反对政府对其加强监管的另一个理由是,若华尔街因监管过严而被迫退出许多业务,各类基金便会乘虚而入,蚕食商业银行的传统地盘,加剧影子银行问题——影子银行的要害就是规避监管。但华尔街银行发放杠杆贷款之后,又将其转给对冲基金,同样是加剧了影子银行业务:对冲基金不是商业银行,不受贷款方面的监管,杠杆贷款也并没有被界定为证券,所以证券法也并不适用;杠杆贷款由对冲基金接手,既规避了政府对商业银行的监管,也规避了证券监管机构对证券的监管。

在杠杆贷款问题上，华尔街银行与监管机构似乎是矛盾对立的两方面：一个要监管，一个反对监管。但事实上，美国监管机构在杠杆贷款等影子问题上也难辞其咎。美联储既是货币发行机构，又是银行监管机构。作为货币发行机构，美联储推行货币宽松政策，生产了大量的廉价游资，而这些游资又被人用来寻求高额回报，杠杆贷款和理财产品或信托产品便乘虚而入。

杠杆贷款与中国的理财产品有异曲同工之处。银行与券商和信托公司是通道业务，即，银行贷款由券商或信托公司出面放贷之后，就成为理财产品或是"非典型债权资产"，限制银行贷款的法律法规就不再适用，有关证券的法律法规也不再适用。华尔街银行发放贷款后转让给对冲基金，也起到了通道作用。理财产品由银行卖给投资者，再由券商或信托公司投资相关项目，也可以说是贷给开发项目的相关公司。而杠杆贷款则由银行将资金贷给借款方，由对冲基金等金融机构负责寻找投资者。

中、美两国是资本市场的超级大国，两国都不乏金融创新的巨匠，金融创新层出不穷，很多时候有如比翼鸟和连理枝。我仿佛看见，中、美两国金融界的巨匠们风驰电掣，呼啸向前，或踏理财产品的巨轮，或踏杠杆贷款的巨轮，双方擦肩而过时，相视会心一笑。

5. 为 P2P 正名

贷款俱乐部（Lending Club）是美国 P2P 行业的第一大企业，2014 年 12 月 11 日在纽约股票交易所（下称"纽交所"）上市，一鸣惊人，一飞冲天。12 月 10 日，贷款俱乐部的发行价格为每股 15 美元，11 日交易首日股价便飚升到 24.75 美元，升幅 65%。[37]贷款俱乐部的老板们眉开眼笑，乐不可支，P2P 行业的朋友们也奔走相告，欢欣鼓舞。长期以来，P2P 属于"另类贷款"（alternative lending），而另类贷款的同义词为"影子银行"。贷款俱乐部能够到纽交所上市，就是 P2P 在登大雅之堂，是为整个 P2P 行业正名。

一、贷款俱乐部好在哪里?

贷款俱乐部成立于 2006 年,[38]专门从事 P2P 业务,号称利用最先进的技术直接撮合借贷双方,绕过传统银行,以降低借方的融资成本,同时提高贷方的回报。贷款俱乐部的借款方中 60% 的借款是为了债务再融资,22% 是为偿还信用卡,2% 是为了商用业务,而 80% 的贷款方是机构投资者。[39]贷款俱乐部的平台上已经贷出 62 亿美元,最安全的贷款的回报率为 7.6%,而两年期美国财政部债券的回报率仅为 0.65%。人为财死,鸟为食亡——有这样的贷款回报率,贷款俱乐部想不火都不行。

商业机构增加利润的重要途径是开源节流,所以控制成本是重要的功课。与传统商业银行相比,贷款俱乐部在控制成本方面有一定的优势。据预测,2015 年,无论是借贷方还是贷款方,通过贷款俱乐部贷款的成本为 2.7%,而在银行贷款的成本则为 6.95%。银行的成本包括:促销售、贷款评分、收款、欺诈损失、银行分支、信息技术和联邦存款保险公司的监管成本。与银行的成本相比,贷款俱乐部的成本中少了联邦存款保险公司的监管成本和银行分支的成本,而银行分支成本占到借款或贷款额的 2.1%。

贷款俱乐部之所以能够成功,除了自己营造的小气候之外,还有大气候,即,贷款俱乐部这样的 P2P 平台是为广大中、小企业提供融资便利的。但事实并非如此,至少贷款俱乐部的情况并非如此。贷款俱乐部上市之前的主要业务并不是为中、小企业提供融资,其借贷的群体中,绝大部分不是中、小企业。贷款俱乐部的借款方中 60% 的借款是为了债务再融资,其中主要是信用卡负债进行再融资。信用卡负债的利率为 16%~18%,而贷款俱乐部的贷款利率仅为 12%,[40]借助贷款俱乐部再融资的负债持卡人自然是趋之若鹜。但这并不一定是件好事。负债持卡人最后很可能还是要破产,再融资只不过是延迟了其破产的时间而已。对于整个经济和这些负债持卡人来说,他们早一天破产或许更好。

美国也有人对某些 P2P 公司表示担心，怕他们借 P2P 之名，行违规违法之实。马克斯·加内（Max Gasner）是一家零售融资起步公司的首席执行官，他指出："他们并不是真正的 P2P。"在加内看来，贷款俱乐部之流是"利用其非银行的自由，为机构生产高收益"。是的——"为机构生产高收益"——真是一语道破天机。还有，贷款俱乐部不是银行却从事银行业务，无须承担信贷业务的风险，也无须像银行一样留出准备金，这是其成功的奥秘所在。明修栈道，暗度陈仓：贷款俱乐部有这个意思，其他互联网金融也有这个意思。

二、非法投资

根据我国的现行法律，贷款俱乐部之类的 P2P 平台有可能被定性为非法集资。2011 年发布的《中国银监会办公厅关于人人贷有关风险提示的通知》（银监办发［2011］254 号，下称《人人贷通知》）将人人贷（Peer to Peer）界定为："信贷服务中介公司……收集借款人、出借人信息，评估借款人的抵押物，如房产、汽车、设备等，然后进行配对，并收取中介服务费。"根据《人人贷通知》，P2P 似乎游走于民间融资与非法集资之间："民间资金可能通过人人贷中介公司流入限制性行业……容易演变为非法金融机构。……人人贷中介公司有可能突破资金不进账户的底线，演变为吸收存款、发放贷款的非法金融机构，甚至变成非法集资。"此外，"人人贷的网络交易特征，使其面临着巨大的信息科技风险"。人人贷的危险在于，"人人贷中介公司帮助放款人从银行获取资金后用于民间借贷……"使得民间借贷风险向银行体系蔓延。

民间资金通过 P2P 平台开展网贷理财业务。部分 P2P 也开展股票配资业务，为客户提供炒股所需要的资金。配资公司在客户原有资金的基础上，通过一定的杠杆，提供资金使用，主要有股票配资、期货配资、权证配资。[41]

2014 年 10 月 22 日，深圳市罗湖区人民法院发布了《邓亮、线李泽明非法吸收公众存款罪一案执行公告》。该案也被称为我国 P2P "非法吸收存款第一案"，是法院对 P2P 平台融资的首次裁量。该案涉及的东方创投是一家 P2P 平台，2013 年 6 月成立于深圳，成立 4 个月后即宣布停止提现。东方创投负责人邓亮和线李泽明相继自首。法院认定，东方创投发布虚假信息，通过 P2P 平台向不特定人群募集资金，用于平台自有物业地产，最终资金链断裂。判决结果为：邓亮因非法吸收公众存款罪，判处有期徒刑 3 年，并处罚金人民币 30 万元；线李泽明因非法吸收公众存款罪，判处有期徒刑 2 年，缓刑 3 年，并处罚金人民币 5 万元。

P2P 离非法集资仅一步之遥，甚至可以说两者之间是一纸之隔。当然，这里也有一个定性的问题：在美国未经注册便公开发行投资合同，可以被界定为违法发行证券，通常是追究民事责任。但同样的行为，在中国就可能被界定为非法集资，被追究刑事责任。

三、贷款俱乐部何以成功

如同大多数利用互联网技术的公司，贷款俱乐部也是要改变人们的生活方式。这就需要做大规模宣传，需要传教士式的攻心宣传，同时也需要地毯轰炸式的全方位宣传。贷款俱乐部聘请政府前高官和社会名流担任其董事，在很大程度上是为利用其名声，为 P2P 做宣传工作。P2P 是变相从事银行业务，但不受相应的监管。

尽管贷款俱乐部受到质疑，但迄今为止仍岿然不动。贷款俱乐部非常强大，虽然不是"铁骑成群，玉轴相接"的帝国，却也聚集了各路豪杰，群贤毕至，少长咸集，是美国版的兰亭盛会。贷款俱乐部的董事包括：拉里·萨姆斯（Larry Summers）、麦晋桁（John J. Mack）和玛丽·米克尔（Mary Meeker）。萨姆斯曾经担任过财政部长和哈佛大学校长，门生故旧遍布朝野，可以为贷款俱乐部大开方便之门。麦晋桁则是摩根士丹利的老领导。米克尔也是一位闻人，曾经担任摩根士丹利的互联网公司分析师，为网络公司摇旗呐喊，评功摆好，堪称网络公司之母——至少是庶母。贷款俱乐部的外围还有人遥相呼应。比如，果园（Orchard）是一家起步公司，旨在创建提供 P2P 贷款交易平台，而其股东包括潘伟迪（Vikram Pandit）——花旗集团的前首席执行官。当然，贷款俱乐部的创建者雷纳德·拉普兰奇（Renaud Laplanche）本人也是一位英雄人物：成为 P2P 巨头之前，他是航海比赛的冠军，后来又进法学院学习，毕业后做过律师，是一位身体好、学习好、工作好的银行家，绝非一般的草莽。

萨姆斯这位前朝重臣能够屈尊担任贷款俱乐部的董事，也是为重金而来。萨姆斯、麦晋桁和米克尔都持有贷款俱乐部的大量股份，公司成功上市后，他们都是满载而归：萨姆斯持有 100 万股，价值约为 2500 万美元；麦晋桁持有 240 万股，米克尔持有 140 万股。当然，贷款俱乐部上市，拿钱最多的是该公司的首席执行官，他持有 1490 万股。[42]

英雄不问出处，猛将必出于士卒。互联网金融是一个英雄不问出处的江湖，枭雄多出自草莽，哈姆雷特在这里并无用武之地。但要想在资本市场称霸，仅靠草莽是不行的，仅有"十几个人、七八条枪"是远远不够的。资本市场是一个豪强称雄的地方。在台前上蹿下跳的可能是出身草莽的新锐，但幕后常见华尔街大佬们的身影。天不变，道亦不变：开场的可能是草莽，但只要大佬云集，堂会就会继续唱下去，而且还会从人后唱到人前。

四、结论

贷款俱乐部也好，优步或脸谱也好，这些公司都是借助互联网和手机改变了人们的生活方式：阿里巴巴提供网上平台，改变了人们的购物方式；大规模经营势必会保持质量，增加难度。上市之前，贷款俱乐部所撮合的贷款大多是小额贷款，单笔贷款的金额大多在 35 000 美元以下。贷款俱乐部上市之后能否扩大单笔贷款的金额和贷款的总金额，并将违约率控制在可接受的范围之内，将是其面临的巨大挑战。在审查借款者信用方面，贷款俱乐部这样的 P2P 贷款机构是否比传统银行具有更强的甄别能力？

从美国的经验看，所谓金融传销并无成功经验可言：垃圾债、次级债、资产证券化，最后都以失败而告终，至少没有给大多数人带来实惠。从宏观上说，不管是从相对收入看，还是从绝对收入看，美国中产阶级都是江河日下，越来越穷。这是否与金融创新有因果关系尚不清楚，但华尔街的银行家们越来越富却是不争的事实。贷款俱乐部这样的创新，是创新者与华尔街共同推出的产物，对人类社会并非福音。

6. 优先股的矛盾性

骏马奔驰，逆风千里。毛驴吃苦耐劳，能在崎岖的山道上行走。聪明的人类让马与驴杂交，生出骡这种动物，皆备马与驴的特点。优先股也有同样的意思。优先股（preference share）之所以优先，是因为公司派息或公司清算时，优先股股东享有优先权，可以先于普通股股东获得股息或资产，这样一来，鱼和熊掌便能够兼得了。但作为交换条件，一般情况下，优先股股东对公司的事务没有投票权。

2013 年 11 月 30 日，国务院发布了《关于开展优先股试点的指导意见》（国发［2013］46 号）。优先股虽然是千呼万唤始出来，但并没有犹抱琵琶半遮面。"发行优先股没有行业限制，不局限于银行。"证监会有关负责人意犹未尽，又补充说明："发行优先股的范围不限于上市公司，非上市公众公司及在境内注册的境外上市公司均可。"当下中国，优先股尤为俊俏：许多上市公司不分或少分股息，很多人对优先股寄予厚望，希望借优先股锁定部分股东获得股息权利。但从美国的经验看，优先股的优先性仍然有很大变数。优先股有其矛盾性：既有自主性，又有法定要求。

一、自主性

证券法与公司法有许多重叠之处，就上市公司而言，主要是证券法蚕食公司法，以证券监管取代公司法的内部斗争和均衡。优先股在中国出场也是如此，由证券监管机构着力推出。中国《公司法》对优先股尚无规定，该法甚至没有提到优先股，需要依据证监会制定的规则对优先股进行规制。更重要的是，因为法律、法规滞后，很多事情是上市公司说了算，通过试点由大乱走到大治。

通常来说，为天下先是有风险的，所以中国有"第一个吃螃蟹"的说法。但中国资本市场的情况正好相反。大多数情况下，第一个吃螃蟹是件好事，不仅有利可图，而且风险绝小。在中国资本市场，第一个吃螃蟹的有两类：第一类是抢跑，在监管机构明令禁止之前，大干快上，当监管机构决定出手时，又迅速移师，到其他地方开辟新的战场；第二类奉命行事，是有尚方宝剑的。许多盛极一时的理财产品是第一类情况，而优先股则是第二类。两类情形下的受罚风险都很小，但后一类公司的安全系数更高——毕竟是在奉旨行事。

美国的情况也大致相同。美国银行家的经验之谈是，在资本市场的同业竞争中要想胜出，无非是凭借三点："或者是聪明人，或者是坏人，或者是第一人。"

二、法定要求

中国的《公司法》对优先股并没有法定要求，很多人便想入非非，盼望八仙过海，各显神通。但似乎没有这个必要，优先股并不是什么新生事物，美国有经验在先，我们没有必要完全重新摸着石头过河，不妨借鉴一下美国的做法——我们的资本市场本来就是以"美"为师。

就美国的优先股而言，多数规定载于公司章程之中，但各州公司法也为优先股的股东权利提供了一些法定保障，主要是赋予优先股股东获得累积股息的权利。

优先股的股息通常是可以累积的，即，如果公司当年不派息，应当派的息便逐年累积，最后由公司补派。这也是优先股的卖点，否则优先股有何优先可言？但累积股息金额变大后，普通股股东就心有不甘，不愿支付累积股息。支付优先股的累积股息之后，能够分给普通股股东的利润就所剩无几了；还有，如果公司背上累积股息的沉重包袱，公司举债也会发生困难。这样一来，普通股股东和公司领导就动了心思，想方设法地要消除累积股息，甚至不惜铲除优先股股东——消灭了优先股股东，累积股息也就不攻自破，自行消亡。

消除累积股息主要有两种途径：首先是修改公司章程，消减或是取消累积股息；再就是通过并购将优先股从续存公司中去除。前者是死缠烂打，逼优先股股东就范，后者则是釜底抽薪，斩草除根。两者都属于资本结构调整（recapitalization），即，在不影响公司总体股本调整的情况下重组公司的债务和股本结构。

优先股股东危难之际，公司法就发挥作用了。按照美国大多数州公司法的规定，在消减累积股息问题上，需要多数优先股股东投票认可。优先股通常是没有投票权的，在累积股息方面却是网开一面。但即便如此，多数情况下，优先股股东仍然会屈从。首先是大多数股东自己并不投票，授权他人代表其投票。欧美国家因此而产生了一个行业，有专门机构以此为营生。公司高管控制了投票的授权委托书机制，从而左右优先股股东的授权。

再有，公司的领导权掌握在普通股股东手中，更确切地说，是掌握在公司高管手中——公司高管大多也是普通股股东。公司高管可以胁迫优先股股东：他们可以示意公司永不派息，至少是无定期不派息，除非优先股股东做出让步，接受更少的股息。

若是公司高管假并购消灭优先股股东，这些苦主可以求助于估价补偿权。估价补偿权（appraisal right）是公司股东的法定权利，由州公司法规定。就并购而言，任何类别的股东如果在并购后会消失，就有权要求法院对其所持股票进行估价，并要求公司按此价格购回这些股票。

优先股进入中国后到底会如何演变，目前尚无定数。放行优先股之前，国内就有引进优先股的呼声，但并没有制定相关法律规定。这就说明，各方迟迟不能达成共识，还是要先实践，再立法。由此看来，优先股还是要摸着石头过河。

7. "证券市场" 的同义词

"证券市场""资本市场"和"金融市场"三词通用。"资本市场"侧重融资的动态活动，指股权和债务等资本资金交易的市场，[43] "证券市场"经常是"股票市场"的代名词，而"金融市场"所强调的是整个金融格局和结构，但三词有很多重叠之处，业内人士、监管者和学者经常将三词混用。美国最高法院肯定了这种用法，在瑞士信贷诉比林案［Credit Suisse v. Billing，551 U. S. 264（2007）］判决中，"金融市场"和"证券市场"就是两词混用。确实，资产证券化已经将资本市场与证券市场融为一体。中国的商业银行发行理财产品，而证券投资基金又购买这些理财产品。[44]商业银行内还有保险公司的员工在销售保险，而这种保险有年化利率，可以被定性为证券产品。根据中国保监会的最新规定，[45]保险资金可以投资高风险的上市公司股票。中国资本市场发展到今天，各种金融机构及其业务错综复杂，犬牙交错，你中有我，我中有你。

相对而言，"资本市场"一词听上去充满活力，朝气蓬勃，团结紧张，严肃活泼。资本市场充满这种动听却又似是而非的名词。负债交易被称作"杠杆交易"，给人的印象便比较正面。垃圾债券又被称作"高收益债券"。固定收入（fixed income）包括信贷、大宗产品和汇率方面的交易收入。固定收入属于资本市场似是而非的名词：明明是充满风险的交易，却称为

"固定"收入。银行开发的金融产品有很好听的名字。信托产品的名称是"诚至金开"，由"精诚所至，金石为开"演变而来。[46]

资本市场是这样，生活中也是这样。比如，"小老婆"有许多不同称谓。上海资本家的小老婆在民国期间被称作"姨太太"，改革开放后被称为"二奶"，而文人雅士称其为"如夫人"。类似的称呼还有"偏房"，皇帝的小老婆又被称为"妃子"或"贵妃"。

名称很重要，不同的名称有不同的含义，甚至有不同的定性。"落草为寇"是贬义，而"逼上梁山"就有正面的意思了。当"土匪"是误入歧途，走上犯罪道路，但"梁山好汉"就是"英雄好汉"的同义词了，尽管大家都是杀人放火，打家劫舍。相比娼妓、妓女、卖淫女，"风尘女子"就要好听得多，而"风尘侠女"就完全是褒义词了。明明是男盗女娼，摇身一变，就是英雄美女。嫖娼是件坏事，甚至可能构成违法行为，但经过诗人的神来之笔，就可以化腐朽为神奇："骑马倚长桥，满楼红袖招。"

8. 衍生产品： 华尔街死守不退的高地

早在 2003 年，投资圣手巴菲特便警告过世人：金融衍生产品（下称"衍生产品"）很可怕，是"大规模金融杀伤武器"。2009 年 5 月，巴菲特又坦承，由于在衍生产品方面下赌，其公司伯克希尔·哈撒韦（Berkshire Hathaway）有可能赔钱。[47]不知道老英雄是自伤还是被他在华尔街的"友军"误伤？很奇怪，巴菲特明明知道衍生产品是"大规模金融杀伤武器"，却偏偏要参与其中。不过也没有什么，资本市场经常是挂羊头卖狗肉。

一、华尔街爱煞衍生产品

保险公司 AIG 大做衍生产品生意，失手后损失惨重。到 2009 年 6 月，仅仅为了救 AIG 一家公司，美国政府就花费了约 1800 亿美元。衍生产品确实了得，到 2009 年中，衍生产品交易的面值已达 6000 万亿美元，而十年前该金额是 880 万亿美元。[48]证交会前主席玛丽·夏皮罗（Mary Schapiro）不是强势监管者，但她也承认："衍生产品是导致我们今天要清理的金融危机的一个原因。"2009 年 5 月 13 日，美国政府公布计划，对场外交易的衍生产品实施监管。衍生产品要统一结算。

衍生产品就是重叠赌博。购买证券是赌第一次：支付现款赌未来的回报。购买衍生产品是再赌一次：就下注的胜负再赌一次。如果赌证券本身，就是赌证券未来的价格，只有证券价格上升，投资者才能获利。但若是赌购买证券的行为，则下注范围大出许多：相关证券价格上升，衍生产品的所有者可以获利；相关证券价格下跌，衍生产品的所有人也可以获利。输赢取决于投资者是赌涨还是赌跌。经过金融机构的精心设计，还可以就证券的涨幅和跌幅下注，可以就衍生产品反复设置衍生产品，子子孙孙无穷尽。这样一来，衍生产品就成了千奇百怪的万花筒。按照行业专业术语的解释，衍生产品（derivative）是价值取决于相关证券表现的证券，例如期权或期货合约。这个定义还是绕了点。简单说，张三豪气万丈上赌场，李四则赌张三的输赢，李四之赌便是金融衍生产品。衍生产品好就好在世上万物皆可赌，可以赌证券，也可以赌油价和赌汇率。再简单一些说，衍生产品就像是赌赛马、赌赛狗：赌的是跑赢或跑输，并不是就赛马或赛狗本身下注。从理论上说，爱情也可以赌。"生命诚可贵，爱情价更高。"衍生产品可以为生命和爱情定价，赌赌看是不是真的能够永结同心，天长地久。

华尔街的大佬爱煞衍生产品，全世界的金融大佬也是爱煞衍生产品：业务量大啊！最美妙的是，衍生产品交易可以在场外进行，躲过监管机构的视线。金融创新高手们可以随心所欲。但赌来赌去，普通投资者晕头转向，巴菲特晕头转向，监管者晕头转向，普通金融机构也是晕头转向。

当然，华尔街对外不会说自己开发的是赌博产品。华尔街非说自己开发的是衍生产品，烹调衍生产品的过程叫资产证券化（securitization），而买卖衍生产品则是在进行对冲（hedge）。文过饰非不仅仅是华尔街的问题。

中华民族是一个富有诗意的民族，取名方面不在华尔街之下。比如，我们这里公牛的阴茎不叫阴茎而称"牛鞭"。华尔街有诗意，我们就更有诗意。但不管是牛鞭、虎鞭、神鞭还是"伟哥"，都是加速折旧使用现有"资产"。比如，我们历史上还把权力斗争定性为两条路线的斗争——当然，有些时候是路线斗争和权力斗争并存。

二、是创新产品，还是指鹿为马？

从前我总以为指鹿为马是太监文化的专有特色，但金融危机之后我发现，华尔街是大搞指鹿为马。衍生产品就是指鹿为马！请看，衍生产品中的信贷违约掉期（英文 credit default swap，简称 CDS）明明是一种金融保险。由于历史的原因，美国的保险业和保险公司一向由州政府监管。中国加入世界贸易组织谈判期间，美国坚持要中国开放保险业，证券行业还在其次。保险业利润高，风险小，天灾人祸的概率是可以大致计算出来的。投保的人数多，而出事的人毕竟是少数。保险公司 AIG 的惨败实在是出乎许多人的意料，原因就在于 AIG 做了金融保险。但 AIG 却说自己做的是衍生产品，所以不接受保险监管当局的监管。这就是在指鹿为马了。CDS 也不是什么真正的创新产品，美国南北战争之后就有了。那时候时兴的是私下交易经纪商（bucket shop）——一种美国南北战争之后兴起的设赌小店，投资者只需缴付很少的钱即可在小铺建仓。股价上涨，投资者获利，股价下跌则赔。但投资者从未真正拥有过股票，而铺主则以自有资金交纳部分保证金后建仓。如果没有赔本，小店老板经常携款潜逃。证交会早已取缔此做法。[49]但华尔街非称其 CDS 是创新产品。这难道不是指鹿为马吗？

在衍生产品的问题上，华尔街之所以能够"青山着意化为桥"，就是因为政府内有人接应，与他们里应外合。过去是这样，今天是这样，将来可能也还是这样。美国期货交易委员会是直接监管衍生产品的政府机构，其现任主席加利·根斯勒（Gary Gensler）由变革总统奥巴马任命。但此兄就是华尔街在美国政府中的代理人，他在高盛工作过 18 年，曾经领导过高盛在东京的固定收入和货币交易业务。克林顿任总统期间，根斯勒任财政部长助理，与当时的美联储主席艾伦·格林斯潘（Alan Greenspan）和财政部长拉里·萨姆斯（Larry Summers）同心协力，推出了 2000 年的《商品期货现代化法》（Commodity Futures Modernization Act），取消了联邦政府对金融衍生产品的监管。

三、反复争夺的高地

在华尔街的强烈要求之下，美国政府的改革方案只要求衍生产品集中结算，而且还留下一个很大的空档：金融衍生产品又分什么"定制"和"不定制"。非定制衍生产品需要集中交易，而定制产品可以私下交易，无须集中交易。蒂莫西·盖特纳（Timothy F. Geithner）的方案留下了无穷漏洞，给金融机构以可乘之机。非定制衍生产品可以在同一场所集中结算，而为客户定制的衍生产品就无需集中结算了。为什么定制衍生产品就可以私下交易，无需监管呢？华尔街的理由是，定制衍生产品是为客户量身定做的，所以没有必要集中结算。这个理由似乎不太让人信服。如果真是好东西，为什么怕见阳光呢？丑媳妇怕见公婆，漂亮媳妇为何也怕见公婆呢？其实，真正的原因大家都心照不宣。集中结算就是要公开交易，而到了明处很多戏法就不太好变。衍生产品的价格在明处，华尔街的银行就很难漫天要价。即便交易对手出于不可告人的目的而愿意接受高价，因为价格是公开的，买卖双方也不敢过于明目张胆，多少会有些收敛。

还有，为了增加透明度，集中交易还强于集中结算。即便是衍生产品集中交易，如何集中交易也有很大区别。可以在结算公司集中交易，也可以在交易所集中交易。应华尔街的要求，财长盖特纳提出在结算公司交易。通过结算公司集中交易固然可以增加透明度，但远没有在交易所交易更加透明，而衍生产品监管的要害恰恰就是公开透明度。只有在交易所交易，投资者才能获得交易和价格的相关数据，而不是依赖由少数占有支配地位的银行所组成的俱乐部。交易所还是准监管机构，具有自我监管的职能。

衍生产品是华尔街争夺的战略高地，反复冲杀，死守不退。在过去三十年中，华盛顿数次试图限制和监管衍生产品的交易，但每一次都是以失败而告终。金融危机之后，衍生产品的监管又重新提到议事日程上来。华尔街也积极应对。2008 年 11 月，衍生产品市场的九大公司组成了一个 CDS 交易商联合会，专门游说政府。九大公司中有高盛、摩根大通和花旗。联合会聘用克利里律师事务所（Cleary Gottlieb Steen & Hamilton）的合伙人爱德华·J. 罗森（Edward J. Rosen），请他出马向国会游说。短短四个月，联合会便付给罗森 43 万美元。何其慷慨也？可在此之前，九家公司中的五家已经接受了政府的巨额救助资金。这些公司一边拿政府的钱，一边继续游说政府。也可以说，它们是用政府的钱游说政府。华尔街的能量确实了得。

华尔街之所以死守不退，是因为衍生产品的烹制和柜台交易已经成为华尔街收入的主要来源。所谓柜台交易（英文 over the counter，监称 OTC），就是无需披露相关信息的私下交易。四分之三的衍生产品是柜台交易，仅有少量政府债券期货是在芝加哥和伦敦的交易所进行的。摩根大通是衍生产品柜台交易最大的交易商。2008 年，摩根大通从衍生产品的交易中获得 50 亿美元的收入。谁说资本市场不创造价值？谁说资本市场没有创新？但要看是为谁创新？为谁创造价值？

四、衍生产品到处乱跑

衍生产品在中国的市场远没有美国的大。中国的金融期货交易所早已兰舟催发，但数年之后仍然未能离岸。很遗憾，中国也有问题。华尔街千方百计地将包括次贷产品在内的衍生产品兜售给我们的银行和企业。还有，衍生产品中 AIG 有金融保险类产品，可为次贷产品提供保险。高盛等华尔街券商都购有此类金融保险产品，金融危机之后得了不少钱。其他国家的金融机构也有分得一羹的：法国的兴业银行（Societe Generale）和德国的德意志银行（Deutsche Bank）各得 120 亿美元，英国的巴克莱银行（Barclays）得 85 亿美元，瑞士的瑞银集团（UBS）得 50 亿美元。但没有听说中国的金融机构拿到这等好处的。同样是购买次贷产品，西方银行就能在 AIG 处保险，而我们这里就没有，[50]真是令人气愤。洋人有点好东西就是不给我们，为什么？是洋人坏呢，还是因为我们有家贼？

有位叫黄明的教授气不过，说是"国际投行为了榨取巨额利润"，给中国国企"设计了一个极其复杂，有点像是剧毒产品"的合同。黄教授气愤"国企会如此愚蠢……日后导致巨额的亏损"。[51]这里的剧毒产品就是金融衍生产品。严格说，企业不会"愚蠢"，"愚蠢"一词通常用来修饰人和决定，如"愚蠢的高管"和"愚蠢的决定"。但我以为，购买剧毒产品的决策者并不愚蠢。中国人多么聪明，而国企高管又是聪明者中的聪明者，不乏盖世英才，怎么会愚蠢呢？古来成大事者，必要时不懂也要装懂，懂又要装不懂。学过唯物辩证法的朋友明白这个道理，看过电视连续剧《潜伏》的朋友也明白这个道理。楚虽三户能亡秦，堂堂中国岂无人？中国有五千年光辉灿烂的文化，美国只有 200 多年的历史。对华尔街那些雕虫小技，大唐的后人早已洞烛其奸，只不过是要将计就计，因势利导。我们早有"有奶便是娘"和"有钱能使鬼推磨"两句古训，高度概括资本市场的实用主义哲学。但愿是华尔街帮我们推磨，而不是我们帮华尔街推磨。

中国国企购买剧毒产品，可为什么就没有听说民营企业购买剧毒产品的？难道民营企业的高管比国企高管更加聪明吗？"海归"教授如果能够回答这个问题，那就是功在国家了。

衍生产品市场是全球性的，不仅美国有，其他国家也有。2007 年，衍生产品在各地的日均柜台交易量分别是：英国 20 050 亿美元、美国 9590 亿美元、日本 2260 亿美元、新加坡 2100 亿美元、法国 2780 亿美元、瑞士 2060 亿美元，其他地方 11 650 亿美元。[52]衍生产品到处乱跑，美国制作的衍生产品可能在英国卖给了中国的公司。这就涉及管辖权的问题。中国国内对衍生产品多有限制，但人家的子公司在海外交易，就奈何他们不得，主权至上嘛。

盖特纳曾经假惺惺地表示，美国政府在衍生产品方面的重大决策要事先与其他国家的政府商量。但是衍生产品建议出来之前，盖特纳根本就没有与其他国家协商过。欧盟不甘落后，亮出了自己的改革方案，要设立欧洲系统风险预防委员会（European Systemic Risk Council）和欧洲金融监督监管机构体系（European System of Financial Supervisors）。两个机构中前者是风险预警系统，而后者则是欧盟各国监管机构的超国家委员会。不过，欧洲看似先行一步，但实际上远落后于中国和美国。即便欧盟的两个新机构完全成功，欧盟也只不过是达到了中、美两国的现有水平。在面积和人口方面，欧盟也仅相当于中国和美国。而另一方面，欧盟的"跨国"经验也难以推广。欧盟已经实现了经济一体化和准政治一体化，而其他地方的国家之间的关系远非如此。

五、在原则问题上华尔街从来不让步

从国际大气候和美国国内小气候看，金融危机之后，形势似乎对衍生产品十分不利。但也不尽然。经过布什行政当局和奥巴马行政当局的不断输血打气，华尔街的大银行已经稳住阵脚，正在伺机反扑。美国政府要想严格监管衍生产品，难度很大。武夫喜欢武器，有了刀剑就不愿赤手空拳地战斗，有了枪炮就不愿再使用冷兵器，而原子弹问世之后再想全面销毁几乎是不可能的——裁了半个多世纪也没有裁掉，而且公开拥有核武器或暗中拥有核武器的国家越来越多。同样，金融原子弹也不是好限制的。如果把衍生产品比作金融原子弹，那么也可以把衍生产品市场比作华尔街银行家必争之地。原则问题上华尔街是从不让步的，而是针锋相对，寸土必争。要退也是奥巴马退，奥巴马的改革方案就为衍生产品留下了很大空间。

9. 衍生产品与设赌

西方有一个寓言，说的是金融衍生产品像一艘船。船下水之前，围观者打赌：赌小船是否能够到达彼岸，赌小船的航速，想到什么赌什么。而开坛设赌者（相当于赌场老板）又恰恰是造船者，知道该船是否有可能到达彼岸，知道该船是否漏水，知道该船有何隐患。造船者口风甚紧，不向其他下赌者披露半点消息，而且自己也混在人群中下赌。这个造船者就是高盛，而小船就是高盛所烹制的金融衍生产品。金融衍生产品的实质就是赌博，与轮盘赌没有本质区别。如果有区别，那就是开盘设赌的高盛自己也赌，而且做了手脚。

金融衍生产品也叫金融期货产品，有时又叫金融创新产品。高盛的金融衍生产品也有不同的名称，有的叫"算盘"（abacus），古朴风雅；有的叫"林中狼"（timberwolf），比"东方红"还要响亮。但不管叫什么名字，都是用来赌博的。小老婆有的时候叫偏房，好听一点的叫"如夫人"，皇帝的小老婆叫贵妃，但小老婆就是小老婆。金融衍生产品也是这个意思。

造船者与别人就船的质量对赌，就有了利害关系的问题：造船者知道船的质量，而对赌者并不知道。造船者或许声称事先已经向对方披露了船的情况。可能吗？如果造船者如实披露船的情况，那双方还有什么可赌的？利害关系说不重要可以不重要，举贤不避亲便是一例，但说重要也很重要：如果媒人事前知道男方或女方有这样或那样的问题，但却没有披露给另一方，也是危害很大的利害关系。高盛以善于把握和处理利害关系而自豪。高盛既为客户做财务顾问（相当于"购物导游"），又向客户出售自己炮制的金融衍生产品，然后还要与同一客户买卖自己制造并出售的金融衍生产品。这就是金融创新产品的实质：一种乱七八糟的乱伦关系。有此关系，发生金融危机是正常的，不发生金融危机才是不正常的。

金融衍生产品还包括资产证券化产品。典型的资产证券化（securitization）是将债务变成证券向众多投资者出售，而且许多情况下使其从公开的账面上神秘消失。资产证券化的要害是将贷款转换为证券。贷款合同是一对一的关系，而证券则是很多人之间的交易，有点打大仗、打夜仗、打乱仗的意思。如果是贷款，贷款人与借贷人之间便存在合同关系。而证券投资者与发行人之间素昧平生，如果发生纠纷，通常是侵权官司。但华尔街银行还嫌不乱，又将此类资产移至账外，俗称影子资产（shadow asset）。根据美国会计规则的变动，2009年底之前，影子资产将放入账内。影子资产中有许多不良贷款，而此类不良资产一旦曝光，银行又会出现新的亏损。账外资产调入账内之后，美国的银行必须增加其准备金。花旗集团的账外资产约为8500亿美元，调入账内之后必须增加420亿美元的准备金。[53]

乱伦产生畸形儿或弱智儿。资本市场的乱伦关系产出的是畸形金融衍生产品。无主精子库授精后生出来的后代，不知道相互之间的关系，很容易出问题。金融衍生产品也一样，谁也搞不清其中的关系，至少是公司外的人搞不清楚。金融危机之后，金融衍生产品卖不出去。

假设金融衍生产品的票面价值是100美元，银行自称其平均价值是91美元，但市场上买家只愿意出70美元，政府补贴买家之后他们也只愿意出70美元。21美元的落差无法弥补，所以那些要命的问题资产还是卖不出去。[54]银行自定的问题资产的价值与其经济价值之间的差距实在太大。但是如果没有乱伦关系，资本如何能够迅速繁殖？资本市场如何能够蓬勃开展？

乱伦关系并没有到此为止。2008年9月21日，经美联储批准，高盛和摩根士丹利摇身一变，成了银行控股公司，可以直接获得美联储的贷款。作为交换条件，美联储本该对两家公司进行监管，公司的资本和负债率也将受到严格控制，但实际上高盛的经营模式仍然不变，仍然是豪赌。这又是一种乱伦关系。既然以美联储为靠山，那就应该停止豪赌；美联储的钱是纳税人的血汗钱，如果是为商业银行储户担保还情有可原，但不能为券商豪赌担保。

赌博中有两类人永立不败之地：一类是开设赌场的老板，一类是资金雄厚者。老板开设赌场，收取佣金，自然可以坐收渔利，无风险可言。而资本雄厚者则是有惊无险，总有翻本的机会：下注 1 元输掉之后再下注 2 元，输掉 2 元之后下注 4 元，再下注 8 元，如此周而复始。从概率上说，总有赢的机会。只要赢了，不仅可以翻本，而且还可以赚钱。而小本赌徒因为本钱较小，经不起重叠加码，早已净身出局。但华尔街不满足于靠雄厚的资金赚钱，他们还要在资本市场的各种关系上做文章，故意制造多种"乱伦"关系，以便稳操胜券。

二、投资银行业务：发行和并购

证券公司别名投资银行（investment
bank）。投资银行业务则特指证券发行
和并购业务。

---

10. 核准制与注册制

《水浒》中的鲁智深、鲁达拳打镇关西，是因为郑屠霸占欺辱弱女子。但鲁达寻衅并没有直接说出理由。鲁达寻衅另有办法，先要郑屠切十斤精肉，不要见半点肥的在上，又要郑屠切十斤肥肉，不要见些精的在上面，然后又要软骨，不要见些肉在上面，而且都要细细切作肉末。郑屠终于按捺不住，跳出来与鲁达拼命，结果被乱拳打死。鲁达本来是路见不平，要为弱女子报仇，但此事鲁达不便直说，男女之间的事情是解释不清楚的，越解释就越解释不清。鲁达是英雄好汉，顶天立地，坐怀不乱，半点绯闻也不能有。反正要拳打郑屠，随便找个理由即可。

美国证交会受理拟上市公司的材料也有这个意思。按照美国的证券法，证交会无权批准或不批准证券的公开发行，只能要求发行人就所有重大事实做充分披露。但证交会可以不断提问，不断索要披露材料，借此拖延或挫败企业的上市努力。如果不想让公司上市，找个理由并非难事。

我国的《证券法》规定了核准制："公开发行证券，必须……报经国务院证券监督管理机构或者国务院授权的部门核准……"国内要求向注册制过渡的声音曾经响彻云霄，理由是注册制可以减少证券市场的行政干预。但注册制实际上是一种变相的核准制。就政府核准或批准证券公开发行而言，中、美两国的做法并没有实质区别。

不过，中国的核准制与美国的注册制还是有区别的：美国政府是由证交会一家机构审核企业的上市申请，而我国证监会则是代表多家国家机关和地方政府一同会审企业的上市申请。比如，发行审核涉及环保问题，环境保护部对此也有发言权，而且专门发文做出规定。此外，首次公开发行股票，必须得到发行人注册地省级人民政府的同意，并由国家发展和改革委员会决定，发行人募集资金投资项目是否符合国家产业政策和投资管理。换言之，中国监管机构对公司上市的监管和控制远不限于审核制。审核制只是监管证券市场的方式之一，其力度远不及其他很多方式。国务院还时而发文支持某一行业的企业上市。国务院下属部委也时而发文，支持某一行业的企业上市，就连证券交易所也时而公开表示支持某一类企业上市。股票市场仍然是一只各方取卵的鸡，根本无市场化可言。证监会还控制上市节奏，有时甚至完全中止任何公司上市。

如果是为了减少或取消政府审核，由核准制过渡到注册制并没有实际意义，因为美国的注册制也是由政府批准上市。如果是为了排除其他政府部门参与核准，则并非证监会能够决定的事项，必须由国务院直接出面推动，否则难以协调其他单位。但宣扬注册制的观点对证监会有利。从逻辑上说，否定核准制就为证监会的工作做了辩解：因为核准制完全不适于证券发行，存在无法克服的固有问题，所以以往的核准发行工作中的缺点和错误都是难免的。

但核准制并非坏事。中国资本市场涉及国计民生，需要服从国家大的方针政策。在股票市场融资，是获得一种稀缺资源，政府对此进行监督和控制无可厚非。政府监管有其积极意义。福建诺奇股份有限公司在中国香港上市后不久便宣布，公司董事会主席失踪，而且卷走公司 2.3205 亿元现金。而在此之前，诺奇在内地申请上市未获批准。就该公司而言，内地的审核制不是很好吗？

11. 证交会的新政： IPO 的秘密申报

自 2017 年 7 月 10 日起，公司在美国申请上市，可以秘密提交申报材料，只要公司路演的 15 天之前公开其材料即可。[55] 推而广之，秘密申报还可以用于直接上市。所谓直接上市（direct listing）是指公司在股票交易所直接挂牌交易，无需证券公司提供承销服务。秘密申报是美国证交会主席沃尔特·J. 克莱顿（Walter Jay Clayton）上台后的新政，被他作为一项政绩来宣传。特朗普上台后声称，要兑现其竞选期间的承诺。克莱顿是特朗普提拔的证交会主席，是金融监管机构的小特朗普。小特朗普上台之后，也是要兑现自己先前的承诺——推行去监管决策，因为在他看来，监管过严对公司上市产生了不利影响。

一、秘密申报的要害

秘密申报的要害是，给公司更多的时间乔装打扮，企业可以借此避免几许尴尬。上市材料报送证交会之后，证交会可以要求公司修改或补充材料。换言之，如果证交会对申请上市的公司容颜不满，公司有机会继续描眉画眼，乔装打扮。当然，证交会首肯乔装打扮之前，公司羞于见到投资者。秘密申报就给了这些公司更多的私密空间，他们可以避开公众视线从容化妆。英国《金融时报》（*Financial Times*）的社论则对企业上市前修改申报材料有另一比喻，将其比作"演员彩排后被删除的表演"。

批评者对秘密申报提出质疑：资本市场重在披露，为何克莱顿要反其道而行之，允许公司上市时偷偷摸摸，鬼鬼祟祟？但克莱顿并非始作俑者。《创造就业法》（Jumpstart Our Business Startups Act of 2012）[56]就有规定，只要融资金额不到 10 亿美元，就可以秘密提交申请材料。截至 2017 年 3 月 31 日，共有 1350 家企业上市利用了秘密申报的渠道。[57]

但能够融资 10 亿美元的公司，并不是真正的中、小企业，至少不能算是小企业。美国证券市场并不能够解决美国中、小企业融资难的问题。华尔街的金融家们号召世界各国人民大办证券市场，理由是证券市场可以解决中、小企业融资难的问题，但美国的证券市场并没有做到这点：华尔街银行金山银海，华尔街的银行家们灯红酒绿，脑满肠肥，但美国的中、小企业仍然嗷嗷待哺。按资产额计算，美国社区银行仅占整个银行业的 13%，但却为美国小企业提供了 43% 的融资。[58]华尔街银行的大量资金便来自于证券市场。相反，社区银行中很少有上市公司。

二、找不到坟堆乱磕头

确实，美国的上市公司业务正在萎缩。2016 年，美国只有 98 家公司上市，而此前的 12 年中，美国平均每年有 138 家公司上市。[59]1996 年，美国股票交易所挂牌的上市公司总数达到 7322 家，20 年后其数量减少了一半。但监管并不是影响公司上市的唯一原因。甚至不是主要原因，2002 年《萨班斯法》（Sarbanes-Oxley Act）问世之前，美国上市公司的数量就在减少。将上市业务减少归咎于监管过严，是弄错了因果关系，是找不到坟堆乱磕头。

公司是否能够上市，本来就是华尔街投资银行说了算。公司在美国上市无需盈利，只需要卖得出去即可。如果华尔街投资银行愿意承销一只股票，证交会就不会反对。应该说，盈利是实质性要求。如果在盈利方面没有要求，证交会实在是很难问出什么新内容。材料报上来之后，证交会装模作样地审，但其实只是为公司上市和承销商提供背书而已，其作用与会计师事务所和评级机构无异。

美国公司上市数量逐年减少的主要原因是，上市公司中的庞然大物吸走了天量资金。比如，Snap Inc. 2017 年 3 月上市时，市值为 200 亿美元，而这些资金本来可以用于其他公司上市。僧多粥少是美国股票交易所的问题所在。1996 年，美国上市公司的市值是国内生产总值的 105%，2017 年增加到 136%。上市公司数量减少，意味着经济中寡头企业增加，[60]美国股票交易所不再是小企业为营运支出融资的渠道。[61]相反，美国股票交易所成为巨型公司扩张的融资场所。可以说，每一家巨型公司都是一个王国。

资本集中是美国公司市值或估值不断攀高的一个原因，另一个原因则是通货膨胀产生了天量资金，而金融危机又加剧了资金过剩。美国证券市场弄潮儿期待金融危机。从历史上看，政府救市的手段千篇一律，都是借助通货膨胀救市的：不仅政府获得了天量货币救市，而且随着经济体积的增加，金融机构的负债也相对减少。当然，由于天量资金的入市，股票价格也随之飙升，这就是恶意上的"水涨船高。"

巨型公司上市，也增加了投资回报的难度。如果公司上市时估值在 5 亿美元以下，则远比估值在 50 亿美元的公司更有增长潜力。[62]亚马逊 20 年前上市，回报率高达 56000%，实属股市奇迹，是美国股市的凯歌、赞歌。Snap Inc. 2017 年 3 月上市时，市值为 200 亿美元，要赶上亚马逊的回报，其市值必须达到 11 万亿美元。[63]

华尔街银行也爱煞巨型公司，因为华尔街银行从事承销业务，是按首次公开发行融资金额的百分比收取承销费，融资金额越大越好。沙特阿拉伯的阿美石油公司（Arabian American Oil Company 或 Saudi Armaco）计划上市是欧美银行界热议的话题。阿美石油公司的估值已在万亿美元以上，其承销费让欧美银行家们垂涎三尺。[64]欧美各大证券交易所为了吸引阿美石油公司到自家上市，倒真的是想方设法地要放松监管。"曾经严格的监管机构为规则寻找例外，律师想方设法，让诉讼风险神奇消失。对投资者中的真正有钱的大户则是巧言相劝，有序排队购买。"[65]

欧美巨型银行的首领们也是希望公司越大越好，因为随着公司帝国的扩大，首长们的薪酬也随之攀升。以华尔街银行的一把手为例，2016年他们的总收入分别为：摩根大通一把手1.911亿美元；高盛一把手1.735亿美元；美国银行一把手4560万美元；摩根士丹利一把手3910万美元；蒙特利尔银行一把手3170万美元；汇丰银行一把手1870万美元；花旗集团一把手1730万美元；UBS一把手1390万美元；富国银行一把手1330万美元；加拿大皇家银行一把手3910万美元。[66]

三、技术公司是新豪强

美国的巨型上市公司大多是所谓的技术公司。2017年6月，全球市值最大的10家公司为：苹果8000亿美元；Aphabet（谷歌母公司）6400亿美元；微软5200亿美元；亚马逊4900亿美元；Facebook 4600亿美元；伯克希尔·哈撒韦4100亿美元；强生3200亿美元；埃克森美孚（ExxonMobil）3200亿美元；腾讯3100亿美元；阿里巴巴3000亿美元。[67]排前五位的美国公司是靠互联网技术取胜的公司，所以又称为技术公司（tech company）——很好听的名词。但技术公司独大并没有带来净社会效益。英国《金融时报》是欧美金融界的喉舌，但该报所刊载的文章承认，网络公司中的巨头已经与华尔街合流，"加剧了社会和经济的两极分化"。[68]公众则担心"垄断、隐私和干扰就业市场"。技术公司创造了就业，但同时也制造了无数失业。

放松监管并不是美国上市公司减少的原因，但却成全了美国巨型技术公司。中国与美国在公司上市要求方面的最大区别是，美国公司不盈利也可以上市。美国的很多巨型技术公司上市前不能盈利，上市融资后便财源滚滚。这是因为，巨型上市公司获得天量资金之后就可以四面出击，通过兼并收购进入高利润行业，谋求垄断地位。最重要的是，天量吸金之后，公司就成为神话，引来无数信徒，心甘情愿地购买和使用巨型公司的产品。Facebook就是美国股市制造的神话，有成万上亿的信徒追捧。巨型公司通过改变人们的生活方式谋取市场和利润。比如，Facebook 和其他社交媒体公司就改变了人们的社交方式：人们靠画面和网络进行交流。美国巨型技术公司之所以强大，远不只是放松监管的结果。美国巨型技术公司之所以强大，是因为这些公司是神话，具有宗教手册，改变人们的生活方式和信仰，不容人们质疑——宗教的一大特点就是不容人们质疑。

上市公司一股独大在我们这里曾经受到猛烈评判，今天也仍然受到质疑。但美国的技术公司大多是一股独大，而且名正言顺地，公司上市时就有双重或多重股权结构。Facebook 有三类股票：外部股东持有的 A 类股票是一票一股，企业内部人持有的 B 类股票是一股 10 票，而持有 C 类股票的股东对公司管理没有任何发言权。Facebook 的头头兼股东马克·扎克伯格（Mark Elliot Zuckerberg）拥有 Facebook 60% 的投票权。2017 年 2 月，Snap Inc. 首次公开发行融资 34 亿美元，但发行了没有投票权的股票，引起一些人的不安。公司治理是美国人握在手里用来打人的板砖，美国的学者和监管官员到处宣讲美国的公司治理模式，动不动就要批评其他国家的公司治理模式，但美国技术公司的公司治理就存在严重问题。

美国对巨型技术公司放松监管是全方位的，并不仅限于证券监管方面放松。比如，《通信行为端正法》（Communications Decency Act，47 U. S. C.）为技术公司提供了全面免责，技术公司不因其使用者的行为而承担任何法律责任。[69]技术公司力推国会制定该法的理由是，技术公司是网络通信的创始企业，无力监控网上的各种行为。但另一种观点是，有些技术公司发展到今天，已经成为跨国巨头，完全有能力监控网上行为，应当就网上的违法行为承担法律责任。[70]

与美国政府不同，欧盟政府出面挑战技术公司，所涉及的三大规制问题为：税务、反垄断以及隐私权的保护。[71]2017 年，欧盟认定谷歌有滥用市场地位的垄断行为，对其罚款 24.2 亿欧元（合 27.6 亿美元）。[72]2017 年 6月 30 日，德国通过法律，要求社交媒体公司迅速删除仇恨言论和恐怖主义内容，否则罚款 5000 万欧元。Facebook 和其他技术公司强烈反对该立法，他们主张应当让技术公司自己管自己。[73]

在美国国内，技术公司的恶端并非无人知晓，但大多是敢怒不敢言。硅谷就有人私下承认："硅谷是自说自话。这里的一切都讲关系，没有人愿意谈大问题，生怕得罪头面人物。"

四、不应妄自菲薄

中、美两国都蓄士，两国都有一批证券法学者，吃饱喝足之后，专门研究跟踪对方证券监管的新动向。中、美两国的学者大多以美国的规制模式为标杆。我国证券监管的任何变化若不称美国人的心，美国的专家学者就要挑三拣四，指手画脚。而美国发生监管变化时，我国的学者大多心慕手追，跃跃欲试，迫不及待地要跟风。从美国的实践看，注册制并不能够纯洁股市，放松注册制要求更是倒行逆施。

"当窗理云鬓，对镜贴花黄。"美国注册制下，公司上市之前制作申报材料，是描眉画眼、乔装打扮的过程，不是洗心革面的重塑。美国股市之所以为巨型上市公司所支配，绝不是监管要求过严，而是监管过松的缘故。

12. 价值投资难，难于上青天——Facebook 公开上市

2012 年 7 月 26 日，Facebook 股票价格暴跌，其势头之凶猛，有如北京 50 年不遇的特大暴雨。26 日一天之内，Facebook 的股票价格跌至每股 24 美元以下，跌幅达 18%。Facebook 的股票发行价是每股 38 美元，两个月内股价的跌幅高达 37%。

Facebook 上市之前，意气风发，斗志昂扬，上市之后如何一泻千里，溃不成军？直接导火索是 Facebook 第二季度报表让投资者们很是失望。Facebook 2012 年第二季度的收益为 11.8 亿美元，第一季度的收益为 8.95 亿

美元，调整后的收益是 2.95 亿美元，相当于每股 12 美分，实现了分析师的预期。那么 Facebook 的股票为何如此狂跌？主要原因是 Facebook 没有从增长型公司转变为赢利分红型公司，而且实现这一目标颇为困难。

股市走红的是两类公司：增长型公司和盈利分红型公司。与大多数创新型公司一样，Facebook 是以增长作为卖点的。Facebook 号称有 10 亿用户，但基数一高，增幅就会小一点，甚至有可能停止。更重要的是，仅有用户增长是不够的，投资者要求用户人数的增长必须转化为钱财的增长。Facebook 的收益主要来自广告收入，但其用户纷纷转至手机上使用 Facebook。Facebook 自称，截至 2012 年 6 月底，在手机上使用 Facebook 的人数为 5.43 亿人，较 2011 年同期增加了 67%。手机屏幕太小，打广告有难度。Facebook 的新设想是，设法使其用户向好友推广其中意的品牌。但设想只是设想，离真正实现还相去甚远。

世人都道价值投资好，但价值投资之难，难于上青天。在资本市场很难判断哪一家公司是否真有价值。比如，美国的一位行业分析师就认为，Facebook 是一个新兴企业，能否存续仍然是一个未知数。

Facebook 是以创新企业面目出现的，一度被华尔街打扮成价值投资的排头兵。但标新立异并不都代表先进文化，走红并不一定代表先进文化——奴隶制在美国曾经很走红，携枪在今天的美国仍然很走红。Facebook 是靠为暴露癖和窥视癖提供平台起家的。Facebook 创建之初，其主要创始人就"黑入"哈佛大学的网络系统，窃取学生宿舍身份卡上的图片为己用。正是因为便于满足暴露癖和窥视隐私，Facebook 与成人电影一样，是少儿不宜，13 岁以下的儿童禁用。但是据统计，2011 年有 7500 万 13 岁以下的儿童使用 Facebook，另有 500 万 10 岁以下的儿童使用 Facebook。对此，Facebook 罪责难逃。成人影院和烟酒销售商都有责任将未成年人拒之门外，Facebook 不应例外，诲盗诲淫也是应当有底线的。在美国政府的庇护下，一个违法者反而成了资本市场的大英雄，人妖颠倒，黑白不分。

偷盗同学的相片，不仅是非法的，而且也是很不道德的，更破坏了同学之间亲爱精诚的友谊。哈佛本应该将 Facebook 的主要创始人开除，但哈佛没有这样做。哈佛堕落了。偷盗者没有受到惩罚，反而被华尔街和少数别有用心的人打扮成创新英雄。但这恰恰说明了，当今美国社会缺乏真正的创新。因为缺乏真正的创新，所以资本市场和美国政府才如此急功近利，如此不择手段，如此穷凶极恶。而另一方面，真正的创新与上市无关：爱因斯坦的出现与上市无关，门捷列夫的出现与上市无关，爱迪生的出现也还是与上市无关。

Facebook 是以新型社交网络而闻名天下的。但具有讽刺意味的是，很多人勤于使用 Facebook，与远在天边的人交流，却疏于与近在身边的亲人交流。Facebook 让我们重又回到了洞穴时代。就照明而言，电灯问世之前，夜晚住在房屋中与住在洞穴之中似无根本的区别：都是靠燃火照明。借助幽暗的灯光，坐在电脑前使用 Facebook，与洞穴生活何异？ Facebook 的不少使用者也意识到 Facebook 是"怪物"（fad），但却仍然有瘾，欲罢不能。Facebook 这东西有毒品的效果。

世人都道价值投资好，但在资本市场这个地方，投资者大多是身不由己，或浑水摸鱼，或上当受骗，或开盘设赌，为价值投资而来的少而又少。Facebook 存在种种问题，投资者早就知道或是早就应当知道。但他们就是视而不见，跟着华尔街起哄，中、小投资者也跟着起哄。上市时股价高估的情况历史上就有。1995 年，网景公司（Netscape）首次公开发行股票，发行价为每股 28 美元，市值 11 亿美元。由于投资者趋之若鹜，上市第一天股价便涨到每股 75 美元。但网景上市前 6 个月的收入仅为 1660 美元，亏损达到 430 万美元。

"五陵年少争缠头，一曲红绡不知数。"华尔街银行对拟上市公司，有如军阀和阔人捧红戏子，得手之后便一哄而散。上市公司大多是短命的，走红的上市公司更是红颜薄命。但"天生丽质难自弃"，资本市场就是一个树欲静而风不止的地方。

13. 证券分析师的胜算和变局

美国的大牌分析师与客户单独见面，最高要价每小时5000美元，而美国顶尖律师事务所的高级合伙人收费也只不过每小时2000美元。另一方面，分析师还出研究报告，很多是免费提供给资产管理机构，但此类研究报告时常有误导作用。

从2017年初到8月，华尔街的分析师的研究报告一直在建议投资者买入各家大银行的股票。但半年多期间，美国六大银行的高管和董事在公开市场售出其所持有的股票，总额达到932万股。按照其资产金额的排序，这六大银行分别为摩根大通、美国银行、富国银行、花旗集团、高盛和摩根士丹利。[74]

如果六大银行的证券研究报告推荐投资者买入并持有某些公司的股票，但证券分析师却明知这些股票不佳，甚至是在内部电子邮件中承认这些股票不佳，分析师们的做法是否构成欺诈呢？没有构成欺诈。美国法院对此早有定论。在2005年的伦特尔诉美林案［Lentell v. Merrill Lynch & Co., Inc., 396 F. 3d 161（2d Cir. 2005）］中，美林的分析师推荐两家公司的股票，美国第二巡回上诉法院认定，因为美林的研究报告披露了两家公司的风险，所以即便做出与风险完全不符的乐观推荐，分析师和其所在的美林也并不因此而承担民事赔偿责任。该案中美林没有披露自己正在为两家公司提供融资服务，美林也没有披露其分析师分享融资业务所得。

如果分析师和其所在的投资银行与资产管理机构存在受信关系，则另当别论，因为存在受信关系，分析师就不能将自己的利益置于客户的利益之上。这种情况下，如果分析师的研究报告误导资产管理机构并给其造成损失，则分析师和其所在的投资银行很可能必须赔偿资产管理机构的损失。很遗憾，伦特尔诉美林案中，投资者与证券分析师或美林之间不存在受信关系。事实上，资产管理机构与证券分析师以及投资银行之间通常并不存在任何民事法律关系。投资银行免费向各类资产管理机构提供证券分析师撰写的研究报告，资产管理机构则投桃报李，将证券交易业务交给向其提供研究报告的投资银行。换言之，研究报告的费用实际上出自执行证券交易的佣金，或是说两者混为一谈，但研究报告并非真正免费。

分析师与资产管理机构的暧昧关系存在了几十年，但终于出现了变局。根据欧盟的《金融工具市场指令二》（Market In Financial Instruments Directive II 或 MiFID II），从 2018 年 1 月开始，资产管理机构必须购买研究资料。这样一来，资产管理人和投资银行就必须明算账，在购买研究材料和选择交易经纪人时，资产管理机构就必须精打细算，降低资产管理的经营成本。更重要的是，按照美国法院的判例法，深层经纪关系也可以产生受信义务。而按照美国《投资顾问法》，分析师和其所在的投资银行提供研究报告收费，就对资产管理机构或其他客户负有受信义务。还是以上文的伦特尔诉美林案为例，如果美林提供研究报告收费，则美林与投资者之间便存在受信关系，法院很可能认定分析师和其所在的美林有民事赔偿责任，应当赔偿投资者的损失。同样，如果证券分析师每小时收费 5000 美元，就对客户负有受信义务，提供咨询时就不能信口开河或误导，否则便会承担法律责任。

《金融工具市场指令二》确有变局的效果。指令问世之后，欧美的大小资产管理机构忙于应对，乱成一团。资产管理机构先锋（Vanguard）高姿态，表示会由自己支付研究费用。但研究报告费用昂贵，有的投资银行开价每年 100 万美元。[75]而先锋管理着 4.4 万亿美元的资产，这样庞大的机构必须使用多家投资银行的研究报告，每年的开支可能要上亿美元。所以德意志银行资产管理部门正在扩建自己的研究团队，准备自己进行证券分析。[76]

14. 中国公司境外上市遭遇逆袭

一段时期内，批评中国境外上市企业的声音不断。一些别有用心的人抓住中国企业的小辫子不放，在枝节问题上大做文章，死缠烂打，大有不获全胜，决不收兵的意思。美国一些幸灾乐祸的人甚至声称：各路研究人员众志成城，锁定中国企业，定要揭开中国公司的盖子。[77]美国的一些投资者还伙同他们的律师发难，通过诉讼找中国上市公司算账，气焰十分嚣张。国内也有人跟着起哄，对中国企业指手画脚，说三道四，横加指责，把人们的思想全给搞乱了。

有一个叫"浑水"（Muddy Water）的机构，是揭批中国境外上市公司的急先锋。从名字看，"浑水"就是一个唯恐天下不乱的机构。可是尽管"浑水"早就对中国境外上市公司的财务提出了质疑，但美国的券商、律师事务所等中介机构当时却若无其事。这些中介机构非但不探明情况，反而加快了中国公司在境外上市的步伐。如此做法类似世纪之末所发生的网络公司泡沫，两者之间有惊人的相似之处：券商并不介意企业的好坏，只要能够上市就可以。为了让公司上市，券商就是要不断编出新故事，像贴狗皮膏药，一副接着一副往上贴。其他中介机构也乐得紧随其后，好在上市盛宴中分一羹。

上市造假最后是要穿帮的，但是什么时候穿帮大有讲究。上市公司造假，与官员腐败有异曲同工之处。腐败官员很多，至于官员何时落马，是成批落马还是单个落马，则需要统筹安排，分批分期进行。

揭批中国境外上市公司造假，很有点本末倒置。参加过政治运动的朋友都知道攻心为上：首恶必办，胁从不问；受蒙蔽无罪，反戈一击有功。但资本市场却正好相反，是胁从必办，首恶不问。受蒙蔽有罪，反戈一击无功。根据中、美两国的证券法，券商、律师事务所和会计师事务所等中介机构是过错责任，即，如果他们出错，并不一定需要担负赔偿责任，除非他们工作不够努力（法律术语"未能勤勉尽职"）。相反，上市公司（也称"发行人"）负有严格责任，即，只要上市公司披露的有关文件存在不实之处，上市公司就有赔偿责任，不论上市公司是否故意造假，不论上市公司的过错是否情有可原。可是，在上市公司造假浪潮中，负责承销的券商常常是首恶，教唆公司如何造假，有时甚至一手操办。再有，很多初次上市的公司即使有心造假，也不知道如何造假，更不知道哪些地方需要造假，哪些地方不能造假。更有甚者，上市公司本身也有可能是受害者。有些非增长型公司根本就不适合上市。但为了业务量，券商连哄带骗，硬拉这些公司上市。结果可想而知：此类公司一上便死，至少是伤筋动骨。券商不管这些，他们是打一枪，换一个地方。

惠誉对 35 家中国企业示警，并称使用中国会计准则以及在上海证券交易所上市是这些企业的主要劣质指标。[78]惠誉煞有介事地警告说，如果会计师事务所不是四大国际会计所之一，那么中国的上市公司就又多了一项问题指标。如果"四大"与中国会计师事务所之间有差别，那也是五十步与百步的关系，没有本质区别。金融危机期间，安永（Ernst & Young）会计师事务所就助纣为虐，帮雷曼做了假账，虚增资产，很不像话。对此，美国证交会是听之任之，倒是纽约州检察长抓住此事不放。[79]

那些受到谴责的中国公司并没有破产，比当初美国的网络概念股强出许多：新经济泡沫破灭之日，也就是这些公司消失之时。惠誉自己的信誉很差，金融危机之前伙同另两家国际评级公司做了许多坏事，将许多由次级债组合而成的金融衍生产品评为 3A 级。美国著名财经作家迈克尔·刘易斯（Michael Lewis）更是把国际评级机构损得不轻。在其新作《大卖空》（The Big Shot）中，刘易斯就有些人身攻击的意思了，非说进不了投资银行的人才会去评级机构工作，优质住房抵押贷款人的水平次之，负责次级债评级的人就是脑残了。

不错，美国资本市场确实是人多鬼多，但集中火力狠批中国公司有失公允。美国上市公司造假的就不少。君不见，美国银行拿出 85 亿美元，用于庭外解决其发行有毒金融创新产品所引起的争端。[80]高盛、花旗、德意志银行，还有摩根大通，都因为资本市场造假而被罚款，而且是屡次被罚，屡次再犯，没有穷尽。即便境外上市的中国公司中有害群之马，那也是鼠窃狗盗之辈，与美国那些上市银行中的大奸相比，完全是小巫见大巫，其危害性可以忽略不计。

中国公司到境外上市，还完成了一项重大历史使命。创业板缔造者的一个重要理论是，如果不搞创业板，中国的优秀企业就都要跑到美国去上市，而且确实有不少中国公司已经到美国去上市了。创业板的缔造者以此制造舆论，为创业板的问世鸣锣开道。

我们的时代是一个造假的时代。我们有哪一个行业不造假？上市公司造假，很多时候还是悄悄地进行，而很多医药广告和食品广告宣传是明目张胆地说假话。无德明星为伪劣药品或垃圾食物做广告，但这些药品和食物他们自己恐怕是从未沾过。最可恨的是，我们的中、小学也造假，无数补习班是为赚钱而办，于升学考试无益。

对于某些境外上市的中国公司造假，国内一些朋友痛心疾首，觉得这些中国公司丢了中国的脸面。大可不必！资本市场就是一个"春来茶馆"："相逢开口笑，过后无事样；人一走，茶就凉。"再者，你让魔术师赤膊上阵，戏法还怎么变？长袖才能善舞！资本市场是一个变戏法的地方。如果我们解放思想，换个角度看问题，中国境外上市公司也获取了重大胜利。《围城》中克莱顿大学造假文凭索价500美元，方鸿渐杀价杀到100美元，实付40美元。钱钟书称之为"也许是中国自有外交或订商约以来的唯一的胜利"。同样，只要在境外上市的中国公司赚了钱，而且能够安全撤退，让起诉的投资者扑个空，无法执行胜诉判决，就是自中国游戏国际资本市场以来的最大胜利。既然美国券商是打一枪换一个地方，那么中国在美国上市的公司也可以打一枪换一个地方。

15. 上市前的估值玄机

阿里巴巴上市在即，公司到底价值何许，各方翘首以盼。阿里巴巴7月11日提交申报材料，自我估值为1300亿美元，6月份阿里巴巴的自我估值为1170亿美元。阿里巴巴调高估值，理由是其部分股票的价值被调高。阿里巴巴派给其员工部分股票作为报酬。此类股票曾经被估值为每股50美元，但后来调到了每股56美元。

阿里巴巴还是比较谦虚的。华尔街对阿里巴巴的估值更高，最高估到了2300亿美元，而且是有根据的。2014年3月之前的12个月中，阿里巴巴的收入是84亿美元，净收入是38亿美元。除了公司的实际收入之外，中国的宏观经济以及宏观经济政策也是考量因素，被华尔街的分析师们换算为公司价值。中国经济转型是时髦话题，转型方向是由投资型经济模式转换为消费型经济模式。而阿里巴巴和京东都有很强的销售业务，面对广大消费者，所以被很多分析师看好。

估值很重要，在很大程度上会影响到公司首次公开发行股票的定价。公司公开发行股票之后，也仍然需要估值。Cynk技术公司（Cynk Technology）便是一例。这是一家挂牌的交易场所柜台交易市场集团有限公司（OTC Markets Group Inc.）拥有的平台。该平台类似于我们这里的"三板"或"四板"。与阿里巴巴相比，Cynk的估值就是天方夜谭。Cynk的资产为零，收入为零，雇员只有一人，但估值却达到60亿美元。Cynk是所谓的社会媒体公司，与谷歌、Facebook为同类公司，当初也是雄心万丈，志在千里，说是要在2012年第二季度推出一个叫Introbiz.com的网站，但该网站至今仍无踪影。Cynk倒是另有一个网站，自称使用者交50美元，便可以与名人联系，如交付更多的手续费，还可以联系不同行业的专业人士。Cynk是在美国内华达州注册的一家公司，但营业地址却在美洲的英属领地伯利兹。Cynk 2008年在拉斯维加斯设立，创始人是约翰·库贝尔（John Kueber）。

Cynk 的估值应当是一个骗局，但类似 Cynk 的骗局在美国屡见不鲜。过去两年中，证交会叫停了 1300 家公司的股票交易，可谓马不停蹄，戎机千里。证交会比较自信，自称在大批投资者购入 Cynk 股票之前，证交会已经叫停该股票的交易，抢先一步，防患于未然。怀疑派仍然忧心忡忡，视 Cynk 现象为皮子运动，但乐观派却说，这正是多层次资本市场的迷人之处，要的就是"看万山红遍，层林尽染"，要的就是"鹰击长空，鱼翔浅底，万类霜天竞自由"。

与阿里巴巴相比，Cynk 在估值方面很不地道。但与 Cynk 相比，美联储就更不地道。美联储鬼鬼祟祟，为自己设计了所谓的专门的"监管账户"（regulatory account），该账户下美联储无需公布自己所购资产的亏损。金融危机之后，美联储不惜血本，购入了 4 万亿美元的长期债券和住房抵押贷款资产证券化产品，包括很多 CDO。[81] CDO 是英文 collateralized debt obligation 的缩写，是一种金融凭证，其购买者有权获得资产组合所产生的现金流的一部分。资产组合可以包括债券、贷款、住房抵押担保的证券或其他 CDO。

为了抬高 CDO 的价格，美林等华尔街银行想出了各种诡计。金融危机调查委员会的结论是，"美林和其他投资银行创造需求的办法很简单，就是制造新的 CDO，以便购买已有 CDO 中无人购买的那部分"。"华尔街圈内有君子协定：你买我的 BBB 段（资产证券化产品中的最次部分），我买你的 BBB 段。购买自己产品的所有买家中，购买最多的首推美林及其 CDO 的产品经理。"金融危机爆发时，华尔街的大银行手中都积压了许多 CDO，根本无法出手。为了救助这些银行，美联储没有对 CDO 进行认真估值，便按卖方的要求购入了这些有毒资产。美联储出现亏损在所难免，只能借助监管账户隐瞒真相。当然，美联储不会对其账上的 CDO 认真估值，即便做了也不会公开结果。

如果说阿里巴巴的估值是市场的乐观主义，那么 Cynk 的估值就是骗局了，但仍然可以归类为巧取，而美林和美联储的做法就是豪夺了。"闻道杀人汉水上，妇女多在官军中。"这句唐诗也适用于美国的资本市场：美联储及其所保护的华尔街银行在估值方面就是兵匪一家。

16. 空壳公司的妙用

空壳公司也是有讲究的：不能只有现金、没有业务；不能有太多债务（最好是没有债务）；最好没有固定资产（固定资产的估值和出售比较麻烦）；空壳公司的现有股东必须愿意出售其股权；股权发生变化。

借壳上市美国也有，法律上的术语是"逆向三角并购"（reverse triangular merger），是指收购方设立子公司，子公司与目标公司合并，合并之后收购方的子公司消失，目标公司是存续公司，成为收购方的全资子公司。逆向三角并购的具体做法通常是：（1）收购公司为收购目标公司而设立子公司；（2）子公司将其全部股票换为收购公司的部分股票；（3）根据收购公司、子公司和目标公司的三方并购协议，收购公司将其拥有的子公司股票换为目标公司的股票；（4）再根据收购公司、子公司和目标公司的三方并购协议，目标公司的原有股东将其所拥有的目标公司的全部股票换为收购公司的股票。[82]

到 2011 年 3 月 22 日，纳斯达克共有 188 家中国上市公司，其中 106 家是通过逆向三角并购上市的。2007 年到 2011 年 4 月底，美国总共只有 600 家公司通过逆向三角并购上市，避免了首次公开发行程序。[83]

2011 年 4 月底，纳斯达克 OMX 集团（Nasdaq OMX Group）在向证交会提交的文件中表示，要加强对通过逆向并购上市的公司的审查，包括上市需要有 6 个月的等待期。[84]可监管者总是迟到一步。

17. SPAC： 欧美的借壳上市专业户

"明修栈道，暗度陈仓。"——借壳上市就是这个意思，要绕过监管进行首次公开发行。借壳上市大多不事声张，不够理直气壮，不够冠冕堂皇。但美国那边有人相信，借壳上市是光明正大的业务，他们要把借壳上市作为一个品牌业务来经营。2017 年 9 月 14 日，社会资本 Hedosophia 控股公司（Social Capital Hedosophia Holdings）（下称"社会资本"）在纽约股票交易所隆重上市。[85]该公司的首席执行官查马斯·法利哈比蒂亚（Chamath Pali-hapitiya）表示，今后还要上市类似的系列公司，把借壳上市作为一个品牌业务来经营。社会资本是一种特殊的壳公司（shell company），也称空白支票公司（blank company），学名"特殊目的收购公司"（special-purpose acquisition company 或 SPAC）。SPAC 不同于一般借壳上市中的目标公司，更不同于我国壳公司中的 ST：SPAC 上市就是为了做壳。

借助 SPAC 上市确有某些好处。若有公司需要首次公开发行，可以借助社会资本公司上市，立地成佛，免去路演等询价过程，主要由 SPAC 与拟上市公司通过谈判定价，承销商的作用因此大大减小。此外，借助 SPAC 上市，无需在证交所"过堂"。证交会经常是装模作样，装神弄鬼，要求申请上市的公司描眉画眼，公司上市费时、费钱。公司在美国上市，其流程长则一年，短则 60 天到 90 天。

据法利哈比蒂亚介绍，SPAC 还有稳定股价的功能。以社会资本为例，有稳定的投资者，其中包括显赫的共同基金、主权财富基金，还有若干蓝筹对冲基金。这些投资者不会轻易抛售股票，有助于稳定借壳上市的公司的股票。法利哈比蒂亚还承诺，如果两年内不做任何收购交易，会将资本金归还给投资者。对于社会资本的宏伟蓝图，也有智叟看了发笑，说是成本太高：创始公司若上市成功，法利哈比蒂亚及其合伙人将收取 20% 的费用，而创始公司通过正常渠道首次公开发行，各类承销费用通常在 6% 左右。

面对疑问，法利哈比蒂亚依然是意气风发，斗志昂扬，不仅要助创始公司上市，而且要助创始公司中的独角兽公司上市。独角兽公司（unicorn company）是指通过数轮融资，估值在 10 亿美元以上的非上市公司。法利哈比蒂亚表示，社会资本公司以估值在 20 亿美元至 200 亿美元之间的独角兽公司为工作重点。

法利哈比蒂亚是跨行业的难得人才，既懂软件开发，又懂风险投资。法利哈比蒂亚在斯里兰卡出生，6 岁移民加拿大，毕业于加拿大安大略省的滑铁卢大学，主修电子工程，毕业后在加拿大的证券公司 BMO NoSbitt 工作，是衍生产品的交易员。法利哈比蒂亚自己创业之前的最后一个工作，是在 Facebook 担任高管。2011 年，法利哈比蒂亚辞去他在 Facebook 的职位，成立了社会资本合伙企业，2014 年该合伙企业改名为社会资本。在资本市场这个地方，最高境界是用他人的钱为自己投资赚钱。对冲基金和包括风险基金在内的私募股权基金都是这个意思——投资于医疗健康和教育等风险资本所忽略的领域。

一个出生在美国之外的亚洲人，一个并非美国名牌大学的毕业生，法利哈比蒂亚能够闯入美国的资本市场并爬到顶尖，说明他本领高强，智勇双全。但法利哈比蒂亚的成功经历也显示，美国的巨型技术公司为有志青年另辟蹊径。很多年来，要想在美国资本市场混迹并立足，必须首先在华尔街的顶级投资银行内历练数年，然后才能自立门户，设立自己的私募股权基金或对冲基金。而要想进入华尔街的顶级投资银行，首先必须进入美国的顶级名牌大学——两者都很不好进。但现在只要在 Facebook 这样的巨型技术公司内镀金、修炼一段时间，就可以到资本市场的江河湖海弄潮：中流击水，浪遏飞舟。

法利哈比蒂亚也并非 SPAC 始作俑者。2007 年，泛欧旅店收购公司（Pan-European Hotel Acquisition Company N. V.）在阿姆斯特丹的（泛欧）证交所（Euronext）上市，融资 1 亿欧元。2008 年，自由国际收购公司（Liberty International Acquisition Company）在纽约-泛欧证交所（NYSE Euronext）上市，申请上市时提出融资 5 亿美元，实际融资近 7 亿美元。但是，今天世界上的很多新生事物要想走红，必须先在美国获得认可。当然，即便是新生事物已经介绍到了美国，也未必一定能够获得成功。SPAC 也是一样：能否成功，还有待于实践检验。

SPAC 目前还无法在我国登陆，因为 SPAC 并不盈利，甚至没有自己的日常业务。而按照我国的相关法律、法规的规定，企业在证券交易所上市，必须连续三年赢利。这样很好：我们可以后发制人，待 SPAC 充分证明了其存在价值之后，再考虑引进并修改相关法律。如果 SPAC 失败了，我们自然不必问津。

18. 联合利华遭遇收购的启示

敌意收购有如野蛮人攻城，轻易不肯退兵。蒙古人攻打乌克兰首都基辅，日耳曼人攻打罗马，都是不达目的，誓不罢休。但卡夫·海因茨（Kraft Heinz）收购联合利华（Unilever）的攻略是一个例外，战役还没有打响便结束了。联合利华拒绝收购建议之后，数日之内便偃旗息鼓，卡夫·海因茨便悄然撤兵。原先准备的围观者不肯散去，余兴未了，有的还在继续起哄，争先恐后地为两家公司献计献策。当然，在各方的深度挖掘之下，一些幕后故事也浮出水面。

卡夫·海因茨之所以迅速退去，首先是因为其出价太低。卡夫·海因茨出价每股 50 美元收购联合利华的股票，溢价达到 18%。但业内人士认为，像联合利华这样的公司，收购溢价在 30% 到 40% 并不算高。更重要的原因是，英国政府和荷兰政府强烈反对卡夫·海因茨收购联合利华。联合利华在伦敦上市，在英国也有很大的业务。联合利华的创始人威廉·赫斯克特·利弗（William Hesketh Lever）就出生在英国。[86]英国首相已经表示，要留住联合利华。荷兰议会 2017 年换届选举，捍卫民族企业是候选人争扛的一面大旗。

联合利华全身而退，但领导层还是吓得不轻，惊恐之余承诺开展调研，设法提高给投资者的回报。但有的业内人士认为，联合利华不应当妄自菲薄，应当坚定不移地走自己的路。注重短期利润，难免牺牲长期利益。要平衡当前股东与未来股东之间的关系。现在的股东持股时间普遍过短，经常只有数月时间，赚了钱便跑。其实，联合利华给投资者的回报已经非常可观。2000 年至 2017 年，联合利华的平均年回报接近 13%，是相当好的公司业绩，而同期富时（FTSE）100 指数的公司的平均回报不过 5%，两者相去甚远。

联合利华的选择已经被上升到两条路线斗争的高度：联合利华被誉为贯彻"负责任的资本主义"（responsible capitalism），[87] 而收购方则是推行"生猛资本主义"（red blooded），或称"热血资本主义"。确实，私募股权基金收购海因茨之后，18 个月内裁掉了 7000 个职位。[88] 这些私募基金也是卡夫·海因茨问鼎联合利华后面的推手。有些公司还提出了"有宣示目的公司"（companies with declared purpose）。这是将公司拟人化，要求公司有远大志向。苹果和宝马要当业内最好的公司，有些公司是要挑战业内老大，有些是要办成可持续公司。[89] 据说，这也是提高业绩的好办法。

收购联合利华之争，也是工业巨子和金融寡头之间的较量。联合利华的首席执行官保罗·波尔曼（Paul Polman）当时 60 岁，先后在宝洁、雀巢和联合利华工作。而收购方的灵魂人物之一，是 77 岁的豪尔赫·保罗·雷曼（Jorge Paulo Lemann）。他是 3G 的共同创始人。3G 是一家私募集团，2004 年在纽约成立，专门从事兼并收购业务。雷曼与股神巴菲特联手，2013 年收购了海因茨，两年之后又收购了卡夫。[90] 雷曼的父亲是移民巴西的瑞士人，雷曼本人也应当算是巴西人，身边的人也都是巴西人。

米歇尔·克莱因（Michael Klein）——[91] 交易制造者。克莱因原来在花旗集团当高管，后来出来单干。这些人口吐莲花，八面玲珑，在证券市场起到牵线搭桥的作用，两边都说得上话，有时候也可以缓冲各方的矛盾。证券市场需要克莱因这样的人。比如，英国政府坚决反对收购联合利华，这个意思由中间人转告巴菲特，老英雄知难而退。英国政府标榜自己是市场经济的倡导者，公然跳出来阻止收购总是有些不好。英国政府更愿意不战而屈人之兵，最好也是暗中使坏，有中国战国时代说客的风范，纵横捭阖。赤膊上阵总是下策，难免双方两败俱伤。

联合利华收购一事，让人再次领略了股神巴菲特的风采。巴菲特人缘很好，能与美国财政部长直接沟通。而且在一般公众眼中，巴菲特的形象也很不错。他有哥伦比亚大学商学院经济学理学硕士学位，但在内布拉斯加州奥马哈的办公室内，没有挂这张学位证书，也没有挂他内布拉斯加大学的本科学位证书，挂的是戴尔·卡内基（Dale Carnegie）讲授的培训课程证书，日期为1952年1月23日，课程名称为"领导力培训、交友和影响他人的艺术"（Effective Speaking, Leadership Training, and the Art of Winning Friends and Influencing People）。[92]巴菲特与前妻生活25年之后友好分手。巴菲特对前妻称赞有加，感谢前妻教会了他做人。巴菲特盛赞中国一家厂商生产的西装，而且穿起一套为厂家免费做广告，给重视外国人评论的吾人留下了良好的印象。

联合利华与巴菲特和他的伙伴们是否还会有后续故事，或许仍然有一定的悬念。在克莱因的斡旋之下，巴菲特宣布停止收购行动的数小时之前与波尔曼通过电话，但内容至今没有公布。私募基金时而收购上市公司的某些股票，然后要求上市公司高价回购，否则就发起敌意收购，得手之后便将目标公司的现任高管赶下台去。资本市场逐利时，都是无毒不丈夫，量小非君子。

19. 2015 年国际并购业务巡礼

2015年是国际并购业务的丰收之年，并购交易资产总额达到4.6万亿美元。

并购的动因很多，最冠冕堂皇的理由是增加两家公司的合力。而产生合力的方式通常是开源节流。2015年，一家叫3G的投资公司（是由三个巴西人掌控的公司）专门收购公司后削减其开支。私募股权基金尤其长于此道，收购公司后将其退市，并大刀阔斧地裁减开支，提高利润后再将公司上市，赚取高股价中的溢价部分。为帮助公司瘦身，私募股权基金下手很重，甚至连公司员工印制名片也要加以限制。当然，有些美国公司铺张浪费，削减开支的潜力确实很大。鼎盛期间，有些跨国公司居然有自己的专机部门，供养数架专机和机组人员，专供公司老总外出使用，可谓穷奢极欲，挥霍无度。

除了私募股权基金主导的退市收购之外，也有上市公司自导自演的退市收购。2015年春夏交际，中国国内股市如火如荼，公司股价飙升，在美国上市的一些中国公司看得眼热，见异思迁，希望在美国退市后回国内上市，所以便安排由其他公司或金融机构收购退市。[93]2015年，通过收购退市的公司的资产总额为300亿美元，在4.6万亿美元的交易总额中所占的比例较小，但已经超过以往6年的总和。

国际并购也是跨国公司借道避税的好办法，美国药业巨头辉瑞（Pfizer）收购爱尔兰的艾尔建（Allergan）公司便是一例。交易完成之后，辉瑞的税率调整到17%至18%，而此前辉瑞的税率大约为25%。美国跨国公司藏富于海外已经蔚然成风，辉瑞并非始作俑者。美国跨国公司在海外低税率司法辖区藏金大约2.1万亿美元。

并购也是很多上市公司的生存之道。公司上市的理由大多是需要资金扩大市场份额，但实际上市场潜力极其有限，甚至是市场早已饱和。公司上市筹得巨款后无法靠主营业务的有机增长提高利润，只能通过收购来实现增长。很多创新企业上市之后并无创新，而是大肆收购，疯狂收购，四面出击，跨行业收购。上市公司还大肆收购潜在竞争对手，将其"创新"企业扼杀在摇篮之中。

并购业务不仅需要动因，也需要成因，货币宽松政策便是重要成因。2015年并购业务兴隆，美联储的长期货币宽松政策是一重大原因。美国10年期财政部债券2007年的收益率为4.6%，而2015年仅为2.2%。标准普尔500指数公司持有的现金高达1.8万亿美元，而2007年这些公司持有的现金仅为8000亿美元。同样，2016年的全球并购业务中，货币政策仍然是一大因素。科尔姆·唐隆（Colm Donlong）是摩根士丹利负责欧洲、中东和非洲并购业务的主管，按照他的断言，2016 年欧元走低，北美和亚洲的公司势必借机在欧洲收购公司。确实，2015 年欧洲仍然没有走出主权债务危机的阴影，只不过是难民潮转移了人们的注意力。2016 年欧元很可能继续贬值，以刺激欧元区经济。而美元强劲又减少了收购欧元区公司的成本：如同其他货物或服务一样，欧元贬值，欧元区公司也就更加便宜。而从另一方面看，2015 年欧洲区并购业务较少：北美 2.48 万亿美元，亚太地区 1.05 万亿美元，而欧洲地区仅为 0.88 亿美元。

廉价资金也鼓励借债收购（或称"杠杆收购"）。但 2015 年国际并购中杠杆收购的比例仍然相对较小，只有 3000 亿美元，仅为 2007 年的一半。美联储加息之后，杠杆收购可能受到进一步限制，高收益债券市场难以维系。2015 年的大型跨国并购大多是以收购公司的股票作为全部对价或部分对价。以收购方的股票作为对价意味着：如果收购成功，则收购方和被收购方利益均沾；如果收购失败，则双方共同承担风险或成本。相反，如果是负债收购，那么收购成功是收购方独享好处，收购失败则由其独吞苦果。

美国的业内人士普遍认为，2016 年的国际并购业务仍然看好，变局因数不多，就是看美国政府是否会收紧避税的法律，再就是看反垄断机构是否会从严执法。

三、资产管理

资产管理形式多样，是华尔街银行获利的主要来源。证券投资基金是资产管理的主要形式，由证券公司所属的资产管理公司以及另立门户的资产管理公司管理。

20. 飞起来的贝莱德

2010 年，华尔街飞起来的金融机构首推贝莱德（BlackRock）。这是一家全球最大的资产管理公司，旗下管理的资产多达 3.45 万亿美元，比德国国内生产总值还要多。贝莱德是华尔街券商的大客户，2010 年付给各家券商的费用达 10 亿美元。一些国家的中央银行和主权财富基金也请其代理资产，金额高达 2400 亿美元。2008 年美国政府购入华尔街有毒资产，请贝莱德代为管理，金额高达 1500 亿美元。[94] 2010 年贝莱德的收入预期为 47 亿美元，利润可达 20 亿美元。

贝莱德是一个庞然大物，称得上是一个帝国，全球有 8900 名雇员，业务多元化，其中包括安硕 iShares——交易所买卖基金（ETF）中的一大主力。

一、莫道君行早，踏遍青山人未老

贝莱德并非百年老店，历史很短，1988 年成立。成立之初，贝莱德只是一家债券交易行。黑石集团（Blackstone Group）给了贝莱德 500 万美元的信贷额，持有贝莱德 40% 的股份。贝莱德就设在黑石集团的总部中。此时的贝莱德像忠义救国军，号称是独立的队伍，是就地筹款，但背后有股东。忠义救国军有后台——或者是国民党，或者是日本军方，有的时候还受地下党节制。资本市场的关系错综复杂，很多股东隐藏在幕后操纵，是看不见的黑手。

可花无百日红，人无千日好。强强结合的结果大多是强强相克。黑石集团的大老板史蒂夫·施瓦茨曼（Steve Schwarzman）与贝莱德的领导就控制与反控制的问题发生了矛盾。一怒之下，黑石集团以 2.4 亿美元的售价，将贝莱德卖给了 PNG 金融服务集团（PNG Financial Services Group）。此后，贝莱德便否极泰来，一炮打响。1995 年，通用电气出售 100 亿美元的减值房地产抵押证券组合，贝莱德受雇于通用电气，在资产的估值和出售中立下汗马功劳，帮助通用电气节省了 10 亿美元。贝莱德也因此而名声大振，确定了自己在业内的地位。

1999 年，贝莱德与高盛同年上市，但无法望高盛项背。贝莱德筹得 1.26 亿美元，而高盛则筹得 37 亿美元。高盛火爆得多，靠豪赌大踏步前进，大踏步后退，在运动战中歼灭对手。如果交易是运动战的话，那么传统理财业务就是阵地战。贝莱德自称是做传统理财业务的，稳扎稳打，寸寸着进，洋洋万里。

或许，贝莱德曾经是传统投资，辛辛苦苦，老老实实，但最后还是难免落入俗套，还是要做大、做强，要靠并购争抢业务。2004 年，贝莱德以 3.75 亿美元收购道富研究和管理公司（State Street Research & Management）。2006 年，贝莱德与美林价值 5.39 亿美元的资产管理部门合并，美林获得贝莱德近 49.5% 的股权。2009 年，贝莱德以 150 亿美元收购了设在英国的巴克莱全球投资者（Barclay Global investors）。

到 2010 年，贝莱德在 1800 家公司中占有 5% 以上的股份。贝莱德向证交会申报有关材料时，内容之多，数量之大，致证交会的电子数据库不堪重负，一时瘫痪。

"莫道君行早，踏遍青山人未老。""一万年太久，只争朝夕。"贝莱德走的成长道路，许多其他金融机构也曾经走过。花旗集团和通用电气都是靠并购扩充队伍，招降纳叛，抢人、抢钱、抢地盘。并购像春秋战国的纵横捭阖，虽有秦晋之好，却征伐不断。春秋无义战，资本市场的并购也是混战，六亲不认，你死我活，险象环生。金融机构的大头头们都想当霸主，当齐桓公小白。

2011 年，贝莱德又推出世界上最大的内部交易平台。其他资产管理公司没有这个实力。此举是贝莱德高层领导蓄谋已久的。早在 2009 年，贝莱德的首席执行官劳伦斯·芬克（Laurence D. Fink）就表示，交易是个"肥得流油"的业务。金融危机之后，美国五大券商一下少了三条大虫，交易利润自然更加丰厚。说来说去，仍然是交易为王。华尔街金融机构的发展轨迹有很多相似之处：创业之初是苦干、巧干，得手之后是蛮干。

二、阿拉丁神灯

如果贝莱德有什么绝活，那就是它的风险管理系统。2000 年，在芬克的主持之下，贝莱德的分析部门扩编，成为"贝莱德答案"（BlackRock Solutions）。该部门推出了风险管理系统，还有一个很好听的名字："阿拉丁"（Alladdin）——出自《一千零一夜》。好一个古香古色的名字！

资本市场的名词如此古朴风雅，与中国古代青楼的名称有异曲同工之处。请听，香云阁、怡情园、暗香阁、天翠楼，还有独香亭，都是很典雅的名字啊！资本市场与色情场所确有相似之处：金钱无眠，红尘滚滚，一个是贪欲，一个是情欲，都是人们内心的迷魂。金粉世界和红粉世界就是要化腐朽为神奇，大俗才能大雅。有了黛玉、晴雯这样的芳名，虽然是奔财、奔色而来，那也能感受创新，感受伟大的博弈。

阿拉丁确实不同凡响，其收入占到贝莱德所收费用的 5%，所雇员工达到 800 人。阿拉丁的一班人马三教九流，专业五花八门，有学数学、工程、经济学的，还有学核物理的，可以说是精通十八般兵器，还有孟尝君似的人物，既可高唱"长铗归来乎"，也可以是城狐社鼠，鸡鸣狗盗。阿拉丁可以用来分析股票、债券和衍生产品，尤其是用来分析与房地产抵押有关的债券。具体分析方法应当属于商业秘密，但业内知道，阿拉丁是根据房地产所在的地段、邮编和其他指数，对投资者的资产组合中的房地产抵押债券进行分析、分类和估价的。阿拉丁号称可以推测未来，假设各种情况下的资产价值变化。变数是根据历史险情而定的：亚洲金融危机，金融海啸期间的信贷紧缩，以及美元下跌等。但此等模式的最大问题是：尽管历史有惊人的相似之处，但历史从来不是简单重复，失之毫厘，差之千里。

"千里烟波，暮霭沉沉楚天阔。"老马识途的经验在资本市场不灵。

三、金融危机

贝莱德可能是运气好，也可能是确有先见之明。总之，自 2006 年起，贝莱德就开始逐渐远离风险最大的债券。贝莱德的分析师队伍也派上大用场了。2008 年，摩根大通收购贝尔斯登，请贝莱德评估非流通资产。贝莱德派出 50 个分析师，周末突击加班，圆满完成任务。2008 年贝莱德表现不俗，最后一个季度还盈利 5400 万美元。金额虽然不大，但当时的市场是一片鬼哭狼嚎，能有 5400 万美元的利润也是虎口拔牙了。2008 年最后一个季度，高盛也亏损 21 亿美元，而且放下身段，从美国政府拿了 100 亿美元的救命钱。

"一从大地起风雷，便有精生白骨堆。"金融危机风云突起，贝莱德半路杀出，发了一大笔国难财。美国共有 8 家投资银行获准从美联储购买资产，贝莱德是其中一家，但同时又是美联储的顾问。这就有利害冲突，内幕消息更是让其成竹在胸，尽管按照美国的法律，有关消息不算内幕消息。三年之内，贝莱德从美联储挣得 1.2 亿美元。2008 年，美国政府向华尔街发放救助资金，贝莱德也从中分得一杯羹，金额高达 38 亿美元。既然是好公司，为什么要从政府拿钱？贝莱德的理由是，公司不缺钱，这笔救助金是为其客户提供投资机会的。金融机构就是这样赚钱：牛市要挣，熊市也要挣，拉网扫荡，反复拉锯。

房地产泡沫破灭时，贝莱德所管理的有抵押债务（CDO）表现很差。有人据此提出，既然如此，为什么还要由贝莱德来管理政府所购进的大量CDO 资产呢？有的业内人士明确指出，贝莱德"离问题很近，不应当拿到无需竞标的政府合同"。但现在是乱世，很多问题就顾不过来了。

确实，贝莱德也有马失前蹄的时候，而且还不是偶然一次。贝莱德封闭式基金因为市场崩溃而冻结投资。再有，贝莱德以分析和估值固定资产收入而闻名，但其在该领域长期业绩平平。2006 年，贝莱德的房地产部门曾经在曼哈顿购入大批公寓，结果损失不轻。更糟的是，贝莱德的客户加利福尼亚州退休基金也受到重创，损失达 5 亿美元。芬克本人不得不出来道歉："我们失算，影响到客户，这是我们的过错。我们至今仍然因为让客户失望而感到痛心。"

繁星点点股民泪，聚作银河万古流。5 亿美元的亏损，要想翻本，需要多少牛市，需要多少手气。我顽固地相信，路有冻死骨，才能朱门酒肉臭——反之亦然。都说机构投资者是成熟投资者，善于辨别方向，而且膘厚，可以消化巨额损失。加利福尼亚州退休基金的例子如何？退休基金这样的机构投资者经常是冤大头。资本市场就是要集腋成裘，把财富汇集起来之后再聚歼之。机构投资者还可能有家贼，里应外合，开门揖盗，为外面的金融机构大开方便之门。新形势下仍有内奸，虽改头换面，但性质不变。

四、穷人的孩子早当家

强势团体有灵魂人物。贝莱德的灵魂人物是劳伦斯·芬克，此君 1954 年出生于加利福尼亚州，获得加州大学洛杉矶分校的本科和工商管理硕士学位。1980 年代，芬克就职于第一波士顿（后与瑞士信贷合并），主要从事债券交易，30 岁便成为第一波士顿历史上最年轻的董事总经理。芬克青年才俊，33 岁即创下过一个季度赢利 1 亿美元的纪录，很快再破自己的纪录：一个季度亏损 1 亿多美元。芬克自称此事刻骨铭心，下决心以后要从事风险管理业务。

芬克不算是苦孩子，但家境非常一般，父母一个是英文教员，一个是售鞋推销员。按我们过去的成分划分，华尔街的当红领袖很多出生于贫下中农家庭，家庭成分至多不会超过中农，可能会有极少数的上中农，但富农是不会有的。这批领导有强烈的翻身愿望，迫切要挣大钱。在行事方面，他们争勇斗狠，其理念与我们的比较相似，也是先污染，后环保；先小人，后君子；先攫取，后给予。

资本精英中也有富家子弟和世家子弟，但他们主要是从事投行业务（公司的上市和并购业务），主要是靠关系拿业务，吃吃喝喝、拉拉扯扯就可以把事情搞定。投行业务与交易业务不同。交易是挣大钱，但压力也比较大，操心受累，而且有风险。富家子弟也要挣大钱，但大多不愿吃大苦、耐大劳，更不愿意冒风险。

2010 年应该是芬克扬眉吐气的一年，他当年的收入是 2270 万美元，稳居华尔街各路领袖收入之首。但据说芬克依然保持着艰苦朴素的生活作风，比如，他长途旅行不坐公司的私人飞机，只坐商业航空公司的航班。芬克生活不算铺张，但估计捐钱还是比较慷慨的。芬克是纽约大学的校董，同时还是纽约大学医学中心董事会主席。这些体面的位置不捐几个钱是换不来的。美国社会贤达的标志就是校董什么的，华尔街的头面人物都是这所或那所大学的校董。

芬克在华尔街的职业已经达到了巅峰，但他还有一个小小的愿望，想去华盛顿担任公职。芬克并没有说什么位置中他的意。但华尔街的很多老大希望自己的最后一站是当一任财政部长。美国的财长很神气。我们这里一般是副总理级别以上的党和国家领导人才有贴身警卫，而美国财长有好几个特工护卫，出行前呼后拥，好不威风。当官是好，不仅荣华富贵，还可以作威作福，享受的奉承也是高质量的，绝非花钱可以买来的。但华尔街的老大们大多信誓旦旦地表示，他们当官是要为国家服务。

五、"这支队伍你当家，可是皇军要当你的家"

芬克在资本市场功成名就，可以奔赴另一个战场，但还是有一件事让他耿耿于怀：贝莱德价值被低估。芬克号召他的雇员们"不断地为贝莱德的品牌添砖加瓦"。什么意思？为品牌添砖加瓦就是要扩大地盘，就是要让子弹飞起来，就是要下山摘桃子。

要想赚大钱，仅靠剥削是不够的。律师本领再高强，其收入也不能与券商相比。律师当了老板也只能剥削下面的律师，利润空间十分有限。要想赚大钱，仅靠本领高强也是不够的。庞氏骗局大王麦道夫当过美国证券业自治协会的领导，本领高强，人脉深厚。这样一位老英雄还要铤而走险，靠欺诈聚财，就是因为他已经悟出了一个深刻的道理：在资本市场这个地方，仅靠聪明才智和勤劳勇敢是不能发大财、挣大钱的。

要想赚大钱，仅有品牌也是不够的，必须出售品牌。公司上市就是出售品牌的一种重要方式。从出卖产品到出卖名声是一个飞跃。有了钱就可以搞兼并，收编其他队伍，扩大自己的势力范围。所以各类行业的公司不停地并购重组，不停地大分化、大瓦解、大重组。

赚钱的最佳方式是整合，资本市场就是整合。华尔街金融机构要整合资源，其他机构也想整合资源。软件公司也要整合资源，虽是技术公司，但制作软件，以供其他各种公司使用。这样一来，其他公司的先进经验和各种信息都汇总到软件公司来了。整合的最高境界是统一，退而求其次是统一行动：理解的要执行，不理解的也要执行。统一战线也是整合，统一别人而不被别人统一。

革命现代京剧《沙家浜》中，忠义救国军的草莽司令胡传魁想自己指挥自己的队伍，但"海归"参谋长刁德一告诉他："这支队伍你当家，可是皇军要当你的家。"什么是整合？这就是整合。贝莱德也是在资本市场搞整合，把别人的资源放到它这里来整合。

21. 收费： 资产管理人的头等大事

管理证券投资基金的通常是资产管理公司。因为资产管理公司是法人，所以又称资产管理人。对于资产管理公司来说，向投资者收费是头等大事。有关数据显示，2013 年，就我国资产管理公司而言，从营业收入构成看，管理费收入占很大部分，为 319.41 亿元，占营业收入的 86.60%，其次是手续费和利息收入，分别为 15.72 亿元和 15.15 亿元，占营业收入的比例分别为 4.26% 和 4.11%。其他几项营业收入来源为：投资收益、公允价值变动损益、汇率收益和其他业务收入，在营业收入中所占的比例分别为 1.19%、0.18%、0.00% 和 2.51%。2010 年的情况更能说明问题。2010 年，48 家基金管理公司的 500 支基金共收取了 237.9 亿元的管理费用，这个数字超过了 2010 年基金业全年盈利的 10 倍。

当然，从基金管理公司的角度说，管理证券投资基金也有成本，其中包括：信息成本、交易成本、科研成本、人力成本、物化成本。交易成本又被细化为：固定成本（佣金和杂费）、变动成本（执行成本和机会成本）以及买卖价差。当然，羊毛出在羊身上：这些费用最后都是由投资人支付的。

不过，令人略感欣慰的是，与美国的做法相比，我们这里基金管理公司收费还是差强人意的。美国弄得很不像话，国会专门制定法律，帮助基金管理公司向共同基金的投资者强行收费。证券投资基金是学名，在美国俗称共同基金：投资者把各自的资金放在一起，所以称为共同基金。美国共同基金的法定费用又称"12b-1 费用"，得名于《投资公司法》第 12b-1 节。12b-1 费用分为两大类：销售费（distribution fees）和股东服务费（shareholder service fees）。股东服务费可以用于答复投资者的咨询和其他开支。销售费包括广告费、印刷和寄送招股书和促销材料的费用，可以用来奖励经纪人和其他销售人员。但实际结果是基金得以销售某类证券。

美国的国会议员们并不认为推出 12b-1 费用是在为基金管理公司谋利益。他们认为，通过收取 12b-1 费用，共同基金会有更多的资金用于做大、做强基金业务，而整个共同基金行业做强，规模效益增加，最终有益于投资者。但很多学者的看法不同，他们认为，事过境迁，共同基金所管理的资产总额超过 10 万亿美元后，就已经形成所需要的规模效益，没有必要再允许此类费用。

我国的情况不够明朗，私募基金刚刚开始登记。但美国的情况是，私募基金管理人收费很高，费用为管理资产的 2%，投资利润的 20% 归基金管理人。基金管理人可以是资产管理公司，也可以是合伙企业。按照美国的惯例，私募基金最多只能获取投资利润的 20%，超出部分归投资者。但基金管理合同又规定，退回部分为扣除纳税资金后的剩余资金。

2012 年我国《基金法》修订之前，该法规制的证券投资基金等同于公开募集的基金，也称公募基金或共同基金。但 2012 年《基金法》修订之后，证券投资基金也包括非公开募集的基金，也称私募基金或私募股权基金，其中从事对冲业务的私募基金又称对冲基金。私募基金的管理人或为基金管理公司，或为合伙企业。

私募基金的管理人收费很狠，而且还要严守秘密，自己密不告人，也不许别人说。几乎所有的理财机构都要求客户与其签订不披露协议。基金管理合同不披露收费信息，投资者就无法比较不同理财管理人所收的费用。事后知道，2011 年至 2012 年，两家养老基金各自将资金交给理财机构，投资合同的内容几乎一样，但一家养老基金付了 720 万英镑的管理费，而另一家养老基金只付了 270 万英镑的管理费。英国 80% 的退休基金挑选管理人时并没有经过竞标过程，所选资产管理人的决策很可能并不基于退休基金的最大利益。养老基金的经理并不愿意要求私募基金披露收费信息，理由是生怕私募基金因此不接受养老基金的投资。或许是这样吧。但还有一种可能，就是养老基金的经理收受了私募基金的好处，所以不便要求私募基金披露管理协议的内容。

不管是公募基金还是私募基金，管理人都是按其所管理的资产收取费用。所以基金的各类管理人都尽量把业务做大，管理的资产多多益善。

22. ETF： 势头强劲的新锐基金

近年来，国际上很多投资者忙个不停，老鼠搬家似的转移资产。2016年，投资者从对冲基金中撤出 700 亿美元的资金，共有 3500 亿美元退出了积极管理的股权基金，其中大量流入 ETF：2016 年流入 ETF 的资金达到4900 亿美元，而且该趋势有望持续下去。[95]2017 年初，ETF 所管理的资产金额首次超过了对冲基金所管理的资产：ETF 管理 3.55 万亿美元的资产，对冲基金管理 3 万亿美元的资产。[96]同年 6 月底，ETF 已有 4.7 万亿美元的资产，而对冲基金的资产只有 3.1 万亿美元。[97]ETF 似大河奔流，汹涌向前，势不可挡。资产管理公司先锋（Vanguard）的创始人约翰·博格尔（John Bogle）断言，ETF 已经击败对冲基金，对冲基金永远不可能再超过 ETF 的规模。到 2020 年，ETF 管理的资产有望达到 5 万亿美元。[98]

ETF 也是共同基金的噩耗。2015 年基金管理人募集了 523 支共同基金，而 2016 年 1 月至 11 月，基金管理人只募集了 269 支共同基金，是 20 年来最低。2016 年 1 月至 11 月，美国共有 301 支共同基金关闭，97 家共同基金与其他共同基金合并，是 2009 年以来共同基金倒闭和关闭最多的一年。2016 年，流出共同基金业的资金达到平均每月 300 亿美元。[99]

总之，ETF 在美国已经形成气候。2007 年，美国有 1843 支 ETF，到

2016 年增加到了 1945 支。ETF 所交易的产品金额仅在美国便达到了 2.5 万亿美元。ETF 在欧洲也是高歌猛进。目前欧洲 ETF 管理的资产为 7000 亿欧元，预计到 2020 年将增长到 1 万亿欧元。[100]2000 年 4 月，第一支 ETF 在伦敦股票交易所首次挂牌交易，而到 2017 年中旬，伦敦证券交易所挂牌交易的 ETF 便达到了 1350 支。[101]

ETF 也早已悄悄来到中国，芳名包括 180ETF 和 50ETF，光大证券内幕交易案与之有关。该案发生之后，业内外一度对内幕交易展开热烈讨论，但很少有人关注"光大证券"内幕交易与 ETF 内在特性之间的联系。

一、ETF 为何物？

ETF 于 1993 年在美国问世，但美国至今没有专门的规则对其进行规制，证交会是借助共同基金的规则对其加以监管的。EFT 是特殊形式的共同基金，募集之前必须在证交会注册。所谓注册也具有审批性质，与我国的"核准"有很多相似之处。如果 ETF 是证交会工作人员之前没有见过的，则所需审批时间更长。[102]

ETF 在我国也没有具体法律来规定。ETF 有中文名字"交易型开放式基金"，一个让人不得要领的名字。在大洋彼岸，证交会所将 ETF 定义为："开放式管理投资公司（或其系列或类别），其股票在全国性证券交易所交易，ETF 根据证交会依据《投资公司法》发布的豁免命令或豁免规则设立和运行。"[103]同样是让人不得要领。但人们已经形成共识：ETF 集开放式基金和封闭式基金的特点于一身。在 ETF 出现之前，开放式基金的投资者可以随时退出基金，但开放式基金无法在证券交易所挂牌交易，因为投资者不停地进出，基金份额无法定价。封闭式基金可以在证券交易所挂牌交易，但投资者必须将钱留在基金内，只能在约定的日期赎回。ETF 既可以在证券交易所挂牌交易，投资者还可以随时买卖 ETF 份额。何以能够做到这点呢？因为有证券公司在做市，投资者要卖出其所持的 ETF 份额时，证券公司作为做市商随时买入。ETF 份额与指数的有关股票价格总在变化之中，做市商不断买入卖出，寻找套利机会，低进高出。

从功能和结构上看，ETF 是公募基金和私募基金中对冲基金的结合。我国的分级基金与 ETF 有异曲同工之处：分级基金也是集公募和私募基金中的对冲基金于一身。从这个意义上说，分级基金的出现，分流了本来会流入 ETF 的资金，某种意义上放缓了我国 ETF 的前进步伐。

二、ETF 好在哪里？

对投资者来说，ETF 到底有何好处呢？首先是便宜。2016 年，贝莱德下调其部分 ETF 的收费，费率由 0.07% 降至 0.04%。[104] 在当今这个世界上，推销任何产品都必须廉价、免费乃至暂时倒贴。ETF 无需专门的经理人管理，是所谓的被动交易，所以成本较低。但投资者从感情和机制上接受 ETF 之后，ETF 又会悄然提价。比如，策略 Beta ETF（Strategic Beta ETF）或智能 Beta ETF（Smart BetaETF）的年费约为 0.24%，集中性 ETF（Concentrated ETF）的年费约为 0.33%，高出一般 ETF 的 0.15%，甚至高出传统指数基金的 0.16%。[105]

第二，ETF 还有对冲基金的功能，可以套期保值，并发挥杠杆效应。很多 ETF 已经不再单纯追踪市场指数，而是在交易软件指令中加入其他因素，ETF 的权重并非是标的资产本身的价值。[106] 这些因素包括股票价格是否便宜、股票的波动性如何，以及股票的市值大小。据称，对冲基金凭借相关信息做出交易决策，跑赢市场，而据称"智能 Beta ETF"也有相同的功能，其管理的资产 2016 年达到 770 亿美元。贝莱德预测，到 2020 年，智能 Beta ETF 管理的资产将增加到 1 万亿美元，到 2025 年则将增加到 2.4 万亿美元。[107] 可以说，ETF 与对冲基金此消彼长，两者是竞争关系。

第三，与对冲基金相比，ETF 有很好的流动性。投资对冲基金，资金通常至少要被锁定 2 年，投资私募股权基金，资金被锁定期可以长达 10

年。但投资 ETF 的资金可以随进随出。

第四，ETF 还为投资者提供了更多选择。ETF 中还出现了主题 ETF（Thematic ETF），按照上市公司的产品所涉及的主题，持有相关上市公司的股票。比如，肥胖主题的 ETF 所投资的各类公司生产的减肥产品或治疗与肥胖相关的疾病的药品。2016 年底，共有 447 个主题 ETF，而 2012 年仅有 183 个主题 ETF。主题 ETF 的总资产也由 414 亿美元增加到 779 亿美元。[108]

ETF 有何好处？同样的话题，换一个角度可以问：ETF 为何成功？可以说，ETF 的成功离不开政府的导向和支持。日本央行也为 ETF 的发展推波助澜，反过来 ETF 也成为日本央行推行量化宽松政策的重要手段。到 2017 年 4 月，日本 ETF 所管理的资产总额达到 2110 亿美元，其中半数由日本央行购入。通过 ETF，日本银行还购买积极投资的公司的股票，以营造崇尚投资的风气。[109]对 ETF 来说，美联储也是春风化雨，其量化宽松政策长达 10 年之久，大量买入各类债券，美国的公司债券如爆米花似的膨胀，由 2008 年的 2 万亿美元增加到 2016 年的 6 万亿美元。[110]很多 ETF 因势利导，跟踪交易公司债券。

美国证交会更是网开一面，核准发行 ETF 所需要的各种豁免。证交会在 ETF 上的做法，与证券市场的一种流行观点正好相反。很多人相信，法律和监管总是滞后，跟不上市场，跟不上创新，好像金融创新者智勇过人，而监管机构的工作人员大多是些平庸之辈，成事不足，败事有余。但就 ETF 而言，证交会是放松监管在先，ETF 蓬勃发展在后。既然是要放松监管，如何能够再加强监管？

三、ETF 何以堪忧？

那么 ETF 有没有软肋呢？有的。如果个股骤然下跌，根据 MSCI 指数必须买入并持有该股票的基金势必有损失。[111]有些人还担心 ETF 大行其道，不利于公司治理。证券公司就是在 ETF 做市，是靠套利赚钱，无心过问公司治理事宜。ETF 也没有传统上的基金经理打理资产，而 ETF 普通投资者本来就只关心 ETF 本身的收益和亏损，对 ETF 投资的公司麻木不仁，漠不关心。这样一来，便无人过问上市公司的公司治理了。香港证券及期货事务监察委员会行政总裁欧达礼（Ashley Alder）指出："如果机构投资者的大量资金是被动管理，可能意味着，［这些投资者中］很少有人对董事会问责。"[112]2017 年初，香港的投资顾问所管理的客户资产的 28% 是被动管理，但 3 年之内该比例将提高到 35%，其中很多就是 ETF。

但监管当局大声疾呼的问题，通常并不是关键问题，有时还是混淆视听的问题，其目的是转移斗争大方向。ETF 或被动投资与公司治理好坏之间并没有直接的因果关系。ETF 全面兴起之前，各种主动管理的基金也没有对公司治理产生积极影响。比如，美国上市公司高管的薪酬居高不下，大多数积极管理的基金的管理人和投资者都是听之任之：或漠不关心，或奈何不得。更有甚者，很多积极管理的基金在资产配置方面为富不仁。MSCI 2017 年公布的研究报告显示，全球 6768 家共同基金（相当于我国的公募基金）的资产组合中，有 5% 的资金投资于生产和出售有争议的武器的公司。此类武器包括生化武器、集束炸弹、白色磷光弹、致人失明的激光武器、核武器和隐性碎片武器。[113]

即便 ETF 不利于公司治理，那也是肘腋之患，流动性才是 ETF 的心腹之患。ETF 流动性与银行贷款有相同之处：晴天送伞，雨天收伞。ETF 火爆发展期内，流动性只是偶然出现闪失。但 ETF 由做市商提供流动性，本身就显示了 ETF 的固有风险：正是因为流动性不够充分，或是本来根本就没有流动性，所以才需要证券公司做市，创造或增加流动性。然后，借助做市商创造流动性，有其天然的脆弱性，这种流动性并不是牢不可破的。2015 年 8 月 24 日，美国股市开盘后数分钟内，道琼斯工业平均指数（Dow Jones Industrial Average）大幅下跌，随后又开始反弹。美国五分之一的 ETF 不得不暂停交易。[114]2016 年 8 月 24 日，美国挂牌的 ETF 中，有五分之一被迫停止交易。几周后，证交会前副主席路易斯·阿圭拉（Luis Aguilar）在华盛顿的一次公开讲演中发问："我们应当考虑限制 ETF 的增长吗？"[115]确实，ETF 在美国证券市场已经占到很高的比例。美国 40% 的股权资产是被动管理，[116]ETF 又占到美国整个证券市场交易的 30%。国际证券委员会组织（International Organization of Securities Commission）对此也表示关注。[117]

很多 ETF 交易是由软件控制的，软件交易指令有可能造成同步共振的效应。同一公司的股票达到某一价位时，按照既定软件指令，有些 ETF 必须买入，而有些 ETF 必须卖出，[118]不少 ETF 会同时买入或卖出同一公司的股票。此外，借助软件交易，也凸显了交易平台技术安全的重要性。纽约交易所 Arca 平台有 1511 个 ETF 挂牌交易。2017 年 3 月 20 日，Arca 平台发生技术故障，第二天才恢复正常交易，影响到 300 个 ETF。Arca 平台的致客户函称，故障是软件升级瑕疵所造成的，但函件并没有公布细节。[119]而在此之前，在 2016 年 12 月，Arca 平台已经出过故障，长达两天后才修复。[120]

对于投资者来说，ETF 也并不尽如人意。首先，ETF 并不能够完全分散风险。ETF 是靠规模效益取胜的，所以其产品设计时，以增加销售量和交易量为出发点。为了追求规模，ETF 产品通常集中于市值大的股票，ETF 的一篮子产品可以集中于少数几只股票。比如，iShares US Energy ETF 50% 的资产集中在四只能源股。[121]从这个意义上说，ETF 没有做到分散投资风险，反倒是集中了投资风险。

很多 ETF 跟踪上市公司股价的指数，理由是股价的权重可以体现股市整体表现，至少是体现股市局部的整体表现，降低追踪个股或少数股票的风险。ETF 只需要被动地跟踪指数价格即可，但被动并不等同于中立，因为指数本身并不是中立的。比如，标准普尔 500（S&P 500）是 500 家上市公司市值的权重，但其前 10 家公司的市值占到权重的 19.7%。[122]500 强中技术公司占了支配地位，而苹果、Alphabet、微软、亚马逊和 Facebook 等五家公司又在技术公司中位居前五位。ETF 跟踪标准普尔 500，就意味着大量买入技术公司的股票，技术公司的股票自然水涨船高。遇到牛市，ETF 跟踪标准普尔 500，实际上是在追购价格上涨的股票，进一步推高这些股票的价格。标准普尔 500 中的大公司席卷大量资金，其他较弱的公司获得资金的机会便随之减少。ETF 的所谓被动性固化了上市公司的已有格局，不利于公平竞争。[123] 而对于投资者来说，购买跟踪标准普尔 500 的 ETF 份额，原是为了广泛投资各类上市公司，结果却集中投资于少数技术公司，而且此类公司的股价有虚高的风险，一旦股价下跌，投资者势必会亏损。[124]

芝加哥大学法学院的埃里克·波斯纳（Eric A. Posner）教授和耶鲁大学商学院的斯科特·莫顿（Scott Morton）教授共同撰写了一篇论文，题目是《关于限制机构投资者反竞争力量的建议》（A Proposal to Limit the Anti-Competition Power of Institutional Investors），其主要观点是指数基金违反反垄断法。这篇文章由美国律师协会主办的《反垄断法》（Anti-trust Law Journal）发表。该刊是由同行审阅评判的期刊，所以文章观点提前传开，ETF 发行人中的旗舰贝莱德也提前炮打两位学者的观点。[125]

一些 ETF 号称投资于波动低的证券，其风险通常相对较低，但此类 ETF 也投资于金融机构的股票。The SPDR Russell 1000 Low Volatility ETF 是所谓的低波动 ETF，但其 36% 的资产是金融服务类机构的股票。同样，The PowerShares S&P SmallCap Low Volatility ETF 也号称是低波动 ETF，但其投资的金融机构的股票波动性较高，[126] 风险也相对较高。上述 ETF 名不副实，有误导投资者的可能。

ETF 的投资者有可能忽视隐蔽费用。如，除交纳管理费之外，某些 ETF 投资债券，而债券到期后，需要购买新的债券，因此会发生新的费用。[127] ETF 的管理费可能较低，但 ETF 份额的售价可能低于 ETF 所持债券的基础价值。[128] 如果 ETF 仅持有以第二次发行债券融资偿还的债券（prerefunded bonds），这类 ETF 的体量有可能过小，流通性可能会发生困难。[129]

ETF 供应商也并不总是能够盈利，ETF 的中小发行人尤其举步维艰。贝莱德、道富银行（State Street Corp）的子公司道富环球顾问（State Street Global Advisors）和先锋集团（Vanguard Group）是 ETF 行业的霸主，三家基金管理公司便管理了 80% 的 ETF 资产。若业务不佳，难以维系，需要出售其 ETF 业务，一时很难找到下家。华平投资集团（Warburg Pincus）是全球领先的私募股权投资机构，其 ETF Source 比业内三大霸主要小，但比德国商业银行的 ETF 业务还要大三倍。即便如此，ETF Source 运作起来也不通畅。华平投资集团 2016 年 10 月就表示要出售该业务，到 2017 年 2 月，并没有同业收购方（trade buyer）问津。[130]

过度交易是 ETF 的一大硬伤。标准普尔 500 最大的 ETF 的年交易量是其标的资产的 3000 倍。[131] ETF 的价格无法适时准确对应其基础资产，忽高忽低，很不稳定，为做市的证券公司提供了套利的机会。ETF 的做市商不断交易，从套利中获得收入，成本最终还是转嫁给投资者。

四、ETF 的固有特性

ETF 与多数投资者尚处在蜜月阶段，尚未引起强烈质疑。美国证交会 2015 年对 ETF 开展调查，但结果迟迟没有出来。[132] 美国学者对 ETF 的研究也起步不久。从我国 ETF 的实践看，ETF 集做市商、金融期货和基金于一身，ETF 的上市、交易、申购赎回、登记结算、投资运作还具有跨交易所性。比如，"黄金 ETF 的上市、交易、申购赎回、登记结算、投资运作应当遵守法律法规及证券交易所、上海黄金交易所、证券登记结算机构的相关规定"（《黄金交易型开放式证券投资基金暂行规定》第 7 条）。ETF 也因此而异常复杂，扑朔迷离，变幻莫测，外人难以识别其从事的内幕交易和市场操纵。ETF 在机制和结构上有以下特点。

做市商。投资者要求认购或赎回 ETF 份额，代办证券公司作为做市商，必须买入和卖出 ETF 份额，无论是否有下家愿意买入或卖出。这就是所谓的做市商业务，其目的就是在一个不存在市场或市场不活跃的地方，刻意制造一个市场。可以说，做市便是一种操纵。做市商就是同时双向报价，既报买入价，又报卖出价。代办证券公司做市对于 ETF 十分重要，如果代办证券公司拒绝做市，相关产品的流通性就会产生问题。[133]不过，从 ETF 交易中获利的证券交易所打保票，信誓旦旦地表示："做市商的积极参与也将持续性地提供流动性，有数据表明，期权上市运行后，在成交量上，做市商约占 70%、80%。"[134]截至 2016 年底，上证 50ETF 期权做市商共 13 家。[135]"2016 年，做市商没有发生期权交易与报价方面的风险事件，全部做市商均能够按照上交所要求履行做市义务，为市场提供流动性。"[136]证券交易所的立场有其主观性和片面性。主要是在股市严重下挫时，代办证券公司有可能拒绝做市服务。即便市场下挫时做市证券公司仍然提供做市服务，仍然不能证明不存在流动性问题，因为以往的经验表明，当市场下挫时，政府通常会以各种方式提供市场流动性，包括直接购买 ETF 产品。

套利。ETF 套利至少有两种途径：ETF 份额、ETF 成分股与股指期货互动，产生套利机会；ETF 份额与 ETF 成分股互动，产生套利机会。ETF 份额在证券交易所不断交易，价格上下波动，ETF 的成分股也在证券交易所不断交易，价格上下波动，两者之间无法做到同步一致，由此产生了套利机会。套利与操纵不过一步之遥：创造差异进行套利构成操纵。

杠杆。ETF 可以被用来做空、做多，发挥杠杆作用，增加赌赢时的得利，也放大赌输时的损失，同时也增加了股市的整体波动，如果与其他变数合力，也可能造成股市的剧烈异常波动，危及整个金融系统的安全。代办证券公司可以同时做空 ETF 份额和 ETF 成分股，售出 ETF 份额和成分股，待股票价格下跌后，再购入成分股，用于散户投资者购买或赎回。熊市时 ETF 可以起到推波助澜的作用。反过来，ETF 也可以被用来做多：看涨时同时买入 ETF 份额和 ETF 成分股，待两者价格上涨后售出获利。2015年夏，我国股市发生剧烈异常波动，外资通过 ETF 在 A 股市场短期交易获得暴利。[137]

绕过涨停板。为制止或缓解贪婪追涨或恐慌抛售，《上海证券交易所交易规则》（上证发〔2013〕9 号）第 3.4.13 条规定了幅度为 10% 的涨停板，《深圳证券交易所交易规则》（深证会〔2013〕135 号）第 3.4.13 条也有类似规定。ETF 则提供了规避涨停板的机会。如果相关股票是相关 ETF 的成分股，涨停板期间可以买入或卖出相关 ETF 份额。看涨可以买入相关 ETF 份额，待涨停结束后，以 ETF 份额换得成分股出售。看跌则可以卖出 ETF 份额，待跌停结束后，再以低价买入成分股换取 ETF 份额。

五、谁在投资 ETF？

ETF 的发行业务竞争日趋激烈，必须了解潜在的投资者，投其所好，定制 ETF。一个叫作 ETFGI 的机构对 70 多个国家做了调查，根据公开的注册资料发现，截至 2016 年底，有 4450 家机构投资者和 8000 家共同基金持有 ETF。美国银行美林持有 1000 亿美元的 ETF，富国银行、摩根士丹利、UBS、蒙特利尔银行和花旗集团共持有 2500 亿美元的 ETF。[138]

ETF 存在很多问题，时有恶性事件发生，但仍不足以影响 ETF 发展的强劲势头。ETF 的整体规模在资本市场所占的比例仍然没有过半，目前只有五分之一的美国机构投资者买入 ETF。据此，业内人士认为 ETF 的市场还可以扩大。

23. 秃鹰基金现身

对于法院来说，扣船是件大事。货船被扣，船主损失惨重，交易的下游方多有不便，有可能出现一连串的违约。法院通常不愿就债务纠纷而扣押船只，但也有胆大的法院和法官。2012 年 10 月 3 日，非洲小国加纳扣押了阿根廷海军的一艘军舰，将其作为向阿根廷政府追讨欠款的筹码。

20 世纪末，阿根廷陷入金融危机和经济危机，通货膨胀率一度达到 3000%。阿根廷一不做，二不休，干脆宣布违约，拒绝向外国债权人还款，赖账金额达 1000 亿美元，是有史以来最大的主权的违约。债权人只得妥协。2001 年至 2002 年期间，94% 的债权人同意债务重组，只收回欠款的

30%（术语是"消发"）。但有6%的债权人是死硬派，拒绝接受债务重组，决心以各种方式追讨欠款。这批债权人中有一家叫作NML Capital Ltd.的对冲基金，阿根廷军舰被扣便是这家对冲基金的运作结果。

NML Capital Ltd. 持有阿根廷政府发行的债券，并且从英国和美国的法院获得判决，允许其扣押阿根廷的财产追债。接下来，对冲基金凭着以色列人追捕纳粹的耐心，等待和寻找扣押阿根廷财产的机会。最后，阿根廷海军终于成为其猎物。

NML Capital Ltd. 并没有直接从阿根廷购买债券，而是半路杀将出来的：阿根廷国债违约或出现违约迹象之后，NML Capital Ltd. 才购入这些债券，购入价只是债券票面价值的一小部分。当然，NML Capital Ltd. 向阿根廷政府索债时，要的是债券的全额资金。可以说，NML Capital Ltd. 是来捡便宜的。西方急公好义者认为，这就是趁火打劫，落井下石。他们甚至把NML Capital Ltd. 这样的公司等同于索马里海盗。但也有不同观点。欠债还钱，杀人偿命，天经地义。NML Capital Ltd. 是功勋单位，能够火中取栗，化腐朽为神奇，功在市场，功在全球化。

NML Capital Ltd. 并非单兵作战，而是有组织、有计划、有行业。从业务上说，NML Capital Ltd. 被划分为秃鹰基金。秃鹰基金（vulture fund）正好是风险基金的反面。风险基金投资有潜力的成长性企业，而秃鹰基金则反其道而行之，专门投资那些行情看跌的公司。秃鹰基金与其投资的公司之间有合同约定，一旦企业出现重大问题，秃鹰基金就可以拥有公司的部分或全部资产。秃鹰基金也购入违约或接近违约的高收益债券（也称"垃圾债券"）或主权债券。秃鹰基金是资本市场一支神出鬼没的力量，静若处子，动若脱兔。

NML Capital Ltd. 只是一家对冲基金公司，仅凭其实力，要扣押阿根廷的军舰还是有困难的。但NML Capital Ltd. 背后有更强大的力量。NML Capital Ltd. 是埃利奥特资本管理（Elliot Capital Management）旗下的公司。埃利奥特资本管理是一个庞然大物，其管理的资产达160亿美元。埃利奥特资本管理的创始人保罗·辛格（Paul Singer）是位大英雄，靠130万美元创业起家，钱还是向亲朋好友筹集的。辛格毕业于哈佛大学法学院，在华尔街律师事务所做过律师，之后又做过券商，久经沙场，身经百战。投资主权债券也是辛格的大手笔，而 NML Capital Ltd. 是坏账银行和追债公司的组合。

追债在美国是大业务，追债公司各显神通，无奇不有。有些追债公司还与地方检察官办公室合作。追债公司使用检察官办公室的信笺发函逼债，装神弄鬼，狐假虎威，弄得升斗小民叫苦不迭：他们往往因为晚缴水费、电费，或是因为其开出一两张未能兑现的支票，就收到了看似来自检察官的催款函，被吓得血压升高，灵魂出窍。地方检察官办公室则从追债公司处收些小钱，聊补开支不足。

追债公司是收费追债，最多是提成，主要是干体力活，风险比较小。而 NML Capital Ltd. 这样的秃鹰基金是全盘接过债务，追债是一种投资，回报和风险都很大，所以出招比较狠。NML Capital Ltd. 扣军舰就是出狠招，要逼迫阿根廷政府就范，全面解决双方的债务纠纷。阿根廷政府表现出极大的义愤，指责加纳公然违反国际法，扣押享受豁免的国家财产。加纳法院表示，可以放人放船，但阿根廷政府必须先交一笔巨额保金。当然，这笔保金很可能有去无回，被用来偿还阿根廷的欠款。NML Capital Ltd. 就是要借机敲山震虎：如果连阿根廷的军舰都会被扣，阿根廷在海外的资产有何安全可言？

加纳法院胆大妄为，竟敢扣押主权国家的军舰，英、美两国自己的法院也不敢或不愿扣押阿根廷的船只——事后的麻烦太多。1980 年代末，美国的联邦地区法院受理了"湖广债券案"。该案原告持有清朝政府为修建湖广铁路而发行的债券，要求中华人民共和国政府偿还债券。在中国政府的严正抗议下，美国法院偃旗息鼓，知难而退。

加纳法院敢扣主权国家的军舰，背后交易肯定不少。加纳是一个只有2400 万人的小国，同时还是一个穷国，很多时候要靠吃救济才能维持下去，而国际的援助主要来自欧洲和美国。这种情况下，美国政府对加纳的影响可想而知：财神爷在任何地方都会受到恭敬对待。加纳的当权派也知道，美国政府是一个为本国大企业和本国大资产阶级全心全意效劳的政府；没有美国政府撑腰，加纳法院会如此关照 NML Capital Ltd. ？

"自由啊，多少罪恶假汝之名而行！"换到今天，这句话应当改作："法治啊，多少罪恶假汝之名而行！"在资本市场弄潮，尤其是在国际资本市场弄潮，仅有资金是不够的，资金加人才也不够，还必须有法律、法院和法治的支持。

24. 私募股权基金新动向

"江山代有才人出，各领风骚数百年。"继共同基金、网络公司和次贷创新之后，私募股权基金大行其道，收购交易金额大得吓人。2007 年黑石收购希尔顿饭店的金额高达 260 亿美元[139]，收购权益写字楼投资信托公司（Equity Office Properties）的金额高达 395 亿美元。[140]如果黑石还有点像草莽的话，那么随着主权财富基金这种新形式私募股权基金的出现，其经理们应该摇身一变，成了"八十万禁军教头"。天下合久必分，分久必合。《水浒》的各路好汉在梁山聚义，主力部队高级军官林冲和地方部队的下级军官武松走到了一起。私募股权基金是资本市场的聚义厅和忠义堂，各路豪杰在这块地盘上胜利会师："大家的脸上笑嘻嘻，紧紧拥抱在一起。"而"圈内互传交易"更在私募股权基金之间悄悄地进行，进一步加强各类私募股权基金之间的联系。

一、"圈内互传交易"

"圈内互传交易"（pass the parcel）指私募股权基金收购企业之后转手卖给其他私募股权基金，相互之间反复倒卖。法国零售商 Picard Surgeles、美国医疗保健服务成本管理公司 Multiplan 和英国的连锁店 Gala Coral 便是圈内互传交易，被私募股权基金转手买卖了三四次。[141]2010年上半年，私募股权基金全球收购交易金额为1010亿美元，其中35%是私募股权基金之间的相互交易。

好企业抢手可以理解。天生丽质难自弃，红颜薄命是一种宿命：貂蝉就被大官僚王司徒和大军阀董卓、吕布父子转手数次。但企业也被频繁倒手，可能是因为私募股权基金的游资太多。到2010年7月底，黑石已经有290亿美元可以用于投资。2010年初，私募股权基金有1万亿美元可以用于投资，其中大部分资金是金融危机之前募集的。按照有关规定，如果在一定时间内找不到合适的投资项目，私募股权基金必须将资金归还给投资者。私募股权基金的经理们有些迫不及待，急于资金换手，于是圈内互换交易应运而生，成了私募股权基金的二级市场。

主权财富基金直接购买企业的甚少，大多是从其他私募股权基金处购买企业。2010年初，中国投资公司与高盛等三大金融机构洽谈，拟雇其各为中国投资公司代管5亿美元，在私募股权基金二级市场投资。[142]主权财富基金以及其他许多私募股权基金有一个共同的特点：其管理人员中懂企业的不多。2010年5月有一份调查显示，全球十大私募基金的管理人员中，只有15%的人了解其基金经常出没的行业。阿布扎比的主权财富基金将五分之四的资金委托给外部经理人管理。[143]

寻找好企业是个辛苦活，必须走遍全世界。而主权财富基金在食物链的上端，有点像过去江南的大地主：自己住在城里享受现代文明，收租这种事情是由管家或二地主包办的。但主权财富基金的高管也很忙，他们是抓大事的，必须眼观六路，耳听八方，从宏观上因势利导，把握全局，弄得不好也是满盘皆输。与华尔街在同一处觅食，是与狼共舞，需要斗智、斗勇。华尔街的私募股权基金在把主权财富基金当作可以利用的同类的同时，也将其作为猎食的对象。食物链上的各级动物操不同的心，吃不同的苦。即便是过去住在城里的大地主，除了吃、喝、玩、乐，还要结交官府，看准机会还要在孙文和蒋介石的事业中投资下赌。

圈内互传交易还有其更为险恶的一面，就是金融机构之间制造泡沫，哄抬价格。当初金融衍生产品也是由圈内人士代其所在的大银行不断地倒手，不断地抬高价格。从这个意义上说，私募股权基金所收购的企业，与金融衍生产品有异曲同工之处。私募股权基金对其所购企业的资产价值计算，也显示出其中暗藏的许多玄机。2006年12月，黑石和另一家私募股权基金德太投资（TPG）联手，以166亿美元的价格收购了一家半导体制造商。但到了2010年，两家私募股权基金对在同一企业的股权却有不同的资产。在私募股权基金投资，大多是长期投资，资金锁定一个时期，在最后取回投资及回报之前，投资人并不清楚到底是赚还是赔。私募股权基金的管理层会定期发个通知，其中有投资人资产的估值，但都是管理层自己内定，有点自说自话的意思。

圈内互传交易以及私募股权基金对其资产的估值说明了一个共同的问题，就是企业的买卖缺乏正常交易，也没有什么市场价格。都说资本市场最讲市场经济，但市场经济的重大产品如何没有市场？

二、反"俱乐部"诉讼

贱买贵卖是经商的天然法则。私募企业购得企业后拼命抬高其价钱，收购企业时私募股权基金是尽量压低收购价格。这本是天经地义的事情，但在美国却出了麻烦，诉讼拖了两年时间仍然没有结果。

2005年至2007年是私募股权基金收购业务热火朝天的三年，但很多被收购企业的股东却称其为"阴谋年代"。其中一些争勇好斗的股东还提起诉讼，一批主要私募股权基金成了诉讼被告。原告的诉讼理由是，一批私募股权基金以"俱乐部"结成同盟，操纵了收购价格。收购企业之前，俱乐部成员之间先行商量，内定一家私募股权基金拿下交易，其他私募股权基金或竞标时虚晃一枪，或干脆不参加竞标。

美国司法部也根据反托拉斯法对私募股权基金进行了调查，但美国司法部和证交会的调查大多没有下文。在资本市场这个地方，监管部门总是口口声声地表示要保护投资者，但实际情况正好相反：多数情况下，监管部门总是保护那些不法金融寡头。政府的律师与私募股权基金的高管虽然不是一条战壕里的战友，但却同是业内人士，共饮一江水，朝相见，晚相望，凡事点到为止。

在美国这个地方，很多时候民事诉讼的原告律师比政府部门的律师还要难缠。"俱乐部"诉讼中，原告律师经常打上门来取证，而且想方设法地要找高层领导取证。律师问起问题来很是刁钻，高管们必须小心应付，说起来也是件头痛的事。到中国来就好了。中国律师没有这么大的权利，所以也不会有如此猛烈的诉讼。

25. 史蒂夫·施瓦茨曼： 华尔街的新国王

黑石的史蒂夫·施瓦茨曼（Steve Schwarzman）有"华尔街新国王"的美称。施瓦茨曼有王者风范，气魄大得很，敢想、敢干，还敢说。他愤怒抨击奥巴马的某些金融政策，将其比作1939年希特勒入侵波兰。但他话音刚落，便遭到了强烈谴责。施瓦茨曼赶紧道歉，却已经覆水难收。

施瓦茨曼如此出言不逊，说明他还是一个草莽，难以控制和表达自己的情感。在这个世界上，有些事可以说，但不可以做，而另一些事可以做，却不可以说。其他人可以把奥巴马比作希特勒，但施瓦茨曼不行，因为他是犹太人。施瓦茨曼也承认自己是犹太人，再婚的时候还请了一个犹太教士给自己主婚。奥巴马再坏，也绝不是希特勒。将奥巴马比作希特勒，固然是恶毒攻击奥巴马，但更是美化希特勒，也是对犹太人的亵渎。希特勒是什么人？希特勒是屠杀犹太人的刽子手，尤其是屠杀了波兰的大批犹太人。犹太人是批评不得的。《货币战争》（宋鸿兵著）一书批评了资本市场金融大盗中的犹太人，当时还在高盛工作的银行家胡祖六先生义薄云天，奋笔撰文，迎头痛击了所谓的反犹倾向——就是要保持这种高压态势，反犹思潮露头就打，不露头也打。但身为犹太人，施瓦茨曼却肆无忌惮，居然变相为希特勒开脱，别人还不能批评他反犹，因为他自己就是犹太人。国王可能就是这种派头，犹太国王也是这种派头。

一、华尔街的新国王

黑石是施瓦茨曼的王国。到 2009 年 12 月 31 日，黑石管理的资产多达 982 亿美元。1985 年成立之初，黑石是一家私募股权基金，主要从事并购业务。但今天的黑石远不止是私募股权基金。到 2010 年，私募股权基金只占黑石业务的 25%，比 2006 的 35% 缩减了很多。黑石旗下有资产部门、咨询信贷服务，还有全球最大的对冲基金支线基金。[144] 此外，黑石也染指对冲基金，还有自己特殊的种子基金，专投刚刚起步的对冲基金，分担风险，也分担利润。房地产更是黑石的看家本领。金融危机之前，黑石的房地产基金和各私募股权基金五年的回报率在 30% 以上。

黑石就是华尔街的一家大型证券公司，又回到了一站式服务。黑石创建之初，是一家小型品牌基金，施瓦茨曼主要是凭借自己的特殊人脉和才能做些并购业务，但最后还是走了做大、做强这条道路。增加业务量和减少成本是企业增加利润的主要途径。在无法削减成本或开支的前提下，增加业务规模就成为增加利润的主要方式。但做大、做强还有更重要的原因：要想在华尔街叱咤风云，就必须做大、做强。做大之后，咨询业务部门与收购业务部门就可以交换信息，掌握市场的最新动向，以便因势利导。券商能够克敌制胜，中、小投资者屡战屡败，原因也在于此。资本市场有个形象的比喻：中、小投资者有如鱼缸中的游鱼，其动向一目了然，而高盛等超级大户则手执渔网，可以随意捞鱼。

做大、做强之后就可以结交各路豪杰。2007 年 3 月 22 日，黑石提交了首次公开发行的预备招股说明书，声明其管理的资产多达 780 亿美元，而且回报丰厚。两个月之后，黑石便宣布，中国投资公司以 30 亿美元购买了黑石10%的无投票权的股票。这样一来，黑石就结交了中国这样一位好朋友，在资本市场更是名声大振。资本市场斗争很是残酷，经常是拉一批、打一批。出于利益需要，施瓦茨曼恶毒攻击奥巴马，却成了中国的好朋友。

即便是为了自保，也必须做大、做强。做大、做强是抗衡政府的好办法。并购业务中，美国时有多家私募股权基金共同出手，有违反《反托拉斯法》之嫌，司法部就会对此开展调查。对于强大的私募股权基金，政府还是有些投鼠忌器的。只有山头大，敌军围困万千重的时候，才能够我自岿然不动。小山头抗风险能力较弱。君不见，《水浒传》中桃花山等小山头，最后都被梁山收编，都必须团结在梁山"替天行道"的旗帜下。

私募股权基金和对冲基金的高手都是从大券商杀出来的英雄人物，原先做投行业务的大多从事私募股权基金管理，而原先做交易的则投身于对冲基金的火热工作中去。英雄总是要出人头地的，如果自己不能做大、做强，那么接受招安是一条出路。比如，花旗集团的现任领导潘伟迪就是被招安的。他在摩根士丹利受排挤，愤然出走，自己在外面创建了一支对冲基金。基金初具规模之后，潘伟迪连人带基金一同被花旗集团收编，最后潘伟迪居然还坐上了花旗集团的第一把交椅。但被收编也并不是一件那么容易的事情。收编分为两种，一种是真收编，另一种是被吞并。为了能够被朝廷招安，宋江是费尽心机，但被招安之后还是被派去送死。所以，施瓦茨曼这样的人便选择自己做大、做强。

施瓦茨曼是耶鲁本科毕业，拿的哈佛大学工商管理硕士学位。施瓦茨曼先在雷曼兄弟工作，七年后就升到合伙人，是做业务和拿业务的高手。施瓦茨曼在雷曼兄弟失势之后，主动找到运通的首席执行官，鼓动运通收购雷曼兄弟。有施瓦茨曼作为内应，运通以3.6亿美元的价格收购了雷曼兄弟。施瓦茨曼则投奔其在雷曼兄弟时的老领导彼得·彼得森（Peter G. Peterson），一同创建了黑石。

彼得森是施瓦茨曼的前辈，当过尼克松的商业部长，在雷曼兄弟当第一把手的时候对施瓦茨曼就提携有加。黑石创建之时，只有施瓦茨曼和彼得森两位合伙人，各占50%的股份。但随着黑石的兴旺发达，黑石接纳了更多的合伙人，彼得森逐渐受到排挤。临到黑石上市之前，彼得森的股份只占11%，而施瓦茨曼的股份占到30%。股份比例不同，黑石上市后分钱自然也不同。量小非君子，无毒不丈夫。要想在资本市场获得成功，不能心太软，要有点"宁可我负天下人，不可天下人负我"的硬骨头精神，对敌人要狠，对朋友更狠。

但按照施瓦茨曼自己的说法，他的成功主要归功于两点：一是勤奋，二是聪明。具体例子是，达沃斯论坛上主办方请来超级模特，为工商巨子和金融寡头们助兴，但施瓦茨曼很有定力，不看女模特的表演，而是与记者一同讨论资本市场的大事。施瓦茨曼自己告诉《纽约客》，他的基因好："父亲非常聪明，母亲不愿服输。这就是我的基因池。"

二、不说假话，办不成大事

在中国文化中，明君（其实经常是暴君）诞生都有先兆，或祥云朵朵，或霞光万道。施瓦茨曼是华尔街的国王，但并不是真国王，没有御用文人为其杜撰和讴歌，只能自己为自己讲述动人的传说。施瓦茨曼曾经夸口，在他很年轻的时候，就得到了华尔街的前辈比尔·唐纳森（Bill Donaldson）的赏识。施瓦茨曼到唐纳森的公司打工，因为无法胜任工作，半个月之后便提出辞职。施瓦茨曼离职前，唐纳森专门请他吃了顿饭。唐纳森初次见到施瓦茨曼，一眼就看出他必是远到之器，日后定可成为这家银行的第一把手。当记者向唐纳森核实此事的时候，老先生表示，他不记得有过此事，不记得自己曾经说过此话。唐纳森说话还比较含蓄，没有说自己从来没有说过此话。唐纳森给施瓦茨曼留了面子，如果他断然表示绝没有说过此话，那无异于是说施瓦茨曼在说谎。

不说假话，办不成大事。在重大问题上，私募股权基金的领袖并不直接说谎，但却避实就虚，声东击西，引投资者上钩。私募股权基金的花活很多，总是在枝节问题上大做文章，纠缠不清。他们到世界各地传经送宝时也是花拳绣腿，让人看得眼花缭乱，觉得他们长袖善舞，各种轻功何等了得。但黑石以及其他私募股权基金得道的真正原因，领袖们是不说的。他们成功的真正原因是得益于法律。

2007 年黑石上市，施瓦茨曼获现金 6.84 亿美元，另有价值 88.3 亿美元的黑石股票。黑石的市值达到 310 亿美元，紧追当时还很火的雷曼兄弟。[145] 黑石原先是合伙制，施瓦茨曼等合伙人对黑石的债务负无限责任，如何能够摇身一变，成了有限责任的上市公司？这就要归功于美国法律的修改。1970 年代怀俄明州率先修改法律，1996 年全国收入服务局（Internal Revenue Service）的规则也做了修改，规定合伙制企业可以是有限责任，而且可以发行在证券市场交易的股票。1997 年的《统一合伙人法》规定，合伙人可以选择成为"有限责任合伙制"，英文"limited liability partnership"，缩写"LLP"。[146] 一旦合伙制企业提交了此类声明，任何合伙人就不会为整个合伙企业的义务负责。[147] 无限合伙人也改称"普通合伙人"（general partner）。美国大多数州已经修改了法律，承认"LLP"形式的合作制企业。

税法对私募股权基金也是情有独钟。私人股权基金或其他合伙制企业的利润也叫"附股权益"（carried interest）。按照美国的现行法律，对私募股权基金的附股权益只征资本利得税（capital gains tax），税率仅为 15%，而企业所得税的税率却要高得多，为 35%。按照国会的一项法案，从 2013 年开始，应当对私人股权基金的 75% 的附股权益征所得税，对其他 25% 的附股权益征收资本利得税。税收真的很重要。施瓦茨曼之所以把奥巴马比作希特勒，主要原因就是奥巴马身边的一些自由派主张对私募股权基金要多征税。所以施瓦茨曼要破口大骂，尽管奥巴马本人对华尔街采取绥靖政策，而且还为银行家们挡了不少枪子。

时常有些"好心"人提醒大家不要有仇富的心理。但从施瓦茨曼攻击奥巴马的恶毒言论看，有些富人倒真的是心有仇恨。20 世纪 20 年代，芝加哥市有二十多人因为组织有共产主义倾向的工会而受到刑事起诉。美国刑事辩护律师克拉伦斯·达罗（Clarence Darrow）在为这些同情劳工者辩护时指出："我们早已耳闻，那些身居高位的人说过，谁要对劳工表示同情，谁就应当被行刑队枪决。我们听到那些达官贵人们说过，谁要是批评致富者的行为，谁就应当被装到带有铅帆的水泥船上后推到海里去。权势者们鼓吹暴力，那是绞尽脑汁，无所不用其极。"

美国最高法院大法官奥利弗·温德尔·霍姆斯（Oliver Wendell Holmes）说得好："财产是法律的结果。"这句净言在资本市场又得到了验证。靠聪明才智可以成为百万富翁、千万富翁，可若要成为亿万以上的富翁，没有有利的法律，那就比较困难了。当然，政策也很重要，很多时候政策比法律还要重要。比如，美联储的长期低息政策成就了黑石和其他私募股权基金。私募股权基金和对冲基金一样，都是靠杠杆赚钱，如果利息高了，到哪里去筹集廉价资本呢？资本市场有一个说法，如果筹资成本低，那么赚钱就容易得像是"射杀桶中的鱼"（中文"瓮中捉鳖"的意思）。无独有偶，中国搞经济也强调要给政策，道理都是一样的。

很多时候施瓦茨曼并没有说谎，就是装神弄鬼。一次，施瓦茨曼从纽约去康涅狄格州发展业务，先坐直升机，然后再转乘大轿车。同行的伙伴不解，坐火车岂不是更方便？施瓦茨曼解释道："印象很重要。不是要买我的时间吗？我的时间就是这么宝贵，必须这样赶路。"据施瓦茨曼自己介绍，这个客户拿下来了。不能全怪施瓦茨曼装神弄鬼，实在是争抢业务太难。

三、草莽太多不好

国王的生活是比较铺张浪费的，施瓦茨曼的生活也很奢侈。施瓦茨曼办过一次圣诞聚会，高价请来女模特，扮成电影《007》中的美女，而他自己则好像是位英雄，上演现代版的游龙戏凤。2007年2月1日，施瓦茨曼在公园大道一个叫"第七团军械库"（the Seventh Regiment Armory）的地方举行聚会，庆贺他的六十大寿，花去 300 万美元，可谓穷奢极欲。请摇滚乐歌手（Rod Steward）到场唱堂会，出场费 100 万美元。

有人说这样办太过奢侈。施瓦茨曼则放出话来，说举办生日聚会是太太的意思。这位太太对夫君真是上心，可惜不是原配，施瓦茨曼是再婚。其实，像施瓦茨曼这样的生意人，生日聚会也是工作，是借此机会联络各路英雄。来给施瓦茨曼捧场的人不少，其中包括国务卿鲍威尔（Colin Powell）、纽约市长布隆伯格（Michael Bloomberg）和天主教的主教埃德伍德·埃格姆（Edward M. Egm）。达官贵人聚集在一起，也是会聚人气，大家互相帮助。

相比之下，施瓦茨曼收购豪宅就完全是自我消费了。2003 年，施瓦茨曼以 3700 万美元购得曼哈顿公园大道上一处有 35 间房间的三层复式豪宅。施瓦茨曼说："我就是喜欢房子，我不清楚到底为什么。"金融危机之后，美国一些著名的投资银行推出房地产领域，而黑石基金是知难而上，从美国银行的手里接过了 20 亿美元的房地产基金管理。这些资产本是美林在金融危机之前收购的财产。2010 年，黑石又与香港大型地产商鹰君集团达成协议，由黑石向鹰君集团提供资金支持，合作开发鹰君集团 2009 年在大连取得的土地，建造豪华酒店和高档公寓。

施瓦茨曼自己生活奢靡，但对待下属很刻薄。2008 年的时候，黑石雇员晚上加班误餐费不能超过 25 美元。《华尔街日报》也得雇员自己出钱订。施瓦茨曼太会赚钱，连黑石的钱他都要赚。黑石没有公司专机，要用专机的话必须租用施瓦茨曼的私人飞机，2006 年黑石为此支付了 150 万美元。施瓦茨曼捐款是大手笔。2008 年他捐款 1 亿美元，用于纽约公共图书馆的修葺。当然，钱不能白给，纽约图书馆必须用他的名字命名一个大厅。施瓦茨曼对别人是雁过拔毛，自己则是雁过留声。

施瓦茨曼创业敢想敢干，奢华生活敢想敢干，打击对手也是敢想敢干。草莽和新贵有这个特点。美国资本市场是一个草莽变新贵的地方。1985 年施瓦茨曼起家时，黑石只有 2 位合伙人，而到 2007 年时已有 52 位合伙人，控制了 47 家公司，收入达到 850 亿美元。[148]草莽太多不好，草莽不择手段，破坏性太强。英国哲学家培根早在 16 世纪便说过："新贵族只不过是权力所为……不用善恶并施的手腕是很难爬上高位的。"

26. 私募基金有点烦

诉讼是图穷匕见，也是黔驴技穷，不到万不得已，谁也不愿出此狠招。私募股权基金与花旗集团之间的诉讼就是这个意思。

金融危机之前，在并购狂潮最高的峰顶，英国金融家、私募股权基金大枭葛涵思（Guy Hands）借其私募股权基金出手，收购音乐公司 EMI 集团（EMI Group），耗资 68 亿美元。葛涵思原想好好赚一笔，没想到 EMI 集团成了赔钱的公司。三年内，葛涵思的私募股权基金便因购买 EMI 集团而亏损 25 亿美元。葛涵思叫苦不迭，要拉一个垫背的，于是状告花旗集团，索赔 60 亿美元。理由是当初花旗集团有诈，非说有两家竞购者要购买 EMI 集团，所以葛涵思才买下了 EMI 集团。

可即便葛涵思提出的事实成立，也难以成为其胜诉的理由。葛涵思购买 EMI 集团，显然是他自己商业判断失误，或是说事后情况有变。用被告律师的话来说，就是"买方看走了眼"。投资者出重金请葛涵思之流的高手管理资产，相信他们老马识途，能够为投资者们打出一片红彤彤的天下。出了问题，葛涵思如何能够委过于他人？葛涵思的私人股权基金有一个动听的名字，叫什么大地资本合伙人（Terra Firma Capital Partners）。"大地"一词是拉丁文"Terra"，故作神秘，好像葛涵思的私人股权基金这项买卖源远流长，万古长青。资本市场此类名字甚多，有金融衍生产品"算盘"（abacus）；"阿尔法"（alpha）则指投资组合回报高于同类标准投资而获取的溢价；还有风险分析系统"阿拉丁"（Alladdin）——出自《一千零一夜》。

牛市的时候，顺风顺水的时候，私募股权基金与银行经常狼狈为奸，好得穿一条裤子。私募股权基金之所以能够横冲直撞，如入无人之境，就是因为有大银行的支持，尤其是有由花旗集团这类可以吸收储蓄存款的大银行支持。在私募股权基金杠杆收购的游戏中，银行提供了数万亿美元。

在蜜月期间，私募股权基金与银行之间不仅是企业之间关系好，金融家们个人之间也私交甚好。葛涵思与花旗集团的银行家戴维·沃姆斯利（David Wormsley）私交甚好，反目之后又用各种办法互损。诉讼中，双方的律师都反复强调，原告和花旗集团的投资银行家已婚，而且生儿育女。言外之意，生意场上对这样的父亲要滑于心何忍？以智叟自居的金融家们和律师们，在荒诞的诉讼中证言也开始荒诞。法官实在难以忍受，故作惊讶地说，二位"繁殖能力都很强"，但此事与本案无关。

三周审判之后，陪审团最后认定葛涵思败诉，赔款分文没有。事后有位陪审团成员表示，他之所以不肯支持葛涵思的主张，主要是因为葛涵思提供的证据不足，仅有一些电子邮件和电话，不足以让他相信。但这位陪审团成员又表示，直到做出决定的最后一刻，他还拿不定主意。确实，私募股权基金与银行是黑吃黑的关系，很难分清敌我矛盾和人民内部的矛盾。两类机构都是为富不仁的豪强。美国法官知道诉讼的事情难缠，所以 EMI集团这种滥事交由普通民众组成的陪审团去认定事实。按照美国的法律，法官只管法律，事实则由陪审团去认定。这是美国法官的狡猾之处，

"不要向别人借钱，向别人借钱将使你丢弃节俭的习惯。也不要借钱给别人，你不仅可能失去本金，也可能失去朋友。"这是莎士比亚给我们的忠告。有人说莎士比亚的话过时了。可是，从 EMI集团诉讼看，莎士比亚的话并没有过时。当然，正常房贷还是没有问题的。学习经典必须领会精神，而不是机械地照搬。如果莎士比亚活到今天，可能不会反对正常房贷，但会反对私募股权基金的杠杆收购。

27. 认购授信额度融资： PE 的业绩助长器

私募股权基金（PE）是一项激动人心的金融业务。理想状况下，PE 投资者（有限合伙人）和 PE 管理人（普通合伙人）都可以获得丰厚回报，所以业内外人士都想 PE 一次。2017 年又是国际 PE 热，上半年全球流入 PE 的资金达 1940 亿美元，2007 年全年流入 PE 的资金不过 3380 亿美元，而 2007 年是 PE 融资记录最高的一年。PE 如此火爆，业内就有人眼红嫉妒了，嫉妒之余就是曝黑幕。设在华盛顿的机构有限合伙人协会（Institutional Limited Partner Association 或 ILPA）便公开发难，剑指认购授信额度融资（subscription-line financing）。到 2017 年 8 月，认购授信额度融资的未偿贷款金额为 4000 亿美元。

认购授信额度融资中，投资者承诺在 PE 中投资，PE 便立即以投资者的承诺作为担保，向银行借款并将其用于投资。而很多 PE 管理人是按内部回报率（internal return rate）来计算 PE 的回报率的，即，回报率自投资者的资金实际到账之日算起，而不是自银行借款之日算起。按照这种算法，资金使用的时间更长，回报率自然也更高，PE 的业绩自然也更加鲜亮。不过，PE 管理人借重认购授信额度融资，那也是箭在弦上，不得不发。按照欧美的惯例，PE 管理人可以得到 PE 投资利润的 20%，但前提是回报必须在 8% 以上。

对于投资者来说，认购授信额度融资有可能获利，也有可能得不偿失，因为支付利息会抵消 PE 通过借款投资获得的很大一部分回报。行业组织机构有限合伙人协会对认购授信额度融资持完全否定的态度。该协会一位负责行业事务的高管表示，认购授信额度融资和内部回报率"翻手云、覆手雨，人为地提高了基金的表面业绩，但对投资者的实际回报并没有任何帮助"。机构有限合伙人协会认为，PE 的回报率应当从 PE 借款之日算起，同时采取以下措施：限制认购授信额度融资的规模；资金使用期限不得超过 180 天；PE 每季度披露认购授信额度融资借款的细节。

英国牛津大学商学院教金融的卢多维克·费阿里普（Ludovic Phalippou）教授为机构有限合伙人协会帮腔。他说，2008 年至 2009 年金融危机期间，各方资金告急，PE 要求投资者补交其所承诺的资金，投资者有可能资金断裂。但费阿里普教授过于偏袒投资者了：投资者本来就应当按约定投资，逾期不交纳资金，应当后果自负。

美国一个叫蒂姆·鲍尔（Tim Power）的律师则认为，认购授信额度融资好得很："私募股权基金投资者颇为成熟，知道贷款成本与其获得的利益之间有取舍关系。"确实，PE 投资者从认购授信额度融资中得到好处，他们知道自己到底在干什么。但鲍尔的观点也有偏颇之处，并非事情的全貌。PE 是以高、大、全的正面形象出现的，不仅为投资者谋利益，而且为全社会谋利益，为全世界人民谋利益，所以需要政府扶助、政策倾斜、法律保护以及全社会补贴。如果其真实业绩大白于天下，业外人士就会对扶持 PE 的做法产生怀疑。

游戏双轨数据，PE 绝非始作俑者，英国政府就老于此道。按照英国的消费价格指数（consumer price index 或 CPI），2010 年至 2017 年，英国的妇女内衣价格增加了 20%，但若是按照零售价指数（retail prices index 或 RPI），英国的妇女内衣价格则增加了 400%。英国有 4070 亿英镑的政府债券与 RPI 正向挂钩：RPI 上升，挂钩的政府债券的收益率也相应增加。从 2010 年起，英国国家统计局将与债券有关的 RPI 多算了 1%，到 2017 年，英国的纳税人已经为此多付了 150 亿英镑，结果政府债券的持有人得到一笔意外之财。2012 年后，英国总额 600 亿英镑的学生贷款也与 RPI 挂钩，大学生为此必须多还贷款。英国国家统计局也承认数据统计有误，但就是不改，英国财政部和国家统计局也不下令更改。

游戏双轨数据，并不限于金融界，素有耿直之称的军人也有类似做法。"二战"期间，在波罗的海沿岸发生的库尔兰（Courland）战役中，德国第 4 坦克师上报战绩时称，自损坦克 32 辆，消灭苏军坦克和自行火炮共 250

辆。从数据上看，第4坦克师神勇无比，但其实是两套数据产生误导：第4
坦克师损失的31辆坦克完全报废，而苏军的250辆坦克和自行火炮很多是
可以修复后再投入战斗的。此外，战斗中如果一辆苏军坦克被击中，通常
会有两辆以上的德军坦克自称击毁了苏军的这辆坦克。苏军上报战绩也有
类似做法，与PE的内部回报率异曲同工。

内外有别，闪烁其词是人的本能：个人和机构总是要遮掩些什么。认
购授信额度融资和内部回报率遮掩了PE的真实业绩，也遮掩了银行资金
进入股市。银行就是要穿墙打洞，将其资金送入证券市场获利，PE和PE
投资者则想借助杠杆增加回报，三方一拍即合。我国的分级基金和保本基
金与认购授信额度融资有异曲同工之处：要害都是银行资金悄悄地进入证
券市场，PE则践行杠杆投资，放大利润，放大风险。

28. 上市公司：证券市场的新"王后"

近年来，跨国公司投资打车行业蔚然成风。美国通用汽车向打车企业
Lyft注资5亿美元。大众汽车公司则斥资3亿美元，投资以色列的出租车初
创公司Gett。此风也吹到了神州大地。苹果投资滴滴公司，金额高达10亿
美元。而谷歌更是捷足先登，旗下的谷歌风投2013年便向优步投资2.58
亿美元。2014年，腾讯、淡马锡等公司投资滴滴，金额高达7亿美元。

上市公司直接投资企业，正在从事私募股权基金（PE）的业务。PE
大多投资于创新领域的创始企业，引领潮流，开风气之先。上市公司也投
资于创新领域的创始企业（尽管大多是第二轮投资）。打车初创公司就是
置身于一个创新领域，据说是全球性的"移动服务"（mobility service）模
式。"移动服务"为何物？让人听了之后似懂非懂。这就是创新的魅力所
在，似懂非懂才会心驰神往，似懂非懂才会"朦胧暗想如花面"。

就投资创始企业的方式而言，上市公司与私募股权基金也如出一辙：
两者投资也喜欢扎堆。可既然是投资创新领域，开风气之先，敢为人先，

为什么会是呼朋唤友？为什么要扎堆呢？我想，首先是因为从众心理所致。从众心理是证券市场的一大特点，中小散户投资如此，私募股权基金投资如此，上市公司投资也是如此。大家投资同一个领域，那么如果投资失败，就不能归咎于个人失误，投资者难有非词，基金管理人也可以"问心无愧"。

除从众心理之外，当今美国所主导的创新活动大多是通过改变人们的生活方式来实现所谓的创新，可以说是为创新而创新。既然是要改变大多数人的生活方式，一两家上市公司不成气候，即便是一两家苹果这样的公司也难成气候，必须有足够的用户或客户，才能达到并越过临界点。这样一来，就必须搞声势浩大的群众运动，而要搞声势浩大的群众运动，上市公司就必须扎堆：人心齐，泰山移！

"红雨随心翻作浪，青山着意化为桥。"上市公司呼风唤雨，神出鬼没，已经成为证券市场的新王后。国际象棋中，小兵沉底之后，可以摇身一变，成为王后。中国象棋中，最具杀伤力的棋子是"车"，可以上下左右直线移动，大踏步前进，大踏步后退，纵横左右，所向披靡。王后尤胜一筹，可以走直线、横线，还可以走斜线，纵横左右，所向无敌。中国象棋中有炮，可以隔山打子，神出鬼没，实行机动灵活的战略战术。国际象棋没有炮，也没有类似的棋子，若按武艺高强排座次，王后可以坐第一把交椅。按国际象棋的规则，小兵沉底后可以选择转换为除国王之外的任何棋子，但棋手只会选择将其转换为王后，因为王后最狠，"艳压群芳"。

上市公司何时才能"兵转后"？上市后即可！不错，大多数公司上市之初，并非兵强马壮，并无大量"闲置"资金投资于其他企业。但上市公司仍然可以从事其他非主营业务。比如，我国上市公司就可以进行"现金管理"。证监会制定的《上市公司监管指引第2号——上市公司募集资金管理和使用的监管要求》（证监会公告［2012］44号，简称《指引》）明确规定："暂时闲置的募集资金可进行现金管理……"可以"投资产品"。好一个"现金管理"，好一个"投资产品"。《指引》并没有明确界定所谓的"产品"，但实践中上市公司可以买卖理财产品。监管机构鞭梢一指，我国上市公司便有了理财功能：管理募集资金就是为广大股民理财。

新王后驰骋江湖，是否有益于广大股民，是否可以造福国家，造福人类？若是请教新王后，其回答无疑是肯定的，但原因是多种多样的。

首先，上市公司中的领军者，尤其是苹果、谷歌一类的公司，称雄一方，必须维持现有的霸主地位。新王后们曾经是搅局者，打破了当时的既定格局，后来居上，取而代之，但自己现在又必须应对新的搅局者。上策是将搅局者扼杀在摇篮中，退而求其次就是将其收编。再有，美国很多上市公司有的是钱，有钱就要折腾——这似乎是一条铁律。此外，美联储长期推行低息政策，融资成本极低，上市公司若不融资投资，简直有暴殄天物之嫌。

投资者的盲从、盲动也成全了新王后。公众对聚财者有宗教式的顶礼膜拜：苹果成功推出魔幻手机，大赚其钱，所以大家就相信苹果在其他领域也能继往开来，建不世之功。所以苹果这样的新王后从事PE业务就可以随心所欲，进入了自由王国。新王后受到宗教式的顶礼膜拜，PE投资受到宗教式的顶礼膜拜。

不错，新王后中意的初步企业不时推出深受欢迎的产品，但这并不一定就能造福社会。比如，性服务在很多地方都有需求，澳大利亚曾经还有妓院在股票交易所挂牌上市。但恐怕不能够说妓院是好企业。再有，产品好坏是相对而言的，昨是今非在所难免。君不见，纸烟受欢迎长达百年。曾几何时，烟民在公共场所吸烟不以为耻，反以为荣。纸烟今天仍然是需求强劲的产品，但在公开场所吸烟已经受到各种限制。是的，企业开发、推销产品经常是利用人性的弱点。

很多上市公司已经成为证券市场的新王后，但这些新王后并非善主，其中有很多偷税大户。2016年5月24日，法国执法人员突袭了谷歌在巴黎的办公地点，查找谷歌偷税的证据。法国当局要让谷歌缴纳16亿欧元的税款。2014年，谷歌在法国的收入为2.254亿欧元，但只纳了500万欧元的税。美国的技术公司标榜自己"不邪恶"，但如此偷税，会把广大投资者的安危冷暖挂在心头吗？恐怕不会。

29. 货币市场基金的新规则

人为财死，鸟为食亡。无论是工商巨子还是贩夫走卒，但凡到资本市场来弄潮的，大多是想发财的，发不了大财，也要发点小财，但同时又怕赔本。于是，货币市场基金便应运而生了。货币市场基金每股 1 美元，有如存在银行的货币，虽然会因通货膨胀而贬值，但本金却不会血本无归。很快，美国的很多公司、个人和地方政府都将闲置资金放入货币市场基金。是的，很多金融创新产品之所以蔚然成风，就是因为其设计暗合了我们的心愿。目前美国货币市场基金的资产总额达到 2.6 万亿美元，但货币市场基金闯过大祸，令监管者至今仍心有余悸。

2008 年 9 月 12 日，雷曼兄弟倒闭，金融市场大乱，人心惶惶，投资者也纷纷挤兑货币市场基金，而且赎回价是每股 1 美元。投资者只需提前 24 小时通知货币市场基金，即可提款，无需交纳罚金。如果不阻止挤兑，许多货币市场回购基金很快便会不支。货币市场基金也是资本市场的重要融资途径。2008 年金融危机发生时，美国货币市场基金的资产金额高达 3.4 万亿美元。通用电气（General Electric）和卡特彼勒（Caterpillar）这样的大公司也从货币市场基金筹资，离不开这个融资渠道。基于此，美国联邦政府只得援手，为货币市场基金提供担保。

货币市场基金像银行，但却没有银行的资本金。资本金像肥膘，遇到客户挤兑的时候，银行就可以通过瘦身解决问题，不会轻易破产，也无需政府援手。联邦政府也不为货币市场基金提供任何形式的担保。金融危机之后，美国国会下决心搬掉货币市场基金陈规，但真正做到却很不容易。

细则为王是证券法的特点。1919 年，美国宪法第十八修正案短短三句话，便在美国全面禁止了烈酒的制造、销售和运输。1933 年，美国宪法第二十一修正案又是短短三句话，便废止了第十八修正案。但资本市场的法律规定就不是这样了。早在 2009 年，美国国会便制定了《多德-法兰克法》（Dodd-Frank Act），下决心搬掉资本市场的许多风险大山，但许多具体规则要由证交会和其他监管机构制定。自《多德-法兰克法》出台以来，证交会迄今制定的规则所涉及的问题包括：（1）禁止银行从事高风险的自营业务；（2）结算业务中间人的风险标准；（3）要求私募股权基金和对冲基金注册；以及（4）地方政府发债顾问的监管。证交会正在制定之中的规则涉及以下领域：（1）资产证券化产品中有关债务的数据应当更加透明；（2）由证交会监督的信贷违约掉期应有资本金和融资融券的规定；（3）对于信用评级机构应当有更严格的控制；（4）公共公司高管薪酬的披露。

2014 年 7 月 23 日，证交会终于批准修正货币市场基金的相关规则，废止了每股 1 美元的老规矩，代之以浮动净资价值（floating net asset value）。浮动价格为货币市场基金正本清源，即，货币市场基金是一种证券投资基金，而不是储蓄银行。

但如同资本市场的其他许多规则，货币市场基金新规则也是千疮百孔、漏洞百出，即，规则有许多例外。比如，只要货币市场基金只针对零售投资者（或称"散户"），便可以获得特殊对待。如果变现能力强的资产低于 30%，货币市场基金可以暂时关闭赎回大门，而且可以收取 2% 的赎回手续费。这就有点像上贼船了，上船容易下船难。

从新规则的内容看，其主要目的还是防范货币市场基金所造成的系统风险，而投资者只好委屈一下了。证券监管机构通常是抓两件大事：一是防范系统风险；二是保护投资者利益。但防范风险是头等大事。再者，投资者与投资者是不一样的，有些机构投资者并非弱者，在资本市场也是横冲直撞，到处煽阴风、点鬼火，唯恐天下不乱。这样的投资者就无需法律的特殊保护了。

30. 逃税： 私人银行业务的金刚钻

谁称得上是富人？在资本市场，有百万美元以上的资产可用于投资，那就称得上是富人。截至 2012 年底，此类富人家庭在各国的户数分别为：美国 590 万；日本 150 万；中国 130 万；英国 50 万；瑞士 40 万；加拿大 40 万；德国 40 万；意大利 30 万；法国 30 万。这些富人的钱多得用不完，需要有人帮其管理，所以理财业务就兴旺发达了。而理财又以私人银行客户业务为高端业务：私人银行客户是理财客户中的富豪，可供理财的资金多，所付的佣金自然也多。2013 年，瑞士信贷的财富管理业务和私人银行业务的利润为 37 亿瑞士法郎，而其投资银行业务的利润仅为 22 亿瑞士法郎。私人银行业务利润高，但做起来不易，算得上是瓷器活，很多金融机构像揽瓷器活，但苦于没有金刚钻。从瑞士银行的经验看，帮助富人避税、逃税就是金刚钻。美国议员指称，瑞士信贷为 22 000 个美国富人逃税。

既然是逃税，这项业务做起来就比较诡秘。街头秘密递送情报是谍战影视剧中的镜头，理财业务也是谍战手段：账户信息夹在体育杂志中传递，在电梯内交易。瑞士的银行在苏黎世机场还设有分所，方便来往的美国富人办理理财手续，相关账户还有一个代号 SIO85。而其他国家反逃税也颇似谍战。2008 年后，德国和英国曾经收买了 UBS 的某些雇员，由这些"内鬼"提供银行秘密账户的户主名单，其中大多是美国人、德国人和英国人。美国人有电子系统进行实时监听，瑞士银行家们还不能完全避开美国人的火眼金睛。

瑞士信贷向美国的客户提供跨境经纪服务和理财服务，却没有在美国证交会注册，这就又违反了美国的法律。2014 年 2 月，瑞士信贷与美国证交会达成和解：瑞士信贷缴纳 1.965 亿美元，以了结此案。但与美国监管机构和解并非易事：美国监管机构是轮番上阵，同一机构又反复出手。

2009 年，UBS 与美国司法部达成和解协议，UBS 同意支付 7.8 亿美元，并交出 300 个客户的名单。但协议的字迹未干，美国司法部又通过民事诉讼，向 UBS 索要 52 000 个账户的户主姓名。

瑞士信贷帮助美国富豪作弊，在瑞士本国并不违法。按照瑞士法律，除非第三方能够提供有关账户的户主身份，否则瑞士的银行不得向其提供客户的信息。由此可见，监管也可以创造不义之财：在资本市场打劫，不再是智取"生辰纲"，而是要挟持法律，为己所用。

可以说，帮助域外富人隐藏财富是瑞士的国策，也是瑞士银行业的文化。即便瑞士信贷不做美国富人的逃税生意，还可以为其他国家的富人提供类似服务。即便 UBS 和瑞士银行金盆洗手，瑞士还有其他银行愿意继续帮助富人逃税。瑞士有很多私有银行，大多是合伙制，通常无需披露信息，行动更加诡秘，善于为富人避税。比如，韦格林（Wegelin）是瑞士历史最悠久的私有银行，也帮助域外富人避税，离岸账户的资金高达 1.2 万亿美元。

但即便瑞士的所有银行都金盆洗手，世界上还有其他许多司法辖区可以为富人提供逃税服务。离岸地是指当事人法定居住地或纳税居住地之外的司法管辖地。截至 2012 年底，离岸地吸引财富的排行表如下：瑞士 2.2 万亿美元；香港和新加坡 1.2 万亿美元；海峡诸岛和都柏林 1.1 万亿美元；加勒比海和巴拿马 1.1 万亿美元；英国 9000 亿美元；卢森堡 7000 亿美元；美国 7000 亿美元。美国的银行也为其他国家的富人藏匿财富，至于其中是否存在逃税的银行业务，外界无法知道，因为美国的理财业务也很不公开。

鸡鸣狗盗，城鼠社狐。私人银行业务帮助富人逃税也是如此。中国乃仁义之邦，中国的金融机构大多是仁义之师，不齿此类勾当。但此类业务中国的金融机构想做也做不了，原因很简单：人民币不能自由兑换，域外富人的钱难以进出。临渊羡鱼，却不能退而结网。——这种痛苦可想而知。

31. "主权财富基金"

资本市场是各路人马斗狠的猎场：投资者中有各自为战的散兵游勇，也有集体捕食的金融机构。从理论上说，弱小个体必须团结起来，所以劳工就要加入工会，还要唱"团结就是力量"；而大机构可以单打独斗，天马行空，独往独来。但现实正好相反，越是弱小者，越容易被分化瓦解，被人各个击破；而机构越大，越是结伴而行，主导市场，引领潮流。主权财富基金就是这样的巨无霸。中国农业银行在香港和上海两地首次公开发行股票，上市之前号称基石投资者的各路基金便捷足先登，同意购买中国农业银行40%的股份。基石投资者中又以主权财富基金为主力军。卡塔尔和科威特的主权财富基金当仁不让，各承诺购买中国农业银行10亿美元的股份。[149]

主权财富基金（sovereign wealth fund）是由国家拥有的投资基金，持有股票、债券、房地产、稀有金属和金融凭证。2005 年，一个叫安德鲁·罗增诺（Andrew Rozanow）的金融从业人员写了篇文章，标题是《谁在持有国家财富？》（Who holds the wealth of nations?），造出"主权财富基金"一词。从法律上说，主权财富基金并不是什么特殊实体，而是属于私募股权基金一类。到 2010 年，全球各地的主权财富基金持有大约 3.51 万亿美元资产。阿布扎比、科威特和挪威等产油国是主权财富基金的先驱。中国后来居上，与时俱进，推出了自己的主权财富基金——中国投资有限责任公司（China Investment Corporation，简称"中国投资公司"）。中国投资公司真是有钱，到了美国也是大爷。到 2010 年 7 月，中国投资公司的资产已高达 3000 亿美元。中国投资公司与哈佛赠款基金谈判，准备接手哈佛赠款基金的房地产投资，金额可高达 5 亿美元。[150]

对于主权财富基金的到来，黑石等私募股权基金中的大枭是喜忧参半。一方面，黑石等基金多了挥金如土的大客户；另一方面，黑石等基金也平添强劲的竞争对手。大型金融机构之间的关系是既相互利用、相互勾结，又相互拆台、相互暗算。主权财富基金与黑石等华尔街机构虽不是一丘之貉，但早已经是你中有我，我中有你。主权财富基金的出现，使得资本市场更加错综复杂，各种利益交织在一起，有国家的利益、政府的利益、资本市场的利益、资本的利益，还有个人的利益。在各路人马刺刀见红的资本市场，主权财富基金能否晚上回来鱼满舱，也是充满变数的。比如，新加坡的一支主权财富基金淡马锡（Temasek）赔钱赔得厉害。到 2009 年 3 月底，18 个月内，淡马锡的资产严重缩水，由 1850 亿新加坡元（合 1340 亿美元）减少到 1270 亿新加坡元（合 840 亿美元）。[151] 2009 年 10 月，淡马锡病急乱投医，找了一个叫查尔斯·古德伊尔（Charles Goodyear）的洋人来坐镇。自 1974 年成立以来，这是淡马锡第一次请洋人来掌舵。

主权财富基金财大气粗，在资本市场横冲直撞，但属于暴富类型，是新贵们做梦也没有想到的，比美国梦还要美国梦。千年的铁树开了花，万年的枯枝发了芽。穷人有钱之后，对名牌和奢侈品有克制不住的欲望。卡塔尔主权财富基金就收购了豪华的古巴酒店、伦敦金丝雀码头的办公区和伦敦哈罗德百货商店（Harrods）。

但通常来说，能源行业是主权财富基金投资的重点。中国和韩国的主权财富基金曾经考虑投资美国的页岩生产。Chesapeake Energy 拥有页岩资源。中国投资公司和韩国投资公司（Korea Investment Corp.）拟收购 Chesapeake Energy 的股票。淡马锡和厚朴基金管理公司（Hopu Investment Management）已先行收购了 Chesapeake Energy 价值 6 亿美元的可转换有限股。中国投资公司和韩国投资公司拟分别收购 Chesapeake Energy 价值约 3 亿美元的优先股，剩余的优先股将由厚朴、淡马锡附属公司和一家日本工业集团收购。[152]

中国投资公司在国际市场呼风唤雨，在国内资本市场更是举足轻重，经常有一锤定音的能量。到 2008 年底，中国投资公司的子公司，中央汇金投资有限责任公司在中国各大银行中的持股比例分别如下：中国银行67.5%、中国建设银行 57%、中国农业银行 50%、中国工商银行 35.4%。[153]

即便大多数投资者对股市敬而远之，中国投资公司照样能够砥柱中流，挽狂澜于既倒。政府对资本市场的影响可见一斑。

我们过去以为，资本市场是市场经济，政府的干预越少越好。真是一个天大的误解！资本市场是最大的计划经济。资本市场是政府干预最多的地方。以美国为例，且不论华尔街与华盛顿平日里眉来眼去、勾勾搭搭，就说金融危机，如果不是美国政府全力相救，华尔街的大银行早已樯橹灰飞烟灭。都说高盛实际上是一家对冲基金，到处设赌（"对冲"是"下赌"的委婉语）。其实，高盛也相当于美国的主权财富基金，有政府为其后援，在全球各地收购资产，行动十分诡秘。

32. 高盛与主权财富基金

资本市场无奇不有，但很多人想不到，高盛会与利比亚的主权财富基金有一腿，而且双方曾经一度好得穿一条裤子。卡扎菲兄弟更没有想到，他的倒台会帮了高盛的忙。

2008年初，利比亚的主权财富基金向高盛提供了13亿美元，用于下赌货币和复杂的金融产品（也就是所谓的"金融创新产品"）。时间不长，在高盛调理之下，13亿美元损失了98%。2008年1月至6月，13亿美元用来购买期权，而到2010年2月，这些期权的价值仅为2510万美元。[154]

利比亚主权财富基金的高管们暴跳如雷，指责高盛使坏，非说高盛对投资交易进行误导。高盛则另有说法，还举出了电话、利比亚官员签署的文件以及汇款的记录。我是比较相信高盛的说法的，高盛的交易行为应当是得到了利比亚主权财富基金同意的。出现巨额亏损之后，利比亚人就把所有问题推到高盛身上。但高盛如何让这些利比亚人同意，这就不知道了。无论如何，13亿美元两年之内十去八九，总是有点不好解释。纵使你口吐莲花，也还是不好解释。

至少有一点比较蹊跷：高盛的一员大将德里斯·本-巴拉亨（Driss Ben-

Brahim）悄然离开高盛，到一家对冲基金公司工作。本-巴拉亨曾经是高盛新兴市场交易的负责人，是资本市场交易一颗耀眼的明星。当初，利比亚人之所以相中高盛，一个主要原因就是被这颗交易明星的光芒所吸引。但转眼便是昔人已乘黄鹤去，此地空余黄鹤楼。从本质上说，资本市场就是金融传销，因而可以短时间造就麦道夫、垃圾债券大王麦尔肯和网络公司分析师这样的明星。但假的就是假的，伪装终会被剥去。金融明星们大多昙花一眼，随风而去。当然，他们也没有白来：他们骗了很多人、赚了很多钱。

美国人自己也不相信高盛。美国证券交易委员会起诉高盛，指责其欺骗客户。美国参议员卡尔·莱文（Carl Levin）又跳出来攻击高盛，抓住高盛的小辫子不放。莱文所领导的参议院调查小组出了一份报告，非说高盛误导投资者和国会。[155]

与利比亚主权财富基金发生纠纷之后，高盛态度很好，一团和气，恳请再为利比亚效劳，把损失的钱再赚回来。2009年5月，高盛提议，利比亚再投37亿美元，换取高盛50亿美元的优先股，高盛用40多年的时间向利比亚投资管理局支付股息。但利比亚那些主事的官员们认为40年时间太长。夜长梦多，日久生变，主权财富基金的长期投资本身就有风险。2008年，雷曼兄弟灰飞烟灭，各方心有余悸，利比亚主权财富基金不敢轻易投资华尔街金融机构。此外，华尔街的职业金融杀手们好生了得，经常炮制各种金融创新产品，让长期投资者尝一尝短期风险的厉害。

2009年8月，高盛又提议利比亚投资信贷违约掉期（credit-default swaps）。这回利比亚投资管理局的高管们头脑还算清楚，知道此类投资风险太大，死活不肯上钩。高盛又设计了一个特殊目的公司（special-purpose vehicle），设在开曼群岛，可拥有50亿美元的公司债务，用20年的时间帮助利比亚追回损失。这条锦囊妙计还是未能付诸实际，高盛的美意还是没有被接受。

利比亚主权财富基金的亏损有若干教训。

教训一：华尔街金融机构大多下连环套，引你一步一步上钩，叫你欲罢不能，求生不得，求死不成。这与开局设赌没有什么两样：先给你吃点甜头，然后再取你的钱财。更神奇的是，让你赔钱之后不仅作声不得，而且还乖乖地再投更多的钱进来。这种看似荒诞的现象可以理解——赌徒有这种心理：越赔越想翻本，想翻本就得投更多的钱。华尔街特别喜欢来自威权国家的主权财富基金。这些国家缺乏透明，主权财富基金赔了钱公众也不清楚，还以为主权财富基金真的是在放长线钓大鱼呢。

教训二：主权财富基金有内鬼。莫斯塔法·扎哈蒂（Mustafa Zarti）曾经担任利比亚主权财富基金的副主席，高盛和利比亚主权财富基金合作，他做了许多穿针引线的撮合工作。但利比亚主权财富基金出事之后，他便远走高飞，移居奥地利。还有，高盛提出的一个补救方案的内容还包括，向一家咨询公司支付5000万美元，而这家咨询公司是由利比亚的国有石油公司负责人的女婿所经营的。在这个世界上，越是专制腐败的地方，华尔街的银行家们越是爱去，华尔街喜欢不透明、喜欢腐败、喜欢威权。

高盛与主权财富基金的关系是既相互勾结、相互利用，同时又相互算计——但主要还是高盛暗算主权财富基金。高盛赚利比亚主权财富基金的钱，赚利比亚老百姓的钱——主权财富基金的钱是卡扎菲搜刮来的民脂民膏。而利比亚江山易手，高盛又可以轻松脱身，高盛与利比亚主权财富基金的争端很可能不了了之。资本市场弄潮，不仅要有钱，还必须有强大的军事力量（仅靠到华尔街搞人才抄底还远远不够），事到万难便搅局，重新洗牌，逼对手出局。截至2010年6月，利比亚投资管理局有大约530亿美元的资产。到2011年，美国政府冻结了利比亚在美国的资产，其金额大约为370亿美元，包括由高盛管理的资产。

这个世界上主权财富基金很多，仅中东产油国的基金就包括：阿布扎比6270亿美元；科威特2600亿美元；卡塔尔850亿美元；伊朗230亿美元；巴林91亿美元；沙特阿拉伯50亿美元。主权财富基金与华尔街机构结伴而行的不少，虎口夺食，火中取栗。真的，与高盛结伴的主权财富基金，是时候惊起回头了。

33. 投资顾问的奥妙

轻骑兵，轻骑兵
半彪人马向前冲！
左侧加农炮，右侧加农炮
身后加农炮。
排炮齐放，排炮轰鸣。

——阿尔弗雷德·坦尼森《轻骑兵》

对冲基金是资本市场的轻骑兵，左冲右突，如入无人之境，有英国诗人阿尔弗雷德·坦尼森（Alfred Tennyson）笔下轻骑兵的神勇。对冲基金冲锋在前，退却也在前，神出鬼没，飘忽不定，让其他投资者防不胜防。

对冲基金有如轻骑兵，出入资本市场，只需半彪人马：对冲基金杠杆交易，通过高负债成倍增加投资回报，当然也是成倍增加亏损的风险。对冲基金的操盘手艺高人胆大，视负债为杠杆，借力发力，气吞山河。高杠杆是对冲基金的重要特性之一，其他特性包括：投资策略隐秘；买卖金融对冲产品；没有公司治理构架；收费由投资顾问自行决定。

对冲基金发展迅猛。1999 年至 2004 年，对冲基金的资产增长了 260%。但英雄也有失路、失手的时候，对冲基金也不例外。1998 年，长期资本管理基金（Long Term Capital Management Fund）管理的资金有 1250 亿美元。但这支基金押错了宝，资不抵债，最后是美联储牵头，华尔街的大银行才集体出资，帮助长期资本管理基金渡过难关。这样一来，政府也要监管对冲基金，但做起来难度很大。

一、谁是投资顾问？

对冲基金的定义就很难，究竟属于什么行业都说不清。美国联邦法官大多是智叟性人物，但他们也承认自己说不清。按照美国总统小组工作报告的定义，对冲基金是"投资载体，自行设立，由专业投资经理管理，并不向公众广泛开放"。[156]按照证交会的定义，对冲基金是"拥有资产池的实体，资产池中有证券，可能还有其他资产，其权益没有注册公开发行，也没有根据《投资公司法》（The Investment Company Act 或 ICA）注册"。[157]按照上述两项定义，对冲基金是资产池，是法律实体，但定义没有说明对冲基金在法律上的属性。

按照美国《投资公司法》的定义，对冲基金、私募股权基金和共同基金都属于投资公司。投资公司是一实体，"……主要从事证券的投资、再投资或交易的业务"，或者"从事"该业务，其资产的 40% 是"投资证券"（即，除政府证券和其控股子公司的证券之外的所有证券）。[158]投资公司适用两部法律：《投资公司法》和《投资顾问法》（The Investment Advisor Act 或 IAA）。投资公司的管理人属于投资顾问，适用《投资顾问法》。投资公司必须在证交会注册，并且受到一系列限制，[159]证交会以及投资者都可以就投资公司和投资顾问的违法行为提起诉讼。[160]

不过，《投资公司法》又网开一面：只要对冲基金的所有受益人的人数不到 100 人，而且不向公众发行证券，或者对冲基金的所有投资者都是"合格"的高净值个人或机构，[161]对冲基金就可以享受豁免，无需注册或接受监管[162]。《投资顾问法》也是网开一面："在前 12 个月中，任何投资顾问的客户不到十五人，一般不作为投资顾问面对公众，也不作为根据［《投资顾问法》］注册的投资公司的投资顾问"，就可以享受豁免，无需注册或接受监管。[163]

这样一来，"投资客户"（client）一词的定义就成了关键问题。客户的定性决定了客户的多少，客户的多少又决定了《投资顾问法》是否适用，而《投资顾问法》是否适用又决定了相关投资顾问是否需要接受监管。所以就有了戈尔登诉证交会案［Goldstein v. SEC, 451 F. 3d 873（D. C. Cir. 2006）］（简称"戈尔登案"）：原告戈尔登对证交会的规则提出挑战，理由是投资者并不等同于客户。证交会推出的规则是，对冲基金的客户不是作为对冲基金本身的投资公司，而是持有基金份额的投资者，包括对冲基金的有限合伙人以及有限合伙人投资者。如果适用证交会的定义，大多数对冲基金的客户的人数都会超过十五人，所以必须适用《投资顾问法》，必须注册，接受证交会的监管。很遗憾，法院支持戈尔登的主张，给了证交会当头一棒。

二、巧用受信义务

为了证明自己的正确性，戈尔登案中的法官们颠来倒去，反复说了很多理由。理由之一是，对冲基金中的投资顾问为普通合伙人（General Partner 或 GP），如果投资顾问既对作为投资公司的基金负有义务，又对作为有限合伙人（Limited Partner 或 LP）的投资者负有义务，就会面临利益冲突，不知以谁的利益为重是好。法院认为，投资顾问应当关心整个基金的业绩，而不应当关心基金各个投资者所能够得到的回报。在这里，法官假定基金与基金投资者的利益是不同的，逻辑上似乎有些混乱，因为基金的整体利益与基金投资者的个体利益似乎并不矛盾，基金盈利，基金投资者自然也获利。

从逻辑关系上说，客户与投资顾问互为正反。所以，为了界定争议较大的"客户"一词，法院首先讨论了投资顾问的定义。按照美国《投资顾问法》的定义，任何人有偿提供投资咨询，就是投资顾问。该法的原文是，"任何人有偿从事向他人提供咨询的业务，就证券的价值或是否投资、购买或出售证券提供咨询，无论是直接提供咨询，还是通过出版物或书面提供咨询"，就是"投资顾问"。[164]美国最高法院的判例洛诉证交会案［Lowe v. SEC, 472 U. S. 181（1985）］（简称"洛案"）对该规则又做了进一步阐述：投资顾问向个人提供咨询，"典型的情况是，投资顾问的客户获得个性化咨询，基于客户的财务状况和投资目的"。该案中洛向众多投资者出售投资咨询刊物，但并没有注册为投资顾问。最高法院的大法官们认定，洛没有向个别投资者提供投资咨询刊物，不存在受信关系，所以洛并不是《投资顾问法》所指的投资顾问，无需在证交会注册。

洛案的判决意见振振有词，似乎头头是道，但逻辑上有一个荒谬的结果：如果被告洛向特定的少数投资者出售证券投资咨询刊物，他必须按照《投资顾问法》在证交会注册，而向众多的投资者出售证券投资咨询刊物，反倒无需在证交会注册，《投资顾问法》反倒并不适用。这就有悖证券法的基本理念。证券法的基本理念是，与众多投资者交易或有业务关系，通常必须公开披露信息，而交易对手为个人或少数人时，则无需公开披露信息。正是因为这一理念，证券发行有公开发行与非公开发行之分，基金募集有公募与私募之分。披露是证券法的核心，而公开与非公开，公募与私募，则是界定是否需要披露的重要原则。

洛案中的大法官们这样判，到底是何原因？该案中持共同意见的两位大法官指出，当事人应当是投资顾问，但对其必须网开一面，不适用《投资顾问法》，因为"不允许上诉人出版刊物违反第一修正案"。这就比较清楚了。按照美国的正统观念，"言论自由是任何其他自由之母和必要条件"，而确保言论自由的第一修正案则是天条。既然如此，证券法的披露原则让位于言论自由原则，也就顺理成章了。

美国最高法院的大法官们打着"受信义务"和"第一修正案"的旗号，为投资顾问网开一面，但很少有人效仿洛。华尔街银行也向众多投资者提供定期投资咨询材料，但并没有效仿洛。或许是因为华尔街银行和他们的律师们有羞恶之心，但更可能是因为他们担心，如果出现类似洛案的诉讼，美国最高法院的大法官们有可能改变主意，做出不同的判决。即便大法官们不会改判，下面的联邦地区法官中，难保不会有个别自由派法官跳出来，篡改和歪曲洛案判例，判华尔街银行败诉。即便华尔街银行上诉获胜，也难逃媒体的负面报道。而且在原告律师的死缠烂打之下——原告律师一般都是死缠烂打，华尔街银行会有更多的问题败露。为谨慎起见，华尔街银行免费向其客户发送投资顾问咨询材料。如上文所述，按照《投资顾问法》对投资顾问的定义，只要华尔街银行不获取报酬，就不会被认定为投资顾问。

不过，华尔街银行并不是真的无偿提供投资咨询材料。很多投资者是资产管理人，买卖大量证券，作为获取"无偿"投资咨询材料的回报，他们将买卖证券的经纪业务交给对口的华尔街银行，华尔街银行为买卖证券提供执行服务，收取客观的佣金。当然，羊毛出在羊身上，投资基金管理人势必将投资咨询材料的费用转嫁给其客户，而其客户中不乏各类养老基金，养老基金的投资者是广大劳动人民。所以说，投资咨询材料的费用最终是由广大劳动人民支付的。

洛案判例虽有争议，但今天仍然有效。戈尔登案中，法官们便将其判决意见建立在洛案判例的理论基础上。该案法官们引用了洛案判例中美国最高法院的原话："从事顾问专业的人是针对客户的个人情况提供咨询的。"戈尔登案中的法官们认为，"投资顾问与客户的关系"的"特点"是"一对一的受信关系"，涉及客户时，"'《投资顾问法》要规制的是受信关系'"。

戈尔登案中，受信关系（fiduciary relationship）成为法官们的撒手锏，法官们抓住该词大做文章。法官们反推，如果不存在受信关系，则不存在投资顾问与客户的关系。法官们的推论是，对冲基金投资顾问并没有为对冲基金的投资者提供一对一的个人投资咨询，并不存在受信关系，所以对冲基金的投资者并不是对冲基金的客户，所以不能根据对冲基金的投资者的人数来决定对冲基金的投资顾问是否需要注册，所以作为投资顾问，对冲基金的普通合伙人只有投资公司一个客户，无需在证交会注册。

美国法官们真是老奸巨猾。创立受信义务，本意是要保护投资者，但经过法官们的拆解和演绎，受信义务反倒成为金融豪强避免监管的利器。可见，美国股市各类问题频发，并不是因为法律和监管滞后，而是因为大多数法官死心塌地地为金融豪强服务，事先就为豪强们做好了法律上的铺垫：量体裁衣，削足适履。在很多关键问题上，美国是阉割规制性法律在先，金融创新在后。当然，也可以说，是美国的金融豪强们运筹帷幄，决胜于千里之外，他们重金雇用律师供其驱使，由律师献计、献策，而法官们只是照抄、照搬律师们提出的观点而已。

三、篡改受信义务

按照美国的法律，受信义务适用于对冲基金和其他私募基金。私募基金（private fund）只向人数有限的投资者募集资金，具体人数限制视各国法律而定。受信义务也同样适用于共同基金和其他公募基金。公募基金（public fund）向众多的投资者募集资金，具体人数限定视各国法律而定。在上文分析的戈尔登案中，美国法官以不存在受信关系为理由，否认对冲基金的投资者是普通合伙人的客户，从而减少了客户的人数，最后得出了普通合伙人无需作为投资顾问注册的结论。而在琼斯诉哈里斯有限责任合伙企业案〔Jones v. Harris Associates L. P.，130 S. Ct. 1418, 1761 L. Ed. 2d 265（2010）〕（简称"琼斯案"）中，美国最高法院的大法官们则阉割了受信义务，将其等同于注意义务（duty of care）。琼斯案创立的规则是，就公募基金而言，基金管理公司收费，无论收费金额高低，只要决策过程有适当程序，董事会充分了解信息后做出决定，由没有利益关系的董事决定，在"正常交易"范围内决定，就符合受信义务的要求。如此一来，受信义务便名存实亡了。

琼斯案中，哈里斯有限合伙企业（简称"哈里斯"）是基金管理人，管理若干家共同基金。其中三家共同基金的股东起诉哈里斯，理由是哈里斯所收基金管理费过高，违反了《投资公司法》规定的受信义务。

但美国国会在《投资公司法》中并没有界定其定义，这就埋下了祸根。

受信义务是指"为他人利益而行事的责任，自己的利益必须服从他人的利益，是法律所要求的义务中最高的，适用于受托人和监护人等"。[165]这一定义已经引入我国，《信托法》第 25 条称之为"为受益人的最大利益处理信托事务"。证券投资基金是将资产托付给他人管理，类似信托关系，[166] 适用我国《信托法》。在卡坦伯格诉美林案［Cartenberg v. Merill Lnych Asset Management, Inc., 694 F. 2d 923（2d Cir. 1982）］（简称"卡坦伯格案"）中，第二巡回法院所创立的规则是，"投资顾问-管理人收费过高，不成比例，与所提供的服务并无合理关系，不可能是正常谈判的结果"。琼斯案规则去掉了不成比例的过高的标准，以披露原则和董事没有利害关系的标准取而代之。但美国最高法院不愿公开承认自己修正了卡坦伯格案判例。这是因为卡坦伯格案判例已经克减了公募基金管理公司的受信义务，实际上将受信义务篡改为注意义务，而琼斯案判例又进一步克减了该义务。美国大法官不无心虚之处，不愿声张。

但琼斯案中持共同意见的克拉伦斯·托马斯（Clarence Thomas）大法官跳了出来，非要为多数意见画龙点睛，要扯去多数意见大法官的遮羞布。托马斯大法官指出，卡坦伯格案判例是变相允许法官设定费率，但琼斯案改变了这一规则："我同意本院的判决，以肯定这种做法。但我并不认为，本院这样做是肯定'卡坦伯格案标准'。对今天的判决无论有何其他说法，今天的判决都没有认可法院对管理费的'公平'审查有自由尺度，尽管卡坦伯格案判决可以被解读为允许这种审查。"

四、中国式投资顾问

中国对投资顾问一词的定义也很重视，但没有美国那么重视。美国是先由国会界定该词，再由美国最高法院的大法官们加以阐释。我国是由证监会做出规定，而且只是以公告形式发布的，是一个位阶比较低的规范性文件。2010 年，证监会公布了《证券投资顾问业务暂行规定》（证监会公告［2010］27 号，下称《投资顾问规定》），界定了证券顾问业务。按照该规定第 2 条，证券顾问业务"是证券投资咨询业务的一种基本形式，指证券公司、证券投资咨询机构接受客户委托，按照约定，向客户提供涉及证券及证券相关产品的投资建议服务，辅助客户作出投资决策，并直接或间接获取经济利益的经营活动"。我国《证券法》则界定了证券投资咨询业务，该项业务由证券公司提供。《证券法》第122条规定："未经国务院证券监督管理机构批准，任何单位和个人不得经营证券业务。"而根据《证券法》第125条第2项，"证券投资咨询"被界定为证券公司的业务。

按照我国《投资顾问规定》，就相关业务而言，基金公司、期货公司和信托公司也属于投资顾问。但除《投资顾问规定》之外，我国其他部门规章也有相关内容。中国人的思想比较复杂，所以中国的事情也比较复杂，政府各部门表面上步调一致，相安无事，一团和气，但实际上各自为政，水泼不进，针插不进。2007年银监会制定的《信托公司管理办法》第16条第9项就规定，信托公司的经营范围包括"办理居间、咨询、资信调查等业务"。在证券市场上，证券公司还是比较讲道理的，是比较守规矩的。信托公司则是天马行空，独往独来。但信托公司受银监会监管，是银监会的地盘，即便信托公司从事了证券投资顾问业务，证监会也不便过问。

美国《投资顾问法》与我国《投资顾问规定》有重叠的内容，但此投资顾问非彼投资顾问。我国的投资顾问并不是美国《投资顾问法》所指的投资顾问。《投资顾问法》关于"投资顾问"的定义十分宽泛，包括了类似中国基金管理公司的金融机构以及从事"证券资产管理"（《证券法》第125条第6项）业务的证券公司，也包括提供投资咨询的个人。《投资顾问法》所指的投资顾问包括基金管理人，但《投资顾问规定》并不适用于基金管理人。基金管理人可以是基金管理公司，也可以是私募基金中的普通合伙人，在美国适用《投资顾问法》，在我国则适用《证券投资基金法》（2012年修改，下称《基金法》）。

根据美国的《投资顾问法》，基金管理人被界定为投资顾问，对投资者负有受信义务。但我国的《基金法》并没有将基金管理人界定为投资顾问，也没有直接规定基金管理人适用受信义务或其他任何义务。不过，《基金法》第 4 条规定："从事证券投资基金活动，应当遵守自愿、公平、诚实信用的原则，不得损害国家利益和社会公共利益。"《公开募集证券投资基金运作管理办法》（证监会令第 104 号，2014 年）第 3 条也有相似的规定。显然，基金管理人"从事证券投资基金活动"，所以《基金法》第 4 条和《公开募集证券投资基金运作管理办法》第 3 条对公募基金的基金管理人适用。《私募投资基金监督管理暂行办法》（证监会令第 105 号，2014 年）第 4 条则明确规定，"私募基金管理人……应当恪尽职守，履行诚实信用、谨慎勤勉的义务"。显然，按照我国的法律法规，基金管理人所负的义务中包括"诚实信用"义务。

诚实信用义务的要求低于受信义务的要求。受信义务是法定义务，未能尽到该义务必须承担侵权责任，尽管法院很少做出这样的判决。相反，诚实信用义务的要求比较弱，其内容和法律后果也并不确定。美国法院大多承认，合同方有诚实信用（good faith）和公平交易（fair dealing）的明示责任或默示责任。但如果合同方就诚实信用和公平交易提起侵权诉讼，美国法院大多不支持有关主张，涉及劳动合同时有两种情况例外。第一种情况是，如果雇员因为检举揭发被告的违法行为而被不当解雇（wrongful discharge），雇员可以提出被告违反了诚实信用义务，作为侵权诉讼索赔的理由。这样做是为了保护举报者（whistleblower）。第二种情况是，被告因拒绝按雇主的要求从事非法活动（illegality）而被雇主解雇。[167]

从某种意义上说，受信义务已经引入我国，适用于基金管理人。《基金法》第 2 条规定，"公开或者非公开募集资金设立证券投资基金……适用本法；本法未规定的，适用《中华人民共和国信托法》……"而《信托法》第 25 条则要求受托人"为受益人的最大利益处理信托事务"。

但即便适用受信义务，如上文所述，若是像美国法官那样解释受信义务，对投资者也是于事无补。

34. 投资顾问与经纪人串演

投资顾问和经纪人是两种不同的法律定义。按照美国的《投资顾问法》，投资顾问是为获取报酬而向其客户提供投资咨询。而严格意义上的经纪人只是按照客户的指令买卖证券。两者的定性不同，所负的法律责任也不同。投资顾问对其客户负有受信义务，必须为其客户获得最大的利益，不得将自己的利益置于客户的利益之上。而严格意义上的经纪人只需履行注意责任即可，无需将客户的利益置于自己的利益之上。

实践中，经纪人与投资顾问之间的界限难以区别。投资银行存在交叉销售（cross-sell）的问题。比如，有些投资银行就有规定，经纪人每年必须至少两次向其客户推荐银行内的其他业务部门，否则银行就会减少其薪酬。[168]经纪人时常设宴款待退休老人，让他们免费大吃一顿，趁机向其推销金融产品。这时候的经纪人与投资顾问便很难区别。

一、投资顾问与经纪人相互串演

很多时候，投资顾问与经纪人之间并没有严格的区别，两者都是推销金融产品。只要是销售金融产品，就离不开推荐和建议。金融产品并非生活必需品，可买可不买，非有很强的说服能力，很难说动投资者。经纪人推销过于积极，就可能成为投资顾问。金融机构大多强调金融创新的重要性，但很少提到销售的重要性。如果无法出售金融创新产品，金融机构的创新人员就会徒有屠龙之技，就会巧妇难为无米之炊。反之，金融产品推销成功之后，创新便有了崭新的空间，海阔凭鱼跃，天高任鸟飞。

对销售金融产品的人或机构做法律定性，并不仅仅取决于其注册为经纪人还是投资顾问。按照美国法院的判例，经纪业务也可以产生受信关系，经纪人因此对其客户负有受信义务。正因为如此，美国投资银行以及只从事经纪业务的证券公司经常刻意避免经纪人关系。具体做法是，推荐产品的业务通过加价（markup）获利，而不是收取手续费（commission）：手续费是代理的标志之一，按照美国的法律，代理对主体负有受信义务，而加价是主体与主体之间进行交易时所发生的行为。美国判例的具体规定是，证券经纪人可以是其客户的受信责任人，如果"证券经纪人与其客户的关系是主体与代理的关系"[Magnum Corp. v. Lehman Bros. Kuhn Loeb, Inc., 794 F. 2d 198, 200（5th Cir. 1986）]，证券经纪人作为代理，有"责任向客户披露有关订单的重大信息"[Magnum Corp. v. Lehman Bros. Kuhn Loeb, Inc., 794 F. 2d 198, 200（5th Cir. 1986）]。

美国煞有介事地将投资顾问和经纪人的监管区分开来，经纪人由行业自律组织金融监管局（Financial Industry Regulatory Authority 或 FINRA）监管，而投资顾问则由证交会和各州证券监管机构监管。

对投资顾问的要求应当严于对经纪人的要求，至少理论上如此，那么经纪人被禁入市场之后，理应不能成为投资顾问。但美国却出现了十分荒诞的现象：一些经纪人被金融监管局开除出去后，又混入了投资顾问的队伍，被市场禁入的经纪人又注册为投资顾问。2016 年 11 月左右，美国大约有 641 000 名经纪人，2015 年金融监管局对 500 人实行市场禁入，暂停执业 700 人，其中大约 100 人到 2016 年 11 月时仍然在从事证券推销业务。[169]这 100 人中有多少注册为投资顾问，证交会并不清楚，也无意调查清楚。证交会与金融监管局本来是可以联网的，技术上完全可以做到，成本也在完全可以接受的范围内，但他们就是不联网。换言之，美国的监管当局是故意纵容金融产品销售中的不法行为。长期以来，我们都以为美国是成熟资本市场，监管也是成熟监管，优于我国的证券监管，但至少就投资顾问的监管而言，美国的证券监管也是乏善可陈。

二、投资顾问

美国投资顾问既有机构投资顾问，也有自然人投资顾问，机构投资顾问中又以投资银行为主，但独立投资顾问所占的市场份额在不断增加。2010 年，投资银行占有投资顾问的市场份额达 63%，2015 年该比例下降到 59%，而独立投资顾问所占的比例则由 37% 增加到 41%，预计到 2020 年，独立投资顾问所占的市场份额将提高到 52%。[170]美国投资顾问中的自然人也称金融顾问（financial adviser），以示与不同机构投资顾问之间的区别。

如果说美国证券市场的经纪人是有组织、无纪律，那么美国投资顾问也是如此。违法违规的金融顾问又以男性为主，每 11 位男性金融顾问中，就有一位有违规记录，而每 33 位女性金融顾问中，只有一位有违规记录。女性只占到金融顾问总人数的 25%。女性金融顾问比男性更有可能被解雇，平均概率高出 20%。如果公司高层没有女性，女性金融顾问违规后被解雇的平均概率增加 42%。[171]

不过，美国机构投资者的首要问题是机构投资顾问的问题，而机构投资顾问的首要问题也是受信义务问题，突出表现在个人退休金账户（Individual Retirement accounts 或 IRA）方面。奥巴马当总统时指出，管理个人退休金账户的经纪公司有利害关系，损人利己，美国因此而损失 170 亿美元，退休金储蓄账户回报每年少一个百分点。结果，就业者要多交 12% 的佣金，退休后养老金也少拿 12%。仅此一项每年的损失就高达 170 亿美元。[172]但美国证券业认为，该损失数字过于夸大。[173]

美国劳工部的规则要求对养老金的管理适用受信义务规则。理财行业之所以反对受信义务规则，是因为这样做会增加业务成本，而且势必增加更多的法律责任。美国金融机构同时进行了消极抵抗和正面抵抗。2016 年 10 月，美银美林（Bank of America Merrill Lynch）决定，逐步取消每笔交易收取佣金的个人退休金账户，改为按资产金额收费，要求客户交纳固定年费的账户。美银美林表示，今后不再为其客户的个人退休金账户提供收取佣金的服务。如果是每笔收费，就有提供投资咨询意见之嫌，就可能适用受信义务规则。如果投资者并不经常交易，则一次性收费成本更高。金融机构还主动出击，在他们的游说之下，特朗普上台后宣布暂缓实施受信义务规则。

美国投资者中也有眼毒的，根本就不相信美国证券市场的规制。有位投资者一针见血地指出："无论本意有多好，通过纸面工作提高道德，多半只会带来监管机构和合规审计机构的繁荣。"[174]

35. 适当性规则：美国法院怎么说

资本市场金融创新层出不穷，金融监管部门也有所发明、有所创造，不时发布新的部门规章，不断与时俱进。美国已有这方面的判例，分析美国的相关判例，有助于我们了解适当性规则的实际作用。

1997 年，美国第四巡回法院做出克雷米银行诉亚历克斯、布朗和儿子案〔Banca Cremi v. Alex Brown & Sons, 132 F. 3d 1017（4th Cir. 1997）〕（下称"克雷米银行案"）的判决。克雷米银行案成为适用适当性规则的重要判例。该案的事由为，经纪公司出售复杂的金融衍生产品。投资者指称，经纪公司出售担保抵押证券（collateralized mortgage obligation，简称CMO）时有虚假陈述，并据此索赔。该案中法官认定，就证明标准和证明要件而言，适当性规则等同于美国《1934 年证券交易法》第 10（b）节，原告必须证明自己合理依赖了被告的虚假陈述。投资人是否能够合理依赖被告，取决于投资人的成熟性。克雷米银行是成熟投资者，不能合理依赖被告的陈述。

在克雷米银行案判例中法官认定，适当性属于反欺诈范畴，适用反欺诈条款——《1934 年证券交易法》第 10（b）节。为支持这一立场，法官援引了其他巡回法院的判例。第二巡回法院的立场是，依据第 10（b）节提出的适当性欺诈主张"是第 10（b）节欺诈主张的从属内容"，"鉴于银行的成熟性，应当假定银行当时知道……'资本风险'很大……"第十巡回法院将适当性等同于"误导或未能披露重大事实"。在美国证券法中，第 10 节适用于所有欺诈行为。这样一来，"适当性"又回到了反欺诈条款。

按照第四巡回法院的标准，第 10（b）节所指的欺诈成立，原告必须证明四个要素：（1）被告做出虚假陈述或遗漏了重大事实；（2）被告有意图；（3）原告合理依赖了重大虚假陈述或遗漏了重大事实；（4）原告因此而有损失。第四巡回法院效仿其他巡回法院的做法，将适当性规则作为第10 节项下的具体内容，原告必须证明五项要素：（1）所购证券不适合购买者的需要；（2）被告知道或有理由知道该证券不适合购买证券者的需要；（3）被告仍然为购买者建议或购买不适当的证券；（4）被告就证券的适当性故意做了虚假陈述（或有披露责任，但却没有披露重大信息）；（5）购买人合理依赖了被告的虚假行为，并因此而受到损失。与直接适用第 10（b）规则时的八项要素相比，适当性规则的要素中省去了三项要素：（1）存在长期业务关系或个人关系；（2）是否获得相关信息；（3）是否存在受信关系。但"合理依赖"要素仍然存在。合理依赖是投资者通过诉讼索赔的拦路虎，但凡美国法官提到合理依赖，投资者胜诉的可能性就非常渺茫。克雷米银行案中法官就指出："鉴于克雷米银行的成熟性，必须假定克雷米银行知道，如果利率上升，就会出现很大的'资本风险'，不符合克雷米银行所提出的［投资］目的。"换言之，克雷米银行不能合理依赖经纪人对金融产品的陈述。

根据克雷米银行案判例，投资者依据适当性规则起诉，必须证明第 10节项下的五项要素，其中第一项要素是"所购证券不适合购买者的需要"。但该案中，投资者对投资产品同时有若干相互矛盾的需要："（1）产品对资本的风险低；（2）流动性高；（3）持有时间短（通常为 90~180 天）；

（4）可以合理期待好收益。"如果是单一需求，就比较容易把握。这就像择偶标准，既要对方才貌双全，又要对方忠贞不渝。这就比较矛盾：才貌双全，就很难做到忠贞不渝——树欲静而风不止。克雷米银行案中法官最后认定，监管投资者提出了多种需求，但追求"好收益"是其真实需求。

克雷米银行案中法官推理的基本逻辑是，克雷米银行是成熟投资者，了解所购金融产品的相关情况，因此不能被视为合理依赖了经纪人推荐该产品时所做的陈述，经纪人没有违反适当性规则。

从美国的情况看，适当性规则大多是幌子，对投资者的帮助很小。当然，这样做也不无道理。资本市场是个讲大局的地方，小我必须服从大我——大我就是维持资本市场的现有秩序。但诉讼冲击出售证券产品的金融机构，更扰乱人心，打破资本市场的表面宁静。资本市场有太多的秘密，审判很可能使得真相大白于天下，金融业务自然也就很难继续开展。而美国审判是对抗制，审判中律师穷追猛打，会曝光很多问题。诉讼是一种特殊形式的公开对话或讨论，危机之后的重大诉讼尤其如此。美国法官扼杀诉讼，不允许这场公开讨论或对话。

四、交易

交易是欧美证券公司和银行收入的重要来源。交易中的股票回购和自营业务与内幕交易和市场操纵结伴而行。

36. 公司回购股票不可取

一段时期内，美国上市公司回购股票成风。仅 2013 年一年，美国上市公司便斥资 5000 多亿美元，用于回购自己的股票，远多于用于研究和开发的资金。[175]过去 12 个月中，苹果斥资 329 亿美元回购自己的股票，金融行业的富国银行和高盛也分别斥资 75 亿美元和 64 亿美元回购自己的股票。老牌科技公司微软也斥资 73 亿美元回购股票。[176]

从表面上看，公司回购股票皆大欢喜：公司股票价格上涨，售出股票的股东得以在较高的价位出售股票；而股票行情看涨，继续持有股票的股东也有理由乐观，今后可望获得更大利润。而美国时下的投资机会不多，上市公司的闲钱无处可投，转而回购公司的股票似乎也是适得其所。遗憾的是，表象之后却有不少隐情。

美国公司回购股票首先是出于公司高管的需要。美国公司高管持有股票期权，而行使期权的条件经常是公司股票达到一定的价位，而公司回购股票可以拉高股票价位。2008 年之后，回购股票最多的上市公司的业绩也好，高出其他公司的业绩 20%。[177]美国上市公司的首席执行官的任期较短，其中很多人是短期行为，急功近利。往轻的方面说，公司回购股票有利害冲突，往重的方面说，就是在操纵市场。

有些美国公司还通过发行债券融资，以获得的资金来购买股票。2013 年，苹果发行债券，融资 170 亿美元，用于回购自己的股票。[178]这就是在进行杠杆交易了。杠杆交易存在的巨大风险是：如果股票价格持续下跌，公司就会出现亏损。2013 年普林斯顿大学出版社所出的《银行家的新衣》（*The Bankers' New Clothes：What's Wrong with Banking and What to Do about It*）一书的结论是：银行资产中股本资金所占的比例过低；过于追求股本的回报而没有充分考虑习惯风险；银行家的收入过高，但却使得其所在的金融机构以及整个经济缺乏稳定性。[179]

公司回购股票还存在如何正确对待新旧股东的问题。公司当前股东在高价位出售股票，可以获利，但继续持有股票或未来购入股票的股东的利益有可能受损，因为公司回购股票拉高的股价是虚高，未来股价还会回落。换言之，当前投资者与未来投资者之间存在矛盾。史迪文·L. 斯瓦兹（Steven L. Schwarcz）教授专门就此发明了一个新名词，叫"时差性冲突"（temporal conflict），用以描述当前股东与未来股东之间的关系。[180]英国《经济学人》（*The Economist*）杂志甚至鼓吹，公司高管理应向全体股东负责。[181]

我国《公司法》虽未完全禁止公司回购自己的股票，但对此加以严格限制，可以说是原则上限制了上市公司回购自己的股票。上市公司回购股票在许多国家都曾经受到严格限制。1982 年，美国首先放宽了对公司回购股票的限制，日本和德国也先后在 1994 年和 1998 年分别放宽了对公司回购股票的限制。[182]

那么美国为什么不禁止或限制公司回购股票？实在是公司回购股票已

经积重难返。公司回购股票已经成为一项大业务，成全了许多个人和机构。苹果、微软和富国银行这样的巨型品牌公司也委身其中，要想通过立法或监管限制公司回购股票便难上加难。以苹果、微软和富国银行这些公司的实力，在美国朝野有很大的影响，金钱所至，愿意效劳者十分踊跃，坚决捍卫公司回购股票的做法。是的，很多业务一旦问世，便有了自己的生命，各种利益集团会借体附魂，再要铲除便十分困难。

美国股市以"成熟"市场而享誉全球，令很多其他国家自愧弗如。但就公司回购股票而言，美国的相关法规似乎乏善可陈，而中国的有关法律规定却值得称道。

37. 交易员的能力

科维库·阿多波利（Kweku Adoboli）是位孤胆英雄，一人越轨，整个UBS鬼哭狼嚎。由于阿多波利的豪赌，2011 年 9 月 14 日，UBS 自称赔了 20亿美元，19 日又称亏损可达 23 亿美元。23 亿美元是个大数字，但还没有破纪录：2010 年，法国兴业银行的一位交易员买卖金融衍生产品，让银行亏了 72 亿美元。[183]

阿多波利不仅对 UBS 造成了冲击，而且对瑞士也造成了冲击。瑞士是人口小国、理财大国，世界许多达官贵人将自己的资产交给瑞士的银行管理。瑞士的银行循环出事，客户难免对其产生怀疑，阔佬们有可能望而却步。也不一定，高盛做了那么多的坏事、丑事，而且其中的许多问题已经充分曝光，但那么多的投资者还是傍高盛，甚至主权财富基金也在傍高盛。来资本市场弄潮，都是各怀鬼胎，谁都不是善主。正因为如此，人皆可夫并不是花魁的缺点；恰恰相反，这倒可能是她的优点。

阿多波利只有 31 岁，是位出生在加纳的非洲黑人兄弟。此兄从小在英国上学，大学毕业后直接进入 UBS，在伦敦工作，当了一个交易员，也就是我们这里说的操盘手。此活学历不重要，胆大敢赌就行。事发之后，阿多波利很快被英国警方逮捕,理由是有欺诈(fraud)和会计造假(false accounting)之嫌。欺诈是比较严重的罪名,也是比较难以证明的罪名,控方必须证明被告当初就有骗人钱财之心。阿多波利怎么会有骗人钱财之心呢?他只不过是赌红了眼,急于翻本,不断加码,最后血本无归。——也是运气不好。

英国和瑞士的监管机构委托国际审计事务所德勤(Deloitte)负责一项独立调查,UBS 投行部门主管卡斯滕·肯格特(Carsten Kengeter)和集团首席执行官郭儒博(Oswald Grubel)都在调查之列。[184]结果尚未出来,UBS 董事会主席兼首席执行官已经被迫辞职。此外,UBS 下决心要根除内部的风险隐患,其内控项目将耗资 1.5 亿欧元(合 2.07 亿美元),涉及的员工多达 200 人。[185]

合规和内控是一枚硬币的两面。合规是要符合监管机构做出的种种规定,而内控则是控制银行内部的风险,内控有时又叫风险管理。近年来,内控部门似乎成了投资银行和其他金融机构的一个重要部门。可实际上银行的重要决策还是银行的主要领导说了算,合规部门和风险控制部门主要是一种摆设,至多只是小规模地控制风险。10 年前我去雷曼参观访问,还恭恭敬敬地把雷曼的风险控制手册请了回来,认真学习,反复领会,根本没有想到雷曼的风险管理形同虚设。

上梁不正下梁歪。美国的投资银行大多热衷于金融传销,与实体经济严重脱节。在大老板的指使下,美国投资银行推出金融衍生产品,下面的交易员则无所不用其极,反正他们是频繁跳槽,近于打一枪换一个地方,无道德可言,无忠诚可言。高层姑息养奸,中层欺上瞒下,底层吃里爬外,这在华尔街是比较普遍的情况。英国的尼克·莱森(Nick Leeson)1995 年也是做投机交易,造成了 13 亿美元的损失,搞垮了英国的一家银行老店巴林银行(Barings Bank)。日本的银行通常是比较保守的,但银行的交易员失手翻船时也是损失巨大。1996 年,住友商社(Sumitomo Corp)的滨中泰男投机铜市失手,造成了 26 亿美元的损失。大和银行(Daiwa Bank)的井口俊英操盘 11 年，就给公司带来了 11 亿美元的损失。[186]

如果风险能够控制得住，那也就不叫风险了。谁要是自称能够控制风险，能够多、快、好、省地搞好资本市场，那必是骗子无疑。华尔街券商一贯自我标榜掌握了金融创新工具，不仅能够控制风险，而且还可以创造出许多利润。结果我们就有了金融危机。阿多波利先生的交易也涉及交易型开放式基金（ETF），一种时下流行的金融创新。现在 UBS 又提出到亚洲求发展，重整旗鼓，再造辉煌。从历史经验看，这支部队到亚洲之后，这里的资本市场难免又要鸡飞狗跳、鸡犬不宁，投资者难免要遭殃。

UBS 的风险是系统性风险，而且事实表明，资本市场有制度性风险。金融危机中，UBS 因为次贷衍生产品豪赌而赔了 500 亿美元。[187]防范资本市场最好的办法，就是限制资本市场发展，限制证券的发展。

38. "季度资本主义" 下的公司回购股票

希拉里发明了一个新名词，"季度资本主义"（quarterly capitalism），指公司只注重短期效益，牺牲长远发展。美国上市公司每 3 个月公布一次季度利润，很多投资者据此购入或出售公司的股票。

新名词很重要，影响力可以不亚于创立一个经济学派。华尔街发明了"金砖国家"一词，就把几个国家扯到了一起，而且居然形成了卖点。新名词对美国竞选也很重要，奥巴马一句"我们能行"，就骗得了无数选票，最后成功入主白宫。希拉里竞选总统也迫切需要能够上口的新名词。许多美国人认为希拉里和其夫君克林顿与华尔街走得过近，并不是能够解民于倒悬的政治领袖。为了争取选票，希拉里必须改变这个印象，而"季度资本主义"就是为此发明的新名词。

"季度资本主义"离不开公司回购股票。上市公司"适时"回购公司股票，就可以抬高公司股价，公司高管便可以获得薪酬中与业绩挂钩的部分。2004 年至 2015 年，美国上市公司动用了将近 7 万亿美元回购公司股票。2003年至2012年，标准普尔500股票指数公司用于回购的资金占到其利润的54%。公司高管利用回购股票蔚然成风，也可以说是已经成瘾，其做法被称为"公司可卡因"。参议员伊丽莎白·华伦（Elizabeth Anna Warren）则指出，公司回购股票有操纵之嫌。华伦曾经是哈佛大学法学院的教授，不满奥巴马等民主党领袖对华尔街的妥协，出来直接参政。民主党内支持华伦竞选总统的呼声也不小，希拉里对华伦教授和其支持者的意见不能等闲视之，装模作样也要安抚一下。

希拉里对公司回购股票也有批评。她指出，由于公司回购股票，"就很少有钱用于建造新厂或科研室，也没有钱培训工人或发工资"。这点对中国很重要：希拉里间接承认，美国制造业收缩，公司回购股票是重要原因之一，来自中国的竞争并非主要原因。事实上，上市公司持有大量现金，本身就是对股票市场的否定。从理论上说，公司在股票市场融资，是因为需要资金开发公司的项目或进行并购，利在公司、利在股民、利在国家，可以更加有效地配置资源，但巨额资金闲置，就打破了公司在股票市场融资的美好神话。

美国有关公司回购股票的规定过于宽松，给了居心不良者可乘之机。英国要求公司回购股票后一天之内做出披露，我国香港特别行政区也有类似要求，而美国的公司回购股票后一季度内都无需披露。希拉里承认并呼吁改变这种状况。

就连股神巴菲特也对公司回购股票发表了保留意见。他说："在满足两个条件的前提下我赞成回购。第一，公司有足够的资金用于其业务的营运需要和流通性需要；第二，公司股票的价格大大低于公司的内在业务价值，而对公司的内在业务价值应当做保守性的估测。我们所看到的是，很多回购活动并没有满足第二个条件。"巴菲特在政治上是亲民主党的，有时难免要策应一下民主党的领导人。

上市公司大量现金闲置，并不只限于美国的公司，欧洲上市公司也有很多现金闲置，而且由于利率很低，公司并购时宁愿借款，也不动用自有资金。欧洲 10 家大公司坐拥 2110 亿欧元的现金。美国也是这样：九家大公司各有 300 亿美元现金，其中六家公司是所谓的技术领域公司。腰缠巨额现金的欧洲公司则主要集中在以下行业：能源、汽车、电信和公用设施。截至 2014 年 12 月，德国大众持有 260 亿欧元，法国电力和 BP 各持有 250 亿欧元，菲亚特和意大利邮电各持有 230 亿欧元。

希拉里剑指季度资本主义，剑指公司股票回购，但仍然是在避重就轻，避实就虚。抨击公司高管短视，并不触及华尔街银行的根本利益。华尔街银行最担心的是被拆分，那样的话，银行的势力便会大大减小，银行高管的收入自然也要相应减少。1929 年美国股市崩盘之后，美国分拆了华尔街的大银行。2008 年金融危机之后，美国要求分拆华尔街银行的呼声很高，首当其冲的是花旗集团，而 2008 年前扩充最凶的也是花旗集团。很可惜，奥巴马总统优柔寡断，首鼠两端，没有能够乘胜追击，最后功亏一篑，花旗集团渡过难关，卷土重来，再次成为心腹大患。

对于雷曼式破产的大银行倒闭，美国金融监管当局仍然心有余悸，一再要求各大银行提交破产方案，以备紧急需要。华尔街的银行数次提交方案，在监管机构的要求下数易其稿。最新的方案是，如果破产，大银行只是母公司申请破产，其子公司将照常运营，以保持市场稳定。其实，华尔街各大银行愿意按照监管机构的要求不断修改破产计划，只要不被分拆就行。

打蛇打七寸，擒贼先擒王。如果希拉里真心希望消灭"季度资本主义"，就应当从源头解决问题，大力宣传推动分拆华尔街银行的方案。很可惜，希拉里是华尔街的自己人，只是虚晃一枪而已。

39. 沃尔克规则：监管攻防的主阵地

沃尔克规则（Volcker Rule）真正生效之前，很难预测其实际效果，但有人认为该规则意义重大。英国《金融时报》在头版用了这样的标题：

"沃尔克规则引领新时代"。[188]沃尔克规则原定于 2014 年 4 月 1 日生效，金融机构从 2014 年 6 月起就必须报告其合规的准备工作，监管机构需要不断做出判断。但从历史上看，美国证交会是靠不住的。当初有人写信给证交会，指名道姓地揭发麦道夫的庞氏骗局，但证交会就是没有查处。

金融危机之后，美国国会制定《多德-法兰克法》（Dodd-Frank Act），借以改革金融业。《多德-法兰克法》的规则多达 400 条，但核心是沃尔克规则。该规则以美联储前主席保罗·沃尔克的姓氏命名，因为沃尔克老先生极力主张禁止证券公司的自营交易。

自营交易又称自有资金交易（proprietary trading），指金融机构自己开展交易，由金融机构自负盈亏，与经纪业务相对。经纪业务是证券公司为客户进行交易，仅收取佣金，利润归客户所有，亏损也由客户自己承担。20 世纪 90 年代，自营交易在中国国内盛极一时，证券公司普遍因此而出现巨亏，有些证券公司最后倒闭，更多的证券公司是得到政府救助之后才得以起死回生。

引进金融期货交易，证券公司自营交易的风险进一步增大。光大证券就是因自营交易失手而遭受巨大亏损，之后又试图通过内幕交易弥补亏损，结果受到证监会的重罚。基金管理公司有因为从事金融期货自营交易而出现巨亏的。2010 年初，易方达基金先后斥资 7.5 亿元申购了旗下深证100ETF 联接、上证 50 和沪深 300 等 3 只指数基金，到 2011 年 12 月 8 日，亏损 1.6 亿元，成为当时在指数基金上亏损最多的基金公司。[189]

自营交易的要害问题是杠杆化，即，证券公司举债进行交易。对冲基金也是举债进行交易，但不在禁止之列。对冲基金是私募基金，而非上市公司，而且对冲基金的一般合伙人和有限合伙人都是合格投资者，承受亏损的能力比较强。相反，证券公司不仅是上市公司，而且是银行控股公司，可以从美联储得到低息贷款，美国银行更是商业银行兼做投资银行业务。这样风险就比较大。

金融危机之后，时有呼声，要求商业银行和投资银行分业经营。现在已经积重难返，重新回到分业经营难度很大。沃尔克先生这派只好退而求其次，要求华尔街放弃自营交易。但华尔街百般不愿意，因为自营交易风险大，回报更大。由此而造成的系统性风险和系统性灾难，自有政府负责，华尔街并不着急。

这样一来，沃尔克规则便成了监管攻防的主阵地，华尔街一直坚守不退。金融危机发生后，高盛的声誉受损，而摩根大通几乎是全身而退，所以在监管之争的对垒中，一直由摩根大通发挥主力军的作用。摩根大通的第一把手杰米·戴蒙（Jamie Dimon）是反监管的第一猛士，不仅发挥领导作用，而且亲自骂阵，耀武扬威，有万夫不当之勇。很可惜，2012 年摩根大通在伦敦自营交易失手，亏损金额高达 60 亿美元。奥巴马行政当局趁机侧击摩根大通，拦腰狠命一棒，逼迫摩根大通低头认错，缴纳巨额罚款。摩根大通阵脚大乱，戴蒙也无心恋战，不再是与监管机构对垒的中坚。

美国五家监管机构抓住机会，于 2013 年 12 月 10 日投票通过了沃尔克规则。五家监管机构是：美联储、联邦存款保险公司、证券交易委员会、大宗产品期货交易委员会和货币监管局。[190]证券法是细则为王的法律，中国是这样，美国更是这样。立法机构制定原则性的规定，再由监管部门制定细则。美国国会制定的法律相对较细，但仍然需要监管机构再制定更为详尽的细则，由监管部门二次造法。而在两次造法过程中，监管攻防双方反复拉锯，博弈时间可长达数年。

沃尔克规则禁止证券公司的自营交易，限制证券公司在对冲基金中的投资，同时还要求证券公司的薪酬不得奖励"所禁止的自有资金交易"。公司高管还必须向监管机构保证，公司"有安排设立、维持、实施、审查、检测和修改合规方案"。

沃尔克规则表面上张牙舞爪，但却又有很多例外。首先，证券公司可以交易美国政府债券，包括财政部债券和地方政府债券。此外，证券公司的海外关联公司也可以交易外国政府发行的债券。政府债券交易是证券公司的主要业务，保住这块业务对证券公司是不小的安慰。

此外，做市商业务也为证券公司的自营交易开了方便之门。所谓做市商业务（market-making），是指同一家证券公司或称"交易商"为不同客户买进和卖出同一只证券。既是如此，证券公司就会说，某某客户需要购入某某公司的股票，所以银行建仓，而且需要提前逐步建仓，以避免股票价格大幅上涨。那么到底可以提前多久进行自营交易呢？华尔街说不清楚，监管机构更加说不清楚。最后达成的妥协是，为了"客户、顾客和交易对手的可合理期待的短期需要"，银行可以合理建仓。但对"可以合理期待"做何解释，这又是一个律师可以大做文章的名词。在沃尔克规则的初稿中，要求的是"合理相关"（reasonable correlated）[191]，而不是"合理期待"。显然，"合理期待"比"合理相关"更为宽松，更加有利于证券公司。"期待"是一种观点或看法，而"相关"则更接近事实，律师就其做文章的空间比较小。在华尔街的压力之下，沃尔克规则的最后文本还是用了"合理期待"。

金融机构在中国国内从事做市交易仍然需要经过监管机构批准。截至2013年4月，中国国内共有25家金融机构获准从事做市商交易，其中三家是证券公司，其余均为银行。证券公司普遍要求监管部门允许其经营做市商业务。[192]

沃尔克规则的例外如此之多，规则已是千疮百孔。不仅如此，沃尔克规则到2015年才生效，华尔街有充分的时间向法院提起诉讼，挑战沃尔克规则。最后结果如何，各方还在等待华尔街最后定夺。

40. 国际游资何处去？

受欧洲主权债务危机影响，2011年底，各路游资开始从欧元区撤出，金融机构忙于转进，欧元区国家的富人也悄悄地把钱搬走，安全转移到美国。自2009年主权债务危机发生以来，希腊储户已经从希腊银行中取出600亿欧元，2011年9月至11月，约有140亿欧元的资本流出希腊。[193]意大利人纷纷将意大利货币换成瑞士法郎，银行的保险盒也已经销售一空。

资本市场的游资有如流寇，跨行业、跨国界，而且是盲流，无规律可循。游资转进主要是三大去处：货币、房地产和投资产品。2011年11月，549亿美元流入美国的货币市场基金。2011年12月，又有368亿美元流入美国货币市场基金。金融危机爆发之后，也有大量资金涌入美国的货币市场基金。

美元似乎还是雄风不倒，山姆大叔似乎还是雄风不倒。可游资在美国是短期内进进出出，绝无从一而终的意思。2008年12月到2009年1月之间，流入美国货币市场基金的资金多达1950亿美元。[194]2009年2月之后，就有1.2万亿美元撤出美国的货币市场基金；投资者被美联储的定量宽松给吓坏了，又担心货币市场基金在欧元区的债务过多。现在看来，货币市场基金有可能已经率先撤出，安然返回美国本土。美人遇到的诱惑比较多，即便不是水性杨花，也容易见异思迁，但游资连美人都不如，简直是没头的苍蝇，来回到处乱窜。

游资曾经涌入黄金市场，但眼下黄金成了游资的弃儿。2011年底，伦敦黄金现货价跌至每盎司1533美元，从2011年每盎司1920美元的最高价下跌了400美元。尽管2011年黄金价还是上涨了近8%，[195]金价波动如此之大，黄金与其说是避险资产，不如说是风险资产。这就是游资的力量：游资来时，黄金也成为下赌的对象，价值发现无从谈起。看好黄金的分析师预测，2012年的黄金价格还有可能冲高，可望超过2000美元，[196]其理由如下：没有强劲的另类投资；主权债务高居不下；各国利率普遍走低；某些国家仍在悄悄地购入黄金；欧洲即将进入全面衰退，国际经济形势更为动荡不定。但即便黄金价冲到每盎司2000美元以上，普通投资者轻易不敢问津，金价冲上去也守不住；金价高位反复争夺，反复拉锯，投资者也反复赔钱。投资若是真的安全，那就必须真有稳定回报，真能保证"等国军一到，我就是司令，你们都弄个师长、旅长干干"。如果来也匆匆，去也匆匆，谁敢盲从？谁敢当死党？

2011 年，美国经济躲过两颗子弹：欧元区债务危机和标准普尔下调美国信用评级。有人预期，美国第四季度的国内市场总值可达到 3%，这让许多投资者心动，甚至有一点亢奋。他们希望，2012 年的国内生产总值增长率可达到 1.5% 至 2%。但美国的房价仍然让人放心不下。2011 年夏季，美国房价稳住了一段时间，但随后又开始下滑；2011 年 10 月，美国 20 座大城市的房价下跌了 0.6%。[197] 既然如此，按照常规解释，游资进入美国货币市场基金主要是为了避险。

可是，货币市场基金也并非完全的避风港。货币市场基金（money market fund）起源于 1970 年代，是投资短期债务产品的共同基金，据说其好处是既可以为股东赚取利息，还可以为股东保本，同时还有很高的流动性。货币市场基金主要投资于流通性较强的证券，其中两大类是美国财政部债券和商业机构所发行的短期债券。按照常规解释，货币市场基金流通性强，一有风吹草动，投资者可以随时撤出投资，所以相对比较安全，成为机构投资者停放游资的地方（对冲基金和私募股权基金都有较长的锁定期）。但 2008 年金融危机期间，货币市场基金险遭灭顶之灾。雷曼兄弟倒闭之后，包括银行在内的机构投资者不愿再购买货币市场基金的商业票据。美联储不得不介入，成为商业票据的最终担保，一周之内担保 730 亿美元，两周之内担保 1500 亿美元。[198]

2008 年有美联储援手，美国货币市场基金逢凶化吉，有惊无险。但大部分投资者还是心有余悸。2011 年 11 月至 12 月期间，从欧元区流出的游资就择木而栖，只流入一类货币市场基金：货币市场基金出售的证券都以美国财政部债券为担保。2008 年 11 月至 12 月期间，此类货币市场基金的资产增加了 7%。与此同时，出售商业票据的货币市场基金并无游资流入。

游资另外还有几个去处：伦敦地产业以及在巴哈马这样的离岸地所设立的信托。新加坡不是严格意义上的离岸地，但在偏袒投资者方面丝毫不逊于其他许多离岸地，海外投资者也是纷至沓来。

2011 年期间，游资主要是在欧美之间来回乱窜，视哪边的情况更糟而定。只要游资动起来，就可以收取手续费，还有下注的机会。但有一点是肯定的：游资肯定会动起来，如果游资不动，也就不成其为游资了。

41. "债券流动性是幻觉"

债券是个好东西。2016 年新发行的债券的金额是 15 万亿美元，2017年，债券的全球交易总额达到 50 万亿美元。[199]发行人发行债券可以融资，承销债券的华尔街银行可以获益，债券交易也是华尔街的重要创收业务。华尔街银行主要交易以下三大产品：固定收入产品、货币和大宗产品（fixed income products, currencies and commodities 或 FICC）。固定收入产品是债券的代名词。

但债券与债券不同。政府债券最为规范，是风险极低的金融产品，交易方便、频繁。各类公司债券之间差别很大，变数也随之增多。有些公司债券与公司股票相似，大批量发行，有些公司债券还在证券交易所挂牌交易。但另一些公司债券发行量较小，有的发行条件还稀奇古怪，所以此类公司债券交易不够活跃，无法适时找到买家或卖家，也称流动性不够。[200]很多公司债券交易，必须先由华尔街银行充当交易商（dealer）先行购入，然后伺机售出。

交易商实际上发挥了做市商的作用，不同之处是没有成功创造市场，公司债券通常要在交易商手中压很久才能找到买家。交易商也是证券公司的别名，交易是指证券公司以自己的名义买卖证券。交易商经常与"做市商"和"承销商"通用，在美国主要由华尔街银行扮演。证券公司承销证券或为证券提供做市服务都是以自己的名义买卖证券，所以也称"自营交易"（proprietary trading）。美国证券市场是混业经营，华尔街银行是商业银行，也是证券公司，是债券发行和交易的交易商（或称"承销商"和"做市商"）。华尔街银行在法律上又称控股金融机构（holding financial institution）。

债券流动性不尽如人意，欧美市场一直有人在想办法，希望有所突破。债券交易平台 Market Access 首先报喜，说是找到了好办法：引入资产管理公司，由其与交易商直接进行交易，术语是"所有交易面对面"（all-to-all）。在 Market Access 的"所有交易面对面"系统中，39％的流动性由资产管理公司提供。29％的流动性由交易商提供。[201]Market Access 参加其中意义重大。全球债券交易平台中，Bloomberg 排第一，Market Access 排第二，Tradeweb 排第三。Tradeweb 也引入了"所有交易面对面"，只有 Bloomberg 还在门外徘徊。

增加债券的电子交易，是提高流动性的好办法。政府债券的电子交易从 1998 年便已开始，大约一半的美国财政部债券和 60％的欧洲政府证券是电子交易，但全球投资级别的公司债券的交易量中，仅有 25％是电子交易，美国 89％的债券交易仍然需要经过美国投资银行的交易员进行，主要是通过电话发出交易指令。但 TP ICAP 的首席执行官约翰·菲扎克尔雷（John Phizackerley）认为，电子交易发展的空间有限，不可能取代经纪人的面对面交易。TP ICAP 是债券市场的经纪人，靠撮合交易获得佣金，对买卖双方直接交易自然有所保留。TP ICAP 也是全球最大的银行间经纪商，在全球有 3300 位经纪人，还有自己的电子交易平台。所以 TP ICAP 有一定的两面性，并非完全支持一种或另一种立场，所以菲扎克尔雷并没有全心全意地支持取消经纪人的面对面交易。

菲扎克尔雷并非是在自说自话。通过抽样调查发现，88％的交易员认为，通过电话进行交易"至关重要"，因为以这种方式交易，交易员可以事先了解更多的背景信息。[202]尽管 TP ICAP 对债券的电子交易有所保留，TP ICAP 的业务还是为债券交易方面穿针引线，玉成其事，是从事债券流动性的利好工作。

欧盟那边也传来了好消息。从 2018 年 1 月开始，按照欧盟的《金融工具市场指令二》（Market in Financial Instruments Directive 2 或 MiFID2），欧盟的债券市场参与者必须披露其完成的债券交易的价格和交易量。相关信息的披露会增加债券市场的透明度，也减少了交易商对债券市场的控制。美国对债券市场已有信息披露规定，但只要求就价格做有限披露。

与流动性有关的是，债券的供求关系直接影响到债券的价格。2008年，美国投资银行库存债券的金额为2500亿元美元，而2016年只有500亿美元。[203]但欧美央行大量购入各类债券。2008年金融危机之后，以美联储为首的欧美央行推行量化宽松政策而大量买入公司债券，每年各印大约1.5万亿美元的钞票。到2017年6月底，美联储、欧洲央行和日本央行的资产损益表上的债券已达13万亿美元。[204]在欧美央行的大力支持下，资金源源不断地流入债券基金，业绩攀升，捷报频传，业内人士喜气洋洋。

2017年前5个月内，涌入债券基金的净资金达3550亿美元，但7月份风云突变，债券利好之声戛然而止，以美联储为首的欧美放出风声，要逐步收缩量化宽松，直接威胁债券市场的流动性。摩根大通资产管理（JP Morgan Asset Management）的全球固定收入负责人鲍勃·米歇尔（Bob Michele）表示，债券业内存在"流动性幻觉"。在他看来，"如果因为缺乏流动性而价格走高，没有人会因此担心，但如果因为缺乏流动性而价格下跌，就会各种声音四起"。[205]

很多业内人士也是忧心忡忡。抽样调查显示，55%的基金管理人认为应当减持债券。纽约梅隆银行（BNY Mellon）的调查表明，半数的基金管理人希望有更多的银行作为交易对手，以便需要的时候，可以卖出或买入债券。英国央行的一份研究报告则表示，如果出现投资者挤兑，"公司债券市场的息差会实质性上涨，最坏的情形是公司债券市场发生错误，威胁金融市场的稳定"。[206]

流动性可以从两个层面理解。一个层面是由平台和这样的经纪公司提供服务，方便交易以提高流动性。第二个层面是有资金用于相关证券的交易。而资金的多少主要取决于央行注入的流动性，取决于央行注入市场的资金的多少。央行提供流动性是内因，平台和经纪人相助是外因。外因可以减缓或加剧流动性。外因只能通过内因起作用。如果美联储等央行断奶，债券市场的流动性势必受到致命一击。怎么办呢？有一个办法：各国央行继续推行量化宽松政策。摩根大通资产管理的米歇尔放声大叫"狼来了"，是向投资者示警，更是向美联储等央行施压。

五、证券交易所与证券交易场所

> 如果欧美证券市场是金融乱世，证券
> 交易所和证券交易场所就是豪强割据
> 的"藩镇"。

42. 交易所姜身不明

姜身不明是一个经典问题。《红楼梦》中的平儿是贾琏的侍妾（俗称"同房丫头"），但是没有正式名分，即，不是正式的姨太太，所以夹在男、女主人之间左右不是。孔子他老人家会总结，把这个问题提到一个崭新的高度，说是"名不正，言不顺"。

资本市场也有类似的问题。证券交易所（下称"交易所"）是营利机构，还是自律组织？这是一个难题，也是中国和美国的交易所之间的一大区别。中国的交易所不以营利为目的，具有很强的自我监管职能。历史上美国的交易所也具有很强的自我监管性质，但 20 世纪 90 年代后，美国轰轰烈烈地大搞上市运动，证券公司上市，交易所也上市。美国还煞有介事地成立了金融监管局，接管了纽约股票交易所和纳斯达克的部分自我监管职能，以便两家交易所能够轻装上阵。真是，美国资本市场的操刀者与先哲孔子不谋而合，都是要做到名正言顺。

遗憾的是，交易所无法完全撇清自己的所有监管职能。由于交易所的性质，如掌握大量交易信息，某些监管职能必须由交易所行使。这样一来，交易所便具有双重性，既是营利机构，又是监管机构，妾身不明的问题仍然存在，监管术语是存在利益冲突。

在民事索赔案中，如何界定交易所的性质，可以决定诉讼结果。Ducan Galvanizing 诉伦敦金属交易所案（Ducan Galvanizing v. The London Metal Exchange Limited et al.，简称"伦敦金属交易所案"）便是一例（期货合约也可以被界定为证券，所以期货交易所也被归类为证券交易所）。

伦敦金属交易所案中，原告起诉伦敦金属交易所和华尔街的某些投资银行，理由是被告垄断抬价，而且故意拖延大宗产品的交割时间，收取更多的仓储费。美国曾经长期禁止银行和证券公司经营大宗产品的实物资产业务，一方面是要防范金融机构的风险，同时也是要设法避免少数金融机构坐大。但 2003 年美联储批准花旗集团进入大宗产品的实物市场，高盛、摩根士丹利等少数证券公司随后进入该市场，购买仓库、输油管道和发电厂。摩根大通曾经囤积过 17.5 万吨的铜，占到伦敦库储的一半以上，而伦敦是全球交易的枢纽，可见摩根大通的存储量之大。

伦敦金属交易所案中，凯瑟琳·福里斯特（Katherine Forrest）法官认定，伦敦金属交易所是英国政府的一个"部门"，所以根据《外国主权豁免法》（The Foreign Sovereign Immunity Act），美国法院对伦敦金属交易所没有管辖权，伦敦金属交易所得以全身而退。这就好生奇怪：伦敦金属交易所是私人拥有的营利企业，如何摇身一变，成了政府部门？该案法官也承认，她的决定乍看上去"有些奇怪，而且是反直觉的"。但她又说，"法律要求伦敦金属交易所发挥监管职能，而该职能是一种公共职能"。很多时候法律分析近于诡辩，法官和律师通过推理，由此及彼，先证明 $A=B$，再证明 $B=C$……一直到 $Y=Z$，所以 $A=Z$。

若是其他国家的法官遇到类似案件，想必非常踌躇，不敢妄断交易所的性质。但美国是资本市场的超级大国，又是证券法的发祥地，凡事开风气之先，其他人不服不行。若是美国其他法官遇到类似案件，想必也会有畏难情绪，首鼠两端，难以决断。但福里斯特法官艺高人胆大，敢于出手，敢于下笔。福里斯特法官是优秀庭审律师出身，而庭审律师被公认为真正的律师，是法官辈出的律师群体。当然，身手不凡的法官也会强词夺理，也会乱判、胡判、瞎判。

香港交易所赶紧公布这个消息，让自己的股东分享喜悦。伦敦金属交易所已由香港交易所收购，如果伦敦金属交易所被罚，必定殃及香港交易所。

中国的证券公司已经纷纷上市，但交易所还没有上市，而且在可预见的将来也不会上市。不仅如此，中国的交易所还由证监会领导。根据《证券法》和《证券交易所管理办法》，证券交易所总经理由证监会直接任命，理事长和副理事长由证监会提名。不仅如此，证券交易所中层干部的任免需报证监会备案，财务、人事部门负责人的任命需报证监会批准。中国《证券法》明文规定，交易所总经理由国务院证券监管机构任命。这就保证了交易所的领导有大局意识，关键时刻以大局为重。这有什么不好呢？证券和金融是经济的命脉，牵一发而动全身，不应当成为一个私人营利机构。关键时刻还是要相信组织、相信政府。金融危机爆发后，美国也是由政府援手，挽救市场，挽救经济，挽救华尔街。金融危机缓解之后，华尔街的首领们又开始要求政府放松监管，这就是典型的端起碗来吃肉，放下筷子骂娘。

我们很多时候过于谦虚，非说我们的资本市场不成熟，非说美国的资本市场成熟。当然，我们这样自谦、自贱，大多是为我们的一些不好的做法寻找理由。但很多时候这种理论在逻辑上不通。就交易所而言，美国资本市场是成熟还是不成熟，中国的做法是成熟还是不成熟，我不敢妄加评论，但美国的做法一点都不成熟。

43. 伦敦金属交易所

公司上市如同肥猪出栏，公司价值飙升，点石成金，公司的股东高兴，负责承销业务的券商也高兴，人欢猪叫，其乐融融。曾几何时，公司上市业务兴旺发达，在世界上三分之二的地方，连证券交易所本身也成了上市公司。证券交易所上市之后，又相互为收购对象，意欲抢占更多的市场——被收购的证券交易所的股东依然高兴，包办并购业务的券商依然高兴，依然是人欢猪叫，其乐融融。目前伦敦金属交易所又成为其他交易所意欲收购的肥猪。

伦敦金属交易所有 135 年的历史，开创之时设在一家帽店的楼上，[207]如今已经成为全球有色金属交易的主要场所，是三家证券交易所竞购的目标。三家交易所是：香港交易所、洲际交易所（The Intercontinental Exchange）和芝加哥交易所集团（CME Group）。三家的报价在 10 亿英镑至 12 亿英镑之间，与当初业内人士的估值相去不远——当时的估值是 10 亿英镑（合16 亿美元）。纽约–泛欧交易所也参加了竞标，但报出 8 亿英镑的竞价之后便知难而退。

当然，中国的证券交易所目前不参加此类游戏。中国的证券交易所与境外证券交易所的最大区别是，境外证券交易所大多为上市公司，而中国的证券交易所目前尚不是上市公司。交易所成为上市公司后的最大问题是利害冲突：既是营利单位，又有监管职能。

2011 年 9 月，伦敦金属交易所可能被收购的消息不胫而走，而 10 亿英镑的收购价是当时伦敦金属交易所价格的 15 倍。[208]摩根大通是伦敦金属交易所的最大股东，如果收购伦敦金属交易所的竞拍成功，摩根大通会有一笔不小的收入。按照伦敦金属交易所的规则，任何投标必须得到 75% 的股东的支持才能成功。伦敦金属交易所没有一股独大的控股股东，但前三大股东联手也好生了得：如果摩根大通、高盛和一家叫 Metist 的家族企业等三大股东联手，就可以否决任何投标。[209]

尽管有许多变数，香港交易所仍然执意要收购伦敦金属交易所。香港交易所早就放出话来，拟贷款 30 亿美元收购伦敦金属交易所。纽约泛欧交易所集团有意与德意志证券交易所合并，但因欧盟反垄断部门反对而失败。不过，香港交易所收购伦敦金属交易所不存在反垄断法方面的障碍。在香港，反垄断法仅适用于广播和通信行业。[210]

香港交易所搞并购，也是要另辟蹊径：传统上市业务不行了。2009 年至 2011 年，世界各大资本市场中，公司在香港上市筹资的金额居全球之首。但到 2012 年 5 月，2009 年后在香港上市公司的表现大多低于恒生指数，其中许多公司的股价已经跌破发行价。[211]收购伦敦金属交易所，也是香港交易所走的一步险棋，但在资本市场弄潮是没有退路的。在资本市场弄潮，要有坚定的信念，捣乱、失败，再捣乱、再失败，直至成功或灭亡。

44. 纳斯达克停市的启示

美国是资本市场超级大国，也是高新技术超级大国，而纳斯达克则是高新科技公司的大本营，集资本与高新科技于一体，独霸一方，顾盼自雄。但纳斯达克的技术系统却不时出现问题。2013 年 8 月 22 日，纳斯达克停止交易达 3 小时之久，全球为之瞠目。纳斯达克公司的调查报告倒是出得很快。2013 年 8 月 29 日，纳斯达克的母公司纳斯达克 OMX 集团便公布了初步调查报告，说明停市原因：问题出在技术上。

证券信息处理器系统（Securities Information Processor，简称 SIP）是纳斯达克的创新系统，内有纳斯达克最新交易的价格信息。2013 年 8 月 22 日上午 10 点，Arca 交易所试图进入 SIP 系统，但出现了连接问题。Arca 是纽约交易所的母公司纽约-泛欧交易所（NYSE Euronext）下的一个交易所。

2013 年 8 月 29 日上午 11 点 17 分，Arca 与 SIP 系统连接，大量信息冲击 SIP 系统。SIP 系统并无放缓信息流量的功能，在海量信息的冲击下，不得不启用备用系统，但备用系统又出了故障。上午 12 时 14 分，纳斯达克发出通知，整个系统停止交易。30 分钟后，纳斯达克修好了备用系统，但交易却停了三小时，各方对此颇有疑问。按照纳斯达克的说法，尽管 30 分钟便修复了系统，但需要更多的时间评估和测试系统。

纳斯达克 OMX 集团发布调查报告的同时，纳斯达克首席执行官罗伯特·格雷菲尔德（Robert Greifeld）表示了歉意："我们深感失望，这也是我们的会员、发行人和投资公众所不能接受的。"这是承认自己必须对此事负责，但还是在文字上兜圈子，不肯直截了当地承认自己有过错。在道歉的时候，格雷菲尔德也不忘给 NYSE Euronext 一击，说是"他们有他们的问题，也可能引发问题"。已经不是含沙射影了，而是直接说 NYSE Euronext 也有责任。NYSE Euronex 的发言人拒绝做出任何批评，但该集团高管私下则批评纳斯达克 OMX 集团没有尽快承担责任。

纳斯达克 OMX 集团与 NYSE Euronex 互为对手，互挖墙脚，都想把对方的上市公司变为自己的上市公司。这点与中国的情况不同。中国也有两大交易所：上海证券交易所和深圳证券交易所。但这两家交易所之间并不存在真正的竞争，根据中国《证券法》，两家证券交易所的领导都由证监会任命，重大问题上都是服从命令听指挥。

我国证券交易所与欧美证券交易所之间还有一大区别：欧美证券交易所本身就是上市公司，更确切地说交易所的母公司是上市公司，而中国没有一家证券交易所或期货交易所是上市的。纳斯达克 OMX 集团公布调查结果后，其股票价格周四下跌 3.4%，周五又回升 2%。纳斯达克和纳斯达克 OMX 集团似乎已经安然渡过这次风波，但纳斯达克停市事件在很多方面发人深思。

我们总是谦虚地说，中国市场不成熟，所以这也不好，那也不好（言外之意也是我们应当不好）。其实，我们的资本市场并非一无是处，很多方面我们的资本市场是强于美国的。证券交易所成为上市公司的一部分就是美国资本市场的败笔，它把资本市场的风险提高到了一个崭新的阶段。最大限度地追逐利润，必然产生最大限度的风险。商人最大限度地追逐利润并无太大问题，但证券交易所并不应当最大限度地追逐利润。证券交易所应当为其他人追求利润提供一个安全平台。更何况，证券交易所具有自我监管的职能，最大限度地追逐利润有损监管职能。中国的证券交易所不上市就比欧美强。

纳斯达克停市也证明了业务创新的问题：过犹不及，后患无穷。资本市场的多数业务创新是为了规避法律，但即便不是为了规避法律，金融创新仍然存在过度创新的问题，许多创新对资本市场无益，对社会无益。当然，过度创新不仅是资本市场的问题，其他行业也存在过度创新的问题，月饼盒的精包装便是一例。

纳斯达克停市的善后也不如中国。对于纳斯达克善后，美国证交会最后应当给一个说法，但它仍然按兵不动。凡遇到此类问题，证交会至少要等半年才会给一个说法。证交会拖延并非是为了精益求精，而是在与违规方反复讨价还价。主要是违规方希望拖延，希望愤怒的风暴逐渐平息，希望又有其他问题分散人们的注意力。反观中国，光大证券事件之后，中国证监会雷厉风行，迅速做出处罚决定，这在美国是不可想象的。我以为，对我们来说，纳斯达克停市的最大启示是，在很多方面，我们的资本市场强于美国的"成熟"市场。我们应当正本清源，切不可妄自菲薄，切不可步美国的后尘！

45. 暗池交易： 华尔街银行私设的证券交易所

暗池交易在欧美并不是什么新问题，美国证交会早就说要调查暗池，但迟迟不肯出手，结果纽约州检察长半路杀出，起诉巴克莱银行（下称"巴克莱"）在暗池方面误导其客户。

顾名思义，暗池交易就是在暗处做一些见不得人的勾当。暗池是各大银行自己办的小型交易所，是股票交易所之外的股票交易场所。豪强大多横行霸道，逍遥法外。古代豪强逍遥法外的表现之一是私设公堂，现代金融豪强逍遥法外的标志之一是私设证券交易场所。花旗集团、瑞士信贷、高盛、摩根士丹利、德意志银行、UBS 和摩根大通都有自己的暗池。按照各大银行自己的说法，他们之所以办暗池，是为了方便自己的客户：客户买卖大笔股票，可以在暗池中进行，避免其他人追涨杀跌。

但暗池内又有很多高频交易公司。此类公司是暗池中的鲨鱼，他们凭借毫秒交易速度，察觉暗池中的异动之后便抢先购入有关股票，然后高价出售股票牟利。巴克莱自称其暗池"透明"，而且有所举措，限制了高频交易公司的活动。但按照纽约州检察长的说法，巴克莱谎话连篇。巴克莱的暗池仅有 5% 的活跃交易，但却告诉顾客暗池有 25% 的活跃交易。巴克莱自称为客户交易时，不会优先考虑自己的暗池，但巴克莱将其客户 90% 的指令引入自己的暗池，并没有真的挑选对客户最有利的场所执行客户的交易指令。巴克莱办暗池，是诱敌深入，请君入瓮，要的是关起门来打狗，堵住笼子捉鸡。

由于暗池横行，欧美股票交易有三分之一是在场外进行的。不仅如此，大银行自己办暗池，同时也到股票交易所交易，他们在各大股票交易所都有自己的席位，可以为自营业务买卖股票，也可以为客户买卖股票。这就有点像民国初年的北洋军阀，既要到八大胡同猎艳，又要在家里养姨太太，是很不正常的现象。所以美国有人提出，干脆完全取缔暗池交易。纳斯达克对此表示支持。但关闭暗池交易并非易事，凡已成气候的创新产物，即便是怪胎，也难终结其生命，因为业内很多人要以此为生。

巴克莱等大银行左右逢源，如入无人之境，与证交会姑息养奸有很大关系。证交会从上到下都是华尔街的人。证交会上面有一个婆婆，就是美国国会，证交会的预算由国会决定，证交会主席由总统提名，但必须经过参议院认可。换言之，证交会的财权和人事权在很大程度上受制于国会。而华尔街通过政治捐款搞定了国会中的有关议员。更重要的是，证交会与华尔街互换干部，很多事情彼此心照不宣，点到为止。玛丽·乔·怀特

（Mary Jo White）担任证交会主席之前，就是靠为华尔街大老板提供法律服务赚钱，为他们保驾护航。监管者与被监管者是一个利益共同体，一荣俱荣，一损俱损。所以各大银行有恃无恐，气焰十分嚣张。巴克莱银行就是屡教不改，欺骗成性。巴克莱 2012 年交纳了 2.9 亿英镑，了结其操纵伦敦同业银行拆放利率的违法行为，2014 年 5 月交纳了 2600 万英镑的罚款，了结其操纵金价的违法行为。[212] 直到 2014 年 4 月，巴克莱仍然在散发有关暗池的误导性宣传材料。

证交会主席都是八级泥瓦匠，善于和稀泥，是搞调和、搞折中的高手。美国资本市场监管机构中的拼命三郎是州检察官，尤其是纽约州检察长，敢于打大仗、打硬仗、打乱仗。美国地方检察官由民选产生，并没有与联邦政府的高官们打成一片。更重要的是，地方检察长并不是资本市场的圈内人。现任纽约州检察长埃里克·施奈德曼（Eric Schneiderman）是公益诉讼律师出身，与华尔街没有什么关系。他 2011 年当选为纽约州检察长，新官上任，意气风发，斗志昂扬。

资本市场有一个特点，就是一放就乱，一管就死，结果放任与监管交替而行。中国是金融机构以创新的名义翻江倒海，待局面有可能失控时，政府就出面整顿，通常是由国务院发文统一行动。美国对金融机构则是放任自流，监管部门通常不愿意搞清理整顿，经常是先由地方检察官打头阵，而主管机构反倒是姗姗来迟，暗池的清理整顿便是一例。

46. 多层次资本市场的美学观

根据倒金字塔理论，中国蓝筹股（下称"主板"）市场坐大，而中小企业板和创业板（可称"二板"）以及全国中小企业股份转让系统（下称"新三板"）太弱。截至 2013 年底，公司挂牌情况为：主板 1357 家；中小企业板 693 家；创业板 355 家；新三板 344 家。倒金字塔头重脚轻，不利于稳定。

美国的多层次市场是正金字塔。同样是截至 2013 年底，公司挂牌情况为：纽约股票交易所 2200 家；纳斯达克 2500 家；报价牌市场约 4000 家；粉单市场约 9000 家。所以我们就需要改天换地，把颠倒的历史再重新颠倒过来。

颠倒过来了！2014 年 1 月 24 日，新三板挂牌企业增至 621 家。更喜人的是，还出现了"四板市场"。2013 年，"新三板"问世之后，区域性股权交易市场争先挂牌，简称为"四板市场"。成都（川藏）股权交易中信股份有限公司 2013 年底试营业，为全国首家跨省区的区域性股权交易市场。截至 2013 年底，全国各地已成立 29 家股权交易市场，全国场外市场（包括"新三板"和"四板"）挂牌企业达到 7121 家，远远多出主板的 1357 家挂牌公司，形成了正金字塔。什么是资本市场？这就是资本市场。

据传，多层次市场有利于科技军兴。纳斯达克就是美国的创业板，成就引领潮流的高新科技公司。但今日纳斯达克与纽约股票交易所之间已无多少差别可言。2013 年，共有 25 家科技公司在纽约股票交易所挂牌，而纳斯达克仅有 23 家科技公司挂牌。所谓"二板""三板"，是相对模糊的概念，主要是针对挂牌的要求宽严而言。

又据传，美国多层次市场中的"三板"可以为"主板"提供上市公司后备军。据《抓获华尔街之狼》（*Catching the Wolf of Wall Street*）一书披露，粉单市场经纪人提取 50% 的佣金，花天酒地，男盗女娼。粉单公司的质量可想而知。显然，很难从粉单市场中选拔主板上市公司的后补。

纳斯达克另辟蹊径，拟设立"纳斯达克非公开市场"（英文 Nasdaq Private Market，简称 Private Market），拉拢非公开上市公司在此挂牌交易，以期这些公司进军"主板"时首选纳斯达克。新平台还将提供一些服务，如，协助向投资者提供信息。纳斯达克非公开市场不管是算作"三板"还是"四板"，很难比我们的"三板"和"四板"更火爆。

2007 年，纳斯达克与若干大银行联手，推出"门户联盟"（Portal Alliance），作为非上市公司股权交易的平台，但这次"三板"尝试并不成功。2007 年，高盛也设立了一处非上市公司交易市场，但交易量太低，2011 年关闭。

寻找适合上市的企业不易：证券公司在找，私募股权基金也在找，这些金融机构都有自己的算盘，未必就愿意来"三板"或"四板"。市场好的时候，有些好企业还不愿上市。比如，当初高盛、美林等券商是合伙企业，利润丰厚却不愿上市。

粉单交易大王乔丹·贝尔福特（Jordan Belfort）在《华尔街之狼》（*The wolf of Wall Street*）一书中交代，他和他的兄弟们曾经将风尘女子类比为多层次市场：头牌妓女是蓝筹股，粉单是低端妓女，中间的模糊地带是纳斯达克（是 20 多年前尚未变为"主板"的纳斯达克）。的确是诛心之论，但过于低俗。同样的意思，用中文表达就典雅得多。杨贵妃国色天香，一笑倾城，再笑倾国，不是百里挑一或千里挑一，而是百万里挑一。若是"三千宠爱在一身"，唐玄宗自然可以重色思倾国。反之，若是嫔妃成群，自然只能是"六宫粉黛无颜色"。至于王爷蓄姬，官员纳妾，员外包养外室，那只能放低标准，贩夫走卒也只能随遇而安。

土豪猎艳不能众里寻她千百度，"三板""四板"拉公司挂牌，也必须降低"选美"要求。美国"三板""四板"的"选美"标准我们也已经学习到手。这个标准就是扩大非公开上市公司的范围，供"三板""四板"海选。2012 年生效的《乔布斯法》（The Jobs Act）允许公司在股东数达到 2000 之前，仍然可以成为非公众公司。而在此之前，公司股东达到 500 之后，公司即成为公众公司，需要披露许多信息。

多层次市场千变万化，但其本质是降低要求，不可求全责备。

47. 难以忍受创业板之轻

"此曲胡人传入汉，诸客见之惊且叹。"自其被引进以来，资本市场的作用在中国得到不断提升。湖南证监局局长杨晓嘉提出："高速发展资本市场，能够成为国民经济高速发展的'发动机'"。[213]高速发展的"发动机"——这是一个何等重要的理论观点。该理论果能成立，我们"虽愚必明，虽柔必强"，中国不仅能够屹立在世界的东方，而且能够屹立在世界的西方。杨局长的理论果能成立，其作用不亚于爱因斯坦的相对论。可是很遗憾，杨局长并没有就其理论展开论述。所以从法律思维的角度说，杨局长的观点只是一种假定。假定有可能是真理，但也有可能是谬误，创业板便是一个例子。

创业板的概念从美国而来，其运行流程如下：企业家有创新概念；风险投资基金（私募投资基金的一种形式）投入资金，帮助企业家创业；产品成功之后，公司在创业板上市；私募投资基金售出其在公司中的股份，再拿出部分回报去投资新的企业。如此周而复始，不断创新，不断创造，比尔·盖茨这样的创新英雄便会如雨后春笋一样层出不穷。创业板的重要性已经被提高到一个崭新的阶段。据资本市场的原教旨主义者言，创业板对中国的企业创新和升级有着关键的作用。总之，创业板与我们的千秋大业联系在一起。

这是非常美好的故事，但只是故事而已，现实并非如此。问题在哪里？问题在于，如此孕育企业，周期太长，出栏企业太少，远远不能满足私募投资基金的需要。每时每刻，世界各地都有无数私募股权基金在各地寻找企业，具体说是寻找可以立刻出栏上市的成熟企业。大部分私募股权基金如同搜寻明清家具的古董商，需要立等可取的商品；像太监为皇帝找妃子，是为"杨家有女初长成"而来。商人的耐心是有限的，对于培育新技术并无耐心。

有人提出，弄潮儿在创业板暴富，是社会对其创新的肯定和褒奖。这里至少有两个问题：第一，比尔·盖茨是否创业，与创业板并无直接关系。比尔·盖茨研究计算机开发，那是因为他天生喜欢，与今后能否在纳斯达克上市并无关系。可以说，是微软成就了纳斯达克，而不是纳斯达克成就了微软。

企业上市是为了扩大生产规模，是为了抢地盘、抢市场，并不是为了什么真正的创新。而且从上市第一天起，许多企业便走向反创新，走向反动。比如，微软在上市之前是朝气蓬勃的，是锐意创新的，但上市之后却借助垄断赚钱。在美国和欧洲，微软数次成为政府反垄断的调查对象，比尔·盖茨只有到了中国，才受到异常热烈的欢迎。

即便企业真有需要通过上市融资，也并不需要什么创业板。在纳斯达克上市的许多所谓的高新技术公司已经寿终正寝。纳斯达克当年确实有所创新：它使用了计算机交易系统，纽交所却迟迟不肯与时俱进。但时至今日，两家股票交易所早已合流，纽交所早已安装了计算机交易系统。岂止是合流，两家股票交易所已经开始恶性竞争，互挖墙脚，争抢上市公司。

2010 年，美国大陆航空公司（Continent）与联合航空公司（United Airlines）合并后上市。[214]纽交所与纳斯达克你争我夺，最后是纽交所抢到了这家公司。作为交换条件，纽交所支付航空公司上市开盘时的庆典费用，并购买航空公司杂志的广告，热烈庆祝公司上市成功。纽交所拼命向潜在的上市公司许诺，纽交所可以为它们提供高质量的院外游说和公共关系服务。

纽交所与纳斯达克之争已经持续了几十年。1995 年至 2000 年代初，主要是纳斯达克的上市公司流向纽交所。但之后纽交所修改了规则：纽交所的上市公司改换门庭，无需经过公司三分之二以上的股东的同意。2005 年至 2009 年，纳斯达克胜出一筹，从纽交所挖走的上市公司的市值达到 2000 亿美元，而纽交所从纳斯达克挖到的上市公司的市值只有 640 亿美元。2010 年，纽交所成功反击，从纳斯达克挖走的公司的市值达 370 亿美元，而纳斯达克从纽交所挖走的公司的市值只有 100 亿美元。

1999 年纽交所鼎盛时期有 3025 家公司，而到了 2009 年，只剩下 2327 家公司。纳斯达克 1996 年有 5556 家公司，到 2009 年只剩下 2852 家公司。目前上市公司减少，收购兼并减少，许多所谓的高新技术公司寿终正寝。

纳斯达克和纽交所争抢上市公司绝不是为了搞什么创新，而是为了争夺上市公司所缴纳的年费。纽交所上市公司年费最高达 50 万美元，而纳斯达克的年费最高 20 万美元。但纽交所声称，其 80%的上市公司的年费不到

20万美元。从本质上论，我们所说的资本市场和创业板是赌场，至少有很强的赌场性质。纳斯达克和纽交所是要坐地收取赌场费。既然如此，两家交易所怎么会成为创新和发展的动力呢？

真正的创新就是与主流做法和意见不同：智慧来自不同意见。我们有这个雅量吗？美国法院合议庭的判决书中，任何一位法官都可以写下自己反对判决结果的不同意见。这才是保证一个民族真正创新的做法。我们愿意学吗？不学也罢，创新是有代价的，就像中、长跑比赛，抢先领跑的人会消耗更多的体力。但我们不应该挂羊头卖狗肉。

其实，我们哪里有什么真正的金融创新，只不过是跟在华尔街后面爬行，甚至把已经被证明是失败了的东西捡回来当作宝贝。中国的资本市场酷似《围城》中的"小城市的摩登姑娘，落伍的时髦，乡气的都市化，活像那第一套中国裁缝仿制的西装，把做样子的外国人旧衣服上的两方补丁，也照式在衣袖和裤子上做了"。当然，也不能说我们完全没有创新。我们是一个诗意民族，借钱炒股被我们说成是"融资融券"，外国股票市场的"小额板"被我们说成是"创业板。"

其实，世界上哪里有那么多的创新？即便真有那么多的创新，我们也难以承受。如果一日三餐有鱼虾，菜肴天天有创新，我们大多数人的肠胃都受不了。婚姻方面我们也不敢搞创新。婚外情稍增，我们就手忙脚乱地修改《婚姻法》，坚决打击"二奶"。皇帝那么好的条件，在婚姻和男女关系方面，他们中间的大多数人也不敢搞创新。唐玄宗"后宫佳丽三千人"，却是"三千宠爱在一身"，显得非常专一。"汉皇重色思倾国"，但也不得不有所节制，否则体力和精神上都难以承受。在今天这个世界上，"创新"产品已经让人眼花缭乱，体力和精神上都难以承受。银行家们自己在体力和精神上便难以承受，被自己设计的创新产品搞乱了，金融危机一来，手忙脚乱，六神无主，鸡飞狗跳，鸡犬不宁。

创业板的各类问题暴露之后，颇受非议。有关部门的官员勇敢地从后台站到前台，为创业板评功摆好。完全没有这个必要！我们评价证券监管机构的功过是非，不能只看其一项又一项政策的失败，还要看证券监管机构对一项创新到底抵制了多久。抵制越久，成就就越大。创业板的出台，经过长达数年的反复。证券监管机构也很不理解，很不得力，总是只见打雷，不见下雨。这种拖延就说明，证券监管机构内部有人对创业板有很大的保留，想方设法地阻挠创业板的出台。这种拖延就是证券监管机构的成绩。但我们必须承认，资本势力一旦形成，监管部门是很难与之抗衡的。中外资本的力量是强大的，中外资本合流之后便更加强大。中外资本需要牟利空间，创业板就是这样的空间。资本市场的种种创新可以被延缓，但很难被阻止。

"尔曹身与名俱灭，不废江河万古流。"在中国和美国这两个地方，资本市场的潮流浩浩荡荡，是不可抗拒的：顺则昌，逆则亡。我们每一个人都有身不由己的时候，每一个人都有言不由衷的时候，资本市场的监管机构也不例外。但我以为，做了违心的事，就不要说违心的话；说了违心的话，就不要做违心的事；不要既做违心的事，又说违心的话。我不反对创业板，也不反对资本市场，创业板是赌场我也不反对——人生就充满赌博，到中流击水，浪遏飞舟。但我反对以发展资本市场的名义实行金融寡头的全面专政，我反对以资本创新的名义和手段骗取或抢劫中产阶级的财富。

六、内幕交易

证券市场就是内幕交易。

48. 内幕交易新解

美国监管机构对内幕交易的打击力度不能说不大。金融危机之后，他们更是侦骑四出，很有晚清朝廷缉拿"乱党"的劲头。而且成果不小，很像"文革"中的批斗会，不断有人被押上来示众。

2011 年 3 月 29 日，美国联邦检察官起诉梁成义（Cheng Yi Liang 音译）犯有内幕交易罪。梁先生是美国食品药物监管局的化学师，悄悄获取了该机构批准药物的信息，并在信息正式公布之前抢先购买有关医药公司的股票，利好消息公布之后再抛售股票，从中获取暴利。打虎亲兄弟，上阵父子兵。梁先生是全家上阵，不仅儿子与他同谋，而且妻子、母亲也做内幕交易。[215]

梁案是一个突破。传统上，美国的内幕信息知情人是公司高管和公司董事。后来，内幕信息知情人的范围又扩大到受信人，即，内幕信息知情人与相关的公司或机构有"信任"（trust）关系。梁案中的梁先生就是这样一位工作人员。美国司法部的一位副部级干部指出："梁成义可以得到专有

153

信息，他获得如此信任，是为了便于开展工作，确保美国公民的健康和安全。但梁成义父子滥用了这种信任，中饱私囊。"

拉贾拉特南一案中，美国监管机构还想有所突破，扩大重大内幕信息的范围。董事会的成员组成是否属于内幕交易信息？此类信息是否会对股票价值有影响？拉贾拉特南案中，美国政府似乎暗示，此类信息会影响到股票价格。

一、内幕交易的继续革命

2011 年 3 月 1 日，美国联邦检察官又起诉拉杰·拉贾拉特南（Raj Rajaratnam）——对冲基金帆船集团（Galleon Group）的经理。这是内幕交易的大案。案犯顾磊杰（Rajat K. Gupta）（有中文名字，那是准备做中国生意）曾经是高盛董事会成员，很体面的人。该案像反特故事，比《徐秋影案件》还要惊险。该案有美女内幕信息知情人，但该女已经认罪伏法，不会就其进行审判。

美国内幕交易的反派主角大多是犹太人，再就是英国人的后裔——全称是"信奉新教的盎格鲁-撒克逊白人"（WASP），而帆船集团（Galleon Group）内幕交易案中的主谋是位亚洲少数民族。拉贾拉特南先生原来是斯里兰卡人，1981 年才来到美国沃顿商学院就读。拉贾拉特南先生从一家小投资银行干起，1997 年成功创办对冲基金帆船，是许多青年才俊的学习榜样。鼎盛时期帆船所管理的资产达到 70 亿美元。据《福布斯》杂志估算，拉贾拉特南先生的身价应当在 13 亿美元。

帆船案是美国内幕交易的大案，共有 25 人被指控，其中 21 人认罪伏法。拉贾拉特南先生编织了一个庞大的内幕交易网，其中不乏美国上流社会精英，包括贝尔斯登、英特尔、高盛和谷歌等品牌公司的高管。拉贾拉特南能够调动和指挥那么多的高等白人，是很不容易的。他大长了亚裔的志气，大灭了高等白人的威风，让被人才抄底回国的中国"海归"扬眉吐气，奔走相告：亚裔不回国，在华尔街也可以干出一番惊天动地的大事。

2011 年 5 月 11 日，历时一个多月的审判之后，陪审团做出裁决，认定拉贾拉特南先生有罪，政府指控其的 14 项罪名成立，可被判 20 年徒刑。与传统的内幕交易相比，帆船案体现了两大创新，也可以说是两大革命：一是由对冲基金从事内幕交易；二是全景拼图理论（mosaic theory）。

耶鲁大学法学院的乔纳森·R. 梅西（Jonathan R. Macey）教授指出，目前上市公司所披露的信息内容较为空洞，烟幕多于实质。从事交易的机构和个人也是被逼无奈，甚至不得不采取特务手段，潜入上市公司的停车场，查看公司雇员的汽车型号，以估算他们的真实收入，进而推测上市公司的实际盈利状况。这便是全景拼图。梅西教授甚至公然宣称：“合法研究与非法内幕交易之间的界线不总是很清楚的。”[216]

但即便是梅西教授也很难为拉贾拉特南先生翻案。美国联邦调查局动用窃听手段，监控时间长达 9 个月。联邦调查局像对付黑手党头目那样对付拉贾拉特南先生，找到了其内幕交易的铁证。但拉贾拉特南先生仍然坚持自己无罪，明知不可为而为之，不愿认罪争取宽大处理。

拉贾拉特南先生倒不是担心抗拒从严，坦白更严。在美国警察侦查阶段，确实有可能是抗拒从严，坦白更严。不是警察不肯网开一面，实在是警察没有这个权力。但检察官有可能实行坦白从宽，抗拒从严的政策。辩方与检察官是可以讨价还价的，以认罪换取罪名更轻的起诉。检察官通常是遵守诺言的，否则下次其他被告就不肯老实交代了。拉贾拉特南先生有可能对自己被当作首犯不满。也是，从表面上看，拉贾拉特南先生是利用了华尔街高管，从他们那里套取了信息；但反过来理解也可以，是拉贾拉特南先生被高管们利用，至少他们是相互利用。既然心中不平，拉贾拉特南先生就有可能是要借此机会，通过庭上重放录音，将华尔街的那些正人君子和老爷太太们的丑事和坏事再向世人抖搂一次。果真如此，拉贾拉特南也算是一条好汉。拉贾拉特南先生曾经自比拳王阿里，说：“我虽然浑身伤痛，但他们灭不了我。我是斗士。”

拍摄《华尔街》续集《金钱无眠》时有一争，导演本想让对冲基金作为反角，将其塑造为金融危机的罪魁祸首，但经过对冲基金行业的反复说法教育，导演将投资银行的领导作为反面典型。在好莱坞那里，对冲基金是赢了一票，但在现实中却成为整肃对象。贝尔斯登旗下的对冲基金的高管也是有惊无险，平安无事。

但帆船能否杀一儆百却很难说，甚至可能会有诲盗诲淫的作用。经过对帆船案的深入研究，美国圣地亚哥大学法学院教授弗兰克·帕特诺伊（Frank Partnoy）很有心得，总结出内幕交易反侦查的八条妙计，有志于内幕交易者必须将其铭记于心。八条妙计如下：（1）避免电话被录音；（2）说话要隐晦；（3）购入股票不能过多；（4）获利不要多达数亿美元；（5）别在获得内幕交易后立刻购入股票；（6）避免交易普通股；（7）购买场外交易的衍生产品、互换、期权或差价合约（contract for differences）；（8）保留列有内幕交易时支持购买该股的正当理由的任何记录。

上述八条妙计中，第（8）条最为重要，帕特诺伊教授尤其谆谆嘱咐，如果临时抱佛脚，如果买通一名专家告诉陪审团，当时购买此股是因为分析师推荐该股，那是很难蒙混过关的，必须拿出一沓分析师的报告和文章，另加当时回复这些分析师的邮件。[217]

二、内幕交易风景独好！

尽管美国反内幕交易的斗争声势很大，但交易员们仍然一如既往，如猎犬般四处打探内幕消息。抽刀断水水更流，雪压青松松更青。没有内幕交易的资本市场还叫资本市场吗？美国那边又有创新，涌现出专家网机构。此类机构安排咨询顾问和交易员会面，共同挖掘关于公司的有价值的信息。这种做法的理论根据还是全景拼图。根据该理论，关于公司的某些非公开信息看似并不重要，但结合专家网机构所掌握的其他信息，再经过专家网机构的专家分析之后，此类信息可以成为淘金的重大信息。这里的重大信息是经过专家和交易员们自己分析得出的信息，所以并不是内幕信息。这里就有一个定性问题：是内幕交易，还是合理分析？两类信息混在一起就不好定性，扑朔迷离，是"双兔傍地走，安能辨我是雌雄"。

但专家网机构还是有出售内幕信息的，否则生意火不了。某制药公司的新药临床试验死了一个人，有医生向一位对冲基金的交易员透露消息。这位医生是一家关系网公司的咨询顾问。[218]既然是倒卖内幕信息，扑朔迷离也并非万无一失，弄得不好还是会被打在网里。Primary Global 是一家专家网机构，2011 年 2 月证交会指控该机构雇员和顾客有内幕交易的违规行为，被指控者多达 10 人。针对斗争新动向，专家又出来进言，说是为安全起见，雇用专家网机构之前，要看专家网机构的所谓专家是否是上市公司的雇员。[219]

其实，证交会对专家网机构还是网开一面的。自专家网机构出现以来，证交会很长一段时间内对其听之任之，放纵得很。反内幕交易的捉、放曹，很有点像谍战中的布控，需要的时候才把内幕交易人揪出来示众，平时让他们自由活动。也不能怪证交会下面的普通工作人员，他们就拿那点钱，何必拼死去查。内幕交易人还与政府高官有很深的关系，不是证交会下面的普通工作人员可以扳倒的。贫富差别大了之后，富人有可能做好事，但大多数情况下是做坏事。反内幕交易必须从大处着眼。在贫富差距比较小的地方，内幕交易就比较少。在社会财富分配的制度设计方面，不能只考虑如何调动银行家的积极性，也要考虑如何调动监管人员的积极性，考虑如何调动社会其他成员的积极性，考虑如何调动工人、农民、士兵和知识分子的积极性。

大局很重要。即便证交会的工作人员矢勤、矢勇，美国的反内幕交易斗争还有一大致命弱点：就内幕交易而言，有关法律和实践是只问个人，不问机构。其实，与机构相比，个人的危害有限。拉贾拉特南案是内幕交易的大案，但其首犯拉贾拉特南非法得利不过 4500 万美元。不错，麦道夫一案中个人的危害很大。但麦道夫是欺诈，而内幕交易是否属于欺诈行为在美国长期存在争议。在相当长的时期内，美国最高法院认定，内幕交易是窃取信息的行为，但并不构成欺诈。

许多并购交易中，金融机构有疑似内幕交易行为。比如，2010年夏天，Clearwire Corp 聘用高盛为其提供咨询服务，考虑 Clearwire Corp 是否应当将自己出售给 Sprint Nextel。2011年2月，高盛决定不再为 Clearwire Corp 提供咨询服务，转而为 Sprint Nextel 提供咨询服务，而 Sprint Nextel 有可能全资收购 Clearwire Corp。高盛的另一单生意中也有类似问题。2010年9月，零售商 J. 克鲁集团有限公司（J. Crew Group Inc.）被收购，交易额达 30 亿美元。高盛先是为 J. 克鲁集团提供咨询，后又成为收购方的顾问。尽管 J. 克鲁集团并未正式聘用高盛，业内对此也多有非议。其他投资银行的银行家们表示，投资银行选择并购交易中的买卖一方时，难免会挑肥拣瘦，但很少会从卖方跳到买方。

在买卖双方之间倒戈，道德上就有问题，法律上也有问题。高盛受雇于目标公司期间，掌握了被收购公司的信息，即便高盛自己没有买卖目标公司的股票，但如果其所掌握的目标公司的信息为收购公司所用，也有内幕交易之嫌。按照美国最高法院的判例，如果消息来源是内幕交易知情人，获得信息者知道或应当知道知情人的身份，则获得信息者从有关股票交易中获益，就违反了美国的法律。可是当事方是机构的时候，内幕交易问题大多转换成为利害冲突的问题，大事化小，小事化了。

而从另一方面说，Clearwire Corp 管理层不值得同情。Clearwire Corp 管理层聘请高盛担任顾问，也是想沾高盛的光。高盛的手段、斗争哲学，很多机构都领教过，早已经不是什么秘密了。Clearwire Corp 是愿者上钩，没有什么可抱怨的。资本市场弄潮类似闹革命：革别人命的时候，那是造反有理；革命革到自己头上的时候，那是一千个不答应，一万个不答应。

在许多重大问题上，证券法的理论比较混乱，经常前后矛盾。内幕交易是个纠缠不清的法律问题，不时惊动美国最高法院，由9位足智多谋的大法官裁判，凭借其法律权威和道德权威，暂时平息争议。内幕知情人的

"信任"和"保密"责任，就是美国最高法院定下的规则。但很多问题上，美国最高法院越说越糊涂，有时还要修正自己的观点和规则。这就进一步搞乱了思想。美国最高法院发话之后，下面的巡回上诉法院经常不听招呼，总是在边边角角处制造例外，不时寻找各种理由和借口背离美国最高法院判例的原则。美国最高法院无奈，只得三番五次地出面表态。所以尽管反内幕交易之声甚嚣尘上，但内幕交易依然风景这边独好！

三、律师也疯狂

对于内幕交易，美国律师大多是敬而远之的。律师有薄技压身，进可以治国平天下，退可以独善其身，不愿鸡鸣狗盗，城鼠社狐。但律师中也有失手、失足、失节的，美国诉奥海根案（United States v. O'Hagan，117 S Ct，2199）中的律师便是一例。

该案被告詹姆斯·奥海根（James O'Hagan）是一家律师事务所的合伙人。他所在的律师事务所为一家公司提供与收购相关的法律咨询服务。按照美国司法部的指控，奥海根知晓收购计划之后，购入目标公司的股票，收购消息公开之后，又随即抛出手中的股票，从中牟取暴利。

美国最高法院认定，奥海根利用窃取的未公开的重大信息买卖股票，"就是通过欺骗而获得优势市场地位。他欺骗了信息的来源处，同时也损害了投资成员"。欺诈通常需要欺诈者与被欺诈者之间有直接联系。奥海根购入的是目标公司的股票，而他所在的律师事务所为收购公司提供服务，与目标公司并无任何关系。按照奥海根案之前的美国判例，窃取信息者与信息来源方必须有一种"信任"和"保密"的关系，否则不存在内幕交易。奥海根与目标公司并无此关系。奥海根案中，美国最高法院定下了新的规则：任何人窃取信息后，如果根据此信息交易，就对广大投资者负有披露责任；如果买卖股票之前不披露有关信息，其行为就构成内幕交易。

奥海根判例把反欺诈的理论提高到了一个崭新的阶段。在美国，被告的行为被定性为"窃取",可能只是违法,被告只需交出非法所得和罚款,并无牢狱之灾;而被定性为违反证券法进行欺诈,就有可能被判处有期徒刑。

美国反内幕交易法律的发展分为三个阶段:(1)董事和高管等公司内部知情人,如果利用受信关系窃取非公开信息买卖股票,则违反美国证券法反欺诈条款,构成欺诈行为;(2)律师、会计师和投资银行家等中介机构人员,如果利用受信关系窃取非公开信息买卖股票,也违反美国证券法反欺诈条款,构成欺诈行为;(3)任何受信任人利用受信关系窃取非公开信息买卖股票,即违反美国证券法反欺诈条款,而且构成对整个市场的欺诈。

不过,尽管大法官们把反内幕交易法律定得很严,但对奥海根还是网开一面。奥海根一口咬定,他是从媒体的公开报道上了解到并购消息的。既然消息已经公开,那就不存在内幕消息,没有内幕消息,也就不存在内幕交易。美国最高法院认为,奥海根到底从何处获得相关信息一事仍然不明,并以此为理由将案件发回下级法院重审。物伤其类,人之常情,美国最高法院的大法官们也不例外。

从结果看,美国律师并没有被奥海根判例吓倒,仍然从事内幕交易,仍然在前赴后继。到2011年4月,美国又有律师陷入内幕交易案。美国联邦检察官起诉马太·克卢格尔(Mattew Kluger)犯有内幕交易罪。克卢格尔先后在三家律师事务所工作过,其间窃取并购信息,倒卖目标公司的股票牟取利润。三家律师事务所是克拉瓦斯(Cravath Swaine & Moore)、威尔逊(Wilson, Sonsini, Goodrich & Rosati)和世达(Skadden, Arps, Slate, Meagher & Flom),其中克拉瓦斯是百年老所。克卢格尔不仅有金饭碗,而且可以说有铂金饭碗。这样的青年才俊,完全可以靠自己的聪明才智和合法手段发财,但居然也要长期从事内幕交易,实在是出人意料。

说起来,都是资本市场搞乱了人心。律师吃大苦,流大汗,经常一盏孤灯到天明,但收入远比投资银行雇员要少。这就让律师心中很是不平衡,其中有些人便要铤而走险。温饱思淫欲,贫寒起盗心。"贫寒"是相对而言的，对于金融业人士来说，贫寒绝对不是饥寒交迫：薪酬百万美元之下都属贫寒。

克卢格尔从事内幕交易并非偶一为之，17年前在克拉瓦斯律师事务所暑期实习期间，他便开始窃取内幕交易信息，但一直没有暴露。克卢格尔非常狡猾，从不利用其工作中直接涉及的信息倒卖股票，而是悄悄地进入律师事务所的计算机系统，搜集其他同事所做的并购业务的相关信息。得到信息之后，克卢格尔先将信息传给一位同伙，再由该同伙将信息传给一家经纪证券公司的雇员，由这位雇员买卖股票。为了保密，克卢格尔传递内幕信息时，只使用公用电话和预付电话卡联系。[220]克卢格尔的内幕交易之所以败露，是因为那家经纪公司因资不抵债而破产，很多问题因此浮出水面。如果没有意外情况，如果没有人举报，如果没有人卧底，内幕交易是很难被发现的。中国证监会工作人员涉嫌不法行为的案件中，也是因为有人告发，而且是夫妻反目，端出了最隐秘的情况。否则，很多事情可能永远不为人知。克卢格尔运气不好，被暴露在光天化日之下，但还有其他律师靠内幕交易发财，只是没有被发现而已。

从技术层面看，证券交易所最了解股票交易的异动，可以提供重要线索，挖出内幕交易人。但证券交易所按证券交易量收取费用，而内幕交易有助于产生证券交易量，符合证券交易所的根本利益，证券交易所自然缺乏力查内幕交易的动力。证券交易所既要盈利赚钱，又有监督责任，这就有了不可调和的利害冲突。美国的证券交易所上市之后，已经把监管职能分离出去，移交给新成立的自我监管组织美国金融监管局。但即便如此，证券交易所仍然在第一时间掌握证券交易的第一手资料，如果没有证券交易所配合，证交会和金融监管局打击内幕交易也是力不从心。当然，证券监管机构对内幕交易本来就抱着一种得过且过的态度。如果监管机构真的有心打击内幕交易，完全可以向证券交易所派驻监管人员。当然，派驻监管人员并不等于有心监管。如果监管机构无心监管，即便在证券交易所有派驻人员，恐怕也是流于形式。

四、美国资本市场的一件大事

2012 年 3 月 21 日，国会参众两院都通过了《制止国会知情交易法》
(The Stop Trading on Congressional Knowledge Act)（简称《股票法》法案），
禁止美国议员和高官进行内幕交易。奥巴马总统签字之后，法案即成为
法律。

这是美国资本市场上的一件大事，是美国历史上第一次禁止立法、行
政和司法部门的大、小官员利用其掌握的内幕信息买卖股票。法案禁止国
会议员利用其工作中所掌握的信息买卖股票或其他证券。法案还规定，议
员买卖股票、债券、期货和其他证券之后，必须在 45 天之内披露相关信
息，并在网站上公布。

参众两院以绝对多数的票数通过了《股票法》法案：参议院 96 票同
意，3 票反对，众议院 417 票同意，2 票反对。2012 年美国许多议员需要选
举连任，而金融危机爆发后美国失业率高居不下，广大民众痛苦不堪，华
尔街的银行家们却依然兴高采烈地奔走于殿堂之上。广大民众十分不满，
怨声载道，并把矛头指向为华尔街撑腰的华盛顿政客。民意测验表明，认
可国会的美国公众百分比已经降到 15% 以下。国会中的两党议员不得不下
力气拉选票。《股票法》法案便顺势而出。法案的发起人是共和党议员斯
考特·布朗 (Scott Brown) 和民主党议员柯尔斯坦·吉利布兰德 (Kirsten
Gillibrand)。[221]美国国会大多是两位议员共同提出一项法案，而且两位议员
通常分别来自两党，以示两党以国家利益为重而立法。布朗先生和吉利布
兰德女士都是当选不久的参议员，资历较浅，但不欠其他参议员的人情，
断同事的财路没有什么不好意思的。最主要的是，新参议员竞选获胜较难，
所以两位可能是干脆放手一搏，很有些立法为民的意思。

"白鸥叫破千山静，飞下湖心啄断冰。"据说圣人的高尚情怀是"我不
入地狱，谁入地狱"？而政治领导的逻辑又不同，是我不入地狱，尔等也得

入地狱，至少也是我入地狱，尔等为何不入地狱？——美国国会议员们也是这种心态。本来国会议员就是众矢之的，制定《股票法》就是要制止国会议员的内幕交易，但议员们不肯放过他们自己的手下以及行政和司法部门的兄弟姐妹们；《股票法》适用的对象也包括国会议员助手以及数千名联邦官员和联邦法官。

传统上人们认为，内幕消息涉及公司的利好或利差的消息，如公司成为并购目标或公司的医药新产品未通过药检。事先知道内幕消息，可以近水楼台，捷足先登，抢在他人之前购入或出手相关公司的股票。按照证券法的传统法理论，内幕消息是公司财产，公司高管等内幕消息知情人利用内幕消息牟利，就是窃取了公司财产。公司高管等内幕消息知情人深受公司信任，对公司负有特殊责任，也不得窃取公司内幕消息牟利。至于公司的外聘律师等中介机构的专业人士，他们深受客户或其雇主的信任，对客户或雇主负有特殊责任，不得窃取公司内幕消息牟利。立法和执法方面的内幕消息也有巨大的牟利机会，但立法和执法方面的消息并非公司财产，议员与公司或相关中介机构并没有任何关系。长期以来，美国那边的理论工作者就一直是这样坚持的。《股票法》法案在理论上有所突破，其理论依据是"立法者与国会有信任和被信任的关系，因此他们有责任"不滥用此关系获取内幕消息牟利。

在约束官员内幕交易方面，我们走在了美国人的前面。中国《证券法》第74条早已明确规定："证券交易内幕信息的知情人包括：……（五）证券监督管理机构工作人员以及由于法定职责对证券的发行、交易进行管理的其他人员；……（七）国务院证券监督管理机构规定的其他人员。"这就打破了资本市场以美为师的神话：美国贵为成熟市场，但打击内幕交易的立法却并不成熟。当然，也必须看到，美国《股票法》法案适用于立法、行政和司法等三个政府部门的官员，而中国《证券法》的内幕消息知情人的范围很窄，只限于证券监督管理机构工作人员以及由于法定职责对证券的发行、交易进行管理的其他人员。尽管《证券法》第74条还提到，内幕信息知情人可包括"国务院证券监督管理机构规定的其他人"，但国务院证券监督管理机构尚未规定"其他人"。再有，对于内幕交易可以追究刑事责任，以国务院下的一个机构来确定相关定义似乎有点乏力。

《股票法》网张得很大，但并非疏而不漏。法案看似轰轰烈烈，但远非扎扎实实。法案有一大漏洞：并没有取缔那些收集"政治情报"（political intelligence）的专家网络。近年来，所谓的"专家网络"（expert network）在美国大行其道。专家网络雇用游说者和前官员充当咨询顾问。咨询顾问们两手硬：既打探上市公司的商业情报，也打探政治情报。咨询顾问打探到消息后立即给金融机构通风报信，金融机构闻风而动，该进仓就进仓，该出仓就出仓。比如，有位议员向咨询顾问透露，对于借记卡收费封顶一事，国会已有重大进展。咨询顾问转脸便向其对冲基金客户传递情报，对冲基金随即售出相关股票，Visa 和万事达的股票应声下跌，跌幅分别为 0.26% 和 0.25%。咨询顾问有此神力，自我感觉良好，开始像律师一样收费，2011 年费率达到每小时 250 至 350 美元。[222]

《股票法》为议员腐败留下了充分的空间。议员可以通过专家网络广结人脉，获得更多的政治捐款和其他隐性好处。高手腐败是不用现金过手的。情书不言爱，杀人不见血，那是自由王国的境界；腐败不见钱，那也是自由王国的境界。

五、打击内幕交易

美国检察官队伍是一个出干部的地方。克林顿（William Jefferson Clinton）竞选阿肯色州州长一职之前，先任州司法部长，积累经验和人脉。纽约前市长朱利亚尼（Rudolph Giulianis）当过美国联邦检察官，靠打击华尔街内幕交易起家，一举成名，乘势竞选纽约市长成功，而且一度有意问鼎白宫。纽约州前州长斯皮策（Eliot Laurence Spitzer）也当过纽约州检察长。斯皮策的继任也是先当检察长，后当州长。

在美国，检察官一职之所以是许多政客的跳板，原因很多。首先，检察工作很露脸，办个大案、要案更是如此。其次，各州和地方检察长通过选举产生。选举是很锻炼人的过程，所以检察长也是经风雨、见世面。还有，检察官有很大的自由裁量权：起诉还是不起诉，抓人还是不抓人，经常由检察长一人定夺。卡恩案便是一例：如果纽约地方检察官没有下令立即抓人，卡恩可能保不住他的国际货币基金组织总裁的职位，但平安回到法国还是不成问题的。

美国检察官队伍出干部，纽约又是检察官成名的地方。朱利亚尼、斯皮策都是在纽约州崛起的。金融危机之后，纽约又出了一位英模人物：联邦检察官普里特·巴哈拉（Preet Bharara）雷霆手段，像打击黑手党那样打击内幕交易。短短两三年内，巴哈拉领导的行动就斩获颇丰：63个人被逮捕，56个人认罪或被认定有罪。一时间，巴哈拉风光无限，好像他是美国法律界的林书豪——巴哈拉是一位来自印度的亚裔。

巴哈拉打击内幕交易小有名气，有人便开始为他吹了，说他还是哈佛大学一年级新生的时候，便立志要成为反贪斗士。巴哈拉有所谓的白金学位：本科哈佛大学，研究生哥伦比亚大学法学院。巴哈拉出生在印度，父母都是印度人。检察官是出庭律师，而出庭律师需要巧舌如簧，口吐莲花，死的也能说成活的。除非是使用母语，否则很难做到能言善辩。除非是本土美国人，否则很难成为优秀的出庭律师。不过，尽管地理上印度是亚洲国家，但很多印度人自认为是欧美人。从人种上说，印度人还真是白种人。而且经过英国的长期统治，英语已成为印度的官方语言，很多印度人以英语为母语。

第二次世界大战之后，美国曾经对华尔街发动过三次严打。20世纪80年代，公司并购浪潮席卷美国，内幕交易猖獗（内幕交易通常是借助公司并购的内幕消息买卖股票）。并购浪潮过后，纽约南区联邦检察官朱利亚尼下重手打击内幕交易。2000年网络公司的泡沫破灭之后，纽约州检察长斯皮策也严打，并凭借该政绩成功当选为纽约州州长。巴哈拉是金融危机之后打击内幕交易的又一位英雄检察官。三次"严打"也伴随华尔街的三次造假：第一次是垃圾债券泛滥；第二次是网络公司财务造假成风；第三次则是华尔街银行相互对赌，抬高有毒资产价格，然后以薪酬和奖金的形式将财富据为己有。

在对内幕交易的三次严打中，朱利亚尼下手最狠，派人到华尔街的银行内抓人。本来这种白领犯罪可以允许被告投案自首，办个手续之后取保候审，但朱利亚尼故意要闹得满城风雨，他好乘机露脸。巴哈拉检察官没有到华尔街大银行抓人；他想兴风作浪也没有这个实力。比起1980年代，华尔街今天要强大得多。2008年金融危机爆发时，华尔街一度告急，似有灭顶之灾，但在美国政府的全力帮助之下，华尔街迅速恢复元气，而且越战越勇，越战越强。

证券公司贝尔斯登资不抵债是引发金融危机的导火索，而贝尔斯登的两支对冲基金倒闭又是引发贝尔斯登危机的导火索。拉尔夫·乔菲（Ralph Cioffi）是证券公司贝尔斯登的两支对冲基金的创始人和高级经理。2007年3月，乔菲发觉两支对冲基金面临重大问题，但他没有向投资者披露，反而是（1）向投资者保证基金正常；（2）继续吸引新投资者；（3）转移对冲基金的资金；（4）允许主要投资者撤资等。美国联邦检察官起诉了乔菲，但陪审团认定乔菲无罪。乔菲案具有很大的示范效应。乔菲案之后，美国检察官不再起诉制造金融危机的罪魁祸首，转而集中精力打击内幕交易。

中、美两国有很多相似之处，很多时候是心有灵犀一点通。巴哈拉检察官在纽约围剿内幕交易人的同时，中国证监会的郭主席提出对内幕交易零容忍，受到媒体的热烈追捧，可谓登高一呼，应者如云。中、美两国似乎都是坚决围剿内幕交易，但内幕交易却越剿越多。不过，内幕交易人逍遥法外也似无大碍，从事内幕交易的都是散兵游勇，充其量不过是乌合之众。对于资本市场来说，内幕交易只是肘腋之患，官商勾结、兵匪一家才是心腹大患。金融危机绝不是内幕交易所造成的。

六、操纵是内幕交易的继续

人中吕布，马中赤兔。资本市场的从业人员大多是锦衣玉食，食有鱼、出有车，但仍然不时高歌"长铗归来乎?"他们主要是抱怨资本市场监管太严，给他们的创新机会太少，不能最大限度地牟取利润。好莱坞大片《华尔街》中，由影星道格拉斯（Michael Douglas）扮演的盖戈更是一个高、大、全的英雄形象。盖戈是个获罪下狱的内幕交易知情人，但却是仪表堂堂，气宇轩昂，是个爱亲人、爱祖国、爱人民的正面形象。但盖戈的原形伊万·博斯基（Ivan Boesky）是个近于无赖的小人，不讲任何道德，被指控有罪后为了自保而乱检举、乱咬人，知无不言，而且有无中生有之嫌——至少美国联邦第二巡回上诉法院的法官们是这样认为的。

博斯基揭发约翰·马尔赫任（John A. Mulheren），称其有操纵股市行为。博斯基是马尔赫任的大客户，两人经常狼狈为奸。为了帮助博斯基逃税，马尔赫任曾经为博斯基操办股票假出手（stock parking），1985 年虚假出售 1000 万美元的 Unocal 股票。同年，为收购某家公司，博斯基大量购进该公司股票。但博斯基收购计划未果。之后，马尔赫任于某日大量购入目标公司股票，拉高其股价，博斯基当日即将其手中的目标公司的股票全部抛出。法官认定，马尔赫任的行为并不构成操纵。

美国法官通常极不愿意认定存在股票操纵行为，除非出现对敲（matched order）或敲诈交易（wash sale）。简单说，对敲就是炒家通过两个账户假装买卖股票，而敲诈交易则是炒家通过经纪人假装买卖股票，两者本质上是一回事。当然，法律术语可能会更加复杂一些。对敲指投资者对一个特定的证券同时进行相互抵消的买卖，以创造该证券活跃交易的假象，刺激股价上涨，但受益者（beneficial owner）没有改变。受益者指投资者个人或机构拥有某资产的利益但并非登记股东。敲诈交易是投资者通过两个不同的证券经纪人同时买卖某种证券的行为。

挤压市场（cornering the market）也可能被认定为市场操纵。挤压市场指拥有某只股票足够多的股份，由此操纵该股票的市场价格。再就是当日交易中有些人找些并无多少交易的小公司，快速买卖其股票，引投资者上钩。此类交易也比较容易被定有罪，但进行此类交易的大多是些蟊贼，大型金融机构是不屑去弄潮的。

至于股票交易中交易量的多少，则与操纵是否成立并无直接关系。马尔赫任案［United States v. Mulheren，938 F. 2d 364（2nd Cir. 1991）］中，马尔赫任购入目标公司的股份达到该公司股份的70%，但法院并不据此认定被告有操纵行为。美国有两个判例，目标公司回购股票被定有罪，其日交易量分别达到目标公司交易量的50%和28.8%，而且持续了1年[223]或4个月[224]。法官们明确指出，除非股票交易的"唯一目的是影响股价"，否则股票交易不构成操纵。[225]

在反敌意收购的斗争中，作为防卫手段，目标公司经常回购自己的股票。在美国联邦上诉法院的法官们看来，"采取此类回购做法，可以是出自一系列合法目的中的一项，包括'为抵制收购要约或其他收购企图……以维护或加强控制'"。[226]

法官们为什么如此瞻前顾后，裹足不前呢？马尔赫任案中，博斯基是污点证人，法官对这类人大多心生厌恶，对他们的话大多存疑。华尔街推销产品的时候说是兄弟愿为朋友两肋插刀，出了问题后是在朋友的两肋上插刀。华尔街有句俗语：友情止于交易。

从宏观角度看，法官之所以对马尔赫任网开一面，那是因为资本市场就是操纵，而且是法律允许的操纵。除公司并购中目标公司可以通过收购购进其股票之外，美国证券法又规定，证券发行时可以为托市而购进股票，尽管两类收购都会影响股票价格。美国证券法更为公司回购股票提供了安全港，只要符合以下条件中的一项，回购就不构成操纵：（1）通过一个经纪人或自营商买卖股票；（2）交易价格不高于目前第三方的独立竞价的最高价或第三方最后一次独立销售价，孰高为准；或（3）回购总额不超过前四周每日平均交易额的 25%。[227]

操纵股市暗合了很多人的心意。操纵股市自然会引起股价剧烈波动，但这正是金融机构求之不得的：他们就希望大踏步前进，大踏步后退，以此调动其他投资者，在运动战中把别人的钱变成自己的钱。

对于受损失的投资者，许多美国法官也并无多少同情心。股市从来都强调风险自负。法律上也有一个说法，叫"自担风险"（assumption of risk），即当事人自愿置身于其察觉和了解的风险中，则不得就因此而受到的损害获得赔偿。[228]证券市场的龙潭虎穴很多，投资者对此应当十分清楚，不用投资者教育也应当十分清楚。大多数中小投资者认为，股市应当是一个朝气蓬勃、欣欣向荣的清平世界，但大多数中小投资者也同样会认为，目前的股市绝非善地。用孔子的话说就是"危邦不入"。

当然，许多话法官没有明说。法官判案也经常是表面一套，内心又是一套。面对资本市场的千奇百怪和各种势力集团，美国法官只好闪烁其词、顾左右而言他了。

在美国，内幕交易和操纵都违反了《1934 年证券法》反欺诈条款第 10 （b）节。可以说，操纵是内幕交易的继续。但如上文所述，美国法律网开一面，明文允许某些操纵行为。从美国法院的判例看，美国法官通常也不愿认定操纵。证交会和美国司法官员也不愿多管闲事。既然可以放过许多操纵行为，那么从逻辑上说，打击内幕交易的理由便比较弱。内幕交易只是顺手牵羊——中国有"顺带不为偷"的古训。豺狼当道，安问狐狸？

49. 内幕交易是一种人权？

内幕交易是一种人权？对冲枭雄索罗斯（George Soros）是这个意思。

1988 年，索罗斯创建对冲基金量子基金。同年 9 月 12 日，索罗斯在纽约与一位法国富豪会面。该富豪欲与其他若干法国富豪联手，收购法国兴业银行。法国富豪邀索罗斯一同举事，收购兴业银行。索罗斯婉拒，但1988年9月22日至10月17日期间，索罗斯的量子基金购入兴业银行股票。法国富豪收购兴业银行的计划没有得逞，但兴业银行的股票价格却因此而一度居高。量子基金快速买卖股票，获得近228万美元的利润。

1990年，法国检察官对索罗斯的这笔交易进行立案调查，之后对索罗斯进行起诉，罪名是内幕交易。2002年，一审法院做出判决，认定索罗斯犯有内幕交易罪，罚款220万欧元，上诉法院将罚款金额减到95万欧元（很给索罗斯面子的）。

索罗斯不缺钱，应该还是意气用事。索罗斯有虎狼之师，但还没有来得及施展拳脚，就被法国政府打翻在地，就像《水浒传》中的洪教头遇到了80万禁军教头林冲。索罗斯自称是哲学家，而且关心世界大多数人的安危冷暖，不会意气用事。

2011年10月6日，欧洲人权法院做出判决，判索罗斯败诉。欧洲人权法院指出，索罗斯是"一位著名的机构投资者，在商界负有盛名，参与过重大金融项目，不可能不知道投资［兴业银行的］股票有可能构成内幕交易罪"。

国内长期流行一句口号："法无禁止即自由"。世界上很多事情法律都没有禁止，但还是不能去做，而且有时候做了之后还会承担法律责任。比如，过错侵权就有两种：一是因为违反法律规定而有过错；二是即使没有违反法律规定，但如果没有尽到遵循常理的人所必需履行的注意责任，也会认定当事人有过错责任。

美国有关内幕交易的法律确实经历了一个发展过程，最初"内幕知情人"的范围只限于公司高管和董事，之后又扩大到为并购业务提供法律服务的律师，即使有关公司并非该律师的客户。[229]2012年3月21日，美国国会才通过了《制止国会知情交易法》，禁止美国议员和高官进行内幕交易。

香港的法院直到2008年7月才第一次做出认定内幕交易刑事罪的判

决。[230]2000 年至 2007 年期间，英国 31% 的公司进行并购交易之前，市场股票价格有异动，2008 年该比例仍然高达 29%。[231]但英国查出来的内幕交易甚少，主要原因是政府不愿认真去查。英国不查，为什么法国要查？

美国国会通过的法律并没有界定内幕交易和市场操纵行为。美国《1934 年证券交易法》第 10 节规定，证券交易中不得有欺诈行为，证交会又据此制定了第 10（5）规则。法院又通过判例认定，内幕交易和操纵股市属于欺诈，违反了第 10 节和第 10（5）规则。法院还通过判例确定哪些交易行为构成内幕交易或操纵。

权贵之间没有根本的利害冲突，没有必要分为势不两立的两大派。来者都是客，全凭钱说话。相逢开口笑，过后不思量。人一走，茶就凉。在美国资本市场，索罗斯和美国证券监管机构的负责人都是食物链上端的人，相互之间没有根本的利害冲突，几乎不会通过诉讼由第三方来解决他们之间的争端，大多数情况下都是通过庭外和解解决他们之间的争端。

在索罗斯诉法国案中，法国政府也是险胜：审判该案的合议庭由七位法官组成，判决结果是多数法官的意见，但多数情况下是四比三的简单多数。

从某种意义上说，索罗斯面临的具体问题已经不再存在。但从另一方面说，索罗斯所提出的具体问题并没有消失，被告仍然有可能主张，有关内幕交易的法律不够明确。比如，"8·15 光大内幕交易案"的一位当事人就在法院起诉，质疑证监会的处罚决定，理由就是其行为并不构成法律法规所指的内幕交易行为。

欧洲人权法院受理并审理了索罗斯上诉一事本身就是索罗斯的胜利。索罗斯没有为自己洗清罪名，但他还是将内幕交易的权利上升到了维护人权的高度。

50. 交友： 获取内幕信息的合法手段

军事防御中，为了增加胜算，通常需要纵深防御：阵地后面再加阵地。库尔斯克会战便是经典战例：苏军一道又一道的防线，挡住了德军坦克的钢铁巨流。而反过来说，德军的闪电战就是以坦克长驱直入，突破对方纵深，使其无法构筑多层防线。法律上也有这个意思：可以通过层层关系，割断违法责任或隐瞒法律关系。比如，公司的实际控制人经常藏身于层层法律关系之后：上市公司由另一家公司控股，控股公司的母公司在离岸地注册，而离岸地的注册公司的控股股东才是上市公司的实际控制人。上市公司通常是有限责任公司，所以各种违法责任止于上市公司，不会传给其母公司和控股公司。母公司在离岸地注册，还可以阻断监管机构的跨境执法。从实践中看，只要隔层多，迟早可以阻断违法责任。

上市公司的实际控制人似有偷奸耍滑之嫌。但从理论上说，只要隔层多，也应当阻断违法责任。具体说，"若非"（but for）指如果没有被告的行为，原告不会受到损害。最典型的"若非"故事是：因为丢了一根马掌钉，结果丢了一只马掌；因为丢了一只马掌，结果丢了一匹战马；因为丢了一匹战马，结果输了一场战斗；因为输了一场战斗，结果丢了一个王国。在这个故事中，丢失马掌钉与丢失王国便是"若非"因果关系。按照"马掌"的若非逻辑推断，因果关系中的原因可以不断往前延伸：儿子死了又有孙子，子子孙孙是没有穷尽的。侵权索赔诉讼中"若非"太泛。于是，法律工作者们便创立了"近因"的概念。"近因"（proximate cause）指某项作为或不作为是造成伤害或损害的近因或直接原因。"近因"也称"法律上的近因"（proximate legal cause），其结果被称作"直接损害"（proximate damage）或"直接结果"（proximate consequence）。

此外，还有介入原因（superseding cause），是指由于第三人的行为或其他外力等不可预见的要素的介入，打破了原先的因果关系，并成为近因，免除了被告的责任。其实，也无需太多的隔层。就内幕交易的违法责任而言，在纽曼案［United States v. Newman，773 F. 3d 438（2nd Cir，2014）］判决意见中，美国联邦第二巡回法院合议庭的三位法官认定，隔开三四层，就可以成功阻断违法责任。

一、纽曼规则

多德·纽曼（Todd Newman）和安东尼·恰桑（Anthony Chiasson）是对冲基金的投资基金经理，根据他人提供的内幕信息买卖证券获益，是所谓"内幕信息接收人"（tippee），与泄露信息的内幕知情人分别隔开三层和四层，即，内幕信息知情人并未直接向两人泄露内幕信息，内幕信息经多人传递，纽曼和恰桑才收到了信息。

按照纽曼案判决意见，纽曼和恰桑是否有罪，适用第二巡回法院在该案中确定的检验标准，政府必须排除合理怀疑地证明以下各个要件：（1）公司内幕信息知情人被赋予受信责任；（2）公司内幕信息知情人违反了其受信责任，（a）将保密信息泄露给内幕信息接收人，（b）以便个人获益；（3）内幕信息接收人知道信息泄露人违反了责任，即，知道该信息是保密的，但为了个人获益而泄露此信息；（4）内幕信息接收人仍然利用该信息交易证券或将其传递给另一个人，以便个人获益。

很多内幕信息是道听途说，还要加上揣测（分析实际上就是揣测），可靠性得不到保证。即便是由内幕信息知情人提供内幕信息，也有可能是反间计。所以如同谍报战一样，刺探内幕信息，也要通过各种渠道，以便核实信息，判定真伪。纽曼案中的纽曼和恰桑也是多方收集内幕信息。按照纽曼案判决意见，多渠道收集内幕信息，并不影响内幕交易罪的认定。

二、证券市场信息并非对等

法官判案不仅需要适用法律（美国法官有时还制定法律），还必须说明事情的是非曲直，即法律之外的情理；仅凭法律分析难以服众，法官判案需要道德权威。纽曼案的法官们也说明了法律之外的理由，即，资本市场的信息是不对称的，投资者和业内人士可以通过自己的辛勤劳动得出有关公司的内幕信息。上诉法院的法官们还引用了美国最高法院的观点。在德克斯诉美国案〔Dirks v. SEC，463 U. S. 464（1983）〕判决意见中，最高法院认定，"信息接收人不披露或不交易的责任是内幕信息知情人责任的衍生……"因为信息泄露人违反受信责任的前提是，"他个人直接或间接地从泄露中获益……所以除非有此获益，否则不得认定信息接收人有责任"。此外，最高法院认定，"除非内幕信息知情人违反了其受信责任，而且信息接收人知道或者应当知道内幕信息知情人违反了受信责任"，否则不得认定信息接收人有责任。

第二巡回法院的法官们认为，美国最高法院明确肯定，内幕交易的违法责任是基于受信责任，而不是基于信息不对称。这是对内幕交易违反责任的重要限制，既要保护公司的保密权益，又要促进全国证券市场的效率。美国诉彻斯特曼案〔United States v. Chestman，947 F. 2d 551，578（2nd Cir 1991）〕中的附带意见是，"〔禁止内幕交易〕的政策理由远非禁止所有利用非公开重大信息进行的交易。有效的资本市场有赖于对信息财产权的保护。但同时也要求，获得有关公司信息并据此行事的人，应当可以从他们生产的信息中获得利润"。

三、"个人获益"

哪些情况构成内幕交易中的"个人获益？"个人获益的法律定义比较宽泛，但同时又是一个事实问题。上诉法院认定，普通的亲朋好友之间的礼尚往来并不构成"个人获益"。纽曼案中的礼尚往来包括：校友提供求职咨询和修改求职简历；教堂中结识的教友互通信息。

对于纽曼案判决，耶鲁大学法学院的乔纳森·R. 梅西（Jonathan

R. Macy）教授一定会为其拍手叫好。梅西教授撰文指出，公司披露的信息让人不得要领，投资者和业内人士只得另辟蹊径，动脑筋、想办法，通过各种常规或非常规的手段收集、挖掘和打探信息，或在法院旁听审判，了解公司的重大诉讼；或潜入上市公司的停车场，了解雇员私车的品牌，以推测他们的收入和公司的收益；或与上市公司的雇员交友，以了解公司的内情。[232] 按照梅西教授的观点，通过交友了解公司内幕信息，应当属于通过个人研究了解公司内情，是完全合法的。在梅西教授看来，纽曼、恰桑这样的人并非偷取内幕信息的窃贼，而是勤劳致富的市场中坚。

当然，如上所述，梅西教授认为，获取内幕信息的合法方法远不止交友，而纽曼案涉及的就是与公司雇员交友的情况。美国法官很谨慎，尽量缩小其规则的适用范围。第二巡回法院的法官们与梅西教授意见一致，但法官必须故作矜持，不能放胆直言，通常要由法学院的教授们为其作脚注。事实上，梅西教授早已为纽曼和纽曼的同类在鸣冤叫屈了。可以说，梅西教授这样的学者是冲锋在前，摇旗呐喊，大声疾呼，持相同意见的法官是随后跟进，以法院的名义给予致命的一击。

四、何谓"并非无足轻重"的友谊?

纽曼案法官拯救内幕交易被告是两手硬：通过隔层阻断下游内幕信息交易人的违法责任；同时声明交友是获取内幕信息的合法手段，除非友谊具有"并非无足轻重"的价值。交友规则是纽曼案的创新，至少是美国法院首次以朋友之情抹杀"个人获益"。

但"并非无足轻重"是一个似是而非的概念。比如，男女之间的柔情蜜意可算"并非无足轻重"的友谊? 换言之，"并非无足轻重"的友谊是否包括性贿赂? 在我国，性贿赂是一个激动人心的话题，多少仁人志士谈起性贿赂，都是眉飞色舞，兴趣盎然。但如果由美国法官断案，"并非无足轻重"不太可能包括性贿赂。美国人喜欢用金钱说事，纽曼案判决意见中已经明确，"并非无足轻重"的友谊，应当是能够很快转换为金钱价值的友谊。男女关系很难用金钱来估价，何况男欢女爱还有可能是出于真情实意——那就更不好用金钱估价了。如果泄露信息是因为眷念往日的欢乐，也难将其界定为"个人获益"了。按照美国的合同法，业已完成的行为，不能构成对价。往日的欢乐是业已完成的行为，自然不能构成对价，类推的话也难以构成内幕交易案中的"个人获益"。

五、一石激起千层浪

在反对证券欺诈的斗争中，各国政府都是打击内幕交易最坚决，因为内幕交易的违法者大多是散兵游勇，充其量不过是些虾兵蟹将。在此斗争中，美国的检察官更是争勇斗狠，耀武扬威，不可一世。普里特·巴哈拉是曼哈顿美国联邦检察官，在打击内幕交易中屡建奇功：由其起诉的案件中，已有80人被定罪，令美国的许多业内人士闻风丧胆。但纽曼案判决给了这位英雄人物当头一棒：曼哈顿联邦地区法院当时正在审理的内幕案中，4位内幕交易被告本来已经认罪，但纽曼案判决意见下来之后，一审联邦法官立刻将认罪推翻。其他案件中的被告也蠢蠢欲动，图谋翻案。美国是判例法国家，法院遵循自己的判例和上级法院的判例。

巴哈拉检察官愤然表示抗议，要求纽曼案中合议庭的三位法官再审此案，或是由第二巡回法院全体法官再审此案。如果第二巡回法院拒绝再审此案或再审后并不支持控方的意见，美国检察官还可以向美国最高法院提出上诉，但是否受理上诉，美国大法官们有绝对的自由裁量权。纽曼案判决还是尘埃未定，悬念不断，各方拭目以待。

七、华尔街银行

华尔街银行是证券市场的豪强。

51. 德意志银行的退却

讨价还价是农贸市场或街头地摊常见的景象，也是美国证券监管的一大特点。监管机构罚款时漫天要价，被监管对象就地还价，双方各得其所。美国监管机构在罚款方面有很大的自由裁量权。美国司法部要价 140 亿美元，德意志银行还价 30 亿美元，最后以 72 亿美元成交。德意志银行与美国司法部达成协议，德意志银行缴纳 31 亿美元的罚款，另外拿出 41 亿美元赔偿客户。[233]德意志银行的高管们将司法部的要价砍掉了一半，可以欢天喜地地向董事会和股东表功，可以过好圣诞节了。但这掩盖不住一个事实，就是德意志银行在全面退却。

一、对冲基金落井下石

投资银行的一大业务是为对冲基金提供资金托管和结算服务。对冲基金不断买进卖出，交易量和交易额大，投资银行可以收取丰厚的佣金。可是，一旦投资银行遇到资金困难，对冲基金又首先落井下石，反咬一口。

投机者乘机做空德意志银行的股票，结果股价自 1983 以来下跌了 55%，而且失火带邻居，欧洲其他一些银行的股票价格也应声而跌。

一批对冲基金停止了其在德意志银行的业务，理由是减低风险敞口。对冲基金应当知道，短期内德意志银行并没有违约的可能。2016 年 6 月底，对冲基金在德意志银行的资金为 330 亿欧元，德意志银行持有 2230 亿欧元的现金和主权债券的高流动性资产。而且即便对冲基金完全停止其在德意志银行的业务，德意志银行也能撑上两三个月。[234] 对冲基金急于停止其与德意志银行的业务，就是要落井下石，制造困难，因为有些对冲基金已经做空德意志银行的股票。[235] 大概这就是所谓的"恶意做空"：金融机构甲不仅做空金融机构乙的股票，而且还要想方设法地使后者发生。

对冲基金挤兑，就造成德意志银行的资金吃紧，主要是一级资本吃紧。德意志银行 2016 年第三季度的净利润为 2.78 亿欧元，一级资本为 11.1%，高出 6 月底的 10.8%。但很多人对一级资本中的三层资产表示怀疑，投资者通常要对此类资产打折 30%。此类资产大多是金融衍生产品，其中包括：利息衍生品（资产 41 欧元，负债 30 亿欧元）、信贷衍生品（资产 20 亿欧元，负债 22 亿欧元）、股权衍生品（资产 7.96 亿欧元，负债 14 亿欧元）、住房抵押贷款和其它资产支持的证券（14.12 亿欧元）、债务证券（资产 40 亿欧元，负债 17 亿欧元）。

二、自救之路

德意志银行融资，选择似乎很多，但都不尽如人意。除出售其在华夏银行中的 19.99% 的股份之外，德意志银行还可以出售其资产管理部门。但资产管理部门资金净流出为 80 亿欧元，流动性储备金下跌到 2000 亿欧元，少了 230 亿欧元。[236] 资产管理部门的收入只占到德意志银行总收入的 15%，但却是利润最高的部门。考虑将其资产部门分拆上市，有点剜肉补疮的意思。

如果德意志银行与德国商业银行合并，似乎也可以节省一些开支。两家银行合并之后，可以共用一套信息技术系统，在增加营业网点的同时关闭一些营业网点。合并之后开源节流无非三个途径：裁人、减少部门、共享信息技术。实际上，后两个途径也是要裁人。但裁人是有限度的。德意志银行和德国商业银行已经开始裁人，德国商业银行宣布，将裁员 9000 多人，占其雇员的五分之一。德意志银行的亚太分部也在裁人收缩。若两家银行合并，裁人空间势必有限，裁人不可能无限制地进行下去。德意志银行和德国商业银行是德国最大的两家银行，也是一对难兄难弟，过去五年中两家银行的市值分别减少了五分之三和一半。同期内，意大利银行的市值只减少了 15%。[237]

还有人支招，追讨公司高管的部分薪酬，德意志银行可以借此得到 15 亿欧元的现金，[238] 减轻缴纳罚金的负担。但这种办法太难，成功的案例甚少。

德意志银行可以通过发行新股增加资本金，但德意志银行首席执行官约翰·克赖恩（John Cryant）则表示，各类争议和诉讼悬而未决，要等这些诉讼结束之后再增加股本金。他主要是担心，诉讼的不确定性会增加融资成本。

三、宏观政策不利

欧洲央行追随美联储，推行量化宽松政策，结果全球债务增加，是全球经济的两倍多，其中三分之二是私营部门债务。[239] 量化宽松政策也给德意志银行制造了麻烦。欧元区的银行在欧洲央行有储备金，低息或零利息。但大部分银行没有将成本转嫁给客户，是自己承担损失。德意志银行也深受其害。当然，量化宽松政策的受害人首推年轻人，欧洲国家的许多成年子女不得不与父母住在一起。15 岁至 29 岁者中住在父母家的人的比例是，意大利 80%，加拿大 25%，挪威 39%，芬兰 38%，瑞典 26%，丹麦 28%。[240]

国际货币基金组织站在欧洲央行一边，批评指责欧洲的银行，指责其营业部过多，成本过高，如果欧洲的银行关闭三分之一的营业部，可以节省 180 亿美元，相当于银行成本的 4%。[241] 短期之内，全球范围内的量化宽松政策还会继续下去。

四、第一把手很不得力

德意志银行前四任高管中就有三人不是德国人。现任首席执行官克赖恩是英国人，剑桥大学毕业，先进安达信会计师事务所工作（该所因安然丑闻而倒闭），后在瑞士的 UBS 和新加坡的淡马锡银行担任过要职，2015年 5 月才到德意志银行担任联席首席执行官，2016 年才作为独任首席执行官执掌公司大权。但当时克赖恩曾经考虑改换门庭，到富国银行担任第一把手。当时富国银行的客户账户造假还没有暴露，所以日子比较好过，而德意志银行已经是狼烟四起了。克赖恩见异思迁，这样的人如何能够管理好德意志银行。

德意志银行引进克赖恩这样有英美背景的人才，主要是为了加强投资银行业务。投资银行业务是英美两国的强项，是这两个国家的文化强项。德意志银行的投资银行业务已经被排在富国银行之后。德意志银行已经从美国市场外撤。但从事银行传统业务，也可能出现违规违法行为，富国银行从事传统业务就出了大问题。

五、还是要靠政府

比较而言，出售资产是融资筹款的好办法。德意志银行出售其在华夏银行中的 19.99% 的股份。欧洲央行对德意志银行呵护有加。欧洲央行对德意志银行进行压力测试，2015 年底是测试的交易结束日，当时出售华夏银行的交易还没有完成，但欧洲央行还是网开一面，只是在脚注中加以说明。西班牙银行 CaixaBank 完成了向其母公司出售 26.5 亿欧元的海外资产，但不允许其将结果算入。欧洲央行如此厚待德意志银行，也是看在德国政府的面上：德国是欧洲央行的大股东。德国是欧盟的盟主，欧洲央行也不得不对其礼让三分。德国人以服从命令著称，不会投机取巧，但德意志银行在压力测试的问题上，表现得很不像德国人，它直接批评欧洲央行超级降息政策无效，而且将给储蓄者造成巨大损失。很多德国银行也有同感。

紧要关头金融还是要靠政府。对于德意志银行，美国政府也是网开一面，高抬贵手。德意志银行销售有毒资产，是造成金融危机的罪魁祸首之一，应当说是干了伤天害理的事情。但美国司法部轻描淡写，说德意志银行只是有"不当销售"（mis-sell）的行为。英语"mis-sell"甚至可以译作"误售"。

说到底，美国政府并不想对德意志银行下狠手，基本上还是惩前毖后，治病救人。如果美国司法部真要坚持索取 140 亿美元，德意志银行不靠德国政府救助，很难扛得住。但如果德意志银行真的受到重创，会对国际金融不利，而且势必波及美国，德国政府也会寻机报复，难免两败俱伤。德国议会经济委员会主席就愤怒声讨美国司法部的做法，称其具有"经济战的特点"。[242]美国要罚德意志银行是有大背景的：欧盟要求苹果补交 130 亿欧元。

靠政府要讲究斗争艺术。奥巴马行政当局有很强的结案动机。如果在奥巴马下台之前结案，就可以算作奥巴马的政绩，等到特朗普上台后结案，成绩就要算到特朗普的功劳簿上。

与德意志银行不同，巴克莱银行拒绝与美国司法部达成和解，准备拖到特朗普上台后再说。但巴克莱银行的老总也有很强的政治考虑：巴克莱寄希望于特朗普上台后对银行会更加友善。这从反面说明，还是要靠政府，只不过策略可以有所不同。

52. 两面三刀的花旗集团

花旗集团的一把手潘伟迪表示，如果抗议者上门，他随时准备与他们对话。[243]潘伟迪是印度人，印度人爱说、会说，有时是胡说。讨论会上凡有印度人，他们总是抢着举手发言，不论他们是否知道答案。印度人说英语口音很重，听他们说英语简直是一种酷刑，但印度人自我感觉良好，说起来没完没了，很是自我陶醉。这一套在美国还很灵，美国公司中的印度人高管比比皆是，担任跨国公司第一把手的印度人也大有人在。想来公司政治中敢想、敢说、敢干很重要，打横炮可以吓倒一大片（美国大公司也是人浮于事，滥竽充数的庸人甚多）。

潘伟迪提出接见抗议群众，就有点胡说的意思，至少很不严肃，有点戏弄抗议者。华尔街是纽约市的纳税大户，受到警察的重点保护，投资者轻易无法靠近。投资银行内部也是戒备森严。华尔街大佬的办公室比不上白虎堂，但也不是可以随便进出的，别说外人不能进入，就是公司内部的人也不能随便进入。亨利·保尔森（Henry Paulson）担任高盛第一把手的时候，办公室还专门安了一道门，开关由保尔森自己遥控。这就是做贼心虚。为人不做亏心事，半夜不怕鬼敲门。作为一个公司的领导，为什么要防范自己的同事？为什么要对自己的同事装神弄鬼？

不说假话，办不成大事。华尔街成就霸业离不开造假。次贷危机中花旗集团也有造假，对自己的客户坑、蒙、拐、骗。花旗集团设计了一个金额达 10 亿美元的投资组合，其中的房地产抵押金融产品是由花旗集团精心挑选出来的。花旗集团将其兜售给投资者，再赌该投资组合价格下跌，但并不告诉买方相关资产是由其挑选的，也不说明自己赌投资组合看跌。

2011 年 10 月 19 日，金融危机爆发四年之后，花旗集团才很不情愿地与监管机构达成协议，花旗集团支付 2.85 亿美元了结此案，2.85 亿美元中的 9500 万美元是罚款。美国监管机构的惩罚是避实击虚，英语中叫"在手腕上拍了一下"。2011年10月17日，花旗集团公布，第三季度收益208亿美元，利润38亿美元，2.85亿美元实在是算不了什么。花旗集团公开表示，证交会没有指控花旗集团有"主观故意或是轻率"。花旗集团的和解只涉及过错和误导投资者。

当被问及花旗集团是否涉及任何刑事不法行为的时候，美国司法部和证交会都拒不表态，态度暧昧得很。金融危机之后，华尔街没有一个高管被美国政府追究民事责任或刑事责任。华尔街的高管照样到处招摇，人前人后、人五人六，其中不少人还跑到中国来，满腔热情地要手把手地辅导中国同行搞金融创新。金融危机之后，高盛的老总劳埃德·布兰克费恩（Lloyd Blankfein）就来过中国，其做派格调依旧，而且所到之处，仍然被待若上宾。高盛和摩根大通都已出钱，与监管机构达成和解，将其金融危机中的问题一笔勾销。摩根大通的第一把手戴蒙曾经一度被美国媒体作为正面形象来宣传，差点成为人民的银行家。从美国的实践看，资本市场这个地方是宁为凶手，不为苦主。我以为，华尔街巧取豪夺固然可恨，但其最大的危害是搞乱了人们的思想，抹杀了最基本的是非对错概念。

美国资本市场监管部门与华尔街是一条战线的战友。华尔街没有给这些部门直接送钱，但给监管部门的上级领导送钱了：布什总统、奥巴马总统以及国会参众两院的许多领导都拿过华尔街的大笔政治捐款，关键时刻自然要对施主网开一面。司法部和证交会高层领导的任命和预算都要经过国会点头，两机构自然要尊重国会有关领导的意见。在这种政治格局之下，华尔街自然是稳如泰山，花旗集团的老总潘伟迪自然是有恃无恐，还寻开心，与占领华尔街运动开一个玩笑。

53. 只想做个好人？ ——试析摩根士丹利的新政

詹姆斯·P.戈尔曼（James P. Gorman）出任摩根士丹利首席执行官一年后，仍然未能从根本上扭转摩根士丹利的困境。许多股东开始有点不耐烦了。美国的金融机构像我们的行政机构，也是急于出成绩，迫不及待，恨不能立竿见影。

2010 年摩根士丹利的业绩还算不错，其中尤以投行业务领先。2010 年的收入为 43 亿美元，当年第四季度的收入为每股 43 美分，而一年之前是每股 18 美分。业绩虽然不错，但整体情况仍然差强人意。与 2006 年相比，摩根士丹利人员增加了 45%，但收益不增。摩根士丹利 2011 年的收益还得益于出售其在中国国际金融股份有限公司（CICC）的股份，所得收入达 6.68 亿美元。但此等交易只能偶一为之，不可能每年都有卖得起价的资产出售。

一、来来往往

戈尔曼是很努力的，上台伊始便推出了"交叉销售"，专门成立了一支新的客户别动队。所谓交叉销售，就是要打破公司内部部门的界线，大家一同分享客户。戈尔曼认为，过去摩根士丹利受累于内部分割，无法向客户推销众多产品和服务。按戈尔曼的说法，推行销售改革，就是按照客户的意思去做，"客户希望看到我们更多的知识资本和专业技能。他们希望看到我们更多的产品"。戈尔曼本人也身体力行，上台半年之内，便见过 300 多家客户。

为了重建业务和抢占地盘，摩根士丹利从花旗集团收购了美邦证券（Smith Barney）51% 的股份。美邦证券是大机构，摩根士丹利借此收购一跃成为资产管理中的大众。摩根士丹利的零售业务也因此而有所改善，资产管理业务扭亏为盈，尽管许多收入来自出售房地产。摩根士丹利的经纪人多达 18 000 人，遍布全球各地。摩根士丹利想做资产管理方面的行业领袖，但收编美邦证券后的整合工作依然繁重。经纪业务整合涉及 18 000 位业务人员，必须所有人使用一个技术平台。

为了留住人才，摩根士丹利的高管涨了工资。2009 年到 2010 年的两年内，摩根士丹利董事总经理一级高管的年薪由 20 万美元涨到了 40 万美元，但涨幅仍然不敌高盛的：高盛董事总经理的年薪由每年 30 万美元涨到了 50 万美元。[244]

21 世纪是人才竞争的时代，华尔街也是互相人才抄底。戈尔曼特地把美林的格雷格·弗莱明（Greg Fleming）挖了过来。弗莱明是美林的前总裁，也是一位英雄人物，曾经协助约翰·赛恩（John A. Thain）将美林卖了个好价钱，把祸根转嫁给美国银行。当时赛恩是美林的新人，金融危机开始之后方由美林董事会招来担任第一把手，美林的许多事情他这个外来人并不了然。而弗莱明是美林的老同志，很多事情知根知底，而且对市场十分了解，一般人察觉不到的问题，弗莱明察觉得到。当雷曼表示不排除任何自救方式的时候，弗莱明立刻敏锐地察觉到，雷曼要插草自卖了，而且他知道美国银行有意收购雷曼。弗莱明知己知彼，能看几步棋。他最怕美国银行成功收购雷曼，因为果真如此，美林告急的时候，就没有人来收购了。第一把手赛恩仍然举棋不定，在弗莱明力劝之下才抛售美林。

美国银行的前老总肯尼斯·刘易斯（Kenneth Lewis）成了冤大头。美国银行当时有钱，作为第一把手的刘易斯便想抄底收购，买家投行玩玩，却未曾料到把自己给玩进去了。美林不仅坏账很多，而且人才流失严重，并购的大问题是留住人才不易。戈尔曼本人也是来来往往，先供职于美林，后改换门庭，加入摩根士丹利，早年还在麦肯锡咨询公司工作过。金融机构外来的领导还有一个特点，上台之后总要从公司外面进人，以巩固和加强自己的领导地位。高盛是个例外，其领导大多从内部产生，是斗出来的，上台之前已经在内部摆平了关系，无须呼朋引类，招降纳叛。

二、马勒团队

根据美国国会新通过的《多德-法兰克法》（Dodd-Frank Act），摩根士丹利主动收缩其自营业务。整编过程中，由彼得·马勒（Peter Muller）领导的程序推动交易单位（The Process Driven Trading Unit）要脱离摩根士丹利。程序推动交易单位是个很肥的部门，摩根士丹利很有壮士断臂的意思。

马勒 1985 年从普林斯顿大学数学专业毕业，是从事金融工程的所谓量化金融专家。鼎盛期间，马勒团队发展到 60 人左右。程序推动交易借助大功率计算机进行超级计算，找出机会下注。比如，通过计算机运算，可以发现市场中长期存在的某些关系出现异常变化。此时，量化金融专家们便闻风而动，借助金融杠杆大量举债，成倍下注，赌历史关系迟早会恢复正常。

销售和交易一直是摩根士丹利的弱项。固定收入方面摩根士丹利也是业绩平平，在业内名落孙山，只占市场的 6%。[245] 固定收入（fixed income）包括信贷、大宗产品和汇率方面的交易收入（固定收入属于资本市场似是而非的名词：明明是充满风险的交易，却称为"固定"收入）。2006 年摩根士丹利固定收入业务的收益为 90 亿美元，而 2010 年仅有 50 亿元。华尔街的银行都知道，如果不在固定收入业务方面排前三，如果没有巨大的业务量支撑，其在该领域的任何努力都是徒劳的。

交易业务很重要，交易不仅可以赚钱，而且可以帮助投资银行眼观六路，耳听八方。业内普遍认为，"高盛以做市和佣金创造收入，但同时也是为了收集有关主要市场参与者所建头寸情况的情报，并利用这些情报押注"。金融危机之后，各方呼吁限制投行的自营业务，就是因为该业务充满利害冲突。投行业务到处充满潜在利害冲突，其中包括：自营交易和客户交易之间的利害冲突；不同级别客户之间的冲突；投行同时扮演不同角色，既当客户顾问，又当做市商、承销商或受托人。2010 年，自营投资和贷款占高盛税前收入收益的五分之一，其中一个季度的比例高达 59%，与客户争利。[246]

利害冲突的要害是兔子要吃窝边草，自己的客户也要鱼肉。投行业务是三分军事，七分政治。除利害冲突关系之外，七分政治还包括规模。规模越大越好，大到一定程度，政府都不敢让其破产，否则对经济的冲击太大。所以有人提出，应该大力发展小规模的精品银行，高盛就应当被拆为数个小规模的精品银行。但这是高盛和摩根士丹利坚决不能答应的。对他们来说，做强业务就需要做大业务。比如，1980 年代，并购业务中过桥贷款（bridge loan）一度盛行。过桥贷款指个人或公司在获得永久融资前采用的短期贷款。但大多数商业银行从事并购业务并不需要过桥贷款，而是靠巨额账面资产取胜。商业银行有的是资金，顶天立地的一个巨人往那里一站，你还不放心吗？混业模式重新出现之后，投行必须与账面很大的传统的商业银行争抢投行业务，势必需要做大、做强。

不过，实事求是地说，摩根士丹利与高盛不同，经营方面比较君子，发放奖金也比较克制，摩根士丹利 2010 年 60% 的奖金要延期发放。[247]欧洲国家率先提出了限制金融机构奖金的规则。2011 年 2 月 9 日，美国联邦存款保险公司也正式提出，大型金融公司的高管应当至少等 3 年后再领取另一半的年度奖金。资产 500 亿美元以上的公司都是联邦存款保险公司的监管对象，摩根士丹利、美国银行、高盛和花旗集团均在此列。摩根士丹利先行一步，重塑投行形象。

在戈尔曼的领导之下，摩根士丹利似乎有点放下屠刀，立地成佛的意思。但资本市场是你死我活的斗争，只想做个好人不易。

三、步调一致才能得胜利

资本市场是个你死我活的地方。既然如此，金融机构的领导班子就必须是一个坚强的战斗堡垒，这样才能克敌制胜，立于不败之地。这点高盛比摩根士丹利强。在高盛内部，合伙人是核心集团，比铁还硬，比钢还强，让一切民主的制度死亡。2010 年末，高盛有 475 个合伙人。自 1999 年高盛上市以来，其新老合伙人共分得 200 亿美元，2011 年 1 月时其持有的高盛股票达 100 亿股。

高盛合伙人抱团，股票期权是一个重要物质因素。金融危机发生之后，高盛在其股价最低的时候，按当时的价格，低价给了其高管将近 3600 个股票期权。金融危机期间，花旗集团也发了一批期权，但金额远比高盛的要少，只占发行在外的股票的 1%，而高盛所发行的期权占到发行在外的股票的 7%。[248] 尽管高盛合伙人所持股票在 2014 年之前不能转售，但高盛合伙人在高盛的股份已经从 8.7% 增加到 11.2%。[249] 如果高盛破产清算，高管的股票也就一文不值了。还有，无论最后是清盘还是重组，公司破产之后都一定会认真查账，挖地三尺。这样一来，高管的各种问题就会大白于天下。所以，他们坚决不同意让公司破产。如此，在维持公司续存和盈利方面，高盛合伙人就会争勇斗狠，无所不用其极。小人喻利，君子更需喻利。不能喻利，何以喻义？

高盛的合伙人抱团，而合伙人又以第一把手为核心。自保尔森起，高盛的第一把手都身兼首席执行官和董事长两职。摩根士丹利不一样，老领导麦晋桁让出了首席执行官一职，但还保留了董事长的职位。有人比喻说，麦晋桁是摩根士丹利的战时领袖，戈尔曼则是和平时代的领袖。但战时领袖没有全退，麦晋桁的办公室就在戈尔曼的办公室隔壁，尽管麦晋桁表示，他目前只是招呼客户，并不过问公司的日常管理。

高盛不一样，那里领导换届是你死我活的斗争。对外是你死我活的斗争，对内也是你死我活的斗争。保尔森当上高盛第一把手之后，特地在其办公室安了一道玻璃门，由他自己遥控开关。布兰克费恩继任第一把手之后，也保留了这道玻璃门。像保尔森这样级别的高盛领导，自然有秘书为其把门，非经同意，没有人敢硬闯其办公室。那么，高盛的领导为什么如此心虚？他们到底心虚什么？是防客户吗？似乎不像。高盛的客户都是有头有脸的体面人，遇到问题也会摆事实，讲道理，不会来闹事。如果不是防客户，难道是防自己的雇员吗？那就很奇怪了。高盛对外一向宣传自己是一个亲爱精诚的团体，团结紧张，严肃活泼。但也有人说高盛是蛇窝，内斗不断，招招致命。

但高盛的接班模式有一个特点：领导要退就是全退。民国时军阀也这样，通电下野还不够，很多人还被迫放洋，流亡海外，至少是先出国考察一段时间。领导半退不退，对下面的人是一种压力。戈尔曼50多岁了，但当上摩根士丹利之后居然开始学习拳击。这与老领导麦晋桁在身边或许不无关系。麦晋桁当年是体育强手，因为橄榄球打得好，上了杜克大学，还拿了奖学金。而对华尔街的领导们来说，体育竞技还不仅仅是一项强身运动。

券商业务需要争勇斗狠，酷爱竞技运动的人似乎有这方面的基因。汇丰银行的领导欧智华爱好拳击；黑石的第一把手史蒂夫·施瓦茨曼（Steve Schwarzman）曾经以越野长跑见长；高盛的老领导保尔森年轻时体育也很强，上高中时是橄榄球队队员，而且还是校摔跤冠军；高盛的另一位老领导斯蒂芬·弗里德曼（Stephen Friedman）年轻时也是运动健将，是康奈尔大学的校摔跤队队员；贝莱德的第一把手劳伦斯·芬克（Laurence D. Fink）年轻时练过跑步。战争是锤炼人的最佳途径。如果没有战争，退而求其次就是体育竞技了。

四、摩根士丹利继续吃肉

金融危机爆发时，华尔街的各支队伍中，高盛似乎是第一强队。其实，美国券商中血统最高贵的是摩根士丹利，历史悠久，客户也大多是老牌企业和王牌企业。过去是摩根士丹利吃肉，高盛只能喝汤。时过境迁，如果摩根士丹利不能扭转颓势，那就会是高盛吃肉，摩根士丹利喝汤。我个人希望摩根士丹利做大、做强，至少是在中国做大、做强。亲不亲，阶级分。我们的主权财富基金在摩根士丹利投入了大量资金，替14亿中国人选择了摩根士丹利。而高盛的外国大股东是日本财团。摩根士丹利好，我们也好，至少可以减少投资风险。券商反正要在中国发财，那就让摩根士丹利发财吧，也算是肥水不流外人嘛。

54. 造谣造到了摩根士丹利的头上

资本市场就是扇阴风，点鬼火，资产证券化的账外负债便是典型例子。若有风吹草动，若有银行遇到困境，华尔街更是谣言四起，黑云压城。狼群中每一匹狼都是凶猛动物，但只要一头狼倒下，其他饿狼便会一拥而上，将其分而食之。

摩根士丹利便遇到了这样的险境，造谣造到摩根士丹利头上来了。摩根士丹利是什么公司？摩根士丹利是一家血统高贵的公司，也是中国主权财富基金认可的公司。就是对于这样一家公司，也有人敢造谣。2011 年 9 月 30 日上午 9 时 30 分，一个叫作零点对冲（Zero Hedge）的博客放出风声，称摩根士丹利对法国银行的净敞口多达 390 亿美元，比摩根士丹利自己当时的市值还要多 120 亿美元。摩根士丹利的股票顿时下跌 3%，其总部不断接到投资者的询问电话。

摩根士丹利的第一把手戈尔曼不得不披挂上阵，到前台辟谣。一般来说，如果华尔街银行第一把手出马，那就是到了最危急的时候，有平津告急、华北告急的意思。不料这次主帅出马还是不行，10 月 3 日摩根士丹利的股票又狂跌 7.7%。戈尔曼只得恳请其日本股东三菱日联金融集团（Mitsubishi UFJ Financial Group, Inc.）出面援手。

日本对美国人还是很服的，关键时候也很仗义。在摩根士丹利高层的苦劝之下，三菱日联金融集团公开发表了一个声明，力挺摩根士丹利。2011 年 10 月 4 日，摩根士丹利的股票上升 12.4%。但也有人表示，这并非三菱日联金融集团的功劳；10 月 4 日似乎有迹象表明，欧元区各国官员将认真考虑其银行再融资的问题。

零点对冲博客上散播谣言者多用化名，对摩根士丹利下黑手者至今还没有露出水面，比《潜伏》中的卧底精英"峨眉峰"隐藏得还要深。如果是在中国，对这种躲在阴暗角落散布谣言者，我们从来都是一查到底，严惩不贷。美国金融机构遭遇谣言，通常也是不肯善罢甘休，美国证券监管机构还有可能出来查查内幕交易。但这次摩根士丹利却没有大张旗鼓地追查谣言出处。这就很蹊跷，为什么要姑息养奸？

再就是摩根士丹利支支吾吾，并没有说出自己的敞口到底是多少。这也很蹊跷。市场经济需要透明，透明才能进行有效竞争，透明才能避免欺诈和造假。华尔街银行从来都标榜自己是市场经济的急先锋，代表先进生产力和先进文化，国内许多人也信这个。为什么实际情况总是恰好相反？摩根士丹利自己投资乱七八糟的金融产品，而且又不肯说出其价值，这才给了人可乘之机。如果一家银行自己都不知道自己的敞口是多少，投资者如何相信这家银行呢？不错，三菱日联金融集团相信摩根士丹利，但它拥有摩根士丹利22%的股份，两家好得穿一条裤子，两家与一家无异，一荣俱荣，一损俱损。

欧元区主权债务危机愈演愈烈，美国的银行到底有没有蹚这摊浑水？按照国际结算银行（Bank for International Settlements）的估算，美国各家银行对希腊、爱尔兰、意大利和西班牙债务危机的敞口大约是4780亿英镑。这不是一个小数额。[250]

关于摩根士丹利的谣言有耸人听闻之处，但无风不起浪。2011年1月至9月，摩根士丹利股票下跌近48.5%，高盛股票下跌44%，美国银行股票下跌57%。仅9月份，摩根士丹利的股票已经下跌29%。华尔街的银行确实是豪赌了。朱门酒肉臭，路有冻死骨。华尔街的银行有钱豪赌，但嗷嗷待哺的美国中、小企业却拿不到贷款。美国经济之所以陷入困境，就是因为华尔街的银行在国际上豪赌，而对中、小企业的死活却不闻不问，尽管中、小企业对美国经济很重要。按照美国的规定，雇员在500人以下的公司是小企业。美国小企业占到美国公司业务总量的99%，私营部门中三分之二的员工受雇于小企业。美联储的调查表明，小企业要有两年以上的纳税记录，才可以得到次级贷款。如果销售额在5亿美元以上，公司拿到贷款便比较容易。美国22%的贷款已经放宽了对此类机构的贷款限制，但销售金额在 5 亿美元以下的公司借款就比较困难了。[251]

  欧元区告急，摩根士丹利告急，美国银行业告急，但美国国会的议员们却借人民币汇率一事向中国发难，实在是找不到坟堆乱磕头。美国的主要问题是金融巨头们以金融创新的名义实行全面专政，洗劫美国人民的财富，洗劫持有储备美元的国家的财富。美国人民中毒太深，至今还有许多人没有觉醒。当然，也不能说美国人觉悟低，中国也有许多人对华尔街顶礼膜拜，真心实意地要把华尔街的人请到我们这里来，总想与华尔街为伍。这是一件很危险的事情。

八、华尔街枭雄

华尔街银行是美国证券市场的豪强，由一批叱咤风云的枭雄所把持。这些枭雄很多是曹操、曹孟德式的人物，其人生指南是"宁可我负天下人，不可天下人负我"。

55. 摩根士丹利的新老领路人

华尔街券商基本上是一言堂。华尔街券商交接班不讲民主，经常是由第一把手指定接班人，少数人私下便把事情定了，董事会基本上是走过场。而且非到兵临城下，非到反叛者结盟逼宫，第一把手大多死活不退。但摩根士丹利的老领导麦晋桁是一个例外：可以说他是急流勇退，在没有人撕破脸的情况下，比较体面地退居二线。

一、"该是我们取人性命的时候了！"

纽约百老汇街 1585 号是摩根士丹利的总部，交接仪式在这里举行，接力棒由麦晋桁递给了新领导戈尔曼。总部大楼六层的小礼堂内座无虚席，过道还站满了人。据说会上有人热泪盈眶。[252]是啊,在麦晋桁的领导之下,金融危机中摩根士丹利躲过一劫。摩根士丹利的员工对此是心怀感激的。

麦晋桁身材伟岸,仪表堂堂,有扮演正面人物的形象。这个人是有办法。金融危机期间,摩根士丹利要钱,麦晋桁从中国筹到了钱,又从日本人那里筹到了钱,而且钱还来得快。周末金融机构不营业,转账不方便,摩根士丹利急等钱用,日本的财东便开了一张90亿美元的支票救急。没有一点个人魅力和声望,是做不到这点的。麦晋桁能办到的,其他人怕是办不成的。2008年10月,金融危机势头正猛,中国主权财富基金已经在摩根士丹利投下重金,不敢轻易再追加投资。在这个紧要关头,麦晋桁凭借自己的人脉,从日本三菱日联金融集团筹得90亿美元,以解摩根士丹利燃眉之急。[253]随后不久,美国政府大举增援,投放巨额资金,摩根士丹利终于渡过难关。

麦晋桁确有讲义气的一面,虽然还称不上是为朋友两肋插刀。麦晋桁与雷曼兄弟的第一把手迪克·福尔德(Dick Fuld Jr.)是好朋友。雷曼兄弟告急的时候,麦晋桁打电话给福尔德,表示亲切问候。福尔德抱怨有些对冲基金拒绝与雷曼兄弟交易。麦晋桁当即表示,摩根士丹利还会与雷曼兄弟继续交易,并说:"我马上打电话告诉我们的交易员。"当然,麦晋桁只是保证摩根士丹利当天会与雷曼兄弟交易。但这已经是难能可贵的了,麦晋桁是要担一定风险的,很有铁肩担道义的意思。在资本市场这个地方,成功与失败,倒闭与存活,往往在于一瞬间,往往在于再坚持一下的努力之中。时令不好的时候,摩根士丹利、高盛眼看就要顶不住了,财政部长保尔森从国库里搬来的天文数字救助资金到了,源源不断地流入华尔街,源源不断地流入老大们的腰包。但结果也可能正好相反:雷曼兄弟就没有坚持到胜利的那一天。

麦晋桁也有凶悍的一面。麦晋桁担任领导后有时还到交易现场督战。他给下属打气时会喊:"水里已经有血。该是我们取人性命的时候了!"杀气腾腾,凶悍无比,很有血腥味。券商行业就是这样:流血不流泪。

麦晋桁也有虚伪的一面。当对冲基金做空摩根士丹利的股票时，麦晋桁愤愤道："即便看跌期权不是违法的，也是不道德的。"[254]摩根士丹利的领导也谈道德？真是咄咄怪事。摩根士丹利一直为看跌期权提供服务，并获得丰厚佣金。这部分业务肥得很，业界称其为优等经纪业务（prime brokerage），华尔街的券商都借此赚了不少钱。无怪乎有人称麦晋桁的做法"超级虚伪"。2008 年 3 月，贝尔斯登股票价格在每股 65 美元的时候，就有人做了 5500 个看跌期权合约，赌 10 天之内贝尔斯登的股价将跌到每股 30 美元。那时候麦晋桁并没有义愤填膺啊！

看到别人倒霉的时候，那是喜气洋洋，但轮到自己倒霉的时候，就百般不愿意，哼哼唧唧地找出许多原因，急了还要骂人。

二、一个有历史问题的人

麦晋桁与内幕交易也有干系，而且一度闹得沸沸扬扬。阿里·阿吉雷（Gary Aguirre）曾经是美国证交会的工作人员，他在美国国会作证，控诉麦晋桁内幕交易的行径。按照阿吉雷的说法，2001 年麦晋桁曾经把有关并购的内幕消息透露给一家对冲基金。为了把事情查个水落石出，阿吉雷要与麦晋桁面谈，但证交会高层坚决不同意。阿吉雷不识时务，非要谈不可，最后是自己离开了证交会。看来在美国也一样，只要靠山硬，很多事情都可以不了了之，至少资本市场是这样。

麦晋桁也不是一个有原则的人。他原先是一位老共和党人，以后又转而支持民主党。2008 年总统大选之初，民主党的希拉里气势如虹，大有问鼎白宫之势，麦晋桁便支持希拉里。很多人认为，如果希拉里当选总统，麦晋桁很可能出任财政部长。

麦晋桁从杜克大学毕业后，长期在摩根士丹利工作。摩根士丹利与迪恩威特（Dean Witter Discover & Co.）合并之后，两家公司的老总坐不到一起。从迪恩威特来的菲利普·珀塞尔（Phillip Purcell）鸠占鹊巢，当上了摩根士丹利的第一把手，而麦晋桁则被迫离开了摩根士丹利。一山不容二虎是投资银行的习俗，在王位争夺战中，败北一方落荒而走也好，另寻高就也好，反正不能再留在原公司内。这种王位争夺战很有原始性，甚至可以说很有动物性。券商对外面人狠，对自己人更狠。

三十年河东，三十年河西。到了 2005 年，摩根士丹利内的麦晋桁余党与外面的人联手赶走了珀塞尔。麦晋桁重返摩根士丹利，谈笑凯歌还。回来之后，麦晋桁大力推动公司的对冲基金业务、次贷业务，同时加大举债。[255] 珀塞尔被清理出门，一个重要理由就是其经营理念太过保守。麦晋桁要向高盛看齐。高盛交易业务搞得如火如荼，麦晋桁也想迎头赶上。但当时华尔街领导中走火入魔的不止麦晋桁一人。雷曼兄弟当时的第一把手福尔德也有这种情节：一心赶超高盛，拼命增加公司举债，扩大交易的自营业务。可是，自营业务利润高，风险也大，弄得不好就会折戟沉沙。自营业务要想稳坐钓鱼台，不仅必须把握大势，而且必须控制大势，美国券商中有此实力的唯有高盛。与高盛对决是很危险的，这点已为历史所证明。

三、新的领路人

戈尔曼大学本科学的是法律，澳大利亚墨尔本大学毕业，以后在美国哥伦比亚大学商学院拿了一个工商管理学位。1990 年代，戈尔曼主要在咨询公司麦肯锡工作，为客户提供咨询服务。麦肯锡咨询公司也是一个人才辈出的地方，麦晋桁的后任戈尔曼和前任珀塞尔，都是先从麦肯锡干起的。1999 年，戈尔曼加入美林，担任其首席营销官。2005 年麦晋桁重返摩根士丹利掌权后，从美林引进了戈尔曼，请他掌管理财业务部门。

在职权方面，麦晋桁已经传位，但也不是全退，他还要去摩根士丹利上班，办公室就与戈尔曼的相邻。麦晋桁把接班人扶上马之后非要再送一程，有点太上皇的意思。但戈尔曼还是比较有实权的，可以安插自己的人，不完全是儿皇帝。从理论上说，麦晋桁还有可能废黜新皇帝，但实际可能性不大。当然，戈尔曼自己也会小心。华尔街投资银行上层领导的内部斗争很残酷，除了不死人之外，丝毫不亚于政治斗争的残酷，也是无所不用其极。花旗集团的首席执行官潘伟迪在摩根士丹利时，被当时掌权的珀塞尔边缘化。潘伟迪与珀塞尔吵翻之后当即辞职，出门时除了身上的一件雨衣，什么也没有带。同室操戈也可以像冬天一样残酷无情。

戈尔曼从小便接受了为人处世的锻炼。他兄弟姐妹十人，在家中自然需要察言观色，否则日子不会好过。工作之后经过职业生涯中的千锤百炼，戈尔曼也成了一位公关大师。戈尔曼给麦晋桁发过一份电子邮件，盛赞麦晋桁在金融危机中所发挥的卓越领导作用。这一招投其所好，正中下怀。电子邮件被印了出来，由戈尔曼本人签字后装在镜框中，挂在了麦晋桁办公室内。中国朋友对此不免会心一笑：历史上我们有过感谢信、公开信、慰问信、致敬信、贺电、通电，还有唁电什么的，与麦晋桁的这份电子邮件有异曲同工之处。真想不到，我们"文革"中的手段、我们军阀混战期间的手段，在华尔街办公室内居然还有翻版。为了表现新、老两代领导人的团结，戈尔曼在自己的办公室门前和麦晋桁合影，两人彼此搂着肩膀，[256]亲密的不得了，留下了美国版的"同志加兄弟"。经历过"文革"的中国朋友又是会心一笑：中、美两国人民真是太像了。

戈尔曼这个人也是两手硬，不光只有温和的一面。毕竟，投资银行这个行业不是请客吃饭，不是绘画绣花，不能那样文质彬彬，不能那样温良恭俭让。戈尔曼领导摩根士丹利全球理财部的时候，下面的30位高级领导被他撤换了27人，另带裁去了2000个所谓业绩最低的财务咨询顾问。戈尔曼在美林任职期间，与当时美林的第一把手斯坦·奥尼尔（Stan O'Neal）做过斗争（事后证明，奥尼尔是个坏人，而且其大政方针有灾难性的后果）。在摩根士丹利掌舵之后，戈尔曼又开始学习拳击，以锻炼自己的意志。美国人和中国人一样，夸张得不行。

四、两条路线的斗争

金融危机中，摩根士丹利损失惨重。高盛盈利之后摩根士丹利仍然亏损，而且是接连三个季度亏损。2009 年前三个季度，摩根士丹利在房地产方面亏损 21 美元。摩根士丹利不仅落后于高盛，而且也落后于摩根大通和美国银行。

戈尔曼上台后迅速修正了麦晋桁路线，使摩根士丹利重新回到投资银行的传统业务上来，并大力开展客户咨询业务，避免巨无霸交易业务；不是经营政策的一般调整，而是方向路线斗争。摩根士丹利有两种选择：要么继续超级风险交易，要么回归传统的投资银行业务，踏踏实实地为客户办实事，宁可赚钱少一些，但要稳一些。戈尔曼似乎选择了后者。在戈尔曼的力主之下，摩根士丹利以 27.5 亿美元的价格从花旗银行购得美邦证券 51% 的股份。美邦证券是一家大型经纪公司，摩根士丹利的既定方针是在 2014 年完全掌控这家公司。摩根士丹利的财务顾问已经达到 1.8 万人，拥有世界上最大的理财队伍。零售业务的收入已经占到摩根士丹利总收入的 35%。摩根士丹利有如此战略转移，也是利用了美林的厄运，填补了美林留下的真空。美林曾经是经纪业务方面的一条大虫，但在金融危机中受到重创，被美国银行收编之后仍然没有恢复元气。

不错，高盛仍然在进行巨无霸交易，而且赚钱不少。但在很多行家看来，高盛已经背离了投资银行的模式，成了一家从事风险交易的对冲基金。由于其在金融危机中的拙劣表现，高盛的名声不佳，已经落到了摩根士丹利的后面。不错，真到投资的时候，许多投资者还是愿意委身高盛，高盛仍然耀武扬威；在资本市场这个地方，能赚钱是最大的声誉。但是，没有美国政府援手，高盛早已不复存在。摩根士丹利比较小心，减少了其风险敞口。自营业务、私人股权基金和其他投资银行业务的收入只占到摩根士丹利年收入的 5%。金融危机之后，摩根士丹利已经关闭了四个自营信贷交易台。[257]

五、海内存知己，天涯若比邻

海内存知己，天涯若比邻。我们的主权财富基金代表 14 亿中国人民在摩根士丹利有巨额投资。这是对摩根士丹利的最大肯定和最大支持。之后，在摩根士丹利最危急的时候，日本金融机构援手，投下巨款救急——这也是对摩根士丹利的最大肯定和最大支持。

我衷心祝愿摩根士丹利成为不倒的红旗，能够重振雄风，驰骋市场把钱赚，为华尔街争气，为日本的投资者争气，也为中国人民争气。

56. 大英雄芬克

劳伦斯·芬克（Laurence D. Fink）是资本市场的大英雄。截至 2013 年 5 月，芬克领导的贝莱德集团所管理的资产达到 4 万亿美元。中国证监会前主席郭树清同志曾经语重心长地教导我们，中国投资者应当做巴菲特式的投资者。而芬克则相当于理财行业的巴菲特。贝莱德是全球最大的资产管理机构，芬克以及由其创建和领导的贝莱德是广大金融机构学习的榜样。

今天，在国际资本市场这个大世界中，芬克是以理财教父的身份问鼎天下的，但他早年是以金融创新而声名鹊起的。20 世纪 80 年代，以房地产抵押作为担保的证券（mortgage-backed securities）问世，从此资产证券化运动在美国和全球轰轰烈烈地开展起来。美国的业内人士公认，以房地产抵押作为担保的证券有两位发明人，一位是投资银行所罗门兄弟（Solomon Brothers）的刘易斯·兰尼尔尼（Lewis Ranieri），还有一位就是芬克。芬克不仅在金融业务方面有所发明、有所创造，而且还善于推销产品，是一位营销大师，魅力无穷：投资者们心甘情愿地把自己的大批资产交给他管理。这就是高人了。开发次贷产品需要专业能力，而推销金融产品则需要很强的公关能力。专业人才不难找，公关大师也不难找，但两种品格兼而有之的复合型人才就很难找了，比找三条腿的青蛙还难找。芬克就是这种复合型人才，业务做得好，而且善于公关，在美国玩得转，在中国也玩得转。

就其财富和政治影响力而言，芬克是美国当之无愧的枭雄，在国际上也是当之无愧的枭雄。芬克并非出身豪门，而是中产阶级子弟中冒尖的。芬克的母亲是英语教授，父亲是开鞋店的。芬克的学历也并不显赫，不是东部名校的骄子，而是加利福尼亚大学洛杉矶分校培养出来的金融人才。芬克本科毕业于加利福尼亚大学洛杉矶分校，工商管理硕士也是加利福尼亚大学洛杉矶分校的。加利福尼亚大学洛杉矶分校是公立大学，对本州学生收的学费很低，没有私立名校那样大的名气，在金融银行业的人脉也少得多。但经过自己的不断打拼，芬克终于爬到了华尔街的塔顶，光宗耀祖，也为母校争光。

芬克是资本市场的大英雄，也想过一把官瘾，想当财政部长。芬克一生支持民主党，但最后没有如愿。芬克的个人目的没有达到，就开始说怪话，发表各种不满言论，称"白宫都是些教书先生"，没有问计于首席执行官。芬克实际上是说，奥巴马也就是个教书先生。芬克如此诋毁奥巴马，主要是因为奥巴马没有问计于芬克，没有虚心问道于智者。之后，奥巴马"礼贤下士"，亲切接见了芬克几次。芬克随即改口，夸奖奥巴马是一位精通金融业务的总统，连"过滤过程"这样的术语都知道。过滤过程（filtering process）指住房在市场运作一次，并不是什么了不起的专业术语。华尔街的金融家们就喜欢搬弄术语，装神弄鬼，好像他们真有什么密谱。芬克也有此好。

美国资本市场的大英雄有争当财长的风气，而反过来说，当上财长也是大英雄的一个重要标志。今天资本市场又多了一个检验英雄的标志，就是看一个人是否常到中国公干。今天的国际资本市场已经发生了巨大的变化，中国已经成为国际资本市场的主战场之一。金融危机之后，美国的资本市场受挫，所以华尔街就更需要开辟其他战场，尤其是开辟中国战场。

资本大英雄都要到中国来，芬克是大英雄，所以芬克也到中国来，而且他高调表示："我已承诺我的亚洲团队，未来每年至少来中国三次。"贝莱德已经在中国申请到第二个合格境外机构投资人资格。2006 年 11 月，贝莱德就被选为中国社保基金的境外投资管理人，负责全球债券积极型产品和外汇现金管理产品。当然，贝莱德的这些在华业务并不需要它亲自打理，下面的工作人员完全可以胜任。但是芬克还要当中国资本市场的军师，有八十万禁军教头林冲、林教头的意思，所以他必须经常来中国串门。

57. 律师银行家

高盛是一个英雄集体，能够领导英雄集体的英雄应该有超人的胆识，有可能是用特殊材料制成的。很奇怪的是，尽管高盛是一个工商管理硕士成堆的地方，但高盛领导中学法律出身的也不少，劳埃德·布兰克费恩是一位，而且从他开始倒推，此前五任第一把手中，有三位都是学法律的：布兰克费恩，哈佛大学法学院毕业；斯蒂芬·弗里德曼，哥伦比亚大学法学院毕业；罗伯特·鲁宾（Robert E. Rubin），耶鲁大学法学院毕业。

一、并购专家弗里德曼

老先生急公好义，热心慈善事业。多处都需要捐钱啊，想不捐都难，母校就缠着不放。弗里德曼是康奈尔大学的本科，在校期间是校摔跤队成员，得过东部地区大学生摔跤冠军。康奈尔大学有一座摔跤馆，便是以弗里德曼命名的。弗里德曼是在哥伦比亚大学学的法律，日后又成了哥伦比亚大学校董会的名誉主席。所有这些荣誉都需要钱。

弗里德曼是投资银行家，靠并购业务起家。他加入高盛的时候，并购部门还是一个很冷清的次要部门。弗里德曼的一大贡献就是加强了并购业务方面券商与律师之间的沟通。弗里德曼自己当过律师，深知法律思维的

201

重要性，深知证券法的重要性。法律是通过特殊程序，以特殊形式制定的规则，相对比较稳定，但证券法是一个例外。美国的证券法杂乱无章，变化很快，并购业务方面的法律更是如此，甚至有可能一日一变，是一个打乱仗、打夜战、打大仗的好地方。

高盛内部对弗里德曼颇有非词，主要是因为他没有交好班。弗里德曼曾经与鲁宾一同领导高盛。鲁宾走后，弗里德曼大权独揽。有的"好心人"劝他，还是两个人共同掌权的好，至少要配几位助手，也好早点培养接班人。弗里德曼对此置之不理。众人自然想当然地认为，弗里德曼喜欢揽权。这也没什么，要在华尔街的一个大山头坐第一把交椅，没有一点霸气是不行的。弗里德曼中途变卦，非说自己身体不好，1994 年突然宣布退休，但事先没有安排好接班人，弄得高盛的高层领导措手不及。

弗里德曼 1962 年从哥大法学院毕业之后做了两年律师，1966 年加入高盛。弗里德曼想做券商，工资比律师低都不在乎。弗里德曼当时的年薪是18 000美元，通货膨胀真是有长足的发展。除了通货膨胀还有新变化，现在券商普遍要比律师赚的多。干律师、干券商都很辛苦，反正都是没日没夜地干，反正都是要挖空心思，绞尽脑汁，倒不如做券商来得干脆，更加直截了当，更加痛快。律师挣钱是浅斟低吟，小桥流水，而券商收钱是大块吃肉，大碗喝酒，豪气冲天，壮志凌云。

二、军师鲁宾

鲁宾从财长位置上下来后回到华尔街，但是没有再回高盛，而是到花旗集团坐了一把军师的交椅，为一线领导出谋划策，出出点子，想想办法，敲敲边鼓，协调一下花旗与华盛顿的关系，再就是负责接待来访的客人。鲁宾名气大，客户到花旗都想见他一面。韩国人还特别喜欢找鲁宾谈谈。他们觉得东南亚金融危机之后，鲁宾对韩国不错，可以说是伸出手来拉了兄弟一把。鲁宾也就陪客人聊聊，让客户们乘兴而来，尽兴而归。

　　鲁宾在花旗集团干了 8 年，金融危机后黯然离去，但也算全身而退，而且 8 年拿了 1.26 亿美元的酬劳，可以说是代价是最小、最小的，成绩是最大、最大、最大的。所以华尔街的大头目并不怕乱，大乱才可以达到大治，而且是乱了敌人，滋润了自己，有什么不好呢？

　　到政府当官的高盛历届领导中，保尔森和鲁宾对高盛的功劳最大。在保尔森的强烈倡导之下，美国政府下死力救市，高盛躲过一劫。而鲁宾在财政部长的位置上时，坚决反对政府监管金融衍生产品，为高盛的发展留出了广阔天地。早在 1998 年，期货贸易委员会主席就提出，应当监管金融衍生产品。鲁宾、拉里·萨姆斯以及当时的美联储主席艾伦·格林斯潘（Alan Greenspan）等三人结成联盟，坚决反对。利益，还是利益啊。鲁宾、保尔森这些人到华盛顿做官，是带着任务来的，他们要为自己的本行业和自己曾经工作过的地方谋取最大的利益。

　　鲁宾读书的时候就是一个神人，在哈佛大学法学院没有上几天课，便离校去欧洲周游，回美国后改换门庭，进耶鲁大学法学院学习。鲁宾与弗里德曼共同主持高盛工作的时候，高盛的自营业务有了很大的发展。鲁宾靠负责高盛的交易业务起家。律师是小心谨慎的职业，而交易员则富于冒险精神，敢教日月换新天。律师和券商似乎是两股道上跑的车，走的不是一条道。但法学院什么人都有，像变成青蛙之前的小蝌蚪，读书时看不出各人道行的深浅。当然，道行还要靠日后修炼，当时就更加看不出来。

　　鲁宾说自己喜欢哲学。敢说自己喜欢哲学的金融家，都非等闲之辈。金融哲学家是一个崇高的荣誉，索罗斯就觉得自己是一个金融哲学家。当然，哲学家本身就是一个荣誉称号。

三、集大成者

　　布兰克费恩好赌。他先是当律师，但到了高盛如鱼得水——不，应该说是蛟龙入海：进高盛之前，布兰克费恩已经是搏击赌场的交易员了，但高盛为他提供了一个大有作为的广阔天地。布兰克费恩当律师的时候就喜欢赌，平时没有空，但周末是要到赌城去放松一下的。

高盛领导中，布兰克费恩是集大成者。高盛推广利害冲突交易始于弗里德曼，但布兰克费恩继承、捍卫和发展了利害冲突交易，并将其提高到一个崭新的阶段。但即便是从高盛的角度出发，布兰克费恩也犯有严重错误。奥巴马总统的所谓改革不过是蜻蜓点水，意思一下，高盛为什么竭力阻挠奥巴马的所谓改革呢？结果招致奥巴马行政当局的报复性调查。

高盛三强中尤以布兰克费恩最为强悍。三强中已有两人告老还乡，高盛股东中也有要求他离职的呼声。有人提出，董事长与首席执行官的位置应当分开，布兰克费恩至少应该让出董事长一职。有人提议让保尔森重回高盛，担任董事会主席。[258]摩根士丹利的麦晋桁一度离开摩根士丹利，数年之后又回去担任第一把手。但高盛似乎没有这个传统，走了便不再回首。但可能还有其他原因，可能是因为高盛内部的斗争很激烈。高盛领导多是强势人物，对内实行军事化管理。下面的人表面恭顺，唯唯诺诺，心里还是有杀机的，就像中国的太监，看上去像是全世界最恭顺的人，但只要时机成熟，他们说反就反，连皇帝都敢杀。

高盛近几任领导中为何律师辈出呢？难道是文字的原因吗？文字是思维的工具和载体，而律师是文字工作者。或许，律师出身的券商在这方面有优势。也可能是因为律师熟悉法律，游戏法律时更加游刃有余。就像中国的海归，对中外文化的负面了如指掌，因势利导，游戏资本市场更加肆无忌惮。也未必，查尔斯·普林斯（Charles O. Prince）是南加州大学法学院毕业的，但担任花旗集团首席执行官期间表现平平，最后也是被迫离职。许多时候，因果关系很难说清楚。高盛的三位帮主是因为律师出身，所以好生了得，但或许还有其他原因。比如，三位律师出身的帮主都是犹太人。犹太民族是不是英雄辈出，枭雄辈出？

四、"遍地英雄下夕烟"

高盛三杰都犯了错误，而且是犯了比较严重的错误，但并未阻碍资本市场滚滚向前的洪流。君不见，"沉舟侧畔千帆过，病树前头万木春"。高盛三强去，中、美资本市场又有新三强，也是学法律出身的，而且都是中国人。当过贝恩资本（Bian Capital）董事总经理的竺稼是一杰，曾任摩根士丹利中国首席执行官。竺稼先生毕业于美国康奈尔大学法学院，在校期间是《康奈尔法学评论》的编辑。三杰的另一杰是孙玮，曾任摩根士丹利的董事总经理兼中国区首席执行官，非常难得的女英雄，资本市场百年史上也很罕见，是华尔街的骄傲，更是中国人民的骄傲。香港交易所行政总裁李小加也是一杰，他是孙玮哥伦比亚大学法学院的校友。"喜看稻菽千重浪，遍地英雄下夕烟。"资本市场就是一个英雄辈出的地方。

"为有牺牲多壮志，敢教日月换新天。"资本市场真是一个好地方，什么人间奇迹都可以创造。美国有PE，我们有私募股权基金；美国有杠杆交易，我们有融资融券；美国有纳斯达克，我们有创业板；美国有对冲基金的卖空，我们有金融期货产品的上上下下；美国有非执行董事，我们有独立董事。美国有的我们要有，美国没有的我们也要有：美国公司上市没有保荐人，我们有；美国没有监事会，我们有！资本市场好就好在，人有多大胆，地有多大产，而且不用虚报粮食亩产，不需要砸锅卖瓢地大炼钢铁，一切都合法合规。美国资本奇迹的放大方程如下：低息 + 杠杆 + 资产证券化 + 回购协议 + 股本（股本不等于现金，不等于注册资金，有虚高的部分）= 无限放大。用股圣巴菲特的话说，就是"退潮之后，当知君在裸泳"。妙就妙在，退潮之后，方知君在裸泳：在此之前，就是击鼓传花。

让我们沿着资本市场的康庄大道迅跑，在不久的将来就赶上和超过美国。

58. 华尔街领袖戴蒙

华尔街的大银行有点中国古代战国七雄的意思，大银行之间也有霸主。长期以来，高盛一直是华尔街的霸主，高盛的第一把手布兰克费恩则有齐桓公小白的意思。金融危机之后，华尔街银行家中风头最健的要算是摩根大通的第一把手杰米·戴蒙。华尔街的喉舌《华尔街日报》称："戴蒙已经成为中流砥柱的银行家。"自由派的喉舌《纽约时报》则称戴蒙"忽然之间，成为当今世界最有权势的银行家"。

资本市场是一个暗礁密布、潜流汹涌的地方，金融危机期间更是险象环生。没有伟大的舵手亲自掌舵，航船是无法到达胜利彼岸的。资本市场是一个比较特殊的地方。金融机构的许多事情确实需要第一把手亲力亲为。与华尔街的许多首席执行官相比，戴蒙熟悉银行业务，熟悉业内的各种暗道机关。金融危机中，纵观华尔街各大山寨的表现，那些遇到大问题的金融机构，头头都比较"超脱"。美林的斯坦·奥尼尔、贝尔斯登的吉米·凯恩（Jimmy Cayne），还有花旗集团的查尔斯·普林斯，几个头头都是抓大放小，不过问具体业务。相反，那些能够化险为夷，遇难成祥的证券公司，第一把手都是亲自操刀，冲锋在前，退却在后。

戴蒙出自金融世家，祖父是来自希腊的移民，在美国以买卖股票为生。戴蒙的父亲继续在股票市场求生活，而且更上一层楼，居然赚了不少钱，把家从纽约的皇后区搬到了公园大道（如果是在今天的北京，那就相当于从四环搬家搬到了中南海墙外的府右街）。

戴蒙从小就立志要挣大钱。戴蒙小的时候，父亲问他长大后干什么，戴蒙满怀豪情地答道："长大做个有钱人。"哈佛大学商学院毕业之后，戴蒙本可以进高盛或摩根士丹利工作，但没有去，而是进了美国运通（American Express）工作，师从桑迪·威尔（Sandy Weill）。如果是名校毕业，混进一个好单位并不难。但真要想出人头地，那就必须有贵人相助，必须师从高人。威尔是戴蒙的贵人，两人是师徒关系，是提携和被提携的关系，甚至可以说是情同父子。1985 年，威尔离开运通，戴蒙也追随威尔而去。两人一路拼杀，通过反复兼并收购，到 1998 年建成了世界最大的金融机构——花旗集团。在花旗集团戴蒙也是被作为接班人来培养的。但最后威尔与戴蒙反目，戴蒙被赶出花旗集团。传闻是因为戴蒙没有提拔威尔的女儿。美国大公司内也是乌烟瘴气，裙带关系盛行。

离开花旗集团之后，戴蒙成为第一银行（BankOne）的首席执行官。第一银行当时为美国第五大银行。2004 年，当时美国第三大银行摩根大通收购了第一银行，同时也为自己"收购"了一位新领导，戴蒙成了摩根大通的首席执行官。摩根大通的前第一把手威廉·哈里森（William Harrison）是个美国伯乐，他收购第一银行就是要延揽戴蒙。花旗集团当初收购其现任领导潘伟迪的对冲基金，也是要拉潘伟迪入伙，但不是请他当第一把手。哈里森求贤若渴，赶得上《水浒传》里的宋江、宋公明哥哥。为了拉河北的大员外卢俊义入伙，宋江也是愿意让出自己的第一把交椅。

戴蒙没有辜负哈里森的厚望。金融危机中，戴蒙以超低价收购了百年老店贝尔斯登，而且还胁迫美国政府援手，为贝尔斯登的债务担保到底。但贝尔斯登的人不高兴了，说此次收购无异于乘人之危逼婚。有的人话说得还要难听，称收购简直是强奸。但也正好从反面说明，这笔交易摩根大通大获全胜。戴蒙则理直气壮地回答说："买房子与买失火的房子之间有很大的区别。"

但凡一家华尔街银行能够发展壮大，其领导都是当之无愧的领袖和统帅，不仅要带好本公司的团队，还要引领全国潮流，引领全球潮流。"领袖"与"统帅"是同义词，但也有区别。领袖可能只是精神领袖，而统帅不仅是领袖，不仅要制定战略战术，还要经常亲自指挥重大战役。曹操和拿破仑南征北战都要亲自挂帅。拿破仑的标准像便是这位将军皇帝驾在一匹前蹄高昂的白马上。"统帅"与"舵手"有相同的意思，但也有差别。舵手经常是在船尾，而统帅则是跨马位于大军阵前，鞭梢一指，大军便掩杀过去。

七雄争霸就是要做大、做强。华尔街也是一样，而具体到戴蒙所领导的摩根大通，就是所谓的"一站式服务"：顾客到了这里就可以宾至如归，心想事成，享受全方位的服务。一站式服务像肉类联合加工厂，是一条龙服务：活蹦乱跳的生猪被赶进屠宰场之后，经过电击、宰杀和净毛，出厂时就是可以直接送肉铺上肉案的半成品，有时是已经做成肉馅的成品。金融危机之后，这种大而全的模式受到了强烈挑战，反对的声音不小，更有人必欲除之而后快。但大而全的模式让摩根大通和其他大银行尝到了甜头，它们不愿意放弃来之不易的成果。这就又到了考验戴蒙的时候了：领导全世界的金融行业死守阵地，同时说服广大人民继续寄希望于华尔街，寄希望于资本市场。

59. "老英雄" 科尔津

律师事务所皆需小心一件事：不得将自有资金与客户资金混放、混用。法律、法规对证券公司也有这个要求。律师事务所不动客户的钱还比较容易，因为当事人通常就很少把钱放在律师事务所。但证券公司做起来就比较难了，客户有大笔的资金存放在证券公司处，不用这笔钱需要有坐怀不乱的定力；坐怀不乱最容易说，真正做到就不容易了。MF Global 破产便是一例。

MF Global 是一家证券经纪公司，鼎盛期间所管理的资产多达 410 亿美元，其客户包括对冲基金和个人投资者。MF Global 因经营不善告急，原要出售部分业务给竞争对手，但忽然发现 9.5 亿美元的客户资金下落不明，之后找回了 3 亿多美元，但仍然有 6.3 亿美元不知去向。美国证券监管机构联手对此进行调查，还惊动了联邦调查局。联邦调查局在打击白领犯罪方面特别有办法；联邦调查局的探员中不少是学法律和会计出身的。当初尼克松总统从法学院毕业，一时找不到合适的工作，就有人劝他暂且去联邦调查局工作一段时间。

即便调查证明 MF Global 无人违法、违规，客户资金多日去向不明也是件匪夷所思的事情。要知道，华尔街的银行家们从来都是标榜自己时刻把客户的安危冷暖放在心上，而投资银行的重要责任之一就是看好、管好客户资金。无论如何，MF Global 是经营不下去了。2011 年 10 月 31 日，MF Global 申请破产。[259] 11 月 4 日，MF Global 第一把手乔恩·科尔津（Jon S. Corzine）辞职，放弃 1200 万美元的离职费，并为自己聘请了一位大牌刑事辩护律师——科尔律知道这回祸闯大了。

科尔津何许人也？科尔津曾经是一位了不起的大英雄，担任过高盛的第一把手，意气风发，斗志昂扬，够得上《水浒传》中的一条大虫。科尔津在高盛就大搞证券交易豪赌。此人有一个理论：只要交易理论是经过深思熟虑所产生的，即便是交易中出现巨亏也要咬牙挺住。科尔津从高盛的领导岗位下来后转战政界，自己出钱先后竞选美国参议员和新泽西州长的职务。2009 年，科尔津竞选连任新泽西州州长败北，随即杀回华尔街，出任 MF Global 第一把手。

科尔津掌管 MF Global 之后，大举扩张对冲业务，招降纳叛，从高盛、UBS 和索罗斯基金管理公司（Soros Fund Management）大批引进操盘手。华尔街发大财没有多太多的奥秘，只有一个字——赌，而且是用别人的钱来赌。MF Global 债务与资本金的比例是 34：1。赌赢了，杠杆豪赌获利巨丰。但杠杆太高，赌注太大，市场稍有不利因素，便很难渡过难关。科尔津赌的是欧元国家的债券看涨。当时美国国债的利率几乎为零，而欧债的利率仍有 2% 或 3%。希腊、西班牙和意大利等国虽有问题，但科尔津深信，欧元区国家的政府不会坐视不救。没有想到德国总理默克尔能扛，迟迟不肯出手救助市场，最后还让欧洲的银行放弃 50% 的债权。科尔津赌错了，输得一败涂地。

科尔津垮台再一次暴露了美国券商挪用客户资金的老问题。按照美国的法律、法规，客户保证金的利息归券商所有，但不能将客户保证金挪为己用。但美国券商动脑筋、想办法，以借款的名义支配客户保证金。这就有许多授受不亲的问题。美国监管机构曾有心全面禁止此类行为，但遭到了华尔街的强烈反对。2005 年，在雷曼兄弟的要求之下，期货交易委员会同意了这种做法。期货交易委员会的头头加里·根斯勒（Gary Gensler）是科尔津的故旧，两人同是高盛输出的干部。在科尔津的大力斡旋下，根斯勒领导的期货委员会暂时搁置了修改规则的想法。[260]

都说资本市场的问题是监管赶不上创新，但美国客户保证金的问题表明，资本市场的问题绝不是监管跟不上创新，而是华尔街与华盛顿沆瀣一气，假借创新的名义取消监管。偷换概念、颠倒因果关系是华尔街的惯用伎俩。

科尔津的彻底垮台也是民主党的一大损失，尤其是奥巴马总统的一大损失。科尔津与奥巴马总统互相关心、互相爱护：科尔津竞选新泽西州州长职务，奥巴马赶来捧场助选；奥巴马竞选总统，科尔津全力相帮，不辞劳苦地筹集资金。科尔津的新太太（不是原配）在其曼哈顿的豪宅内举办筹资晚宴，每位嘉宾出资 35 800 美元。甚至有人传言，如果奥巴马竞选连任获胜，科尔津有望出任财政部长。科尔津这样一个死不改悔的职业赌徒，居然是奥巴马如此倚重的对象，美国政治精英的政治道德和政治大方向真让人不敢恭维。

九、网络公司

网络技术公司是证券市场的新贵，证
券市场的整个格局也因其而改变。

60. 穿帽衣的大灰狼

谷歌、雅虎等互联网公司扛着创新大旗到处乱窜，在世界各地跑马圈地。此类公司的创始人也以创新大师自居，这也创新，那也创新，好像浑身都在创新，连呼吸都在创新，至少在着装方面有创新：不穿西装穿帽衫，是标新立异，也是装神弄鬼。其实，刻意着装本身就是一种俗套，与墨守成规无异。

互联网公司一贯标榜自己是一支健康力量，通过创新为全世界人民谋幸福。恐怕这只是一种美好传说而已。自苹果手机推广之后，人们白日做梦的时间大大减少，通过苹果手机可以查看网络新闻和网络八卦，占用了我们的很多时间。可以说，手机和互联网公司又将我们送回到了洞穴时代。生活在洞穴中的原始人，大多是就着篝火观赏洞壁上的岩画和简单的象形文字。而今天无数男女老少也一样，他们是就着篝火般的微光，眯着眼睛翻看手机屏幕上的信息——其中大多是图像和简单词语。

互联网公司无孔不入，全方位覆盖，但对青少年的毒害和危害尤甚。年轻人少不更事，在网上随意发布信息，其中难免有不当的言行，日后很可能影响自己的就业机会。美国用人单位会在网上搜索求职者的信息，决策时会考虑相关因素。美国的一项调查表明，在共和党坐大的各州，如果求职者在社交媒体上发布的信息显示求职者信奉基督教，则得到面试的机会比较大，占求职者总人数的17.3%；如果求职者在社交媒体上发布的信息显示求职者信奉伊斯兰教，则面试的机会比较小，占求职者总人数的2.3%。互联网足迹成为很多人的短柄。

曾几何时，"档案"两字让很多人谈虎色变，担心组织或代表组织的领导会在他们的档案中塞进负面材料，影响或断送其前程。但与Facebook建立的档案相比，单位的档案是小巫见大巫。年轻人在Facebook上留下各种言论、图像、音像和其他资料，建立了自己的活档案，不打自招，适时更新——请君入瓮就是这个意思。更要命的是，即便年轻人日后幡然悔悟，决心重新做人，谷歌和雅虎之类的搜索引擎仍然把搜索指向载有各种负面信息的网站——永世不得翻身就是这个意思。

是可忍，孰不可忍？欧洲法院终于打响了征讨互联网公司的第一枪。2014年5月13日，欧洲法院做出判决，将欧洲的"被遗忘权"（right to be forgotten）适用于搜索引擎公司。欧洲法院认定，个人针对载有其信息的网站，有权要求谷歌删除搜索结果中与这些网站的链接。谷歌可以拒绝个人的请求，由相关国家的数据监管机构做出裁决。欧洲法院的主要理由是，涉及个人声誉的引擎对个人生活的影响巨大，而谷歌和类似谷歌的公司是"数据控制人"（data controller），有责任把关，不能让负面信息到处泛滥。对于欧洲法院的判决，谷歌怕得要死，恨得要命，其发言人就表示："对于搜索引擎和整个网上出版商来说，这是一个令人失望的裁决。"但欧洲法院的判决为最终判决，没有上诉的余地。

半个多世纪以来，美国总是以健康力量自居，欧洲国家和其他国家也以美国为光辉榜样，跟在后面亦步亦趋。但事实上，美国的互联网公司并不是健康力量，美国法院经常也不是健康力量，需要欧洲法院出来登高一呼。但我真的希望这一判决是中国法院做出的，大长中国普通人的威风，大灭愚人术士的威风。

谷歌能够发展壮大，横行天下，离不开美国政府的支持和纵容。戴着谷歌眼镜摄像有侵犯隐私权之嫌，戴着谷歌眼镜开车是件危险的事情，但美国法律并没有相应的法律对其进行规范。美国的高科技公司还与美国军方有千丝万缕的联系。很多青少年沉溺于上网，与吸毒成瘾无异。但社交媒体并没有捐钱帮助他们戒网瘾，法律没有要求他们这样做，他们自己也没有觉悟这样做。

英国《经济学人》杂志上登出一幅漫画：代表互联网公司的一只大灰狼穿一件帽衫，手里拿着一只 iPad。是的，很多互联网公司就是这样的大灰狼，我们儿时听说的狼外婆真的现身了。

61. 优步： 进步、 退步， 还是止步?

"急赴河阳役，犹得备晨炊。"优步（Uber）新任首席执行官达拉·科斯罗萨西（Dara Khosrowshahi）是这种诗意。此兄刚刚上任，便赶赴伦敦救急。伦敦交通管理局 2017 年 9 月底决定，暂不续延优步的营业执照。

一年前优步的事业欣欣向荣，蒸蒸日上，形势一派大好。以伦敦为例，2013 年至 2014 年优步掌握 5 万辆共享车，2016 年增加到 8.7 万辆。优步的估值达 680 亿美元，是全球估值最高的未上市公司。优步被奉为共享经济的楷模，也是技术公司中的排头兵。这次伦敦交通管理局决定不续延优步的营业执照，是对优步的沉重打击，也是对分享经济（sharing economy）的一次沉重打击。

不续延营业执照的理由是，优步没有恰当报告"严重犯罪"。优步的安全确有问题，苏格兰场就专门致函伦敦市政府，通报了三起性暴力事件，每次优步都是明确决定不报案。[261] 伦敦市长指出："提供创新服务不能以牺

213

牲顾客安全为代价。"优步不服，还威胁说，伦敦350万优步用户和优步的4万司机，"对交通管理局的决定"会深感震惊。如果350万用户和4万司机真是群情激奋、同仇敌忾，他们有可能走上街头示威抗议。但优步高估自己了：伦敦并没有出现大规模的抗议活动。

硬的不行，只能服软。科斯罗萨西赶赴伦敦，就是表面服软，以退为进。优步在伦敦的晚报 *Evening Standard* 上刊登整版广告，表示歉意。科斯罗萨西原先是一家网络旅行社 Expedia 的首席执行官。据说此人本事好生了得，他任 Expedia 首席执行官期间，公司业务增长了四倍，税前收入翻了一番。但修复与伦敦市政府的关系并非易事。优步与伦敦结怨甚久，远不止安全问题，安全是压死骆驼的最后一根稻草，更是一个借口。冰冻三尺，非一日之寒。

一、质疑分享经济

优步的问题首先是钱的问题。优步将其收入转至低税率的司法辖区，以避免在英国纳税。英国税收减少，当然是咽下了一口恶气，总要寻机报复。再就是优步藐视监管机构，对监管机构大不敬。优步使用一种叫"Greyball"的软件，蒙骗有关监管部门，使其无法发现司机的所在位置。[262]

从根本上说，优步的问题也是分享经济的问题。曾几何时，分享经济被吹得神乎其神，据称分享经济可以调动一切积极因素，创造共赢局面。以优步为例，号称可以调动私家车司机兼职开车，既增加了司机的收入，又降低了顾客的打车费，可谓皆大欢喜。但分享经济也叫"客串经济"（gig economy）。"gig"原意是指临时到场客串的演员，现在也形容临时工、短工，或称非正式员工。

为了获取更高的利润，优步不择手段，比《半夜鸡叫》中的"周扒皮"还要周扒皮。为了让长工提前下地干活，地主"周扒皮"半夜三更到鸡窝前学鸡叫，引得公鸡提前报晓。而优步在招聘打零工的司机时，为了引人上钩，在驾车收入和购车融资方面进行误导。美国联邦贸易委员会（Federal Trade Commission 或 FTC）批评了优步的做法，但双方达成协议，优步花钱消灾，支付 2000 万美元，联邦贸易委员会则既往不咎，不再进行追查。

在客户信息保护方面，优步也是偷工减料，不肯投入足够的人力、物力。联邦贸易委员会认定，优步没有采取合理的安全措施防范黑客入侵。2014 年，黑客入侵优步的网络系统，可以接触多达 10 万名司机的姓名和驾驶执照。[263]换言之，优步没有采取充分措施保护司机的权益。联邦贸易委员会已经认定，优步在两个方面误导了投资者：一是优步顾客信息的保护状况到底如何；二是优步到底采取了哪些措施保护消费者的信息。联邦贸易委员会认定优步的做法不当，但仍然是既往不咎，唯一的惩戒是，今后 20 年内，优步每两年就此接受一次审计。[264]治病救人固然很好，但长此以往，势必养痈遗患，优步做坏事的成本太低，甚至可以说几乎没有成本。

从根本上说，优步的问题也是所谓网络空间（cyberspace）的问题。优步一类的公司自己在网上开辟了一片新天地，极力抵制政府监管。美国还有人发表了一个所谓的《网络空间独立宣言》，声称"我们正告你们这些落伍之人，不要来管我们……在我们聚集的地方，你们并没有主权"。此辈气焰十分嚣张，大有停止地球转动之势。伦敦拒发优步的营业执照，给了这些人一记响亮的耳光。

二、员工定性的问题

优步将其司机作为短工［法律术语"独立合同方"（independent contractor）］对待，司机的待遇因此大大降低。比如，按照旧金山市的地方法规规定，每小时最低工资 14 美元，但因为优步的司机并非正式员工，所以该规定对他们并不适用。只是可怜优步的许多司机并非兼职，而是全职在干，要靠这份工作养家糊口。在批评者看来，优步就是在做黑心事，赚黑心钱。美国有位叫香农·莉斯-莱尔顿（Shannon Liss-Riordan）的女律师就愤怒地指出，"优步的商业是压在这些工人的脊背上建起来的"。莱尔顿律师还代理相关集团诉讼，要求法院认定优步的司机是公司雇员，而不是独立合同方。

我国古代诗圣杜甫早就说过，"朱门酒肉臭，路有冻死骨"。是的，如果不存在路有冻死骨，就不会有朱门酒肉臭。反过来说，只要朱门酒肉臭，就必然会路有冻死骨。这是一对辩证统一的关系，一条颠扑不破的规律。问题的现象会变、形式会变，但问题的实质不会变。

不过，优步并非始作俑者，其做法似曾相识，很像沃尔科斯基诉卡尔顿案［Walkoszky v. Carlton，233 N. E. 2d 6（N. Y. 1966）］（下称"卡尔顿案"）的情形。该案是美国公司法中的经典判例，创立了"揭开公司面纱"（piercing the corporate veil）规则，阻止被告借助优先责任公司形式规避其侵权责任。该案中，被告设立了10家出租车公司，每家出租车公司只有2辆出租车。法官指出，这10家出租车公司在黄色电话簿中使用同一个电话号码，在广告宣传中以同一个名字出现，就表明10家公司实为一家公司，应当共同承担任何侵权责任，不能仅以被告所设立的一家公司的资产作为其赔偿的上限。优步的做法与卡尔顿案中的出租车公司老板的做法有异曲同工之处：出租车老板设立多家公司规避侵权责任，而优步则是将每位司机作为一个小业主，借以规避其对员工的责任。两者都是化整为零，瞒天过海，只是与卡尔顿案中的被告相比，优步是有过之而无不及。

在英国，优步也咬定优步司机是小业主。英国就业法庭已经做出判决，否定了这一说法。就业法庭指出："在我们看来，把优步说成是3万家五花八门的小业主，由共同的'平台'将其连接起来，是一种近似荒诞的概念"。很遗憾，优步只是一审败诉，其已经提出了上诉，所以胜负未卜。

在英国起诉优步不易，在美国起诉优步更难，程序问题上便有一大障碍。在2012年的CompuCredit Corp. 诉格林伍德案［CompuCredit Corp. v. Greenwood, 132 S. Ct. 665］判决中，美国最高法院允许金融机构通过仲裁条款，迫使顾客放弃其诉讼权利。如果优步与其司机签订的合同中有仲裁条款，规定双方之间如有争议，必须通过仲裁解决，则美国法院通常会据此驳回集团诉讼。这就绕过了集团诉讼。美国大公司最怕集团诉讼，因为有了集团诉讼，律师就愿意胜诉收费，有的还愿意垫付费用，就会有更多的诉讼。单个公司股东的索赔金额有限，律师获得的律师费也有限，但众多股东在个案中同时起诉，律师费就可以积少成多。如果没有集团诉讼，律师就不愿胜诉收费，大公司遇到的诉讼也会少很多。

从理论上说，如果美国最高法院愿意支持原告，就可以找出理由绕过自己的判决规则，甚至是推翻自己的判决规则。1953年的维尔科诉斯旺案（Wilko v. Swan，346 U. S. 427）（下称"维尔科案"）中，美国最高法院认定证券纠纷前所签订的仲裁条款无效，理由是《1933年证券法》明确规定，任何协议"不得放弃遵守《证券法》"，而选择仲裁就是"放弃遵守"，因为仲裁员难以维护投资者的权利。但在1987年的希尔隆迅达诉麦克马洪案［Shearon American Express v. McMahon，482 U. S. 220（1987）］判决和1989年的罗德里格斯诉希尔隆［Rodriguez v. Searson，490U. S. 477（1989）］案判决中，美国最高法院又推翻了维尔科案的判决，理由是所谓的"遵守"为"实质遵守"，而不是指是否由联邦法院受理相关诉讼的程序遵守。可见，美国最高法院总是有理，价值取向决定其逻辑推理，而逻辑推理总能得出其价值取向所要的结果。近几十年来，美国最高法院日趋保守，向工商巨子和金融寡头靠拢，所以才做出判决，允许借助仲裁条款规避证券纠纷引起的索赔诉讼。

当然，身份定性从来就是一个难题。过去妾身不明就是一个身份定性的问题，涉及当事人的重大权益，通常由家长或族长评判。家长和族长理应德高望重，但大多有利益冲突：大户人家的家长本人经常就是当事方，或本人纳妾，或为其子孙纳妾，所以有利益冲突；族长可能也有三妻四妾，所以也有利益冲突，难以做到不偏不倚。美国法官中也不乏德高望重者，而且不存在利益冲突，但证券诉讼和独立合同方诉讼涉及多方利益，美国法官也很是首鼠，不愿受理证券索赔诉讼，硬是把投资者拒之门外。

三、优步依旧意气风发

当然，伦敦的传统出租车行业也并不是什么进步的行业。比如，伦敦出租车有拒载的问题：出租车司机只愿意在市中心载客。车到目的地之后，出租车司机有时还诈称机器失灵，拒绝接受信用卡支付。[265]伦敦出租车的另一个问题是价格太高，令很多潜在顾客望而止步。优步的价格低于伦敦出租车的价格，乘坐出租车的人因此而大增。但廉价打车并不一定就是件好事。伦敦政府就有一种论调：优步的汽车泛滥，重新恶化了伦敦已经有所缓解的交通问题。有的学者还认为，优步是靠机构投资者的持续投资补贴才得以维持存续，优步的运营模式经济上不可持续。

优步是进步还是退步，利益不同的人会有不同答案。优步的创始人、投资人、高层管理人和得到优惠服务的部分顾客势必认为优步是进步的，但受到盘剥的优步司机和受害的顾客及其代理律师会说优步是退步的。但进步也好，退步也好，优步并没有退却或止步的意思。尽管在伦敦受挫，优步仍然决定大踏步前进。2017 年 10 月的第一周，优步董事会决定引入软银的愿景基金（SoftBank Vision Fund）100 亿美元的投资。[266]看来，优步还是不惧伦敦交通管理局，不相信伦敦交通管理局会将其置于死地，即便伦敦真下狠手，其他城市也并不一定会效仿伦敦。

62. 程序设计师： 美国走红的新职业

银行家很赚钱，但银行业务并不是一种专业。更确切地说，银行业务并不是一种手艺。医生、律师、工程师和会计师需要很高的手艺，传统上也是薪酬和社会地位比较高的四个专业。但现在又多了一个专业：计算机程序设计师。

大批程序设计师在美国金融行业就业，其中移民甚多。高盛所雇的程序设计师中，半数以上是俄罗斯人。苏联轻文重理，培养了许多数学尖子和计算机尖子。苏联解体之后，许多人才移民美国。这些人英语不佳，与人交流有困难，就在计算机编程方面狠下功夫，进入华尔街后帮助金融家们设计金融核武器。但这并不一定是件坏事，因为如果苏联不解体，这些人留在苏联还会继续设计核武器。与其让这些技术天才们设计核武器，不如让他们设计金融核武器：毕竟金融核武器并不直接造成伤亡。从这个意义上说，资本市场并不是那么糟。

迈克尔·刘易斯（Michael Lewis）是专写金融行业的畅销作家，他的很多作品都在第一时间被译成中文。2014 年刘易斯又出新书，书名是《闪电交易的孩儿们》（*Flash Boys*）（下称《闪电交易》），介绍了那些在金融行业战天斗地的程序设计师们。按照刘易斯的说法，这个专业群体中，处在食物链顶端的还是美国出生的白人，大约四十多岁，年富力强，经验丰富，但后起之秀便来自五湖四海：有在美国大学面壁 10 年后杀入江湖的中国才俊，有来自法国国家物理实验室的科学家，有来自印度的电子工程博士，还有俄罗斯航天工程师。总之，成千上万的英才杀入了金融行业，为华尔街券商效劳，供银行家们驱使。

程序设计师中还有亚裔和华裔的矫健身影。国际投资者交易所（英文"IEX"）是美国的新兴证券交易场所，其创始人巴拉德·桂山（Brad Katsuyama）就是一位日裔加拿大人，其亲信中也有很多亚裔，有韩裔，也有华裔，有一个叫艾伦·张（Allen Zhang），还有一个叫比利·曹（Billy Chao），名字是改成英文的了，但姓还是中国的，一看就是中国人，而且很可能还是来自大陆的朋友。这两位英才也是搞程序设计的。另有些程序设计师则是三五成群，以小分队的形式在市场上游击，或自己独立作战，或进入券商后退出，退出后再进入。《闪电交易》提到了一支中俄小分队，由四位俄罗斯人和一位中国人组成，领头的是俄罗斯人，在华尔街神出鬼没，或东或西，飘忽不定。很可惜，刘易斯没有展开介绍这支中俄小分队。

程序设计师有绝活，但不清楚自己在公司的价值。交易员更了解全貌，更清楚自己对公司的价值，或是说更清楚自己在公司的价值。资本市场的程序设计师大多不清楚券商是如何通过交易赚钱的。《闪电交易》中有一个比喻，说程序设计师有如水暖工，在地下室内埋头修理管道，而交易员则像是在楼上打牌的黑手党：水暖工对黑手党的牌局一无所知。

为了争取高薪，程序设计师的一个办法就是跳槽，但这样做也有风险：老东家担心雇员改换门庭，带走技术秘密，为他人所用，所以时有老东家下狠手的。程序设计师沙基·阿雷尼克夫（Sergey Aleynikov）原是高盛的雇员，他将工作中加工后的代码发送到自己的邮箱，结果因高盛报案而遭受牢狱之灾。联邦调查局动如脱兔，接到高盛报案后，48小时内便抓捕了阿雷尼克夫。美国联邦检察官迅速起诉，阿雷尼克夫被定有罪。阿雷尼克夫提起上诉后，上诉法院以适用法律错误为由，将此案发回重审。这次陪审团判阿雷尼克夫无罪。但纽约州检察长又出面抓人，找了个罪名重新起诉阿雷尼克夫。

程序设计师的就业机会很多，但美国富家子弟学会这个专业的很少。计算机学起来非常辛苦，更主要的是，他们视此专业为雕虫小技。美国富家子弟上大学学文、史、哲的居多。文、史、哲借助文字构建了各种原则和概念，为争权夺利提供了理论框架和交锋的利器。从根本上说，人类通过语言进行思考，通过语言钩心斗角。总之，程序设计是一个技术性的工作，而从事技术性工作的人不可能起领导作用。

63. 贷款业务的新变化

我国《证券法》只规定了公司股票和债券这两种形式的证券。受美国证券市场的影响，我国资本市场推崇证券融资，即便是商业银行的放贷，也要将其转换为证券，美其名曰资产证券化。但近来美国那边发生了变化：以证券业务为主的高盛和摩根士丹利开始加强其放贷业务。

2016年，高盛为美国各类交易的融资提供了400亿美元的贷款，而

2011 年提供的贷款则不到 100 亿美元。高盛决策层还在考虑为贸易提供融资。也就是说，美国的投资银行还要扮演我国进出口银行的角色。与高盛互为对手的摩根士丹利也没有落后，为 Affirm 提供了 1 亿美元的信用额度。[267]Affirm 从事网上小额贷款，是一家成立于 2012 年的起步公司。

放贷业务局部返暖回潮，主要是业务竞争的结果。即便证券市场美若天仙，一笑倾城，再笑倾国，投资者也有审美疲劳的时候。投资银行需要有所创新，回归贷款业务也是某种创新。此外，以承销和并购为主的投资银行业务日趋激烈，即便是高盛和摩根士丹利这样的大投资银行也必须推陈出新，先下手为强。向起步公司发放贷款或承销资产证券化产品，提供上市前的融资服务，公司上市时，用同一家投资银行作为承销商，也是顺理成章的常态。资本市场就是资本为王。提供专业服务的回报远不如提供资本的回报。Actavis 收购 Allergan plc 的交易中，高盛为目标公司提供咨询，所得收入是 5600 万美元，而摩根大通为收购方安排贷款的收入是 2 亿美元。

就终极风险而言，举债融资和股权融资并没有根本的区别。储户提取存款是挤兑银行，股东抛售股票也是挤兑银行，两者结果相同：银行都有灭顶之灾。2008 年金融危机发生之后，摩根士丹利和高盛这两家投资银行告急并不是因为债主催款，而是因为股东大量抛售两家公司的股票。

投资银行向拟上市公司提供贷款还说明了一个问题：对赌协议在美国并没有真正存在过。所谓对赌协议，是指投资银行等金融机构投资于拟上市公司，如果公司上市未果或没有实现事先约定的利润，就必须赎回自己的股权，以便金融机构可以全身而退。在整个交易过程中，金融机构翻手云、覆手雨，先做股权投资，之后又改股权为放贷。据称，对赌协议从美国传入，但对赌协议在美国是否得到过认可，是否真正实行过，很是值得怀疑。如果华尔街银行在美国也可以借助对赌协议，就没有必要贷款给拟上市公司。美国投资银行从来没有介绍过对赌协议在美国的案例或判例，也没有介绍过任何的美国文献。

在业务创新方面，我国的证券公司经常向美国投资银行学习，但对于存贷款业务怕是只能临渊羡鱼，无法退而结网。道理很简单：我国的证券公司没有放贷牌照。根据我国现行的《证券法》，我国资本市场是分业经营，证券公司不得从事放贷和吸收公众存款的业务，商业银行则不得从事证券业务。诚然，我国《证券法》网开一面，允许获得批准的局部混业经营，但实践中大多是商业银行蚕食证券公司的业务，证券公司则无法染指商业银行的业务。金融机构中，商业银行仍然是百兽之王。到2016年9月，我国商业银行的总资产已经达到168.3万亿元。[268]大多数情况下是商业银行将其他金融机构的军，其他金融机构很难将商业银行的军。

华尔街银行是混业经营，既可以从事商业银行业务，又可以从事投资银行业务。但此华尔街银行非彼华尔街银行：摩根士丹利和高盛历史上以投资银行业务为主，今天仍然以投资银行业务为主，而摩根大通、美国银行和富国银行历史上以商业银行业务为主，今天也仍然以商业银行业务为主。摩根士丹利和高盛被称作"投资银行"（investment bank），因为两家银行大量从事投资银行业务，即发行和并购业务。按照美国证券法，华尔街银行还被界定为经纪人-营销商。2008年金融危机发生后，美国投资银行成为控股银行公司（bank holding company），可以直接从美联储获得贷款，还可以从事商业银行的存贷业务。但即便是在美国，存贷业务仍然是传统商业银行为大。高盛的存款业务主要是两处：通过网上平台吸收储户资金——2016年高盛收购了通用电气的在线储蓄账户，再就是从理财大户处吸收资金。2008年，高盛吸收存款280亿美元，2016年增加到1240亿美元。当然，高盛与摩根大通相比，还是小巫见大巫：2016年，摩根大通吸收存款为1.4万亿美元。华尔街银行中，也是以商业银行为大。

我国证券公司无缘存贷业务，但我国的科技金融公司却异军突起，存贷款业务做得热火朝天。科技金融公司在美国的对应物是金融技术公司（Financial Technology Company，简称Fintech）[269]。到2016年9月，我国网上银行排名前五的银行总资产为1330亿元。[270]相比之下，美国金融技术公司则发展缓慢，一个重要原因是联邦政府与州政府无法就监管达成共识。传统上，美国的银行由州政府监管，但包括银行在内的任何金融机构，只要由联邦政府监管，州政府就不得过问。2015 年，加州的各类放贷机构发放了 4000 万美元的贷款。[271] 州政府还借监管生财：贷款牌照费和其他牌照费是一笔不小的收入。就金融技术公司的监管而言，州政府不愿放手，联邦政府也不愿意放手，一时陷入僵局。

其实，商业活动的某种特定方式能否大行其道，很多时候并不取决于其本身的优劣，而是取决于政府的决策，而政府的决策很大程度上又取决于文化特性。比如，我国的电动车在市区内四处通行无阻，这就方便了快递，成就了网上购物行业。相反，欧美国家交通管理较严，电动车并不能在人行道上飞驰，有些城市甚至没有电动车，快递因此而受到限制，网上购物也受到限制。

投资银行从事存贷业务，很难说是一种创新，所以没有成为一个激动人心的话题。但投资银行从事存贷业务，存贷业务重登大雅之堂，本身也是一种轮回。这告诉我们，对于前人的做法应当有敬畏之心。很多时候，我们自以为推陈出新，自以为得道成仙，但其实只是在两点之间重复往返。

十、中介机构

中介机构为金融机构和金融机构发行
或销售的金融产品提供背书。要求中
介机构发挥监管机构的作用是强人
所难。

64. 律师事务所两手硬： 并购与外包

律师是一支特别能战斗的队伍，中外律师都如此：既能打阵地战、运动战，又能打游击战、麻雀战，灵活机动，神出鬼没。在目前国际大气候下，拓展型律师事务所既搞合并，又搞业务外包。

2011 年 12 月，世界律师史上发生了一件开天辟地的大事：中国的金杜律师事务所与澳大利亚的 Mallesons Stephen Jaques 律师事务所合并，成为律师总人数达 1800 人的大所。中、澳两家律师事务所合并之前，国际上前几家特大律师事务所的排序如下：Baker & McKenzie，3805 位律师；DLA Piper，3348 位律师；Skadden Arps，1859 位律师；K&W/Mallesons，1800 位律师；Mayer Brown，1645 位律师。[272]

在中国，凡能存活 10 年以上的律师，都有过人的本领，即便不是身怀绝技，那也是眼观六路，耳听八方。但到目前为止，美国律师事务所的业务量最大，律师人均收入也最高。2010 年，全球收入最高的律师事务所中，美国占了 54%，英国律师事务所占 14%，欧洲大陆的律师事务所占 19%，亚洲的律师事务所占 10%，其他各地区的律师事务所占 3%。美国律师的总人数不到美国成年人口的 1%，但他们的能量很大，遍布朝野，占据许多要津。美国总统中不乏律师，参议员中有 55% 的人是律师出身。

英美律师事务所规模大的不少，但大也有大的难处。比如，同一家律师事务所不能同时代理可口可乐和百事可乐，因为两家公司互为竞争对手，律师事务所有利害冲突。留谁或不留谁的客户，那是律师事务所合伙人之间你死我活的斗争。美国大券商已经摆脱了这方面的约束，在并购交易中既为买方提供服务，又向卖方提供咨询意见。律师事务所无法如此潇洒；律师与当事人之间的关系密切，律师掌握了当事人许多不可告人的秘密。好在律师事务所因利害冲突失去的业务远少于由此带来的业务优势。

律师事务所联姻叫"合并"而不叫"并购"，原因之一是律师事务所并没有什么资产，主要靠律师的脑力劳动和体力劳动创造利润，律师事务所最重要的商誉还是无形资产，很难量化和估算。律师事务所的结合很像穷棒子结婚，两床铺盖放在一起，便结成秦晋之好。有些律师事务所还是同床不"同房"，利润成本分开核算。

律师事务所合并主要是为了抢地盘、抢业务：肉可以烂在锅里，无需因专业技能或人事不够而将业务转给其他律师事务所。但要不断增加利润，仅靠并购是远远不够的，开源还要节流，还必须外包。——外包是一个好办法，很多开支可以在外包中得到节省。美国是敢于外包，善于外包的一个国家，政府就率先外包：资本市场的部分监管职能外包给自我监管组织；监狱外包给私营公司；就连在伊拉克的作战任务也可以外包给私营公司。为了节省开支，在公司法律顾问的强烈要求下，律师事务所将判例的查阅和分析工作外包，主要由法学院的教授来从事这些工作。中国律师事务所还无需外包，一是中国法律简单，再是中国律师人工还是相对便宜。

在美国，若是合伙人亲自操刀，每小时收费 500 至 600 美元或更多。一个名叫戴维·古德温的律师看不起教授，因为他比教授懂的多得多："我一天干 10、12 个小时，一年工作 300 天。"[197]古德温律师每天干活时间长不假，但大多数时间是在与客户周旋，并不是真的在研究法律。执业律师对待当事人，有点像中医郎中给人看病，要听、闻、望、切，必须数管齐下。——这是教授做不到的。

为了让客户放心，大型国际律师事务所办公室的装潢古朴风雅，中国的大型律师事务所的装潢也是古朴风雅，像是在告诉中外客户："孩子，这是你的家，庭院高雅。"律师无时无刻不在向客户暗示：我办事，你放心。而这些都不是外包所能做到的。古德温律师不是不知道其中的奥妙，只是天机不可道破而已。

国际大所的头牌律师年收入数百万美元的大有人在，但与华尔街金融机构的总头目相比，律师事务所合伙人的收入就很少了。西方各大金融机构第一把手 2010 年薪酬排行榜如下：摩根大通 2077.6424 万美元；摩根士丹利 1485.4049 万美元；高盛 1411.408 万美元；瑞士信贷 1180.7725 万美元；汇丰银行 898.0695 万美元；德意志银行 854.838 万美元；美国银行 122.0234 万美元。[274]

在某些律师看来，律师事务所合并也好，业务外包也好，都创造不出足够的利润，无法让他们人尽其才，物尽其用。于是，这些律师便改换门庭，投身证券公司求发展，而且发展得不错，甚至做到了第一把手。高盛最近的五位第一把手中有三人是律师出身。在中国资本市场，也到处可见律师银行家的身影。

65. 撼山易， 撼会计规则难

民国初年军阀混战有一大特点：前方打得热火朝天，要解民于倒悬，后方各派却策划于密室，勾肩搭背，称兄道弟。虽然是以打促谈，但主要是以密室政治为主导。北伐军兴，党军以少胜多，势如破竹，所向披靡，就是因为北伐军是真打，所以各军阀抱头鼠窜，望风而逃。资本市场也有这个特点。金融危机之后，美国的法律改革表面上轰轰烈烈，大有炸平庐山、停止华尔街转动之势，但最重要的规则仍然是按既定方针办，不在国会和总统主刀的手术范围之内。美国资本市场的许多关键规则是会计规则，由会计行业组织金融会计标准局（The Financial Accounting Standards Board，简称 FASB）制定。

一个行业组织何以有如此大的权力？难道金融会计标准局没有越权？金融会计标准局并没有越权。国会制定主要法律之后，授权美国证交会制定具体规则，而证交会又授权金融会计标准局制定细致的规则，天不变，道亦不变。

以市值计价（mark-to-market）的规则曾经深受华尔街的欢迎。以市值计价指根据当时市场价值记录证券、投资组合或账户的价格或价值。当时美国股市价格飙升，以当时的市场价值计算股票价格，自然能得到美国金融机构的欢迎。但金融危机开始之后，美国金融机构便开始讨厌该规则。2008 年起，因为股市下跌，各大金融机构因以市值计价而减记，其中美林减记 418 亿美元，花旗集团减记 370 亿美元，AIG 减记 260 亿美元，雷曼兄弟减记 135 亿美元，美联银行（Wachovia）减记 123 亿美元。[275] 2008 年，美国金融机构共减记 1750 亿美元。

与以市值计价的规则相对，还有公平价值会计（fair value accounting rule）规则和历史成本会计（historical cost value）规则，游戏的空间比较大。公平价值会计规则是指公司根据市场行情为股票和资产确定一个合理的价格。历史成本会计规则是指根据取得资产的实际资本计算资产价值。

金融危机之后，对于到底使用哪一条会计准则，金融会计标准局仍然举棋不定，首鼠两端。金融会计标准局摇摆不定，实际上是华尔街摇摆不定。华尔街摇摆不定，既要各种规则对其有利的内容，但又不愿接受对其不利的内容，可以说是既要马儿好，又要马儿不吃草。美国股市回暖后，美国金融机构又有了新的想法。

华尔街的游说集团表示，决定资产价格，应当"使用管理的人员的判断"。但也有一种观点是，"所有资产估值都是主观的，投资者和会计怀疑管理人员的动机，市场价格是坏处最少的一种选择"。按照这种观点，"一家银行是否资不抵债，应当由监管者和投资者来判断，而不是由审计公司所签的文件来决定"。

金融会计标准局的 FAS 140 规则也是金融机构的神器，金融机构借此在资产回购方面还可以大做文章，为公司的利润美容。雷曼便妙用此规则，进行了"回购 105"（Repo 105）创新。105 指雷曼暂时"出售"的资产的价值为其"出售"该资产所得现金的 105%。但回购 105 只是暂时"出售"资产，其实是一种有抵押的资产贷款，临时减少了账面负债——借贷成了销售盈余。金融危机爆发后，雷曼倒台，纽约州总检察长安德鲁·科莫（Andrew M. Cuomo）就指使部下调查安永（Ernest & Young）会计师事务所。[276]安永是审计雷曼的会计师事务所，雷曼的财务报表由安永签字画押。安永不服，声称其做法并不违法，符合 FAS 140 规则。也是，你科莫先生本领高强，为什么不动一动 FAS 140 规则？但控方的回应是，雷曼和安永滥用了该规则。

控方所依据的是纽约州的一部陈年旧法《马丁法》（Martin Act）。该法有一点对政府特别有利：根据该法律，政府不用证明被告意图也可以告其有欺诈罪。一时间，形势对会计师事务所颇为吃紧，大有"黑云压城城欲摧"的势头。

新经济泡沫破灭之后，五大会计师事务所中垮了一家安达信。不过，安达信倒闭也是阴差阳错。安达信不仅是顶风作案，而且在政府立案之后还公然销毁证据，被指控犯了妨碍司法罪。这项罪行比较容易证明，美国的控方借此屡屡得手。不过，安永案只有纽约州政府出面，而安达信是受到联邦政府的追杀。美国经济萎靡不振，华盛顿政客们大多人心思定，多一事不如少一事。科莫也已经更上一层楼，当选为纽约州州长，其兴奋点可能转移，不再与安永的会计师朋友们为难。

66. 当会计师遇到诉讼律师

2014 年，四大会计师事务所全球的收入为 1200 亿美元，而全球前 100 家大律师事务所的收入仅为 890 亿美元。四大会计师事务所还将很多律师收在帐下。四大会计师事务所向客户提供各种咨询，帮助客户避税，而避税需要律师解读法律，至少要解读税法。这就是说，会计师在蚕食律师的业务。无怪乎，有的律师惊呼，律师事务所忽视的最大威胁来自会计师事务所。

会计师是大兵团作战，出外猎食的时候，成群结队，呼朋唤友，而律师则是个体或小团体挣钱。单打独斗的时候，律师比较凶猛，美国法院庭审时更是如此。美国法院是律师的角斗场，双方律师是角斗士，但庭上有时并不正面交锋，而是以证人为定点打击目标。可怜会计师证人成了律师无情攻击的对象。交叉询问的时候，会计师作为证人，只能回答是与不是，但真相绝非"是"与"不是"可以概括的。律师回答问题时，最不愿意说"是"与"不是"，非要设置各种限制条件，还要为自己设置各种免责的理由。

2016 年 8 月，在佛罗里达州法院，普华永道的会计师就遭遇了诉讼律师斯蒂文·托马斯（Steven Tomas）的凶横狙击。托马斯和其客户 Taylor, Bean & Whitaker（TB & W）向普华永道索赔 55 亿美元。TB & W 是一家已经破产的放贷公司，当初其资金来自殖民银行（Colonial Bank）。TB & W 的托管人现在一口咬定，普华永道审计殖民银行的母公司殖民银行集团（Colonial BacGroup Inc.）时失察。殖民银行有 10 亿美元的资产或者是根本不存在，或者是早已经售出，或者是分文不值。普华永道为殖民银行集团提供审计服务长达六年，居然没有发现问题，TB & W 的托管人不信查不出来。托马斯在庭上一口咬定，普华永道的会计师应当看到很多红旗示警。红旗是一种比喻，具体例子是，2006 年有一位实习生向普华永道的有关领导汇报，她觉得贷款的抵押资产"不够"，但领导不肯采纳她的意见。

一位实习生就可以发现此问题，可见该问题查起来并不难，难的是就此做出决策：是说出真相，还是少说为佳。如果完全说出真相，普华永道很可能就丢了生意。推而广之，若是真的知无不言，言无不尽，证券市场也不可能存在，社会也无法和谐，甚至很多家庭也难以维系。是的，很多真相永远都不会有人知道。再有，普华永道审计殖民银行集团六年没有发现问题，所以被送上了被告席。但反过来说，殖民银行集团的生意兴隆了六年，本身也算得上是成功：期间股东已经换了一茬又一茬，其中很多人多少赚了些钱。

很多情况下，一家上市公司股票的价格受制于公司业绩以外的原因。比如，进入股市的资金多了，股价自然就高。美国共同基金所管理的资产已由 1966 年的 389 亿美元增加到 2008 年的 9.6 万多亿美元。共同基金的投资者人数从 1965 年的 350 万人增加到 2008 年的 9200 万人，现在有 9000 多个开放式基金和封闭式基金。资金大量涌入，水涨船高，股价自然会高，但与公司业绩并无直接的因果关系。反之亦然，如果资金逃离股市，股票价格自然下跌，但还是与公司的业绩没有直接的因果关系。在证券市场这个地方，很多公司假装有好的业绩，很多投资者则假装相信这些公司有好的业绩。怎么到了普华永道这里就要假戏真做？会计师们想不通，很多朋友也想不通。要怪就怪证券市场，不要怪会计师，否则就是本末倒置，南辕北辙。

很无奈，美国那些律师出身的法官早就给注册会计师定了性，将其界定为证券市场的"看家狗"（watchdog），向投资公众负责。这种定性还是让人想不通。在众多证券服务机构中，证券公司不用向投资公众负责，律师事务所不用向投资公众负责，信用评级机构不用向投资公众负责，银行不用向投资公众负责，为什么会计师事务所就必须向投资公众负责？美国会计行业姿态高，表示可以当看家狗，但坚决不当猎犬。换言之，会计师没有义务嗅出隐藏的造假，没有义务指认披着羊皮的豺狼，没有义务认出化成美女的毒蛇。

从更深广的意义上说，法律并不禁止人们做坏事，法律只是禁止某些人在某些时候做某些坏事。如果美国法律禁止人们做坏事，那么特朗普和希拉里早已经被绳之以法，而且必须把牢底坐穿，哪里还能够来参加总统竞选？为什么要为难担任审计的会计师？但这些道理在美国的很多州法院说不通。州法官愿意有人来诉讼，愿意让诉讼进入审判程序。靠山吃山，靠水吃水。美国各州的法官也要为家乡经济发展出力。如果有哪家州法院能够成为某类诉讼的中心，外地律师便会纷至沓来。托马斯的律师事务所在加利福尼亚州，为了诉讼托马斯来到佛罗里达州的迈阿密。

就各自的责任而言，与会计师相比，律师就快活多了。律师只向其客户负责，还有律师-客户特权（attorney-client privilege），即，除非客户明说立刻要去杀人放火，否则律师对其客户所说的一切必须严加保密。美国律师名义上是法院的官员：美国律师获得律师资格时，是在法院举行宣誓，装模作样，煞有介事，但一事当前，便先替客户打算，哪里会向法院负责。

美国很多州的法官由竞选产生。从理论上说，四大会计师事务所可以出资，给参加竞选法官的律师捐款。但各州律师协会对法官候选人还是有很大的发言权，会计师事务所要杀入这个圈子比较困难。法院是律师最后固守的城邦，轻易不会放弃。

但一旦诉讼由陪审团审理，普华永道这样的被告就凶多吉少。陪审团成员大多愿意杀富济贫，几个回合下来，普华永道支持不住了，与TB & W达成庭外和解。和解金额是双方保密的内容，但普华永道应当支付了一笔巨款。诉讼程序持续了四周，加上前期的工作和扫尾工作，普华永道向自己的律师支付了巨额律师费。如果托马斯不拿个上千万，心中肯定不爽。托马斯律师代理的诉讼通常是胜诉收费，律师按比例提成，可以拿到30%至40%的赔偿金。因为有利可图，私募基金也加入到了这个行业，前期垫付诉讼费用，胜诉后分成。

普华永道栽在了托马斯律师的手里，但赔偿金额应当由保险公司承担很大一部分。事实上，四大会计师事务所的一大优势就是可以集中资源，借助规模效益，以较低的价格购买巨额保险。

为了挽回损失，普华永道可以再多雇些律师，增加避税业务。不过，跨国避税正在遭遇困难：欧盟对苹果逃税做出重罚，金额高达 100 亿美元；星巴克必须向荷兰补交 2000 万欧元至 3000 欧元的税款；欧盟还在对亚马逊进行调查。美国政府已经表示强烈反对，指责欧盟是在创立"跨国税务局"。从决定政策的人，到下面的普通工作人员，美国官员大多是律师。在美国公司海外避税的问题上，美国律师和美国会计师是站在一起的。

67. 走下 AAA 的神坛

2011 年 8 月 5 日，标准普尔下调美国的信用评级，将其由 AAA 降为 AA+。[277] 两天之前，中国的信用评级机构大公国际已经抢先一步，将美国本、外币国家信用等级从 A+下调至 A，而且展望为负面。以美国为首的西方国家对大公的评级根本不予理睬，而标准普尔下调信用级别，美国就不敢不认了，但美国还是不服。奥巴马行政当局不从主观上找原因，反而恼羞成怒，气急败坏地指责标准普尔犯了算术错误，将美国财政部的债务多算了 2 万亿美元。AAA 是美国国民的骄傲，有 AAA 就值得骄傲，尽管当时美国的失业率在 9.2%。

标准普尔下调美国信用评级之前，美国国债还卖得很好：两年期利息只有 0.26%，10 年期利息只有 2.41%。一些投资基金就将美国财政部债券作为特殊资产，不受信用评级调整的影响。究其原因，首先是欧洲主权债务危机仍然不见尽头，而且全球经济复苏放缓；再就是美国信用评级的事情已经是老生常谈，市场已经消化了相关的不利消息，人们也有了心理预期。

其实，尽管美国的国别信用一直是 AAA 级，但有 AAA 信用评级的美国公司已经大大减少。1980 年代初，美国信用评级 AAA 的非金融公司有

60 家，到 2000 年只剩 15 家公司，金融危机之后只剩 4 家：自动数据处理公司（Automatic Data Process）、埃克森美孚（ExxonMobil）、强生（Johnson & Johnson）和微软（Microsoft）。[278]金融公司另当别论，因为尽管金融业务的风险很大，但银行之类的金融公司通常有政府在后面撑腰，一般不会倒台：政府可以乱印钞票。

美国的公司之所以信用评级下降，与美国大搞资本市场有很大关系。1980 年代，美国开始声势浩大的并购运动。收购方通常是通过垃圾债券和过桥贷款筹资收购公司。收购公司得手之后，大多要迫使被收购的公司大量负债。相比之下，美国政府更喜欢举债，2011 年负债额已达到国内生产总值的 75%，2013 年达到 84%。

美国胡来，急煞中国。中国不断有人出面呼吁——听上去有点像哀求了，要求美国不能乱来。不管是批评美国，还是哀求美国，那都是没有用的。这就像婚姻，如果当初选错了配偶，那么只有两条路，要么离婚，要么隐忍，改变对方几乎没有可能。同样，美国就是稀释美元，以减少自己的债务，这是阻挡不住的。中国苦苦哀求美国不要胡来，其他国家大多是看笑话，不会有什么人同情中国的。从理论上说，这个世界上只有两个机构批评、教育、帮助美国，一个是国际货币基金组织，另一个是国际评级机构。

当初东南亚发生金融危机，西方领导下的国际货币基金组织就对东南亚各国提出了严厉的批评，有的话说得还很难听，说这些国家是裙带资本主义，好像美国就不是裙带资本主义似的。如今美国乱印钞票，大家都知道不对，可是国际货币基金组织就是不说话，其中的高官也没有仗义执言的。美国的评级机构也不说话。而当初下调中国境外上市公司的信用级别时，信用评级公司可是迫不及待。

不过，有一点我们必须清楚：美国信用评级下调，并不等于美国没有钱。美国有的是钱。2011 年初至 6 月 20 日，美国商业银行的现金增加了9127 亿美元，达到 1.98 万亿美元。美国的问题主要是两条路线斗争：民主党极力反对削减用于穷人的政府开支，而共和党坚决不同意对富人增税。只要美国政府狠狠心，还是可以把钱收上来的。标准普尔也没有说美国偿债能力削减，只说美国政府没有减少债务的意愿。标准普尔的原话是这样的："下调反映了我们的观点，即，值此财政和经济持续挑战之际，美国的决策和政治机构的有效性、稳定性和可预测性已经削弱。"话说得很绕，但只要美国的税率上调一些，达到加拿大的水准——还不用像欧洲的那么高，美国政府的债务很快就可以消失。

十一、公司治理

公司治理是证券法与公司法重叠之处，也是证券法蚕食公司法之处。——至少特拉华州的法官这样认为。

68. 法官帮闲： 美国公司治理的新动向

当今世界资本横行，相关专业人士只有两个选择：或为帮凶，或为帮闲。律师通常是帮凶，而学者通常是帮闲。最近美国又有新动向：法官也开始帮闲。哥伦比亚大学法学院最新一期《哥大法律评论》刊载了一篇有争议的文章，题目是《借助普通投资者我们可以做得更好吗?》（Can We Do Better by Ordinary Investors?），作者利奥·斯特林（Leo E. Strine）是特拉华州的法官。斯特林法官在文中旗帜鲜明地提出，美国的股东权利太大，必须反攻倒算。

一、公司治理的各阶层分析

斯特林法官对美国上市公司的各阶级做了分析。他把公司治理中的主要利益相关者分为三类：资金经理（money manager）、公司高管以及终极投资人（end investor）或长线投资人。资金经理是一个宽泛概念，但斯特林法官所说的资金经理，主要是指对冲基金经理和共同基金经理。斯特林法官视基金经理为洪水猛兽，称他们"会损害公司追求最大利润的能力"。斯特林法官对基金经理深恶痛绝，历数其弊端：基金可以要求罢免公司现有董事，但无需提出自己的候选人；基金作为股东，每年就公司高管薪酬投资；股东投票太多，形同"不断进行微型公决"。在斯特林法官看来，对冲基金经理过于追求短期利润，而且据此对公司高管施压，结果是"在近期压力下管理公司，有可能不利于股东或整个社会"。斯特林法官认为，对冲基金干预公司治理的弊端是，"侧重政策的短期效果，没有充分考虑这些政策的长期投资是否过少，同时杠杆过高，还有外部风险"。

在斯特林法官的眼里，共同基金（相当于我们这里的证券投资基金）的经理们也不是什么好东西，因为他们的薪酬并不与其管理的基金的长远价值挂钩。共同基金中的主力军是指数基金，而指数基金是被动投资者，对公司治理的影响不大。基金经理的做法不利于长线投资者，但长线投资者被基金经理裹挟，无法真正发挥作用。在斯特林法官看来，对冲基金之类的少数股东劫持了大多数股东，逼迫公司高管就范，进而左右了公司的大局。

长期以来，我们一直相信一个真理：必须大力培育机构投资者，因为机构投资者由专业人士管理，他们经验丰富，富于理性，是一支健康力量，是资本市场稳定发展的坚实基础。有了大批机构投资者，资本市场就可以蓬勃发展，既轰轰烈烈，又扎扎实实。但按照斯特林法官的论断，机构投资者的神话是不能成立的。

二、公司治理模式之争

斯特林法官上纲上线，把基金管理人与公司高管之间的斗争上升到两条路线斗争的高度，将其界定为两种民主模式之间的较量。是直接民主，

还是间接民主？这是斯特林法官提出的命题。斯特林法官文章的副标题就是
"对于公司法的两种相互较量的意识形态卫道士的客观回应"（Pragmatic Re-
action to the Dueling Ideological Mythologists of Corporate Law）。美国政治民主
是间接民主，总统大选就是间接民主，先由各州选出民主党和共和党的总
统候选人，再由各州选民决定是支持民主党候选人还是支持共和党候选人。
斯特林法官的意思是，公司也应当实现间接民主，由公司股东选出董事，
再由董事选出高管管理公司，股东尽量不要过问公司治理的问题。

在斯特林法官看来，美国目前的公司治理模式形同"联合国模式"，
"投资者只要略有股权，便可以要求公决，议题五花八门，管理层不胜其
烦"。斯特林法官认为，这种做法有失公允，因为"任何人略有股份，就
可以提出议案，无需承担任何费用"。斯特林法官反复强调，股东不应当过
多过问公司高管的薪酬，现在股东每年讨论高管薪酬过于频繁。斯特林法
官最痛恨的是，基金可以随意收购上市公司，而上市公司却不能有效进行
防御。这笔账也被斯特林法官算到了公司直接民主的头上。

就公司治理而言，是直接民主好，还是间接民主好，目前尚无任何实
证研究方面的有力证据。事实上，就这个问题很难开展实证研究，对比组
就无法找。除公司治理结构外，影响公司业绩的变数太多：公司与公司之
间差别太大，几乎没有两个相同的公司，即便是同一个公司，不同时期也
有很大差别。但我以为，对于股东中的散户（即终极投资者）来说，基金
经理与公司高管之争并不是直接民主或间接民主的问题，而是喂肥一头饿
狼，还是喂肥两头饿狼的问题，是只需要喂肥公司高管，还是既需要喂肥
公司高管，同时还需要喂肥基金经理的问题。理想状态下，基金经理与公
司高管互斗，可以相互制衡，但现实是两者既相互斗争，又相互利用，相
互勾结，而且主要是相互利用，相互勾结。比如，基金经理与公司高管以
对方的薪酬作为自己加薪的基准线，水涨船高，交替攀升。事实上，机构
投资者加入公司治理后，便多了一个行业的人分钱，增加了散户股东的负担。

三、主义之争，地盘之争

学者大多标榜自己特立独行，尽管他们经常是为某一势力集团摇旗呐喊。学者大多是无权无势的书生，不过坐而论道而已，所以各方对其言论完全可以姑妄听之。而法官通常谨言慎行，轻易不在司法程序之外发表言论。这是因为从理论上说，法官应当保持中立，放言纵论势必使人怀疑其中立性，进而影响法官和法院的公信力。再者，法官可以在其判决书中充分表达自己的观点，似无必要赤膊上阵，冲到前台上蹿下跳。

正是因为法官通常谨言慎行，所以斯特林法官发文打横炮，确有一鸣惊人的效果，甚至形成了一定的小气候。而该小气候又有大气候的背景：对冲基金与公司高管之间存在着激烈斗争。保罗·罗斯（Paul Ross）律师的许多客户是对冲基金，按照他的观点，"表现不好的公司才有可能成为目标公司。如果公司故步自封，因循守旧，那么有一个深思熟虑的计划，所有投资者都会变得更加富有"。相反，长期代理公司高管的马丁·利普顿（Martin Lipton）律师就有截然相反的怪观点："每次积极投资者发动攻击，几乎都要导致资产缩水，投资资本减少，研发减少，未来支出减少，而对经济影响最大的是就业减少。"[279] 两位律师针锋相对，立场鲜明，但用词用语还是比较克制的，可以说是点到为止。法律人辩论既针锋相对，又彼此心同：律师需要对手，如果没有一方律师挑动并代表己方客户诉讼，另一方律师就缺乏用武之地。

斯特林法官没有两位律师那样温文尔雅，他在文中恶毒攻击美国证交会，因为按照证交会的规定，即便股东提案在股东大会上没有被通过，下次股东大会上，公司仍然需要将提案交付表决，除非过去五年中，提案被97%以上的票数否决。斯特林法官表示，证交会的做法"酷似齐奥塞斯库操纵投票"。不管斯特林的观点是否有道理，但把证交会比作齐奥塞斯库，是何其恶毒！哪里像一个居中裁判的法官。齐奥塞斯库在罗马尼亚国内是很有争议的人物，在西方被明确定性为暴君，即便证交会很坏，似乎也不能与齐奥塞斯库相提并论。《哥大法律评论》的编辑们不做任何修改，便发表这篇文章，似乎是有点奇怪。有两种可能：或者是编辑与斯特林法官观点完全相同，穿一条裤子；或是编辑们刻意不修改，故意让斯特林法官自我暴露，成为众矢之的。

斯特林法官之所以对证交会恨得要死，就是因为证交会蚕食了特拉华州法院的地盘。传统上公司治理属于公司法范畴，由州法院审理。但证交会依据国会的制定法，狐假虎威，推出具体规则，将公司法的问题转换为证券法的问题，转而由联邦法院审理，斯特林法官胸中自然是平添恶气。斯特林法官不顾法官的斯文，从后台跳到了前台，也是因为地盘之争。斯特林法官以正确路线代表自居，但他与证交会的矛盾不仅是路线之争，更是地盘之争。本文并不论证斯特林法官的观点正确与否，但可以显示，斯特林法官主张遏制股东权利，他是有利害冲突的。斯特林法官给别人上纲上线，别人也可以给他上纲上线。

斯特林法官以正确路线代表自居，但实际上特拉华州的公司法和公司法实践也并非善举。斯坦福大学法学院的劳伦斯·弗里德曼教授（Lawrence M. Friedman）在其论著《美国法》（America Law）中就指出："如果企业认为自己所在州的法律过严，那么新泽西州愿意迁就，之后特拉华也愿意迁就。""19世纪末、20世纪初，特拉华州特意通过了宽松的公司法"，吸引了很多公司来此注册。在纽约股票交易所上市的公司中，半数以上是在特拉华州注册的。为了贯彻立法机构的立法目的和立法精神，特拉华州法院及其法官就必须为大公司开道。由此看来，美国的法律、法院和法官可以是很贱的，权贵与资本合流在所难免。

四、神话的破灭

法官不是律师，是中立的化身，本不应当成为帮凶。法官不是学者，本没有必要成为帮闲。更为重要的是，法官不是普通学者，是掌握印把子的裁判者，所以当法官开始帮闲的时候，我们有理由怀疑，法官不仅是在帮闲，而且有可能是在充当帮凶。

美国是一个充满神话的国度，而司法独立和资本市场又是神话中的神话。美国法官被吹得神乎其神，世界上很多人都相信：这批智叟们不仅秉公断案，而且修身极严，谨言慎行，不仅事实上公正，而且看上去也是公正的。但从斯特林的表现看，美国的法官神话值得怀疑，盛名之下，其实难副。那么接下来就有理由问，美国的资本市场是否也会是盛名之下，其实难副？因为美国还有一个神话：美国资本市场高歌猛进，长风万里，就是因为有美国的法律和法官保驾护航。

69. "禅是一枝花" ——谈公司董事责任

百年老店贝尔斯登告急的时候，公司的一把手却远在外地打桥牌。很多股东义愤填膺：公司坐困愁城，高管却在外面逍遥快活，公理何在？其实，老先生倒并不一定是贪图享受，如果他回去亲自指挥救灾工作，对他也有风险，而且风险更大。公司到了最危急的关头，慌不择路，难免有违法、违规的行为，如果亲临现场指挥出了问题，老先生岂不是要负责？想推都推不掉。两个选择都不如人意，那当然是两害相权取其轻了。

美国法律对公司董事的要求很低。公司出事的时候，只要公司高管不是在吃花酒，问题都不大。即便是在吃花酒，估计问题也不大，善解人意的法官也会网开一面。

一、"禅是一枝花"

关于公司高管的责任，各国法律大同小异，至少是其他各国向美国看齐，参照美国的公司法制定自己的相关法律。按照美国的公司法，公司董事和高管的责任主要是两种：注意责任（duty of care）和忠诚责任（duty of loyalty）。注意责任是侵权法的概念，指一般审慎的人在管理自己重大事务时所应有的合理注意。美国公司法关于高管的规定也被引进中国。中国《公司法》第147条规定："董事、监事、高级管理人员应当……对公司负有忠实和勤勉义务。"措辞不尽相同，但意思大致相同。此处的"责任"与"义务"是同义词。公司主要高管通常也是公司董事，下文中"高管"与"董事"两词通用，除非特别说明是"独立董事"。

注意责任标准很重要。"禅是一枝花"，于丹大姐为我们描绘了善男信女们的美好人生。如果我们按于丹大姐所定的人生标准来衡量自己，我们便会自惭形秽，无地自容，但若是比照于丹大姐本人做人的标准来衡量自己，我们就会理直气壮，觉得自己也是一个高尚的人、一个纯粹的人、一个有益于公司的人、一个有益于公司股东的人。这里的审慎的人是指业内高管在类似的情况下是否会有类似的做法。举例说，如果边吃花酒边做公司的决定的高管很多，那么高管这样做，注意责任方面并没有问题。

简化后的推理等式为：董事责任=公司法=注意责任+忠诚责任（信托责任，fiduciary duty）=业务判断规则=遵循常理人的审慎=是不是在吃花酒办公=是不是业内都在吃花酒办公。

华尔街有些高管标榜自己很勤勉，事必躬亲，定期查看各部门和下属公司的财务状况。不出问题固然是好，可以论功行赏，但公司出了问题，事必躬亲的高管便难辞其咎，无法一推三不知，而逃避责任的最好办法就是一推三不知。

董事搞垮一个公司，法官似乎并不深究，但若是搞好一家公司，那倒是有可能惹来麻烦。并购业务中待价而沽的目标公司应该办得不会太差，但是如果涉及并购业务，目标公司的高管的注意责任标准就高了，成了信托责任，即升级版的注意责任。信托责任也称受托人责任，指公司高管最大限度地为公司和公司股东谋取最大利益。具体到并购业务中的目标公司的高管，信托责任就是必须将本公司卖个最好的价格。

价高价低是一个比较主观的看法，所以公司高管就从公司外请来一批贤达担任公司的外部董事，也叫非执行董事或独立董事。董事会表决时，如果独立董事批准收购价格，那么董事会的决定便更加合理，即便收购价格过低，董事也没有过错责任。当初，独立董事是被高管请来保驾护航的，现在却被炒作成一支牵制公司高管的生力军，实在是有些力不从心。

美国公司法是州法，许多原则和规则也见于判例之中，或由判例总结而来。所以，美国的公司法也是法官定下的规矩。信托责任也是如此，但信托责任的适用直观上不舒服。搞垮一个企业，法官不愿深究，但若是出售公司价格过低，法官倒要来深究。这是什么逻辑呢？美国法官的做法似乎是反逻辑的，也是反直觉的。搞垮公司似乎远比贱卖公司要严重。类似的现象生活中也有。父母虐待其未成年子女，政府未必会管，但若是父母卖儿卖女，政府便不会袖手旁观。

除了独立董事，公司高管还可以求助于商业判断规则（business judgment rule）。商业判断规则指，董事会决策时，只要公司高管事先对相关情况做过调查，而且决策有合理性，即便决策被证明是错误的，董事也没有过错责任。总之，坚决反对事后诸葛亮。

就公司并购业务而言，董事责任的简易推论等式为：董事责任＝公司法＝注意责任+忠诚责任（信托责任）＝独立董事+ 业务判断规则。

二、忠诚责任如何？

除注意责任之外，董事责任还包括忠诚责任。忠诚责任的要求是，董事不得为了自己的利益而损害公司的利益。

忠诚责任无处不在。比如，高盛向大学、思想库和慈善组织捐钱，但有些股东有意见，说是高盛的几位董事在这些机构担任要职，[280]似乎有利害冲突。著名大学是接受高盛捐款的大户，日后虽然不能确保董事的亲朋好友可以上名校，但只要董事本人的儿子和孙子成绩不是太差，这些名校的大门对他们是敞开的。捐钱给母校捐够了，还可以当校董——在美国是件很体面的事。捐钱多的人还可以为太太在慈善机构谋一个位置——社会名流的象征。

2010年高盛召开股东大会时，董事们的慈善事业虽已曝光，但高盛所有的现任董事全部当选连任。[281]慈善的事情，其他银行也有。

三、合规：公司治理的核心

董事责任又与公司治理联系在一起：公司治理搞不好，董事就有责任；公司治理搞好了，即便公司没有搞好，董事也没有责任。公司治理的核心是合规。合规分为两大部分，填表和内控。

公司治理＝合规＝填表+内控。

填表主要是为满足法定披露责任，是应付监管机构的繁文缛节。内控的形式多种多样，但主要是设立各种委员会。董事会有小组委员会，公司管理层也有各类委员会：投资管理委员会、执行委员会、新产品委员会、投资银行委员会、估值委员会、运营敞口委员会、市场风险管理委员会。此外，还有各种合规手册：柜台交易合规手册、个人理财服务合规手册、固定收入合规手册。

从表面上看，雷曼是内控的先进典型，至少其内部规章很漂亮，各种委员会十分齐全。雷曼首席执行官迪克·福尔德（Dick Fuld Jr.）还把合规带到了社交活动中。一次，福尔德在家举行聚会，来的一位同事穿的是宽松休闲裤，没有按请柬要求穿高尔夫球衫和斜纹棉布长裤。福尔德不悦，非让他临时换装。[282]但表面文章挡不住实际违规。当雷曼的合伙人亲临现场指导时，交易员就把索引卡从墙上取下来，免得合伙人注意到他们当天的交易超出了头寸限制。雷曼还在会计上做文章，利用"回购"（repo）伎俩，使资产负债表缩小数百万。[283]

内控再好，也还是一把手说了算。福尔德在公司做重大决策时，经常请合规主管暂时回避。这倒不是雷曼的高管不好，尽管他们确有可能不好。券商行业的一言堂主要是由券商业务的性质所决定的：券商是准军事组织。资本市场的业务有很大的投机性和赌博性。既然是赌，讨论来、讨论去的意义不大，弄得不好反有可能贻误商机、贻误战机。

四、"重大"：禅语般的费解

华尔街银行公司治理方面的问题成堆，但却仍然有惊无险。金融危机期间，美国公司高管做了那么多的坏事，也没有听说哪一家美国公司的高管被判赔钱。很多时候，美国法官还将股东的起诉直接驳回。但对于在美上市的中国公司，美国投资者和法官都不手软，经常死缠烂打。与中国在美国的上市公司相比，华尔街那些公司所出的问题实在是大得多。说到底，美国那些投资人是把中国公司和中国股东当作冤大头来打的。美国投资人似乎是内外有别，但说到底，还是欺软怕硬。

从美国传来的战报看，美国股东发难的借口主要是中国上市公司所披露的信息不全。按照美国的法律，上市公司必须披露重大信息（material information）。"重大"一词比较难缠，如禅语般费解。重大信息指进行投资决策时，在当时的情况下，可能对遵循常理的投资人产生影响的事实的相关信息。"重大"还是一个比较模糊的概念。当然，也有清楚的时候。比如，按照美国证券法，过桥贷款合同属于重大信息，应该披露。但更多的时候，信息是否"重大"并不清楚。比如，若是收到证交会关于起诉在即的威尔士通知（Wells Notice），公司是否应当予以披露？如果不披露收到该通知，在美国就有可能成为股东起诉董事的理由。有些时候，证交会虽有规定，但仍然似是而非。例如，2010年1月27日，证交会宣布，公司有责任告诉投资者，全球变暖对其业务是否会产生风险。但是否披露有关信息，需要考虑新的法律或国际条约是否会增加运营成本。由此看来，重大信息披露是例行填表加模糊概念。

五、保险

为了保护自己，在公司高管的运作之下，上市公司大多会为其公司高管购买责任保险。但购买保险也是一件比较伤脑筋的事。保险公司付款大多很不痛快，有时候为了付款的事情，保险公司与投保人之间还会产生诉讼。有些保险公司出售保险，但出了事情之后却不愿支付保险金。所以在购买保险的时候，也不能掉以轻心。好在提供公司董事责任保险的保险公司不少，中国的保险公司也有做此业务的，所以买方还是有挑选余地的。

首先，必须明确保险为谁而购。如果是公司为补偿公司董事损失而购，那么遇到公司破产清算，保险金便成了公司债权人瓜分的财产。为了保险起见，公司高管应该让公司在购买保险时声明受益人是公司高管而不是公司。

如果独立董事在美国之外，那么即便有败诉罚款的判决，不付钱美国那边一时也没有办法。美国的当事人要在中国执行美国法院的判决，难度还是很大的，几乎不可能。但公司高管不同，他们还得在道上混，家产数亿、数十亿后也还要在道上混。不是钱不钱的问题，而是存在价值的问题，所以自然是要付钱的。

诉讼费也是一件大事。在美国打官司是烧钱，美国律师按小时收费——应该说是按分钟收费：大牌律师每小时数千美元，客户自然是每分钟都在烧钱，以每分钟计算律师费让人更有紧迫感。但公司有可能不存在了，所以还是有保险的好。为求保险起见，相关规定最好写入公司章程，公司章程有如公司的宪法，改起来比较难。但一般来说，只要公司不破产，即便没有为高管购买保险，公司也会为高管支付律师费。如果高管身败名裂，公司的声誉也会受到影响。再者，如果公司见死不救，那么深陷困境的高管或雇员有可能反戈一击。

六、步步为营，层层设防

一种做法可能有多种目的，而为了达到同一目的又可以使用多种手段。上市公司董事责任也好，公司治理也罢，其目的因人而异，但实践中主要是用来保护公司高管，特别是保护公司的第一把手，从程序上保护高管。董事、高管可以因势利导，步步为营，层层设防。一个制度，一种做法，出台的初衷可能是为了牵制董事，但最终大多被董事利用，至少是被董事化解。

70. 上市公司到底谁说了算？

雨欲退，云不放。海欲进，江不让。据传，阿里巴巴有意在香港上市，但未能如愿。阿里巴巴的要求是，上市之后必须有双重股权结构，即，以马云为首的公司高层领导虽然只拥有公司少数的股票，但可以决定多数董事的提名，从而牢牢掌握公司的领导权。香港监管当局拒绝接受这一条件，理由是在香港上市的公司必须同股同权。阿里巴巴随即掉头东去，改在美国上市，因为美国允许双重股权：少数股东可以掌握对公司的控制权，公司不仅是少数人说了算，而且经常是一把手说了算。

说到底，公司双重股权结构的要害是，公司到底谁是核心人物？但凡一支队伍朝气蓬勃，具有一往无前的精神，这支队伍大多都有一个核心，由若干灵魂人物组成。合伙制是这样，公司制也一样。苹果的乔布斯、福特的亨利，还有微软的比尔·盖茨，在未退休之前，他们都是公司的灵魂人物，是核心的核心：没有他们，公司就大不一样。

从形式和程序上说，股权双重结构的要害是排座次。这在中国文化中并不陌生。比如，《水浒传》中有一百零八将，但要分天罡星三十六员，地煞星七十二员。天罡星中高级军官出身的好汉又排在前列：大刀关胜、豹子头林冲、霹雳火秦明、双鞭呼延灼、小李广花荣、双枪将董平和没羽箭张清都名列前茅。相反，地耗星白日鼠白胜资历很老，是最早跟着晁盖上梁山的，但也只能排在地煞星中。

三十六员天罡星中，核心人物也只有四人：呼保义宋江、玉麒麟卢俊义和智多星吴用，再加上一个能够呼风唤雨的道士入云龙公孙胜。凡遇大事，都是由宋江等三四个核心人物说了算。比如，招安还是不招安，就由宋江等三四个核心人物说了算，武松、鲁智深等人反对也没有用。

既然武松和鲁智深有可能干扰，为了保证宋江的路线能够得到贯彻，在制度上也必须有所保障：这就是把武松的座次往后排。武松入伙、入股的资本不小：武松有打虎威名，入伙梁山自然是增加了梁山的品牌效应，但武松只能坐第十四把交椅。

按照香港的公司治理理论，同股同权是为了保护小股东的利益。很可惜，小股东与小股东是不一样的。还是可以借用梁山经验说明问题。如果把梁山比作一家公司，梁山一百零八将中，三十六位天罡星是大股东，七十二位地煞星是小股东。此外，尽管同是天罡星，与宋江和卢俊义相比，武松又是小股东。当然，梁山的小喽啰也是小股东，但地煞星与小喽啰是不一样的。比如，武松反对招安首先是出于个人利益。武松在梁山当好汉，可以大块吃肉，大碗喝酒，如果愿意的话，还可以天天结婚（尽管武松不近女色）。但小喽啰就没有这等福气了，平日里粗菜淡饭不说，遇有战事还必须冲锋在前，送死在前。所以在小喽啰来说，反正是烂命一条，不如为朝廷卖命，在沙场建立奇功，即便不能封妻荫子，至少还可以得些薄田安身立命。

了解梁山排座次的经验，有助于理解公司的股权双重结构。如果梁山的经验还不足以令人信服，那么联合国的组织结构应当更加能够说明问题。联合国也是双重结构：联合国大会是一国一票，但重大问题都由安理会决定，而安理会成员又分非常任理事国和常任理事国，重大问题由五大常任理事国说了算，否则他们就投反对票。是的，小国就是小国，小国怎么能够与大国平起平坐？同样，散户就是散户，随你说得天花乱坠，最后还是公司领导说了算。

还有，军队的结构也能说明问题。军队作战是以首长的决心为意志：议而不决，就会错失良机，就有更多的流血牺牲。很多时候就是这样：众人负责，就等于无人负责。办公司也一样，经营不是请客吃饭，不是绘画绣花，不是做文章；经营是赚钱，是一部分人赚另一部分人的钱。商场如战场，无论有多么高超的公司治理理论，上市公司恐怕最后还是要实行首长制。

71. 摩根大通的一把手负责制

摩根大通豪赌亏损 20 亿美元，也有可能是 30 亿美元。尽管此后 Facebook 上市股价作弊的丑闻接踵而来，但还是没有完全转移人们的注意力，还是有人死缠烂打，不肯轻易放摩根大通过关。在批评者的眼里，摩根大通的公司治理有问题。摩根大通是一把手杰米·戴蒙说了算。戴蒙是明星 CEO，自己到处巡回讲演，出尽风头，但自家公司并没有管好，这就是公司治理出了问题。

美国号称头号民主国家，三权分立确实在很大程度上约束了总统。但在华尔街金融机构中，却是一把手说了算。摩根大通的领导结构就比较适合独裁：首席执行官身兼董事会主席。摩根大通豪赌巨亏之后，其 40% 的股东表示，董事会主席与首席执行官应当分别由两人担任。但戴蒙既没有主动下台的意思，也没有放弃董事会主席一职的意思。看来，他还是要继续独裁下去。

华尔街银行的一把手像狮王。狮王是不允许潜在对手存在的，亲子也要被逐出狮群。摩根大通也是这个意思。戴蒙并不培养自己的接班人，而且将任何潜在对手挤出公司，身边都是些愿意听命的下属。首席投资部豪赌导致了 20 亿美元的巨亏，该部门负责人艾娜·德鲁（Ina Drew）就是戴蒙的亲信。首席投资部早已失控，纽约总部与伦敦分部经常吵成一团，谁也不服谁，但德鲁向戴蒙报告平安无事，戴蒙便相信了。

当然，首席执行官独断独行，也不只是摩根大通一家公司的问题。高盛也有同样的问题，它也是首席执行官兼董事会主席。高盛前首席执行官保尔森还专门在自己的办公室安了一道特殊的门，由他本人通过遥控开门关门。这就是害怕有人擅闯他的办公室。有道是"为人不做亏心事，半夜不怕鬼敲门"。但高盛的一把手亏心事做的太多，白天都怕人敲门。

除去公司内控问题，摩根大通与政府监管机构之间的关系也十分暧昧。有人批评戴蒙不应当身兼纽约美联储理事会理事一职，这种安排有利害冲突：美联储有监管摩根大通的职能，戴蒙既在监管机构坐一把交椅，又在被监管的摩根大通坐第一把交椅，那他到底是监管者还是被监管者？戴蒙的回答是，不必大惊小怪，纽约美联储理事会只不过是一个咨询机构，言外之意是没有什么利害冲突。但事实恐怕并非如此。

美国监管部门的大批工作人员长期驻扎在摩根大通内，实行零距离监管，但居然没有发现公司的豪赌问题。其原因之一是，摩根大通根本不把美国监管机构人员放在眼里，就连摩根大通的中、下层管理人员也不把监管机构的人员放在眼里。一次，派驻摩根大通的一位纽约美联储的官员出于监管需要，要求摩根大通提供三到五年的资本计划。几天之后，摩根大通的工作人员告诉这位官员，相关文件已经交给他的上司。其言外之意是，你下面的一个小官，不要多管闲事。摩根大通的这些雇员之所以耀武扬威，有恃无恐，与戴蒙在纽约美联储任理事会理事怕是不无关系。

美国监管机构派驻摩根大通的人员不少，纽约美联储派了40人，美国金融监管局派了70人。他们分别派驻在摩根大通从事风险交易的部门，如结构性产品交易部。但首席投资部却没有政府监管部门的人，尽管该部门亏损了至少20亿美元。美国政府白白浪费了纳税人的血汗钱。

摩根大通有4000亿美元的投资组合，三年内尽兴豪赌，共赚了50亿美元，同时也埋下了巨亏的祸根。这样大的动作，监管部门居然还没有发现，监管机构也是难辞其咎。监管机构的负责人自然心虚，赶紧把责任全部推到摩根大通的头上。他们一口咬定，摩根大通曾经保证过，政府不必多虑。当然，为了帮自己开脱，监管部门的领导也要帮摩根大通开脱。纽约美联储总裁就表示，摩根大通的损失并不会影响到公司的生命力。实际上摩根大通已经绑架了监管机构。

摩根大通是真正的一把手负责制度，戴蒙不仅在公司内部说了算，就连在与监管者的交往中，也还是戴蒙说了算。

十二、监管机构

从理论上说，证券监管机构是为了保护投资者而设立的。但现实中，监管机构大多是策应和掩护金融机构。

72. 美国金融监管机构新说

金融危机之后，美国政府对高盛进行了许多真真假假的调查，美国联邦检察官最后出现，对高盛进行了刑事调查。美国检察官是一支特别能战斗的部队，是一支能打硬仗的别动队，专门查处大案、要案。美国检察官大多身手不凡，有点《水浒传》中八十万禁军教头的意思。美国司法部并不直接招收法学院的应届毕业生担任检察官，要从有实践经验的律师中挑选有能力者。与之相比，美国证券交易委员会战斗力很差，简直像是一支地方部队，华尔街在其眼皮底下违法违规，监管人员也发现不了。

刑事调查的具体任务交给了纽约南区联邦检察官。在美国联邦检察官中，纽约南区检察官是第一流的剑客。曼哈顿属纽约南区管辖范围，这里是资本市场的大本营，强人出没，盗贼遍地，既有搞庞氏骗局的孤胆英雄伯纳德·麦道夫（Bernard Madoff），又有高盛这样的山头，非等闲之辈可以应对。从人员配置方面说，纽约南区法院和检察院相当于中国北京海淀区的法院和检察院，集中了一批精兵强将。

美国司法部向全美各大区派驻联邦检察官（US Attorney），类似特派员和钦差大臣的角色，不仅不受地方大员的辖制，而且相对独立于总部，司法部长不能随意撤换联邦检察官。联邦检察官之所以敢于对华尔街重拳出手，其相对独立性是一个原因。通常上层官员与华尔街的关系比较深，往往限制下属调查华尔街。再有，许多联邦检察官并不在资本市场谋求发展。例如，1980年代末，联邦检察官鲁道夫·朱利亚尼（Rudolph Giuliani）下狠手起诉高盛内幕交易人。朱利亚尼后来当了纽约市长，2008年还参加了共和党的初选，竞选美国总统一职。圈内人最怕圈外人：圈外人打一枪换一个地方，敢于六亲不认，敢于扔石头。证交会主席就不一样了，担任公职前出入于资本市场，担任公职之后还是出入于资本市场——总之，是以资本市场为家，靠山吃山，靠水吃水。比如，证交会前主席玛丽·夏皮罗（Mary Schapiro）先是在证交会内任职，后来又去全美证券营销商协会工作，然后再回证交会任主席。圈内人做事要有分寸，点到为止，见好就收，否则不好圆场，大家都很尴尬。当然，美国检察官并不总是"敢"字当头，通常是华尔街发生重大丑闻之后，方才重拳出手的。如果是在牛市裁乱，有可能招致投资者的怨恨：被查公司的股票很可能下降，对公司股东何益？

尽管美国联邦检察官是精兵强将，但出动时已经是马后炮了，并不是资本市场监管的常规力量。美国资本市场的三大监管机构依次为：联邦储备委员会（Federal Reserves）、证券交易委员会（Securities Exchange Commission）和金融行业监管局（Financial Industrial Securities Bureau），以下分别简称为"美联储""证交会"和"监管局"。美国资本市场的监管体系号称立体防线，理论上是许多机构同时严防死守，不给坏人坏事任何可乘之机。但实践中这套体系破绽百出，形同虚设。

一、美联储

美联储的职能比较乱，既有监管职能，又有商业业务，负责买卖美国财政部的债券。美联储的三大职能是：货币政策、银行监管以及救助银行。美联储视其不同职能而表现不同，时而静如处子，时而动若脱兔。如果是加息，美联储百般不情愿，真正的"千呼万唤始出来，犹抱琵琶半遮面"。如果是监管，美联储是轻手轻脚，点到为止。希腊债务危机起爆，定时炸弹中有不少是高盛设计的金融创新产品。美联储也装模作样地对高盛进行了调查，[284]但查来查去，就没有了下文。对大型金融机构进行"压力测试"也是平安无事。但如果华尔街遇到了困难，需要加息为其输血，美联储则是闻风而动，行动异常迅速。自金融危机以来，美联储账面资产金额已经翻了一番，达 2.3 万亿美元。2010 年，美联储收购了美国财政部债券、次级债以及房地美和房利美的债务。

本·伯南克（Ben Shalom Bernanke）和老主席艾伦·格林斯潘都是很坏的人，两人都坚信货币政策不适于发现或刺破泡沫。而且两位智叟认为，美元利率之所以长期低下，那是因为全球资产过剩。美国经济学家中也有对伯南克意见很大的，货币政策专家约翰·泰勒（John Brian Taylor）就表示，伯南克在利率政策方面大错特错。更有人认为，在伯南克的领导下，美联储简直成了附属于财政部的一个融资部门。

2001 年后，格林斯潘长期实行低息政策。格林斯潘为什么敢于在货币市场放水？那是因为美国有独特的垄断优势，美国独家提供了某些全球性产品。资产价格膨胀是货币政策的结果。格林斯潘任美联储主席期间，一口咬定央行很难预测何时泡沫过高，但退下来之后，格林斯潘学会了预测中国股市的泡沫。2007 年 5 月，他老人家便先知先觉地警告说，中国经济出现了严重的泡沫。根据是什么呢？根据就是股票价格过高，市盈率达到了 50% 左右。格林斯潘说准了：2007 年 10 月，上海证券交易所指数达到

6000多点，但随后一泻千里，虽然有反弹，但2010年3月仍在3000点上下徘徊。

美联储主席都是华尔街信得过的人：格林斯潘挂帅的时候，以长期低息为其奋斗宗旨；伯南克主席则铁腕减息，以救助华尔街。尽管如此，华尔街的老大们仍旧不太放心，需要自己人亲自坐镇美联储。华尔街银行家的担心不无道理。从理论上说，奥巴马总统和许多国会议员与华尔街比较亲近，他们多少都拿过华尔街的钱。但这些政客也有不听话的时候，他们有自己的利益：为了保住自己的职位，有时不得不做些不利于华尔街的事情，以便取悦于选民，换取选票。比如，2008年总统大选，奥巴马得到高盛100万美元的政治捐款，但奥巴马行政当局还是对高盛提起了民事诉讼，并开展民事调查。

美联储主席这把交椅很重要，但目标太大，华尔街并不便直接派上自己的人。那就退而求其次，占据第二个要津。美联储共有12个分支机构，其中纽约的最大。纽约美联储很重要，其负责人相当于美联储的前敌总指挥。金融危机期间，纽约美联储董事会主席由斯蒂芬·弗里德曼担任。此兄1990年至1992年期间是高盛两位联席主席中的一位，1992年至1994年期间是高盛的独任主席，任纽约美联储主席期间仍然是高盛董事会成员。2008年12月，弗里德曼购入价值300万美元的3.7万高盛股票。三个月之间，高盛已经摇身一变，成为银行控股公司，归美联储监管。一个月之前，纽约美联储指示AIG全额支付其交易对手向AIG购买的金融保险CDS，高盛一家便得到130亿美元。这不仅是把纽约美联储当作高盛自家开的分店，简直是把纽约美联储当作弗里德曼自家开的分店。

美联储内部有政策，禁止其董事购买监管对象的股票。弗里德曼购买高盛股票后数周，才从美联储获得特殊准许。而在购买3.7万股高盛股票之前，弗里德曼已经持有高盛的大量股票。[285]美国那边也定期打击内幕交易，但打击的对象都是一些轻量级人物。按照中国的法律，有内幕交易之嫌，但是按照美国当时的法律，内幕消息仅限于公司所掌握的消息。

弗里德曼并非个别现象。杰米·戴蒙也是好生了得，他既是摩根大通的首席执行官，又是纽约美联储的董事会成员。2008 年 3 月，纽约美联储决定为摩根大通提供 550 亿美元的贷款，帮助其收购贝尔斯登。

纽约美联储自己的公司治理更是一个骗局。纽约美联储的总裁由 9 位董事选举产生，而 9 位董事分为三组，一组代表银行，另两组代表公众。听上去是不错的安排，但实际上还是银行的人说了算，因为他们不仅选举自己的三位董事，而且选举三位代表公众的董事。蒂莫西·盖特纳（Timothy F. Geithner）担任美国财政部长之前是纽约美联储的总裁。如此人物，其立场就不难想象了。金融危机期间，盖特纳救银行，纽约美联储救银行，也就不奇怪了。金融危机之后，探讨金融骗局原因的时候，很多人煞有介事地大谈什么监管不到位，起到了混淆视听的作用。从纽约美联储的问题看，不是监管到位不到位的问题，而是官商一家、兵匪一家的问题。[286]

美联储的运行很是诡秘，黑幕重重，很多事情密不告人。手段的卑鄙，正好证明了目的的卑鄙。2008 年，AIG 告急，美国政府投入天文数字的资金，高盛等 AIG 的交易对手得以全身而退，拿到了合同的全额对价。各方要求美联储披露相关信息，美联储硬是不说，捂了很久。过去我认为华尔街券商有准黑社会组织的性质。好在美国还是一个新闻自由比较多的国家，有关媒体对美联储看得很紧。现在看来，美联储也有准黑社会组织的性质。2008 年，彭博公司（Bloomberg L. P.）根据美国《信息公开法》提起诉讼，要求美联储披露得到紧急贷款的银行名单。《纽约时报》立刻跟进，作为共同原告加入诉讼。美国一审法院和上诉法院的三人法官合议庭均已做出判决，要求美联储交出名单。美联储依旧不交，死缠烂打，非要上诉法院全体法官再议。[287]

美联储及其在金融危机中的表现给我们一个重要启示，即，组织路线很重要。从人员安排上看，只要有可能，美联储由华尔街自己的人来领导，纽约美联储则形同华尔街银行的分支机构。这条组织路线，在美国资本市场的监管机构中始终贯穿如一。

二、美联储主席的新人新事

特朗普总统提名杰里米·鲍威尔（Jerome H. Powell）担任美联储下届主席。与其前任相比，鲍威尔独树一帜，有很多不同之处。传统上，美联储主席都是经济学家背景，很多还是知名学者，伯南克和耶伦（Janet L. Yellen）出任美联储主席之前都是大学教授。鲍威尔则是实务出身，先做执业律师，再转做投资银行家，还做过财政部高官。鲍威尔上任后，会是历史上最富有的美联储主席，个人财富已突破1.12亿美元——大学教授不会有这么多的钱。

美国政府的任何职位，如果由大学教授出任，便说明该职位务虚成分比较大，没有什么实权。美国的政府部门只要有监管实权，斗争就很激烈，不是你死我活，也是尔虞我诈，需要高超的技巧，教授们这方面不灵。传统上，美联储负责货币政策，没有什么行政权力。但世道变了，美联储现在监管控股金融公司，可以说权力很大。比如，美联储有审批权，可以决定金融控股公司是否可以从事商品的现货交易。商品的现货价格可以影响到商品的期货价格，因此也产生操纵市场的机会。基于这点，作为金融控股公司，摩根大通、高盛从事商品实物交易之前都得到了美联储的批准。根据《格拉姆-利奇-布利利法》（Gramm-Leach-Bliley Act），金融控股公司必须向美联储提出申请，说明拟进行的商品买卖及其规模和范围以及拟进行的活动会如何对金融活动产生互补作用、相关的风险以及公众可以获得的益处。

特朗普经济方面有三大指导思想：国际贸易美国优先、减税和放松监管。美国朝野的共识是，在放松监管方面，鲍威尔和特朗普立场基本一致。鲍威尔上任之后有望放松监管，至少不会加强监管。

与其监管职能相比，美联储决定利息的能力仍然最引人关注。美国股市价格已经创造了历史高位，而且还在不断攀高。从2009年到2011年，亚马逊的市值由 260 亿美元增加到 740 亿美元，苹果的市值则由 5320 亿美元增加到 8720 亿美元。华尔街和先期进入股市的投资者们喜气洋洋。特朗普对此也颇为自豪，将此作为一项功绩来宣传。

但高兴之余，投资者心里七上八下，不知牛市何时戛然而止，生怕没有及时抽身，落得鸡飞蛋打。通常来说，投资顾问建议投资者账户上应有65%的资产为股票，而现在的建议是，投资者账户上 55%的资产应当是股票。嘉信理财（Charles Schwab）是一家管理 3.1 万亿美元的资产机构，其表示，传统上，投资者账户上 11.1%的资产为现金，而 2016 年该百分比是13%。一些投资者将其部分资金投入私募股权基金，欧美私募股权基金的资产锁定期长达 10 年。这就是对股市不放心，担心股价下跌，所以将资金交给私募股权基金打点。

但从 2017 年 11 月开始，投资者的想法发生了微妙的变化，有些投资者开始相信，牛市短期内不会消失。但若要维持股价的高位，还必须仰仗美联储继续维持低息：牛市与低息基本是正比关系。2008 年金融危机之后，在美联储的率领下，很多国家的央行共同推行货币宽松政策，投放的流通性达到 18 万亿美元。美国货币的决策者们基本统一了思想，继续推行货币宽松政策。无论美联储主席是否为学者背景，他们都会维持低息政策，鲍威尔也不会例外。

从历史上看，华尔街从来都是主张低息的，出现危机之后再进一步减息，通过通货膨胀解决危机，制造更大的泡沫来化解眼前泡沫破灭的危机。鲍威尔思想上与华尔街高度一致。鲍威尔从律师界转行之后，加入了投资银行狄龙里德（Dillon, Read & Co.），在那里锻炼成长。狄龙里德被多次收购之后，早已不复存在（不像美林，尽管被美国银行收购，却仍然是一个实体，四处活动时打美国银行美林的旗号）。但曾几何时，狄龙里德也好生了得。20 世纪 80 年代之前，美国的投资银行群雄逐鹿，狄龙里德也是强者。若以我国古代的春秋战国为比拟，狄龙里德应当在战国七雄之列。狄龙里德出过两位财政部长，其中一位是尼古拉斯·布雷迪（Nicholas

F. Brady），此人对鲍威尔有提携之恩，任命其为财政部长助理，专门负责与股神巴菲特协调，——巴菲特当时购买了濒临破产的投资银行所罗门的股权。

鲍威尔与教授出身的美联储主席差别很大，但与特朗普却有相似之处：两人都是富家子弟。特朗普的父亲是房地产富商，鲍威尔的外祖父做过哥伦比亚大学法学院的院长，父亲是执业律师，家里很是有钱。鲍威尔本科毕业于普林斯顿大学，法律博士就读于乔治敦大学法学院。当然，凡事都有例外。罗斯福总统和肯尼迪总统出身豪门，却同情弱者，扶助农工，但他们属于个别例外。——鲍威尔不是这样的例外。

三、证交会的领导们

证交会是一个问题成堆的地方。证交会有"旋转门"的美称，即，证交会的最高领导和下面的专业人士经常改换门庭，忽而证交会，忽而私营部门，进进出出，像是在过旋转门。2008 年和 2009 年的前 9 个月内，共有66 位证交会前雇员向证交会发出信函，表示他们要代理客户与证交会互为对手。有的时候，这些前雇员确能替人消灾。按照证交会的工作程序，在对公司的初步调查中，即便证交会的会计师或其他人员发现了重大问题，也可以决定不提交给证交会的执法部门追究。证交会合规部的一位副主任说："如果他们过去在证交会工作过，你认识他们，即便不认识他们……那也希望他们知道如何做是正确的。"[288]

长期以来，证交会一直是虚名在外，好像是一支保护投资的队伍，而且是一支特别能战斗的队伍，还成了一些国家学习的榜样。证交会的监管"英雄"们如同中国古代的门客，食有鱼，出有车，定期弹剑高唱："长铗归来乎？"2000 年证交会一年的经费是 3.77 亿美元，2008 年增加到 9 亿美元。但查处工作一直不力，水平之低下，令人难以置信。麦道夫和艾伦·斯坦福（Allen Stanford）欺诈两案便很是蹊跷。麦道夫案中证交会曾派员上门稽查，结果无功而返。斯坦福案也一样，证交会第一轮调查，工作人员空手而归。在此之后，斯坦福居然又从投资者处骗得 80 亿美元，事后证交会也进行了内部调查。下面的普通工作人员表示，对于庞氏骗局等难度较大的欺诈案件，证交会高层领导一般不愿狠下功夫，他们更喜欢"短、平、快"的案件。[289]

即便是向华尔街派出了常驻工作组，证交会还是查不出问题。2008 年 3 月，美联储和证交会各有一彪人马驻扎在雷曼，人数不在 12 人之下，而且他们可以拿到雷曼的账簿和记录。贝尔斯登险些破产之后，财政部和证交会向高盛、摩根士丹利和美林等华尔街大银行派驻了工作组。可派了工作组居然还是查不出来，简直是不可思议。所以就有人起了疑心，怀疑证交会是故意庇护雷曼等华尔街银行。

第二次世界大战期间，有个德国纳粹军官很有权势，有人向他求情，求他网开一面，放掉关在集中营的一位无辜者。纳粹军官表示自己权力很大，但只是有权将人送进集中营，救人的权力却很小。换言之，他做坏事的权力很大，但想做好事却是不可能。证交会与这位纳粹军官也有相似之处：成事不足，败事有余。在查处华尔街违法、违规方面，证交会无骄人的政绩可言，但在放松监管方面却是想华尔街之所想，急华尔街之所急。取消净资产规则便是证交会成全华尔街。证交会原先有一条规则：券商借贷与净资本的比例不得超过 1500%。2004 年 4 月 28 日，证交会修改了这条规则。贝尔斯登的债务与其资产的比例曾经达到 33∶1，雷曼的更高，达到过 40∶1。

证交会之所以与华尔街一家亲，高层领导的组织路线也是一个重要原因。历史上证交会主席中曾经有些自由派的英雄，但如今大多是华尔街代理人，有时就由华尔街的人直接担任领导。证交会第一位主席约瑟夫·P. 肯尼迪（Joseph P. Kennedy）本人就是一位股市大盗，2003 年就任的威廉·H. 唐纳森（William H. Donaldson）主席是券商出身，2001 年就任的哈维·L. 皮特（Harvey L. Pitt）主席是专门为会计师事务所提供服务的律师。在皮特主席的领导下，证交会得了一个"没有牙齿的看家狗"的美称。[290]安然等公司造假成风时，证交会的主席是阿瑟·莱维特（Arthur Levitt），他也在华尔街做过投资工作，退下来之后又担任了高盛的公共政策顾问。[291]在证交会主席位置上的时候，莱维特曾经以中、小投资者的代言人的面目出现，在世界许多地方蒙蔽了很多人，人们一度将他当作保护中、小投资者利益的旗手，有些国家还掀起了学习莱维特的运动。莱维特确实是一个很坏的人。高盛被诉之后，他不仅专门跑到华盛顿去为高盛活动，而且还往证交会身上泼脏水，说是杠杆欢乐的时候证交会睡觉，现在又好大喜功。证交会固然不好，但别人可以批评证交会，莱维特不可以。证交会是他当过主席的地方，他竟如此寡情薄义，为很多人所不齿。资本市场的这些英雄人物，不讲起码的道义。高盛的一把手布兰克费恩到国会作证那天，莱维特上电视鼓吹此案必须和解："我认为此案应该尽快和解。不单是为了高盛，不单是为了这个行业，还是为了整个经济。"[292]还是老调重弹：对高盛好，就是对美国好。

许多朋友坚信，美国的金融监管机构就是比我们的强。他们无论如何都不肯相信，证交会和华尔街穿一条裤子。其实，反过来看，问题就比较清楚了。证交会不淑，那是因为资本市场本来就是一个打乱仗的地方。如果资本市场是一个好东西，何以会在中国大行其道？从中国近代史看，我们一学就会的东西，大多不是什么好东西。

四、金融监管局

美国喜欢外包，什么都可以外包。伊拉克打仗可以外包给私人公司的武装士兵，监狱系统要外包给私人公司，资本市场的监管也要外包。资本市场监管外包给了所谓的行业自我监管组织（self-regulatory organization），其实质也是一种外包。但外包结果并不理想。

资本市场的自我监管组织是金融业监管局，其前身是全美证券营销商协会（National Association of Securities Dealers），简称"纳斯达"（NASD）。
金融业监管局是一个庞大的组织，雇员多达 3000 人，每年经费高达 5 亿美
元，称得上是兵强马壮，但其查处力度却逐年下降。按照罚款的金额，案
件分为大案和超级大案，罚款金额在 100 万美元之上的为大案，500 万美元
以上的为超级大案。纳斯达查处所获的罚款金额 2005 年为 1.485 亿美元，
到 2008 年仅为 4000 万美元。花旗集团是次贷的重灾区，金融业监管局也
装模作样地对其调查过，2008 年还对其进行罚款，但罚款金额只有 30 万美
元。罚款原因是花旗集团监督自己的股票和股票期权交易不到位。2005
年，金融业监管局查处大案 35 起，到 2006 年仅为 19 起。

　　金融业监管局的问题仍然是组织路线的问题。证交会主席夏皮罗担任
过金融业监管局第一届主席。夏皮罗 2006 年担任纳斯达主席兼首席执行
官，并极力推动该组织与纽约交易所的自我监管部门合并。2007 年 7 月，
证交会批准金融监管局正式成立。金融业监管局的首要任务就是给夏皮罗
加薪酬，从每年 200 万美元增加到 310 万美元，其他主要高管的薪酬也水
涨船高，平均上调 20%。涨幅如此之高，让人吃惊。2008 年底，证交会主
席的年薪是 15.85 万美元。纳斯达转变为金融业监管局曾经遭到会员中小
公司的反对：夏皮罗等人涨薪，其成本必然转嫁到会员身上。于是，夏皮
罗等人公然拿钱买赞成票：如果投赞成票，每家小公司可得 35 000 美元。
当然，羊毛出在羊身上，纳斯达为此总共需要支出 1.78 亿美元。[293]说严重
一点，给小会员的好处费恐怕也是一种贿赂。至于金融业监管局会员中的
大公司，其老大则愿意金融业监管局的领导多拿钱。

　　券商老大愿意给行业自我监管机构的领导加薪。只要他们拿高薪，就
会对券商的坏人坏事睁一只眼闭一只眼。自我监管机构的费用，包括其领
导人的薪酬，都来自其成员的会费。夏皮罗领导下的金融业监管局曾经调
查股市大盗麦道夫，但查来查去，只查出了一点所谓的"技术犯规"，事
情不了了之。被问及此事时，夏皮罗拒绝就此事发表评论。[294]夏皮罗在调查
麦道夫的时候，居然没有与证交会协调过；在证据交换方面，证交会与自

我监管组织之间居然不是互通有无。金融业监管局的政策是，如果调查后没有采取执法行动，便不披露举报的内容。

释放烟幕弹也是帮助华尔街的一个重要方式。金融业监管局所释放的烟幕弹就是投资者教育。金融业监管局自我标榜，其奋斗宗旨之一是进行投资者教育："金融局相信，投资者保护始于教育。"金融业监管局还装神弄鬼地成立了一个投资教育基金，每年有数千万美元用于投资者教育。投资者可以分为两类：中、小投资者和大型机构投资者。教育中、小投资者也是自相矛盾的事情：既然股市是危险的游戏，为什么不劝阻投资者入市，而是要请君入瓮呢？这就像是在色情场所挂上"少儿不宜的标识"，同时又为少儿入场大开方便之门；也像出售贴有"吸烟有害"标识的卷烟；更像一边喊着减少污染，一边却大力发展汽车制造业。

投资者教育自然是要教育投资者，但资本市场兴风作浪、制造风险的是华尔街。不去教育华尔街，反要教育投资者，似乎有些南辕北辙，本末倒置。但华尔街岂是金融业监管局所能够教育得了的？金融业监管局是华尔街自己的组织，如何自己教育自己？在金融危机中，游戏股市的并不是中、小投资者，而是金融机构投资者，是所谓的成熟投资者，有些就是华尔街银行。这些机构的领导也不是金融业监管局所能够教育得了的。事实上，华尔街银行的领导才是金融业监管局的真正领导，尽管不是直接领导。

从金融业监管局的领导和工作看，这也是一家华尔街自己的组织。

五、州检察官

美国的公司法是州法，但证券法却是联邦法，由联邦机构监管。近几年来，美国的一些州政府试图跻身金融市场监管，居然还颇有成绩。比如，马萨诸塞州政府追查高盛的问题，迫使高盛与其达成和解。高盛花钱消灾，出 6000 万美元了结此案。[295]再比如，AIG 巨额亏损之后，其高管大拿奖金的黑幕也是州政府揭露出来的。

但美国联邦政府却拼命阻挠州政府的介入，理由是资本市场的相关法律是联邦法，而依照美国的宪法原则，联邦法律必须由联邦政府的机构来执行，地方政府不得染指。美国是宪政国家，联邦政府与地方政府之间发生冲突，必须由法院居中评判。2009 年 6 月 29 日，美国最高法院做出判决，对金融监管的地盘之争给出说法。科莫诉结算公司协会（Cuomo v. Clearing House Association，510 F. 3rd 105）（下称"科莫案"）一案中，美国最高法院的裁定是，各州有权按照其本州的法律对全国性的银行实行监管，即便州政府执法与联邦政府在此领域的执法有重叠之处。这主要是因为联邦政府没有管好资本市场，这点不容否认，也没有人否认，联邦监管机构自己也不否认——如果监管得好，就不会有规模如此之大的金融危机了。这给了州政府以可乘之机，所以美国最高法院的大法官不便喝退州政府。

州检察长出来打乱仗，尤以纽约州检察长为最，该州前检察长艾略特·斯皮策（Eliot Laurence Spitzer）更是冲锋在前，退却在后。斯皮策一度呼声很高，有可能成为美国历史上第一位犹太裔总统。华尔街的券商老大们对其恨尔要死，怕尔要命。但斯皮策后来因为嫖妓而弄得声名狼藉，从纽约州州长的位置上退了下来。据说当时华尔街不少人开了香槟。随着斯皮策的退出，州检察长对资本市场的监管也受到了重大挫折。

六、结束语

从表面上看，美国联邦监管体系是层层设防，壁垒森严，对资本市场的各种坏人坏事严防死守。但这套看似固若金汤的防线实际上是形同虚设，完全是骗人的假象。这其中组织路线起到了关键作用：既然监管体系的各个战略要点都由华尔街的人把守，谈什么加强监管，岂不是与虎谋皮吗？就资本市场的监管机构而言，美国是没落的和腐朽的。

如果美国监管体系还有可取之处，那就是他们的州检察力量是一支新生力量，纽约州检察长曾经对腐朽的联邦监管体系起到了冲击作用。华尔街布子还没有布到该系统。正是因为这一原因，华尔街反对奥巴马设立金融消费者保护机构：他们对未知不踏实。搞垮一个机构，搞定一个团体，也需要做耐心细致的思想工作，甚至需要几代人的努力。初级腐败是一手交钱，一手交货，高级腐败是慢工出细活，潜移默化，偷天换日。

73. 美国证交会：一个很不讲理的监管机构

哥伦比亚大学法学院的罗伯特·杰克逊（Robert Jackson）教授有一个理论：资产管理人若能提供稳定回报，则恰恰是问题所在。庞氏骗局大盗麦道夫当初提供的是理财服务，当初也有稳定的回报，这恰恰是问题所在。杰克逊教授大胆设想后需要小心求证，需要数据支持其理论，所以他向证交会提出请求，索要资产顾问在证交会登记时所披露的相关信息。按照美国《投资顾问法》（The Investment Advisor Act），基金管理公司、私募股权基金和对冲基金都属于从事理财业务的投资顾问，必须在证交会登记并披露相关信息，内容包括：所管理的资产、收取的费用、所有权、客户、利益冲突以及惩戒记录。杰克逊教授 2013 年 12 月提出请求，索要相关材料。按照法律规定，证交会必须在 20 天内做出答复，但杰克逊教授 40 天后才收到答复，而且答复是否定的。

按照美国《信息公开法》，公民可以要求政府部门提供非保密信息，政府不得无理拒绝。但该法又对政府机构网开一面：若是政府部门没有与请求有关的"相应"文件，则可以拒绝提供材料。是的，没有相应文件，如何提供？但问题是除非申请人能够证明"相应"文件的存在，否则政府部门可以轻而易举地回绝申请人。

杰克逊教授恰好知道有相应文件存在，而且他有铁证。证交会的中层官员利用相关的数据写文章，不是写给领导决策用的内部参考材料，而是写以个人名义发表的学术文章，而且洋洋得意地宣称，他们所用的材料并不对外公开，说是"这些数据无法公开获得，据我们所知，没有其他研究人员研究过这些数据"。可以说，证交会的这些人是有恃无恐，气焰十分嚣张。除杰克逊教授之外，索取信息申请被打回的还大有人在。2008 年，证交会拒绝了 56 项申请，理由是证交会没有请求的"相应"文件，而到 2013 年，证交会拒绝了 63 项请求。

杰克逊教授不服，2014 年夏写信给证交会首席督察官投诉。证交会换了一个策略，答复时说"相应"材料太多，提供材料工作负担过重，最早也要到 2015 年 12 月才能提供相关材料。杰克逊教授义愤填膺，又写信投诉。这次是写信给证交会的首席信息公开官。他愤怒谴责道："你的同事之所以就请求拖延，与他们说的理由毫无任何关系。相反，他们的做法是证交会的一贯做法，证交会的首席督察官和联邦法院已经一再批评这种做法，称其'是假定……有理由不提供信息，而不是像《信息公开法》所要求的那样进行披露'。"

杰克逊教授的批评言过其实了，或是说偷换概念了。证交会并没有公然违反联邦法院的判例规则：美国联邦法院只是要求，假定所有信息是公开的，除非相关政府部门能够证明该信息是不可公开的。证交会并没有称杰克逊教授所要求的信息不可公开或要求杰克逊教授证明此类信息是公开的，它是说没有与请求有关的"相应"信息，即，证交会并没有杰克逊教授所要求的材料。还必须承认，证券法所要求的披露分为两大类：向证券监管机构披露以及向公众披露。向监管机构披露的材料是否可以向公众披露，向杰克逊教授披露是否等同于向公众披露，相关答案需要一事一议。但证交会官员利用非公开信息撰写论文后公开发表，就被杰克逊教授抓住了小辫子。

当然，证交会的做法十分恶劣，实际上是隐瞒了其掌握相关材料的情况，类似的做法在商业活动中便构成了欺诈。证交会不仅是骄横，而且很下作。其实，仔细想想也并不奇怪。美国能够爆发金融危机，而且各路金融大盗能够兴高采烈地奔走于殿堂之上，说明美国的金融监管应当存在很大问题，至少证交会是一个烂透了的监管机构。

但也有美国学者不这样看。由戴维·拉特纳（David L. Ratner）教授和托马斯·哈森（Thomas Lee Hazen）教授共同编写的《证券法监管》（*Securities Regulation*）一书是美国法学院的常用证券法教材，对美国证交会的评价颇高：成立"60多年后，证交会仍然能够发挥职能，并没有被行业俘虏，没有被官僚机构拖垮，没有因为重大丑闻而声誉扫地，而且业内外出于公心而关注证券市场的知识分子仍然寄希望于证交会。这本身就是对这一独特监管机构的设计者和使之运行者的颂扬"。金融危机之前，这本教材是这样肯定证交会的，金融危机之后，这本教材中仍然是这样肯定证交会，而且一字未改，岂非咄咄怪事？哈森教授完全是在睁着眼睛说瞎话。如果证交会真是监管得好，如何会发生金融危机？难道是哈森教授过于懒惰，不愿修订其教材？恐怕没有这么简单。

在美国学术界，杰克逊教授不太可能是唯一知道证交会丑行的人，但为什么只有杰克逊教授一人跳出来挑战证交会？或是说，为什么等到今天才有杰克逊教授这样的人跳出来挑战证交会？这说明，证交会的背后有很强大的势力在支持他们，证交会不愿公开投资顾问的材料，实际上是在保护某些金融机构，是在保护麦道夫的同道人。

十三、监管机构人物志

> "真可耻，我们对善恶都无动于衷……在权势面前，我们是一群可鄙的奴才。"（《沉思》，莱蒙托夫）在华尔街的豪强面前，美国监管者是一群可鄙的奴才。

74. 奥巴马向寡头输诚

2011 年 2 月 7 日，奥巴马总统拜访了美国商会总部。确实是拜访，而不是视察。美国商会与白宫近在咫尺，只隔了一个不大的广场。奥巴马轻车简从，从白宫步行过来——奥巴马是来请罪的。

美国商会是美国商界的一个跨行业组织，财力雄厚，实力雄厚。美国中、下阶层也有自己的组织，美国民权自由联邦（ACLU）就是一家，蓝领工人还有自己的工会（根据美国的法律，大多数白领不得参加工会）。但这些组织都不是美国商会的对手。理由很简单：这些组织缺钱。在美国这个地方，钱还是最重要的。奥巴马总统上台以来，高盛等公司往美国商会投了 3.5 亿美元。[296]有钱、没钱，钱多、钱少，那是有很大区别的。

美国商会费用的三分之一来自 19 家公司和个人，其中每位的捐款从 100 万美元到 1500 万美元不等。美国金融寡头控制下的大公司参加美国商会和商业圆桌等各类组织，就连纽约交易所和纳斯达克也是美国金融寡头所控制的组织。金融寡头操纵各类组织，就像孙悟空拔一把自己的汗毛在手，吹口气就变作无数的孙猴子，舞动金箍棒，让对手眼花缭乱，防不胜防。而美国的劳工组织就不同了。

美国的政党比较松散，没有铁的纪律。但美国商会战斗力很强，虽无铁的纪律，但有铁的领导人，他的名字叫汤姆·多诺霍（Tom Donohue）。多诺霍 1965 年拿到工商管理学位，[297] 1976 年成为美国商会的副主席，以后又成为美国卡车协会的主席，1997 年回到美国商会当了首席执行官。在他的领导之下，美国商会从一个一般的立法游说集团变为一个强有力的政治机器。多诺霍对好几位总统做过评论。按他的说法：老布什非常有趣；克林顿是个可以做交易的总统，但要小心他接下来做什么交易；小布什危难时刻有勇气；奥巴马的政治技巧应当有问题。

美国劳工组织和自由派却没有一位强硬的领导。竞选美国总统之时，奥巴马意气风发，斗志昂扬，欲与天公试比高，似有与美国大资产阶级血战到底的英雄气概。上台之后，奥巴马也确实碰了一碰华尔街，碰了一碰美国商会。奥巴马的副总统拜登曾经公开诘问："我请商会告诉我们，他们投资的钱到底有多少是来自国外的。如果我说错了，请给予纠正。"美国商会接招，其负责交流的高级副总裁斩钉截铁地表示没有拿国外的钱："回答是……零。就是'一分也没有的意思'……"美国商会主要是美国商人自己的组织，是为美国商人说话的。而美国商人的利益与其他国家商人的利益不尽相同，通常有很大的差别。最简单的例子是，美国之外的公司大多希望向美国出口产品，而美国公司则希望向其他国家出口产品。"捍卫"知识产权也是美国商会的一面大旗，美国商会的一项主要任务是为其会员在中国主张知识产权。

奥巴马曾经想绕过美国商会，直接与美国大公司的头头们打交道，以便分而治之。但美国大公司的头头们不上他的当，他们知道团结就是力量，比铁还硬，比钢还强，可以让一切民主的力量死亡。2010年11月，美国中期选举，美国商会投入3200万美元，用来打击民主党的候选人。你奥巴马和民主党不听话，就用美元砸断你们的脊梁骨。民主党在众议院中丢掉几十个席位，由多数党变成了少数党。众议院中各小组委员会改由共和党的议员担任。奥巴马不降也得降，党内的压力他就受不了，除非他孤注一掷，完全依靠工会。但工会没有钱，还是一步死棋。

在美国商会，奥巴马真有负荆请罪的意思，全无半点尊严。他低三下四地表示："我搬来的时候（指他两年前搬到入白宫），如果我带个水果蛋糕来拜访一次贵会，我们的关系会好得多。现在我会补救的。"奥巴马也没有空手来。他向美国商界表示，美国的公司税会有调整，但总额不会增加。

金融危机之初，奥巴马曾经传唤华尔街的金融寡头到白宫听训，现在却是前倨后恭，完全是判若两人。"宜将剩勇追穷寇，不可沽名学霸王。"与金融寡头的斗争你死我活，但自由派天性优柔寡断，又有自己的私心，经常不是寡头们的对手。

75. 奥巴马：从绩优股到ST

奥巴马上台之初，在国内神气，在国外更神气。这位新锐总统参加国际会议时风光无限，不少国家的首脑争相向其示好，有的争取与他单独会面，有的还拿上他写的自传请他签名。到了2010年，奥巴马就不再神气了，可以说是光环尽失。可即便如此，奥巴马还是在国外更加心情舒畅，在国内他已经成了政治弃儿。

自由派人士曾经衷心拥戴奥巴马，但奥巴马上台后对金融塔利班采取绥靖政策，失去了自由派的支持。而金融塔利班则认为，奥巴马和民主党还不够驯服，誓死要将他们选下台。主帅无能，害死三军。中期选举时，很多民主党的议员丢掉了国会席位，奥巴马难于面对他们。所以他乐得在国外逍遥，一口气玩上十天。一个大国的总统，本该日理万机，无暇在国外一待十天，除非是有点自暴自弃。小布什下台之前，在中国开"奥运"乐不思归。尼克松下台之前，也到国外做多国访问，游山玩水，公费旅游散心。但尼克松毕竟在位六年多，而奥巴马先生只当了两年总统。一只绩优股便成了 ST，让人唏嘘不已。

一、总统是条狗

百年之后回头来看，奥巴马很可能是美国历史上很差的一位总统。奥巴马自己也很不自信，一次讲演中忽然脱稿诉苦："我要比过去更坚强。也就是说，我要挑战某些强大的势力集团。某些强大的势力集团一直在华盛顿左右局势。他们对我时有不满。那些人提到我时把我当条狗。"

啊，把你当条狗——太受委屈了。可多数美国人是很喜欢狗的。美国的保守派乘机攻击奥巴马，说他很可能是穆斯林，因为穆斯林讨厌狗，而基督徒是爱狗的。如此攻击有点偏颇。其实，在西方文化和英语中，狗并不是什么好东西。比如，英语也有"狗咬狗"的说法，即"狗吃狗"（Dog eat dog）。"战争之狗"（dogs of war）也是贬义词。七八月份赤日炎炎，这种恶劣天气被称作"狗一样的日子"（dog days）。生活无趣则被比作"狗一样的生活"（lead a dog's life）。当然，还有"热狗"（hot dog），一种面包夹肉肠的快餐美食。西方人喜欢说自己爱狗，既然如此，为什么会有吃"狗"的说法？我怀疑，历史上西方人是吃过狗肉的，至少是想吃狗肉的。奥巴马对狗的评论再次验证，在西方文化中，狗并不是什么好东西。

狗不一定是什么好东西，被人比作狗是一种侮辱。但奥巴马没有必要委屈地跳出来为自己鸣冤叫屈。在西方搞政治就会被骂，而且是被人指着鼻子骂。在台上就应当勇于接受批评，怕批评可以不当总统。三条腿的狗不好找，两条腿的总统有的是。小布什在台上的时候就经常挨骂，而且被骂得狗血喷头，还被漫画家画成了一只老鼠。看到儿子挨骂，老布什伤心流泪。小布什本人并不在乎，照样对敌狠，对友亲。

"敌军围困万千重，我自岿然不动。"奥巴马也应该有这点精神，应该与华尔街集团决一死战。被敌人反对是一件好事而不是坏事。但奥巴马太自爱了，受不得一点委屈。奥巴马似乎还没有长大成人，心智不够成熟，喜欢玩手机。奥巴马随时查邮件、答邮件，哪里会有时间和精力来认真考虑军国大事？

有些美国朋友认为，奥巴马是被宠坏了。黑人作为一个整体在美国是受压迫的民族，但黑人中的精英是得到格外关照的。为了克服历史上种族歧视所造成的不公，美国对黑人有专门的优惠政策，其主要内容是招抚黑人精英，黑人爬得越高，得到的照顾便越多，政界尤其如此——政治有很大的作秀成分，延揽黑人精英也是作秀。而奥巴马正是这一政策的受惠者，从常青藤名校到常青藤名校，本科哥伦比亚大学，法学院是哈佛大学，一路天之骄子。而白人精英对黑人精英表面上都是十分客气，说话十分小心，生怕有种族歧视之嫌。

其实，奥巴马受点委屈并没有什么了不起。虽然有人把奥巴马当狗，或是说奥巴马自己觉得有人把他当条狗，但他出有车，食有鱼，比起美国人民所遭的罪，奥巴马那点痛苦实在不算什么。由于奥巴马的经济政策失败，美国失业率仍然保持在9%以上。奥巴马在台上两年，民主党控制了参、众两院，虽说不能令行禁止，但确实是掌握了实权，经济不好再怪小布什。

二、奥巴马经济政策的彻底破产

"我们已经走上了更好的正轨，很大程度上要归功于萨姆斯。"2010年9月21日，奥巴马盛赞即将离任的总统首席经济顾问拉里·萨姆斯。在此之前，美国预算主任皮特·奥斯扎格（Peter R. Orszag）和首席经济预测师克里斯蒂娜·罗默（Christina D. Romer）先后挂冠而去。白宫办公厅主任拉姆·伊曼纽尔（Rahm Emanuel）也放出话来，要辞职去竞选芝加哥市长。奥巴马总统一届还没有当完，这些高官为什么纷纷挂冠而去？是不好意思吗？美国经济一团糟，美国失业率仍然徘徊在 9.6% 左右，尽管这些谋士们不是始作俑者，但至少是成事不足。

谋士们不想走也不行。美国中期选举在即，选民对奥巴马不满，共和党人吵着要清君侧。民主党内的自由派也对萨姆斯大为不满，恨他干扰了金融监管改革大计。萨姆斯反对限制美国银行的规模。萨姆斯与华尔街很亲，当初从财长位置上退下来之后，在一家叫 D. E. Shaw & Company 的大型对冲基金兼过职。虽然是兼职，而且是每周只去一次，但他两年便赚了 530 万美元。奥巴马有萨姆斯这样的人充当第一经济策士，其结果可想而知。萨姆斯还想发挥更大的作用，吵着要当美联储主席，但未能如愿。伸手要官不成，他又吵着要提高待遇，非要配备专车和专用司机。奥巴马的政治顾问就说过，萨姆斯这个人的自大可比美国的国债，两者同样的无边无际。

白宫办公厅主任伊曼纽尔也是一个很坏的人。当初他给奥巴马献上一计：要想名垂青史，必须先推动医疗保险立法，成功之后再回头着手金融改革立法。但医保立法改革遇到了共和党议员的顽强阻击，耗去了奥巴马的大量政治资本，而对最后通过的医保改革法各方都不满意。奥巴当初曾经吹嘘，所有投票支持医保立法的议员今后都会为此而感到自豪。但结果恰恰相反，中期竞选期间，只有投票反对此法的议员才敢大谈自己的立场，支持的议员噤若寒蝉，根本不敢提及此事。医保立法的效果可想而知。与此同时，华尔街获得了喘息之机，站稳脚跟之后卷土重来，力挫金融改革法案，使其成为一个阳痿的立法。回头来看，伊曼纽尔支了一个败招，而且很可能是调虎离山之计。伊曼纽尔本来就是华尔街的人，做券商发了大财。2008 年总统大选，伊曼纽尔又从华尔街为奥巴马拉到不少政治捐款。但另一方面，奥巴马很可能本来就有意放过华尔街，所以将计就计，欣然采纳伊曼纽尔的建议。

奥巴马的经济政策已经彻底破产了。但也可以说，奥巴马本来就没有什么自己的经济政策，上台之后只是对布什的经济政策做微调而已。美联储一如既往地保持低息政策。到 2010 年 3 月，15 周之内，美联储购入 1.4 万亿美元的抵押放贷证券和 3000 亿财政部债券。2010 年 9 月中旬，美联储再次重申，要长期保持低息政策。如有必要，美联储还准备继续购入财政部的债券，以增加货币供应量——行话是"定量宽松"（quantitative easing）货币政策。

奥巴马的经济政策也是克林顿经济政策的继续。克林顿在台上的时候，其劳工部长罗伯特·赖歇（Robert B. Reich）曾经建议抑制豪强，扶助农工。这位部长认为，一个国家的竞争力并不取决于公司的盈利，而是取决于其国民所受教育以及其掌握的技能，还有可以将其连接起来的基础设施。部长先生实际上是间接地否定了资本市场，至少是对资本市场持保留态度。克林顿曾经一度动心，1992 年还提出了"以人为本"的口号（英文为"put people first"）。担任财长的鲁宾等人极力反对，最后占了上风。克林顿最终选择与华尔街结盟。

人们总是钟情经济增长，但经济增长所反映的经济活动由两部分内容组成：增加财富和转移财富（不是分配财富，而是直接转移财富）。自 1979 年以来，收入顶端的 1% 的美国人的税前收入从美国人总收入的 7% 增加到 16%，该群体平均每年增加收入 6000 亿美元。相反，收入底端的 80% 的美国人的收入下降了 7%。资本市场对此发挥了很大作用，如果没有大力发展资本市场，财富转移要慢得多。而在财富转移的资本游戏中，经济顾问萨姆斯和白宫办公厅主任伊曼纽尔都是直接受益者，属于美国人中 1% 的高端收入群体，直接靠资本市场发大财。指望他们改革美国金融制度的沉疴，无异于与虎谋皮。可是如果不遏制资本市场的恶性膨胀，不缩小贫富差距，任何经济都很难健康发展。即便国内生产总值暂时上去了，经济仍然是失败的。美国的经济就是这样。按照美国国家经济统计局的数据，美国的经济衰退 2009 年 6 月便正式结束了，但美国广大人民还是痛苦不堪。2010 年 8 月，美国 27 个州的失业人数又有上升。

三、搞经济也要讲政治

2010 年美国中期选举刚刚结束，奥巴马便到国外去散心了。这次他出访的都是盟国或友好国家，没有什么特别烦心的事，所到之处大多受到热烈欢迎。比如，印度早就盼着美国老大哥的友好使者早日访问印度。奥巴马与印度签订了总价值为 10 亿美元的贸易合同，号称可以为 5 万美国人创造就业机会。但国内的事情让奥巴马焦头烂额。

中期选举刚刚结束，以伯南克为首的美联储就迫不及待地打开闸门，将 6000 亿美元的巨资投入市场，有水淹七军的意思。美国失业率仍然在 9.6%。民主党在中期选举中惨败，丢掉了国会中的众议院的多数党地位。民主党中期选举败北，经济没有搞好是一个原因，但不讲政治也是一个原因，而且可能是一个更重要的原因。

"宜将剩勇追穷寇，不可沽名学霸王。"上台之初，奥巴马本该挟总统大选的余威，乘胜追击，首先通过金融改革法，并利用民主党控制参、众两院的大好时机，通过财政拨款方案刺激经济。但奥巴马却耗费无数精力，通过了一个各方都不满意的医疗保险改革法。金融危机之后，医保并不是美国的当务之急，如果连工作都没有了，医保有何用？医保改革什么时候都可以搞，但金融改革的机会却是千载难逢，稍纵即逝。

海外用兵也是奥巴马的败笔。美国打仗耗资无数，是一个无底洞。按照美国宪法，总统对国内经济的权力有限，但对外用兵方面有很大权力。奥巴马本应当壮士断臂，结束美国的海外战争。当初他就是以反战姿态竞选美国总统的，居然还因此而拿到了诺贝尔和平奖，一时成为笑谈。但奥巴马一上台就向阿富汗增兵。无奈增兵之后还是打不赢，美军只得寻求与塔利班妥协。仗是没有打赢，钱却花了不少。2009 年美国的国内生产总值为 14.3 万亿美元［同年中国的国内生产总值为 33.54 万亿人民币（合 4.91 万亿美元）］，据美国民间估计，伊拉克战争将要耗去 3 万亿美元。另外，从 2002 年到 2010 年，美国为阿富汗战争已经打掉了 1400 亿美元。

美国打仗也并不完全是赔本的买卖。通过战争可以消耗军火，产生订单，直接刺激军火生产，同时展示美制新式武器，有助于向其盟国推销军火。但总的来说，打仗劳民伤财。约翰逊总统曾经表示，要继承肯尼迪总统的遗志，为美国广大人民谋幸福，并提出了"向贫困宣战"的战略方针。但越南一战，美国大伤元气，耗去许多国力，美国政府拿不出钱来与贫困宣战。而今天美国的国力大不如从前，伊拉克和阿富汗的两场战争是对美国的致命消耗。

奥巴马没有抓住支持民主党的基本群众，对共和党和共和党所代表的超级富人过于礼让，也是导致其声望大跌的原因。原先支持奥巴马的自由派尽管对奥巴马不满，但大多不会投共和党的票。虽说是不投共和党的票，但其中很多人是谁的票都不投。民主党的人不投民主党的政客了，但共和党的人照旧投共和党的票，民主党的候选人自然是要败北了。

敌人一天天烂下去，我们一天天好起来。但美国经历困难，我们还不能高兴，反倒是要捏一把冷汗——我们在美国的投资不少。但是有一点很奇怪：美国经济一团糟，为什么还能够印钞票？美国乱印美元，应当没有人要美元才对，但事实上并没有人抛售美元。或许，美国的经济并不弱。按照美国《华尔街日报》（*The Wall Street Journal*）2010 年 11 月 3 日的排名，在亚洲七大市场的全球跨国公司 100 强中，前四家都是美国公司（苹果、谷歌、微软和英特尔），而前十家中只有诺基亚和索尼两家其他国家的公司。从这个意义上说，美国经济的主要问题是贫富不均，而贫富不均不仅是一个经济问题，更是一个政治问题。搞经济也要讲政治。

四、自由派比保守派更狼狈

竞选总统时，奥巴马被拥戴为自由派的领导人，而自由派通常是比较同情弱者的。美国那些为穷人打官司的律师大多是自由派。但自由派有两个弱点：一是尽管自由派同情弱势群体，但自己绝对不愿意沦落到弱势群体内，而且有的还生活腐化。民主党的前副总统爱德华兹夫妇都真心要为穷人打天下，但爱德华兹理一次发要花 400 美元，还利用政治捐款包养情妇。这样一来，美国的自由派领导就很难与群众打成一片，很难从群众中来，到群众中去。再有，在美国现行制度内，帮助穷人是当不了大官的，依靠劳苦大众是没有办法竞选上台的。竞选公职耗资无数，劳苦大众哪里有钱助选？穷人没钱、没势，有张选票还经常不出来投票。美国的自由派日子不好过，虽然其中不乏知识精英，又想帮助弱势群体，但在政治对决中经常处于下风。

全世界自由派都面临这个问题。一次中国学者开会，讨论保护弱势群体的问题。有位菩萨心肠的学者忽然提出，应当请弱势群体成员到会场谈谈想法才好。此言一出，满堂喝彩。但仔细想想不对。弱势群体成员除了诉苦，怕是说不出什么道理。如果能够说得出道理，他就不会是弱势群体中的一员了，即便以前是，现在也不会是。

中期选举期间，奥巴马向本党同志和自由派求救，但政策方面却一再向保守派妥协。小布什就不一样，不怨天、不怨命，对同志像春天一般温暖，对敌人像严冬一样残酷无情。虽然是以微弱多数险胜戈尔，但小布什上台后毫不手软，利用手中的大权搞一边倒，变本加厉地搞两党斗争，拼命地维护保守派的利益。这样一来，小布什反倒蝉联总统。小布什纵有千般不是，但有一条优点，就是立场坚定。可惜，奥巴马总统没有做到这点。自由派的缺点就是立场不够坚定。自由派受教育程度较高，想得比较多，怀疑别人，也怀疑自己。自由派自身有着难以克服的弱点。

五、一只丢人现眼的瘸腿鸭

"打肿脸充胖子"在英语中也有对应表达，叫"挂一张勇敢的脸"（put on a brave face）。2010 年 G20 峰会结束时奥巴马就挂一张勇敢的脸发表讲话，非说开了一次很好的大会。其实，站在美国的立场看，G20 是一次失败的会议。美国原来是想把会议开成一次批斗中国的大会。按照美国的预案，要给各国分配贸易顺差和逆差的指标：经常账户（current account）的逆差或顺差不得超过 4%。经常账户指一个国家的货物和服务进出口总值的差额（但是很奇怪，其计算不包括金融资产及负债交易）。美国这招主要是针对中国，但其他国家也有不高兴的。澳大利亚的逆差较大，因为其矿产中有不少外国投资，所以逆差较高。油价高的时候，沙特阿拉伯和俄罗斯则是顺差较高。

美国的货币政策也招人反感。6000 亿美元的定量宽松一出，美国自己也成了众矢之的。美联储主席伯南克为什么就不能等一等？等 G20 开过之后再下手何妨？可伯南克主席也是没有办法。G20 接下来又要开亚太首脑会议，美元放水在会上还是要受批评，再等下去也不是办法，若是没有人收购华尔街那些金融创新产品的话，又有不少黑幕要穿帮。华尔街还急等现金，要将热钱输入经济高增长的新兴市场国家，时不我待，刻不容缓——抢钱、抢人、抢地盘，美元放量就有撒豆成兵的意思。

但奥巴马非说美国 6000 亿美元放水不是 G20 会议的重点。许多国家的领导人不是没有意见，而是敢怒不敢言。BBC 记者采访日本财务大臣，问他是否对美国的货币政策不满。日本财长很是谨慎，表示不便回答。BBC 记者比较凶悍，提问都是穷追猛打。BBC 记者换了角度提问，问日本财政大臣是否希望日元不升值。日本财政大臣毫不犹豫地表示同意。近年来日本的经济实力相对下降，底气不足，而且被美国的两颗原子弹炸出了心理障碍。德国财政部长就不买账，直截了当地批评美国的货币政策，称其"削弱了美国金融政策的可信度"。德国财政部长甚至暗示，美国乱印美钞本身就是操纵货币。他直言："美国的做法自相矛盾，批评中国操纵汇率，自己却印钱，人为压低美元。"德国倒并不完全是仗义执言，其本身就是一个出口大国，与美国的利益并不一致。但德国人说的在理，美国人哑口无言，没法反驳。德国出口气势如虹，但并没有借助于"玩弄货币"的诡计。1999 年欧元问世以来对美元已经升值 20%。

G20 最后公告的措辞比较含糊，要求各国的货币"逐步过渡到由市场决定"。这句话应当是美国的意思，可惜美元本身也并不完全是由市场决定的，美国的所作所为也并不有利于人民币升值。人民币升值不仅是一个经济问题，也是一个心理问题，有"明天就要嫁给你啦"的紧张感觉。而美国又总是添乱。10 月份中国加息实际上是人民币升值，但美国随即投入 6000 亿美元的货币。结果国际游资到处乱跑，热钱冲击新兴市场国家，也给人民币制造了很大困难。有鉴于此，G20 的公告为新兴市场国家留下了余地，允许其以"小心设计的宏观审慎措施"应对热钱。G20 还对国际货币基金组织内的座次做了重新安排。但这是次要的枝节问题，美元仍然是当今最重要的国际货币，其决策机构是美联储，而不是国际货币基金组织。

奥巴马坚持认为，G20 还是开了一次很好的大会。可他会后又点名批评中国，说"人民币的问题不仅让美国烦心，而且也让中国的许多贸易伙伴烦心，让与中国竞争出售产品的国家烦心"。话说得比较阴毒，有点挑动群众斗群众的意思。会议公告并没有点名批评任何国家，奥巴马为什么要点名批评中国？奥巴马也是自相矛盾：既然是开了一次很好的大会，为什么他要赤膊上阵，跳出来单独批评中国？这不恰好说明了大会的不成功，说明大会没有让美国人称心。看来，奥巴马方寸已乱，说话不讲逻辑，全无章法。奥巴马在国内是只瘸腿鸭，到了国外也是丢人现眼。

六、美国只是运气好

美国是一个运气很好的国家，危难时刻总有一位恰当的总统出现，好像神仙下凡，把压在美国人民身上的大山背走了。美国建国之初是华盛顿（有孔融让梨的风范），后来是杰弗逊（购入路易斯安娜的大片土地），内战期间又有亚伯拉罕·林肯，一个有《圣经》人物名字的总统；大国崛起有西奥多·罗斯福；经济大萧条后又出了一个富兰克林·罗斯福；肯尼迪总统积极推进美国的民权运动；尼克松也算称职，修复对华关系，撤出越南泥潭。

奥巴马当选总统之后，美国的自由派奔走相告，弹冠相庆，全世界的自由派都欢欣鼓舞，庆幸美国出了一个奥巴马。结果他们空欢喜一场：新锐总统原来是一个阿斗。有人会说，总统不好不要紧，制度更重要，美国的优势在于其制度。可是，制度好怎么会有金融危机？不错，制度再好也不可能避免错误。制度再好，也只能纠正错误。但金融危机已经过去多年了，美国那边还没有认真纠错。这叫什么制度？我顽固地相信，英雄创造世界。如果没有伟人出现，我们只能等待。

76. 参议员华伦对富国银行的短促出击

美国发生大案、要案，执法官员会第一时间在电视上出现，发言人身旁和身后挤满人，个个神情肃穆，似乎是急公众之所急，想公众之所想。但实际上这些人都是借机上镜头露脸。执法者是这样，立法者也是这样。口是心非，装神弄鬼，是立法、执法的一大特点。

富国银行客户账户造假事件发生之后，美国国会要求富国银行的一把手约翰·斯顿夫（John Stumpf）到国会作证，感觉是要把斯顿夫揪出来示众似的。听证会由参议院银行、住房和城市事务小组委员会举行。小组委员会的参议员们争相提问，不肯放过露脸的大好机会。结果每人只有5分钟的提问时间。如果参议员们协调一致，各有侧重，可以稳、准、狠地深揭猛批斯顿夫。但参议员们都是自说自话，避重就轻，避实就虚。

参议员们强调两点，一是关注善后，再就是对富国银行的做法深表失望。善后对斯顿夫并没有压力，富国银行也要善后，斯顿夫也要善后。"失望"一词则像外交辞令，礼貌周全之至，无损富国银行一根汗毛，无损斯顿夫一根汗毛。好几位参议员还声明，他们要向其选民负责。一语双关，既是说给选民听的，也是说给斯顿夫听的。言外之意是："兄弟，不是我要与你过不去，实在是迫于无奈，必须要对选民有所交代。"

参议员朋友颇能体谅斯顿夫的苦衷，但若是可能的话，斯顿夫还是不愿到国会作证，毕竟是坐在"被告"席上被人问来问去。但不来不行。如果斯顿夫不肯自愿来，国会可以发传票。如果收到传票后仍然不肯就范，国会可以派警察抓人作证。

很奇怪，通常是法院或有准司法权的行政机构举行听证。国会是立法机构，既没有司法裁判权，也没有执法权，国会听证所获证据或信息只能用于其立法。但执法机构或民事诉讼的当事方可以将国会听证中的证言用作证据，或是用来反驳日后斯顿夫在法庭上的作证。所以在国会听证会上，时有证人引用美国宪法第五修正案，拒绝回答议员所提出的问题。第五修正案规定，不得强迫任何人自证有罪。但引用美国宪法第五修正案，拒绝回答问题，证人就是默示承认，自己有可能被追究刑事责任。尽管证人拒绝回答本身不能作为其有罪的证据，但给人的印象总是不好，似乎证人在隐藏什么。与其引用第五修正案拒绝回答问题，不如答非所问，实际结果也是拒绝回答问题，但却并不引用第五修正案。斯顿夫采取的就是这种策略，以应付参议员伊丽莎白·华伦（Elizabeth Anna Warren）的短促出击。

华伦是参议员中的异类，利用她的 5 分钟提问时间，对斯顿夫发起其精心准备的攻击。她先设一个标靶，说是斯顿夫自己鼓吹过要加强公司高管问责。她随即逼问斯顿夫："你现在有没有辞职？你有没有退还你薪酬的一分钱。"

斯顿夫有两张挡箭牌。一张挡箭牌是董事会，辞职不辞职要听董事会的，退钱不退钱也要听董事会的。很多时候，董事会是公司高管的挡箭牌，而董事经常是董事长和首席执行官的袋中人。斯顿夫的另一张挡箭牌是，多开账户是为了"加深与客户的关系"（deepening relationship with clients）。换言之，富国银行是好心办坏事，绝对不是蓄意使坏。斯顿夫还郑重声明，造假是下面少数人所为，这些害群之马已经被开除。富国银行声称，因为造假一事，银行已经辞退了 3500 人。

华伦迎头痛击，指责斯顿夫指使手下造假，而虚增业绩可以推高富国银行的股票价格，斯顿夫本人持有的富国银行的股票的价格也会随之上涨。富国银行大力开展的业务是所谓的交叉销售（cross sale），即，让银行的客户多买银行的产品。美国大多数银行每位客户平均有三四个账户，但富国能为客户开到八个账户，平均有六个产品，包括经常账户、信用卡、抵押和保险。富国银行营业部经理还对职员施压，要求其多卖产品，每天都有指标。银行职员找不到客户，便在客户不知情的情况下为其开设账户：150万个银行账户，56.5万个信用卡。其他银行也想效仿富国银行的做法，但就是学不成，百思不得其解。斯顿夫得意洋洋地说："如果容易做，不是人人都可以做吗？"华尔街为之叫好。

确实，富国银行对客户做了很多坏事。确实，斯顿夫从中得了很多好处。但没有证据证明是斯顿夫直接下令造假的。用法律术语说，就是两者之间缺乏因果关系。华伦从政之前是法律教授，先后在德克萨斯州大学、宾夕法尼亚大学和哈佛大学执教，对因果关系肯定了然于心，此处只是虚晃一枪。华伦反复强调两点：斯顿夫没有辞职，斯顿夫一分钱也没有退还。华伦还把斯顿夫说成一个敢做不敢当的懦夫："你的问责定义是委过于低级雇员。他们无钱雇用公关公司为其辩护。这不是有担当的领导。"斯顿夫的证词是由其手下和外聘律师及公关公司共同精心策划的。华伦长期在法律圈子里混，所以避免评论律师。勇士也有阿基里斯之足：虽说同行是冤家，但通常不能得罪圈内的人，否则难以立足。

华伦还说了句狠话，说是应当对斯顿夫进行刑事调查。斯顿夫不服，目光充满鄙视和挑衅，侧脸斜眼望着华伦，好像是在说："你有本事就调查啊！"气焰十分嚣张。

华伦还号召检察官拿出勇气，起诉违法的金融大亨们，说是非如此无法制止华尔街的违法行为。华伦如此奋勇，不仅需要勇气，而且需要牺牲精神，必须放弃自己的利益。华伦不能推荐亲朋好友到华尔街任职，她本人从参议员的位置上退下来之后，也不可能到华尔街谋职，独立董事的位置肯定也难求。

美国金融消费者保护局就是在华伦的大力倡导下成立的。华伦教授是破产法的教授。因为家贫，华伦 13 岁就在姑妈开的餐馆内端盘子（很奇怪，在餐馆打工就不算是童工），16 岁就进乔治·华盛顿大学，而且拿的是全奖，因为她讲演比赛得过大奖。斯顿夫也是苦孩子，兄弟姐妹共有 11 人。富国银行 1852 年成立，发展到今天成为美国市值最大的银行，全球有 25 万名员工，斯顿夫也是功不可没。

听证会上有一位参议员当场向斯顿夫施以援手。他提问时先评论道，穷人很多，但穷并不能成为违法违规的理由。你还不能说他说的没有道理。但通常来说，同行之间，同事之间，很大程度上要相忍为安，大家在一起才能共事。这位参议员却不怕得罪华伦，可见她在参议员中很是孤立，可以说是形单影孤，势单力薄。华伦是民主党，但就连民主党的参议员也没有助其一臂之力。小组委员会的资深民主党参议员谢勒德·布朗（Sherrod Brown）指责富国银行有欺诈行为。但细看他的原话就会发现，此兄表面上策应了华伦，但实际上是为斯顿夫开脱。布朗的原话是："这是欺诈。你没有及时发现欺诈或者就是没有及时消除欺诈。"[298]换言之，斯顿夫没有策划、指使或纵容富国银行的欺诈行为，当然也没有必要对其进行刑事调查。这与华伦的立场是大相径庭的。但大部分民主党政客与华尔街关系暧昧，比如，希拉里就是华尔街的亲密战友，大选中得到了华尔街的大笔政治捐款。

参议院听证没有对斯顿夫穷追猛打，但毕竟杀出来一个华伦。华伦 5 分钟的短促出击还是有所收获的，公司已经追讨斯顿夫收到的部分薪酬。从这点上说，参议院听证是对证券监管机构的补充。监管机构已经对富国银行罚款 1.85 亿美元，可以说此事已经了结（2015 年收入为 230 亿美元[299]，1.85 亿美元不足以让其伤筋动骨）。当然，监管部门也有其难处：监管部门与监管对象同在一个行业谋生，两者已经成为一个共同体，两者之间的关系既有公婆与媳妇关系的一面，又有娘舅与外甥关系的一面。

77. 努钦： 银行家中的关系大师

财政部长是美国内阁中的四大金刚之一，另外三位分别是：国务卿、国防部长和司法部长。特朗普选定斯蒂文·努钦（Steven Munchin）为其财政部长，特朗普肯定是认为努钦人才难得。努钦 1963 年生，曾经是高盛合伙人，设立并管理过对冲基金，收购并管理过银行，后来到好莱坞做过制片人，曾为大片《美国狙击手》（American Sniper）融资。

但特朗普相中努钦，首先是因为两人关系好。特朗普竞选总统期间，努钦是其全国筹款主席，为特朗普当选立下了汗马功劳，选努钦为财长部长，也算是投桃报李。还有，两人都是富家子弟，而且禀性相同，气味相投，是社交场合的好朋友。特朗普的父亲是有钱的房地产开发商。努钦也是富家子弟，在耶鲁大学上学的时候就开一辆"保时捷"到处招摇。努钦的父亲就是高盛的合伙人，据说是金融创新高手，推出了股权产品的大宗交易。特朗普生活比较腐化，妻子已经娶到了第三任。努钦已经离过两次婚，尽管还没有第三次结婚，但已经是第三次订婚，未婚妻名叫路易丝·林顿（Louise Linton），是从苏格兰到好莱坞闯荡的二流女明星。此女比努钦小了近 20 岁。富人能够迎娶二流女明星，也是很了不起的；一流明星不嫁大款，一流女明星自己就是大款。

特朗普竞选总统时曾经信誓旦旦地表示："华尔街是谋杀犯，不能让其逍遥无事。"特朗普没有指名道姓地攻击高盛，但批评希拉里从高盛那里拿了不义之财。可是，特朗普当选之后，却挑选了一批高盛培养的银行家，将他们拉入自己的政府中担任要职。毕竟，天下富人是一家。努钦做生意的时候，还与对冲基金大鳄索罗斯合伙，尽管索罗斯从来都是支持民主党的候选人。2016 年总统大选，努钦是死心塌地地支持特朗普，但之前努钦也出钱支持过竞选要职的民主党候选人。

努钦真正发大财，是以 15 亿美元的价格先盘进一家破产的金融机构

IndyMac（后改名为"One West"），经营一段时间之后，再将其以 34 亿美元的价格卖给 CIT 集团有限公司。努钦发了大财，拥有的 CIT 的股票市值为 1 亿美元。CIT 的一把手约翰·赛恩（John Thain）曾经也是高盛的重量级人物，与努钦是同事。赛恩先后又担任过纽约股票交易所和美林的一把手。

但 CIT 收购 OneWest 之后，发现 OneWest 有会计问题，并因此而必须多支付 2.3 亿美元的费用。OneWest 还留给了 CIT 一笔不大不小的债务。努钦通过他所设立的对冲基金投资于一家叫相对媒体（Relativity Media LLC）的电影制片厂。[300]2014 年，努钦领导的 OneWest 又贷款 4000 万美元给相对媒体，此时相对媒体已经遇到资金困难，不到一年便申请破产。此事说明了两点：一是努钦投资决策也有失手的时候；二是失手后他仍然靠关系避免或减少损失。努钦让由他自己领导的 OneWest 向有其投资的相对媒体贷款，就是在利用关系，而且是有利益冲突的关系，甚至可能违反了努钦对 OneWest 所负有的忠诚责任。只是当时 OneWest 并不是上市公司，股东又都是努钦的狐朋狗友，大家一同挣政府的钱，一同抢百姓的钱，因为努钦已经就此立下了汗马功劳，对他的枝节问题也就忽略不计了。

IndyMac 能够扭亏为盈，靠的也是关系：IndyMac 与联邦存款保险公司之间有特殊关系。IndyMac 破产后由联邦存款保险公司托管，努钦从联邦存款保险公司收购了 IndyMac。为此，努钦和其他投资者设立了一家私募基金，再由该基金设立 OneWest，由 OneWest 以 15 亿美元的价格从联邦存款保险公司收购 IndyMac 的资产。更重要的是，联邦存款保险公司签下了损失分担协议，保证在收购后的前几年中，因收购而发生的重大损失由联邦存款保险公司承担。

努钦靠 OneWest 发了大财，但发的却是不义之财。努钦掌管 OneWest 期间，在追债方面穷凶极恶。OneWest 有一位客户，是 90 高龄的老太太。向 OneWest 付款时，老太太在支票上少写了小数点后的 30 美分。OneWest 要求其补交欠款，于是老太太又写了张支票，但 3 之后又少写了个"0"，结果还是少交 27 美分。OneWest 将此作为违约，要拍卖老太太的住房。当然，华尔街称雄美国的数十年期间，受苦受难的远不止这位 90 岁的老寿星。据报道，20 年来，美国的人均寿命第一次缩短，男女的平均寿命都有所缩短。

通常，即便是借款人违反了借款协议，银行也不愿意拍卖抵押物，为的是避免坏账被作为损失对待。2008 年金融危机中，华尔街各大银行的账面有很多有价无市的资产，但这些银行死活不肯销账，硬说这些资产只是暂时减记，一直扛到美联储高价收购这些有毒资产。但 OneWest 前几年的主要损失由联邦存款保险公司承担，努钦和 OneWest 的其他主要领导有恃无恐，非要拍卖用作抵押的房屋，反正不会出现损失。甚至可以说，正是因为有了联邦存款保险公司所签的损失分摊协议，努钦和他的朋友们才会迫不及待，丧心病狂，因为联邦存款保险公司是保证收购方前几年内不会受到重大损失，收购方当然要先下手为强。可以说，联邦存款保险公司起到了助纣为虐的作用。

2011 年 10 月，努钦住宅门前还有人示威，抗议驱赶 OneWest 住户的做法。努钦雇用了私人保镖为其看家护院，费用由 OneWest 承担。当然，努钦本人认为自己是一个好人，而且是一位德才兼备的好领导。被特朗普选中之后，努钦雄心勃勃，准备大干一番。他已经表示，要将联邦公司收入所得税由 35% 降至 15%，要将美国的经济增长率提高到 3% 至 4%。但努钦出任财政部长，主要还是对努钦本人有好处。努钦被提名财政部长之后，CIT 的股票应声上涨 13%，他所持有的 CIT 股票的价格上升了 13%，其个人财富增加了 1100 万美元。

西蒙·约翰逊（Simon Johnson）是麻省理工学院的全球经济管理教授。西蒙指出，对华尔街来说，"竞争之前他们就已经明白，金融就是关系，就是怎样放好自己的位置。政府行业有利可图，他们擅长此道"。[301]

78. 克莱顿： 美国证交会的新主席

特朗普总统为美国资本市场挑选的证交会主席名叫杰伊·克莱顿（Walter Jay Clayton），[302]是华尔街的资深律师。美国证交会主席大多是律师出身，前五任证交会主席都做过律师。美国律师是一支特别能战斗的队伍。美国有律师–客户特权，律师不必向当事人披露任何内容。所以权贵都喜欢借用律师为他们传话，以保守自己的秘密，而律师能够为权贵服务，身价便也随之提高。

华尔街的个别银行家们也会客串一下证交会主席。比如，阿瑟·莱维特和威廉·唐纳森这两位证交会主席都是券商背景，还分别掌管过美国股票交易所和纽约股票交易所。华尔街的顶尖银行家是不愿屈就证交会主席的，他们垂涎的是财政部长这把交椅。华尔街律师对财政部长的位子绝无奢望，能够当上证交会主席，就算是修成了正果。H. 罗金·科恩（H. Roding Cohen）也曾经是华尔街的一位顶级律师，退休前想当财政部副部长过把瘾，却没有能够如愿。

谁来坐证交会主席这把交椅，特朗普考虑过几位候选人。克莱顿能够胜出，一个重要原因是，他被公认为业内的高手。他一直在美国律所苏利文克伦威尔律师事务所（Sullivan Cromwell LLP）工作，[303]其金牌客户包括华尔街的大银行，而且做过大交易：摩根大通收购贝尔斯登，克莱顿为贝尔斯登的董事会提供法律意见；高盛从巴菲特处获得50亿美元投资，克莱顿提供法律意见；雷曼兄弟寻找买家时，克莱顿又出谋划策；克莱顿还参与了阿里巴巴在美上市的律师服务工作。[304]

克莱顿业务做得好，高尔夫球打得好是一个重要原因。会打高尔夫球便于与客户交流，很多客户酷爱打高尔夫球，享受阳光、白云、青山、绿水。在高尔夫球场交流还有一个好处：不必担心隔墙有耳。策划于密室的问题，就是容易被窃听。

证交会主席由总统提名，但必须由参议院批准，参议院小组委员会为此举行了听证会。会上克莱顿坦言，要减少公司上市的成本，以吸引更多的公司上市。1996 年，美国国内有 845 家公司上市，2015 年只有 152 家。[305] 1997 年鼎盛时期，美国共有 9113 家上市公司，但到 2017 年上市公司的总数减少了 3000 家。[306] 克莱顿表示，"我们应当减少作为公众公司的负担，使其更具吸引力"。[307] 不过，美国上市企业总数减少，可能是因为监管成本增加，但更可能是因为首次公开发行的融资金额大量增加：2004 年谷歌上市融资 19 亿美元；2013 年推特上市融资 21 亿美元；2012 年 Facebook 上市融资 160 亿美元；2014 年阿里巴巴集团上市融资 250 亿美元。[308] 资金总是有限的，大公司融资鲸吞之后，其他公司再要上市，便难觅资金。

减少对公司的罚款是放松监管的重要方式，但克莱顿鼓吹减少罚款还有一个重要理由。在参议院的听证会上，克莱顿表示，应当减少对公司的罚款，因为"这些成本是由股东承担的"。[309] 原先的设想是，公司受到重罚之后，公司股东会群起而攻之，或是向现有高管施压，逼其改弦易辙，或是更换新的高管——如果找得到更好的高管。显然，这一理想目标没有能够实现。我们所称道的美国机构投资者们，大多没有与公司高管开展斗争。但罚公司而不罚个人还有一个功用：有利于保护华尔街银行的高管。如果克莱顿真的要多罚个人，多半会拿中、低雇员开刀，高层还是可以安然无恙的。

有的参议员还担心，克莱顿长期为华尔街服务，现在又来监管华尔街，以后很可能还要为华尔街工作，这就有利益冲突。但克莱顿信誓旦旦地表示，利益冲突不会影响他公正执法。资本市场的利害冲突关系无处不在，连证交会主席都深陷于关联关系之中，对企业就难以苛求。上市公司中有上下游子公司的企业，难免会有利害冲突。所以企业上市时，一般只要求其披露关联关系即可。

律师与律师是不一样的。检察官出身的律师比较生猛，敢打敢拼。曼哈顿区美国联邦检察官鲁道夫·朱利亚尼和纽约州前检察长艾略特·斯皮策就是这样，两个人都是大张旗鼓地打击犯罪。想当官的话，他们可以自己出来竞选公职，像特朗普那样杀出一条血路。两人后来都竞选过公职，一位当选为纽约市长，另一位当选为纽约州州长。两人都有意问鼎白宫，但因为没有处理好男女关系问题，不得不放弃梦想。相反，公司业务律师通常比较低调，尽量躲在幕后，尽量两边都不得罪。克莱顿政治捐款两边都给钱，既给共和党政治捐款，又给民主党政治捐款，只不过给共和党的更多。

华尔街银行家是虎狼之辈，克莱顿善于在狮子与老虎之间周旋，但自己并不是狮子或老虎。华尔街银行家人前张牙舞爪，但他们的律师需要低调，在各方之间幕后斡旋，悄悄地把事情搞定。律师低调还有一个原因：华尔街的律师不能风头太劲，否则便会喧宾夺主。

律师的工作经历不同，其做事风格自然也会有所不同。像克莱顿这样背景的证交会主席，就不会大张旗鼓地推倒重来。尽管特朗普誓言反攻倒算，但克莱顿没有那么生猛。特朗普高调抨击 2008 年金融危机后制定的《多德-法兰克法》，克莱顿则告诉参议院，他并没有削弱该法的具体打算。

79. 自有幽人独往来： 纽约市的劳斯基

在美国金融监管的斗争中，纽约出过几位英雄人物：纽约州前检察长斯皮策、纽约州前检察长和现任纽约州州长科莫（Andrew Cuomo）以及现任曼哈顿地区检察官万斯（Cyrus Vance）。

作为纽约州检察长，斯皮策追查过华尔街大券商分析师造假，迫使其集体交纳巨额赔款并公开保证改过自新。金融危机爆发之后，斯皮策的继任科莫不断调查华尔街巨枭，弄得他们一惊一乍。万斯则下令捉拿国际货币基金组织前总裁卡恩，理由是他有强奸之嫌。

斯皮策和科莫都凭借打击华尔街的声威，先后当上了纽约州州长。但斯皮策因为嫖妓事发而退出江湖。据说斯皮策下台之后，华尔街的不少银行家们开了香槟酒。在他们看来，斯皮策是得了报应；"多行不义必自毙，子故待之。"科莫当上州长之后，有了创造政绩的新平台，对华尔街不再动辄兴师问罪。万斯检察官搞垮了卡恩，但因为证据不足对其免于起诉，案子办得不清不楚，所以暂时还比较谨慎，似乎不想太出风头。但继三位英雄之后，纽约州又有一位监管英雄问世：纽约金融服务局局长本杰明·劳斯基（Benjamin M. Lawsky）。

劳斯基局长发出命令，指责英国的渣打银行违反美国禁令，在美国为伊朗提供金融服务。命令措辞严厉，指责伊朗从事的"交易无疑使和平和安全受到了更加持久的威胁"。

消息传来，有人为其拍手叫好，说是人民"需要劳斯基这样的监管者，敢于捍卫法律，不接受危险的现状"。而哥伦比亚大学法学院的约翰·考费教授就有不同看法，认为劳斯基的做法反映出"一些监管机构不耐烦了，想让事情升级"。考费是美国证券法的顶尖专家，经常接受媒体采访，发表对金融监管的高见，但话都说得很圆滑，听似振振有词，却左右逢源，谁都不得罪。这次他对劳斯基是有批评之意了，而且应当是代表了一些权贵的意思。显然，劳斯基大动干戈，得罪了势力集团中的一些人。斯皮策担心这位后起之秀单兵独进，难免会遇到麻烦。

斯皮策、科莫和万斯当初也很有勇气，明知山有虎，偏向虎山行。但三位中两位是官二代，一位是富家子弟，可以说是背靠大树好乘凉。科莫的父亲是民主党的老一辈领导人，也当过纽约州州长。万斯是民主党元老、前国务卿万斯的公子。斯皮策是地产富商的儿子，可以一心从政，不用为生计发愁。美国富家子弟中也出过大英雄。布什父子、肯尼迪总统、罗斯福总统、罗姆尼，那都是美国的官二代，家中至少有两代人当官，有的还是父子都当过总统或州长。美国是富人的，也是穷人的，但归根结底是富人的。

劳斯基是平民子弟，父亲只是一个普通医生，家境一般，最多也就是一个小康之家。但劳斯基艺高人胆大，浑身是胆雄赳赳。劳斯基哥伦比亚大学本科和法学院毕业，在纽约南区检察官办公室当过5年的检察官。纽约南区检察官办公室是一个英雄辈出的地方：纽约前市长朱利亚尼、联邦地区法院法官雷科夫以及联邦上诉法院法官丹尼·陈都在纽约南区当过检察官或助理检察官。

42岁，壮志凌云的年龄，气冲霄汉，好像早晨八九点钟的太阳。劳斯基不图钱，不想到华尔街致富，想到政界求发展。劳斯基继承、捍卫和发展了州政府官员监管资本市场的光荣传统。检察长是由选民直接选举的，总统奈何不得，州长也奈何不得。劳斯基是纽约州的正局级干部，但与纽约州的前几位反华尔街英雄不同，他并不是民选产生的，而是由州长任命的。

劳斯基也不完全是孤军奋战。劳斯基也有人脉，曾经担任过参议院司法委员会的首席法律顾问。科莫专门成立了金融服务局。金融服务局是仿照英国模式成立的监管机构，监管机构叫"服务局"，其实权力很大，集银行监管、证券监管和保险监管于一身。纽约金融服务局也是这个意思，集监管与执法于一体，管理4400家金融机构，机构所涉及的金额高达6.2万亿美元。科莫任命劳斯基担任该局第一任局长，既是出于公心，同时也是给追随者的回报。而劳斯基也敢真干，要拿渣打银行祭旗。

劳斯基对渣打银行兴师问罪，也有两党政治的因素。斯皮策、万斯和科莫都是民主党，劳斯基也是民主党。劳斯基对渣打银行大打出手，对民主党的事业不无帮助，尤其是对奥巴马竞选总统有帮助。奥巴马想攻击银行家，转移人们对美国失业问题的关注，但他又不愿得罪大资产阶级，劳斯基自己跳出来充当打手，奥巴马是再高兴不过了。

80. 欧洲央行行长其人

对于大多数金融家们来说，通货膨胀是一个好办法，很多问题可以通过通货膨胀得到解决。

2011 年 11 月 8 日，欧洲央行行长马里奥·德拉吉（Mario Draghi）表示，欧洲央行降息，欧元利率由 1.25% 下调至 1%。银行向欧洲央行借款，也可以由 1 年期贷款延长到 3 年期。但德拉吉一口回绝无限购入欧元区债券。有人提出，通过国际货币基金海量放款，购入欧元区债券。但德拉吉表示不行，暗度陈仓也不行。他说，欧洲央行不仅要遵循欧洲央行章程的文字，而且要遵守其精神。欧债问题是政治问题，政治问题应当由政治家们去解决。这就与美联储的态度截然不同。美国两党议员无法就缩减债务达成一致意见，美国信用评级因此而被下调，但美联储主席就敢于出手，反复降息，反复量化宽松货币。

德拉吉的前任让-克罗德·特里谢（Jean-Claude Trichet）担任欧洲央行行长时，欧元区不少国家的政府千方百计地向他施加压力，但他顶住了压力。欧元区的政客们见明的不行，就用暗的，以积极的财政政策来克减稳健的货币政策。欧元区的问题是政治联盟没有跟上经济联盟。原先的想法很好，先结婚后恋爱，但坏就坏在结婚后没有恋爱。

德国和法国双双提出，预算经过欧元区集体领导机制批准之后再交本国议会批准。前面一句话德国总理默克尔爱听，她就极力倡导欧元区国家为此修改他们之间的相关法律。2011 年 11 月 24 日，德国总理默克尔重申，她的立场不变，强烈反对欧元区发行统一的欧元债券，强烈反对欧洲央行放手救灾。但这都需要时间，而欧元区狼烟四起，时间不等人。

国际信用评级机构已将匈牙利和葡萄牙的信用级别下调至垃圾债券，比利时的信用级别也由 AA+ 被下调至 AA。2011 年 11 月 23 日，德国发行债券筹资 60 亿欧元（合 80 亿美元），但仅筹得三分之二的金额，落空率比以往多了两倍。德国是欧元区的顶梁柱，德国受到怀疑，欧元区更是困难重重。欧元区到了最危急的时刻，每一个利益相关者被迫发出了最后的吼声。美国的一些银行表示，要为欧元准备后事了。值此危难之际，人们都把目光投向欧洲央行，投向欧洲央行行长德拉吉。

疾风知劲草，板荡识英雄。德拉吉绝非等闲之辈，11 月 1 日上任伊始，便宣布降息 25 个基点至 1.25%。但同时他又公开表示，欧洲央行不可能成为欧债危机的最后一道屏障，欧洲央行购买欧元区政府债券，那都是临时救急，绝非解决问题的根本途径。但政治家的话我们不能相信，央行行长的话我们也不能相信。金融危机之后，美联储主席伯南克数次表示曙光在前面，甚至一度放言美国经济已经长出了绿芽，谎话一直说到无人相信为止，也一直说到自己都不好意思再说为止。央行行长都是半个政客。

2011 年 11 月 22 日，欧洲有 178 家银行要求向欧洲央行发放一周的短期贷款，总额度达到 2470 亿欧元（合 3330 亿美元）。[310]自 2008 年以来，欧洲央行以基准利率向欧洲的银行放贷，来者不拒，只要银行提供抵押。原则上欧洲央行救急不救穷，只给有短期流通率的银行放款，并不救助资不抵债的银行。但欧洲各国央行从欧洲央行处借款，说明它们几乎走投无路，无法以合理的利率从市场上筹款。近几个月来，美国货币市场基金就不愿意借钱给欧洲的金融机构。欧洲的银行家们是进也愁，出也愁，短期贷款难，长期债券的发行也难。

欧洲央行救市并非始于德拉吉行长。2011 年 9 月 15 日，在老行长法国人特里谢的领导之下，欧洲央行向欧盟成员国银行提供无限制的美元和欧元流通性，以帮助它们渡过难关。欧洲央行大量购入希腊债券，已经成为希腊最大的债权人。到 2011 年 12 月，希腊主权债务危机共 1850 亿欧元，其持有人所占的比例分别为：商业银行 670 亿欧元；欧盟和国际货币基金组织 650 亿欧元；欧洲央行 440 亿欧元。[311]老行长还劝大家不要担心通货膨胀，说是在遏制通货膨胀方面，欧洲央行的纪录强于德国银行的纪录。

德拉吉是一个左右逢源的人物，麻省理工学院的经济学博士，与美国谈得来，掉过脸去又把德国人忽悠得不错。往好处说，他是八面玲珑，左右逢源；往坏处说，他就是两面三刀，巧言令色。德拉吉在高盛干过，负责高盛在欧洲的相关业务，但他一口咬定，他没有推销过高盛的有毒金融产品。德拉吉幼年父母双亡，随亲戚长大，因少时的不幸而机敏过人。少时丧父丧母，或让人一蹶不振，或让人奋发图强，善于应变，克林顿、奥巴马也是幼年丧父，都是八面玲珑的人。我觉得，从成材的角度说，从发奋的动因看，幼年丧父、丧母是一个很重要的先决条件，最好是父母双亡（如德拉吉、杜月笙，还有以《陈情表》万古流芳的李密等），退而求其次是幼年丧父，由寡母抚养成人（如孟子、蒋介石、克林顿、奥巴马——遭父亲遗弃如同丧父）。

德拉吉是意大利人，意大利人有很强的两面性，既有文艺复兴的灿烂文化，又是一个爱哭爱笑的玩闹民族。意大利前总理贝卢斯科尼是一个酒色之徒，经济搞得一团糟，还可以发行自己的爱情歌曲专辑。"商女不知亡国恨，隔江犹唱后庭花。"这两句唐诗也可以用来形容意大利人。但德拉吉比贝卢斯科尼强，两人不可同日而语。

欧洲央行挑选行长，先由欧洲央行董事会提名，然后再由欧盟27国首脑批准。欧洲有27个国家，但说话管用的常委只有两人：德国总理和法国总统。法国总理萨科齐力挺德拉吉，德国总理默克尔开始有所保留，但最后还是被说服，认可了这位意大利的银行家，视其为德国的同路人。

德国人认可德拉吉，或许还有更深的一层意思。德拉吉与欧洲央行的老主席曾经联名写信，敦促意大利政府推行改革。意大利人批评意大利人，可以让意大利人哑巴吃黄连，有苦说不出。若是德国人担任欧洲央行行长，很多话就不好说了，话说重了得罪人，说轻了也还是得罪人。借刀杀人这条计策西方人也用，而且还用的得心应手，欧洲人会用，美国人也用；在世界贸易组织中，美国就挑动由与中国同为金砖四国成员的巴西领衔主打，要求该组织全体审议中国利用人民币补贴贸易一事。

德拉吉行长是美国麻省理工学院训练的经济学家，属于美国俱乐部的成员。但美国麻省理工学院的经济学家们与德国的主流经济学家是两个对立的学派，是两股道上跑的车，走的不是一条道。以现任美联储主席伯南克为代表的一批经济学家，从来都是急华尔街之所急，想华尔街之所想，不惜海量印制钞票。但德国和意大利的经济学家认为，削减政府预算可以促进就业，[312]与美国那批主流经济学家的观点截然相反。德国主流政治家与美国主流政治家之间的分歧，是两条路线的斗争。到目前为止，德国模式仍然在抗衡美国模式，但欧债危机对德国模式是一个沉重的打击。

美国前财政部长萨姆斯断言，德国修修补补、小敲小打的做法已经走到尽头，何去何从必须痛下决心。事到万难须放胆。如果欧元区真有灭顶之灾，德国人还会阻止欧洲银行放手救市、托市吗？

81. 国际组织的坏头头

国际货币基金组织（简称"IMF"）和世界银行（简称"世行"）是两大国际组织，其最高职位长期由欧美把持，但两个组织出了很多坏头头。2016 年 12 月 20 日，法国共和国法院（Cour de Justice de la Republique）做出判决，认定 IMF 现任总裁克里斯蒂娜·拉加德（Christine Lagarde）任法国财政部长期间犯有玩忽职守罪，但不予处罚，也不记录在案。按照法国的法律，玩忽职守罪最高可以判一年徒刑，罚款 15 000 欧元。

法国商人伯纳德·泰比（Bernard Tapie）与法国国有的坏账银行之间有争端，双方相持不下，进行了旷日持久的诉讼。拉加德担任财政部长后，下令通过仲裁解决争端。仲裁裁决支持泰比的主张，法国政府向泰比支付了 4.03 亿欧元（合 4.23 亿美元）。但法国的法院最后又判仲裁裁决无效，所得资金必须退还。共和国法院认定，拉加德批准仲裁无罪，但决定不就裁决结果上诉有罪。

拉加德毫无悔过之意，她把责任推给了自己的办公室主任，而且还振振有词地表示："我对下级从来都是充满信心的。"可是，拉加德的手下写过一份备忘录（相当于我们这里的"请示件"），明确建议不要通过诉讼解决争端。法官当庭质问拉加德为什么不看这份备忘录。拉加德振振有词地表示，她一年要看八九千份备忘录，漏看这份备忘录在情理之中。

拉加德在庭上自我辩解的另一个理由是，"我是政治上的一个新手"。但事实上，拉加德绝非什么政治新手，而是政治老手。拉加德 1981 年进入国际律师事务所 Bake & McKenzie，1999 年成为这家律师事务所的主席。2005 年拉加德就担任了商务部长，有丰富的政治经验。再有，政治这东西并非完全靠历练而成，很大程度上是天生的。拉加德政治上非常老道，如鱼得水，是天生的政治动物。

泰比不是一个普通的商人，先前社会党在台上时，他还当过部长，后来倒戈，出大钱支持萨科齐竞选总统。萨科齐当上总统后应当对泰比有所回报，这符合政治游戏的常规。萨科齐成为总统后，提拔拉加德为财政部长，拉加德对萨科齐也应当有所回报，这也符合政治游戏的常规。因此，拉加德下令通过仲裁解决相关争议也符合政治游戏常规。政治交易中投桃报李是一种常规，但通常没有书面约定，甚至没有口头约定。

传统上世行的第一把交椅由美国人坐，而 IMF 则由欧洲人担任一把手。拉加德只要不与美国人叫板，美国人是不会故意为难她的。在乌克兰问题上，拉加德与美国和欧盟保持高度一致，由 IMF 慷慨出资，救助因腐败而病入膏肓的乌克兰政府。欧洲国家中，德国和法国是大头领和二头领，拉加德能否保住位置，主要是德国和法国说了算。拉加德是法国人，法国人不会拆她的台。德国总理默克尔也有借重拉加德之处。欧元区救助希腊，主要是德国出钱。德国政府要看紧希腊，但又不便自己出面做恶人，所以把这个艰巨的任务交给了 IMF。在拉加德的领导下，这项工作 IMF 做得不错。

拉加德的前任多米尼克·施特劳斯-卡恩（Dominique Strauss-Kahn）流氓成性，担任 IMF 总裁期间，利用职权与女下属乱搞男女关系，事发后照样当他的总裁。但纽约市检察官下令逮捕了卡恩，理由是他强奸酒店女服务员。因为证据不足，检察官撤销起诉，但法国的检察官随即又指控卡恩召妓。同拉加德一样，卡恩的辩护也是不知者无罪，一口咬定当时他并不知道那些女子是妓女。

IMF 有坏头头，世行也有坏头头。保罗·沃尔福威茨（Paul Wolfowitz）担任美国国防部长期间策划过伊拉克战争，后来被安排到世行当行长。此兄假公济私，为其女朋友谋取好处，招致强烈批评后被迫下台。世行的另一位总裁罗伯特·麦克纳马拉（Robert Strange McNamara）担任过美国国防部长，是越南战争的元凶之一，双手沾满越南人民和美国青年士兵的鲜血。麦克纳马拉出访越南时，一位叫阮文追的青年电工在麦克纳马拉车队经过的地方埋设地雷，要炸死这个屠夫，但没有成功，阮文追落入敌手。美帝国主义及其越南走狗悍然杀害了这位越南民族英雄。

　　长期以来，国际货币基金和世行是国际金融秩序中的两大组织，但却不时由坏头头领导。两大组织的作用可见一斑，西方国家倡导的国际金融秩序可见一斑。遇事如果听信这些坏头头的意见，很可能是要吃大亏、上大当的。

十四、监管方式

和解是美国的主要监管方式。

82. 法官让摩根大通低头

2008 年金融危机爆发后，摩根大通胜出，成绩最大、最大的，损失最小、最小的。许多人将此成绩归功于摩根大通的一把手杰米·戴蒙，戴蒙本人也意气风发，斗志昂扬，不仅对资本市场指点江山，而且猛烈批评奥巴马总统，有击鼓骂曹的意思——尽管奥巴马对华尔街非常克制，但戴蒙等华尔街大佬还是对其不满。为了竞选连任，奥巴马忍气吞声，退避三舍。但竞选连任成功之后，奥巴马终于腾出手来，对戴蒙下黑手了。司法部长是奥巴马的人，一马当先，指挥司法部对摩根大通进行各种调查，逼其就范。联邦住房融资局（Federal Housing Finance Agency，下称"住房融资局"）也掩杀过来，说是要代表房地美和房利美两家公司（下称"两房公司"）讨回公道。

摩根大通起初不愿向住房融资局服输，结果被告到了法院。华尔街银行通常不肯轻易就范，逼着政府机构到法院再走一遭。这样做有时是出于战略战术的考虑，因为如果政府开出罚单就轻易投降，那就可能助长政府

297

罚款的做法。逼着政府机构到法院走一遭，也可以消耗政府的资源，至少是牵制了一部分政府工作人员，使其无法再在其他方面下手。当然，华尔街银行有时候也是失策，是不见棺材不掉泪。

摩根大通与住房融资局较量，并不完全失策，主要是运气不好，遇到了丹尼丝·科特（Denise L. Cote）法官审理该案。美国法院法官审案不是由法院领导指定的，而是通过摇号来决定由哪一个法官审案。

科特女士是由克林顿总统提名的联邦法官。克林顿是民主党，提名的法官大多都是民主党人或是民主党的同类人，而此类背景的人与华尔街并不十分亲热。对摩根大通更加不利的是，科特法官当过检察官。科特法官担任过曼哈顿检察官办公室的联邦检察官，而且担任过该办公室的刑事部主任，调查过华尔街的证券犯罪。美国有一种说法，如果法官是辩护律师出身，法庭上会有两位辩护律师，一位是代理被告的辩护律师，另一位是审案的法官；如果法官是检察官出身，那么法庭上会有两位检察官，一位是担任公诉人的检察官，另一位是审案的法官。住房融资局诉摩根大通案并不是刑事诉讼，但仍然是政府诉歹徒——至少一部分人这样认为，科特法官似乎也是这样认为，在程序问题上很是为难摩根大通。

2005 年至 2007 年，摩根大通、贝尔斯登和华盛顿互惠银行共向两房公司出售了价值 338 亿美元的以房地产抵押作担保的证券。金融危机中，两房公司损失惨重，多亏联邦政府援手，提供巨额资金，才得以渡过难关。住房融资局要摩根大通赔偿损失。摩根大通的抗辩理由是，当初两房公司明知以房地产抵押作担保的证券有诈，但还是买下了这些债券，完全是咎由自取，怪不得其他人。为了找到证据，摩根大通的律师要求向两房公司取证。但科特法官严格限制取证的范围，摩根大通一方深感掣肘。

摩根大通不服，就此程序问题提出上诉，但美国第二巡回法院驳回了其请求。民主党背景的法官在第二巡回法院的势力很大，其中一位名叫丹尼·陈的华裔法官就是位让华尔街胆寒的法官。陈法官当年审理麦道夫的庞氏欺诈案，将麦道夫判了 100 多年，等于是把他打翻在地，再踏上一只脚，叫他永世不得翻身。

在美国，程序问题通常由审判法院和上诉法院决定，美国最高法院通常不会接受此类上诉。摩根大通的律师上诉失败，此案仍然由科特审理。摩根大通及其律师的为难情绪可想而知，怕给小鞋穿啊，庭审程序掌握在法官手中，而在注重程序的美国，程序可以置人于死地。摩根大通权衡再三，与联邦住房融资局达成和解，摩根大通交出 50 亿美元了结此事。

在美国资本市场的监管与反监管的斗争中，法官的作用举足轻重。科特这样的联邦法官是终身制，可以活到老干到老，德高望重者甚多，凭借自己的威望，利用程序问题方面的裁决，让当事方就范。当然，联邦法官中也有共和党背景的法官，他们经常站在华尔街一边，让美国政府和投资者败走。

83. 德国的诗意法官的诗意批判

"即便你看得懂诗歌的字句，也并不等于你能够读懂诗意。"在 2011 年3 月 22 日的判决中，德国的诗意法官对德意志银行提出了诗意批判，意思是德意志银行表面上向其客户介绍了其出售的产品，但事实上客户仍然是不得要领。

问题出在德意志银行推销的金融产品上。该金融产品的实质是赌：如果两年期欧元债券的利息与十年期欧元债券的利差增加，则投资者赢；如果利差缩小，则德意志银行赢，而且投资者的损失迅速攀升，从理论上说没有限制。客户购入金融产品后赔了钱，便一口咬定自己当初看不懂关于产品的合同，是上当受骗，就吵着要德意志银行赔钱。德意志银行针锋相对，不肯退让。遇到纠纷，投资银行大多不肯退让，遇到中、小客户就更加不肯退让，除非投资者是在中国法院起诉。中国法院的特有审判程序以及中国市场的吸引力，还是会让国际投资银行有所顾虑。

金融产品案中，德意志银行一审、二审中皆胜，但挨了德国最高法院当头一棒。德国最高法院还认定：在交易中德意志银行有利害冲突，既向客户提供投资咨询，又向客户出售金融产品。但这是资本市场中的固有问题，并非德意志银行一家特有的问题，其他投资银行也有此问题，仅拿德意志银行开刀有失公允。所以，法官还是要拿金融产品说事，非说德意志银行的金融产品迷雾重重，客户难识其面目。

原告自称上当受骗，但原告并非目不识丁的贩夫走卒，而是一家小规模的造纸厂，也算得上是一家机构投资者。长期以来，对机构投资者的保护要远弱于对个人投资者的保护，理由是机构投资者是成熟投资者，善于发现问题和解决问题，而且膘厚，扛得住较大的亏损。但金融危机表明，问题恰恰就出在机构投资者的身上。为利益所驱，机构投资者管理人员或监守自盗，或与投资银行沆瀣一气，鱼肉个人投资者，鱼肉其他机构投资者。

机构投资者五花八门，除养老基金之外，还有大学的赠款基金、对冲基金、私募股权基金以及投资银行本身等。现在有人提出，机构投资者也要分门别类，机构投资者中也有弱势投资者，养老基金便是一例。其实，养老基金并非真的弱势，养老基金管理人员也并非不成熟——养老基金财大气粗，完全可以高价聘请理财"高手"为其出谋划策。但养老基金关系到千家万户的安危冷暖，关系到社会和谐和安定团结，法院和法官轻易不愿判养老基金败诉。这样一来，投资银行就要多加小心，要把养老基金当作高压线。

全球金融危机中，德意志银行是胜出的金融机构，还被某些人吹捧为学习的榜样。随着雷曼兄弟破产以及美林和贝尔斯登被收购，德意志银行的相对地位有了很大的提高，可以说是从乙级队升到了甲级队。德意志银行的高层领导沾沾自喜，顾盼自雄，却不想挨了德国最高法院的一记耳光。但德国大法官们还是点到为止，惩前毖后，治病救人。德国最高法院所判罚金很少，只有 541 074 欧元（合 768 942 美元）。[313]

76 万多美元的罚款对德意志银行来说是九牛一毛，绝对没有伤筋动骨的作用。德意志银行的年度报告中根本就没有提及该诉讼，德意志银行首席执行官甚至没有对此案公开发表评论。德国最高法院的判决并没有真正触及德意志银行高管们的灵魂深处。

但未容德意志银行高管们高兴太久，美国司法部便对德意志银行提出了民事起诉。美国那边就没有这么客气了，美国人下手很重，索赔 10 亿美元。[314]美国检察官称，德意志银行旗下的 Mortgage IT 骗取了抵押担保，"Mortgage IT 提供虚假证明，谎称自己履行了（美国）法规所要求的尽职调查"，得以为违规的抵押贷款提供担保。2007 年 1 月，德意志银行以 4.29 亿美元购入 Mortgage IT，不到一年后又将其关闭。

美国政府是亲疏有别，内外有别的。比如，高盛也被起诉，但交了 5 亿美元的罚金了事，高盛拒不认错，具体说是既不否认有错，也不承认有错。但美国政府对德意志银行却要罚 10 亿美元。整肃高盛是由证券监管机构证交会出面，而起诉德意志银行是由司法部出面。美国的司法部长兼任美国的总检察官，代表美国政府起诉或应诉。美国司法部虽然只是对德意志银行进行民事起诉，但毕竟也动用了国家专政机器，动用了美国执法机构中的精锐。司法部的律师大多身手不凡，相当于美国政府律师中的海豹突击队员，而证交会的律师只相当于普通正规部队的军人。

美国的诉讼程序启动比较慢，从快、从严、从重的难度比较大。金融危机之后也是这样。尽管公司高管大多安然无恙，但公司本身多少要出些罚款，反正羊毛出在羊身上，损失最后还是要由股东承担。资本市场出了问题，美国也搞秋后算账，但总的来说，对金融巨子们还是很宽厚的。

84. 和解： 美国金融机构逢凶化吉的法宝

墙倒众人推的现象比较普遍，资本市场监管也不例外，摩根大通目前便是身临其境。美国联邦检察官在加利福尼亚州对摩根大通进行刑事调查，想方设法地要摩根大通低头认罪；联邦住房融资局在纽约起诉摩根大通；

商品期货交易委员会也踏上一脚，逼迫摩根大通承认操纵了金融衍生产品的基准指数；美国司法部一度准备对摩根大通下手，磨刀霍霍，杀气腾腾。摩根大通在意大利还有问题缠身，意大利检察官指称，摩根大通对融资结构有知情不报的问题。

摩根大通如何应对？只能以退为进，通过和解化解危机。在美国资本市场的斗争中，监管机构可以与违法的被监管对象达成和解，后者只要出钱，就可以花钱消灾，甚至不用承认自己有过错，以免民事诉讼中原告以此作为被告有过错的证据。但和解谈判可以反反复复，跌宕起伏，充满戏剧性，对于事不关己的旁观者，是引人入胜的娱乐节目。摩根大通与司法部的谈判尤为如此，摩根大通起先出价10亿美元，反复讨价还价，最后以130亿美元成交。

2013年9月24日，司法部原定当日召开记者招待会，宣布起诉摩根大通，追究其民事责任。24日早上8点，离原定开会还有4个小时的时候，摩根大通的一把手杰米·戴蒙亲自打电话给司法部长埃利克·霍尔德（Eric Himpton Holder, Jr）的亲信，恳请司法部暂缓起诉，以求通过谈判和解。此前，摩根大通表示愿意出10亿美元了结此事，后又增加到30亿美元，但司法部认为摩根大通出钱太少。摩根大通又出价110亿美元，但司法部长霍尔德还是认为太少。

10月期间，戴蒙一周内与司法部长霍尔德通过5次电话，最后达成初步协议，摩根大通交纳130亿美元了结此案。摩根大通谋求一揽子交易，要求与司法部达成不起诉协议，一劳永逸地解决问题。但司法部拒绝了，给摩根大通留了一个辫子；摩根大通不老实，司法部就要揪一揪这根小辫子。

有人为摩根大通抱不平，其理由是摩根大通是代人受过：2008年，为缓解金融危机，摩根大通收购贝尔斯登和华盛顿互惠银行这两家问题公司，继承了两家公司的责任。《华尔街日报》为摩根大通鸣不平，指责奥巴马在整人，因为戴蒙曾经猛烈批评过奥巴马行政当局的做法。问题可能还不限于戴蒙对奥巴马不恭，整个华尔街都对奥巴马不恭。2012 年总统大选，如果华尔街力挺奥巴马，今天的局面可能会不一样。再换一个角度说，如果 2008 年总统大选，是共和党总统候选人罗姆尼胜出，今天的局面更会大不一样：罗姆尼多半会对华尔街网开一面，手下留情。

摩根大通今日的困境表明，在资本市场弄潮，千万不要得罪政府，否则自己就会多灾多难。华尔街搞了 100 多年的市场化，政府还是为大。戴蒙不得不认识到这点。这回他到司法部谈判就不是单刀赴会，身边有哼哈二将，一位是摩根大通的首席律师史蒂芬·卡特勒（Stephen M. Cutler），另一位是苏利文律师事务所的 H. 罗金·科恩（H. Rodgin Cohen）。卡特勒曾经在美国证交会供职，负责领导该会的执法部门，与司法部的同仁来往密切。科恩律师在官场的人脉很深，奥巴马第一次当选总统时，科恩曾经是财政部副部长的人选。戴蒙带上这两位律师保驾护航，就是要借他们与司法部的官员拉关系，套近乎。

摩根大通的困境还表明，如果金融机构遇到的诉讼和罚款过多，那还是要伤筋动骨的。2013 年，分析师预测，摩根大通有可能实现 230 亿美元的净收入，但用于与司法部达成和解的 130 亿美元就占到净收入的一半。2013 年 9 月，摩根大通的首席财务官就表示，预期摩根大通第三季度将增加 15 亿美元的诉讼储备金。[315] 2013 年 8 月，摩根大通就预测，其因诉讼而产生的开支将超出现有的诉讼储备金，超出部分将达到 68 亿美元。2008 年至 2013 年 6 月，摩根大通共拨出 180 亿美元的诉讼储备金。华尔街金融机构通常会披露他们增加了多少诉讼储备金，但一般不愿披露他们到底有多少诉讼储备金。

摩根大通的困境更表明，美国金融机构是很幸运的。很多情况下是事缓则圆，金融机构遇到麻烦更是如此。2008 年发生金融危机时，华尔街如过街老鼠，人人喊打，当时为华尔街的银行家们准备断头台也会得到民众的支持。彼时彻查华尔街，难免会从严、从重。但拖到今天，民怨已不再就此沸腾；当今世界坏人、坏事层出不穷，大多数人对于过去已不再痛定思痛。而反过来说，允许和解对政府监管机构也不无好处。摩根大通案中，司法部也并非完全有胜算，所以愿意妥协。在美国，摩根大通这类诉讼通常由陪审团来审判，由陪审团审判就是一个很大的未知数。

即便是在没有陪审团审判的中国，如果允许监管机构与被监管对象达成和解，也可以给监管工作留出更大的空间。光大证券内幕交易案中，中国证监会就很为难，既不能推迟查处，也不能与光大证券达成和解，必须有一个说法。仓促之间，确实容易手忙脚乱。如果能够从容一些，就有利于从长计议。再者，水至清则无鱼，人至察则无徒。资本市场本来就是一个打乱仗的地方，很多问题在法律上说不清楚，也不便说清楚。真要是真相大白于天下，那还搞什么资本市场？

85. 民事和解：高盛的胜利

2010 年 7 月 15 日，金融衍生产品"算盘"欺诈案有了结果，证交会与高盛达成和解。高盛拿出 5.5 亿美元缴纳罚款和赔偿投资人，而证交会则不再追究高盛的责任。在道德价值货币化和法律责任货币化的今天，只要愿意出钱，就可以大事化小，小事化了。高盛欺诈案和解本在许多人的预料之中，但罚款和赔款金额之小，却是很多人没有预料到的。2009 年高盛一年的利润是 133.9 亿美元，5.5 亿美元不算什么。很多人原本以为，罚款金额和赔偿金额加在一起，至少应在 10 亿美元以上。和解对高盛是利好消息，高盛股价强劲反弹 5%。对此高盛比较低调，只说"我们认为，对于我们公司，对于我们的股东和客户，这一和解是正确结果"。

与高盛的低调相反，证交会使劲给自己鼓掌，把和解渲染成证券监管史上的一次伟大胜利。的确，5.5 亿美元是证交会成立以来的最高罚款金额。民主党议员卡尔·刘易斯（Carl M. Lewis）更表示，高盛承认自己有过错，其本身就是重大胜利。以往与证交会和解时，华尔街银行通常只是交罚款了事，并不承认自己有过错。并不是因为华尔街银行不愿意认错，而是认错之后就有可能诉讼缠身，赔钱的投资人会乘虚而入，一拥而上，有理、无理三分理。

一、"错误"不等于"过错"

证交会果真大获全胜了吗？实际情况似乎并非如此。和解书中高盛是这样表示的：

高盛承认，算盘2007-AG1交易的促销材料中有不完整信息……有关组合是由ACA Management LLC"挑选"的，但没有披露保尔森公司（Paulson & Co., Inc.）在组合挑选中的作用，没有披露保尔森的经济利益与CDO投资者的利益不符。对于促销材料没有包含相关披露，高盛表示遗憾。[316]

"不完整信息"（incomplete information）是关键词。"完整"两字避实就虚，避重就轻，化解了"欺诈"的指控。高盛不会承认对它的"欺诈"指控。如果反正要承认欺诈，那还不如拼死一搏，走一趟诉讼。"错误"（mistake）更是一种轻描淡写的说法，英文中的"错误"相当于我们所说的"说了违心的话，做了违心的事"，甚至比这个还要轻——"错误"相当于雨天外出，在公共场所错拿了别人的雨伞，可以是"诚实的错误"（honest mistake）。英文中的 mistake（"错误"）与 wrongdoing（"不法行为"）不同。不法行为指侵害他人权利、损害他人利益的行为，包括但并不限于欺诈行为。欺诈是比较严重的不法行为。高盛没有承认自己有欺诈行为，甚至没有承认自己有不法行为。中文中也有类似的区别。"错误"可能是一般思想认识问题，而产生侵权责任的"错误"是"过错"或"过失"。

"挑选"一词也很有考究。2007年高盛推出金融创新产品算盘2007-AC1。对冲基金大枭约翰·保尔森（John A. Paulson）既参加了产品"挑选"，又是产品的交易方，但该信息并没有披露给该产品的交易对方。按照原先的说法，保尔森参与了产品的"设计"，有主观故意，所以证交会指控其有欺诈行为。"挑选"（select）与"设计"（design）两词差别很大。"设计"是主动的行为，是出谋划策，而"挑选"则很可能是一种被动的行为，是高盛拿出产品来让保尔森过目挑选，有什么不对吗？

和解谈判是幕后讨价还价，一方漫天要价，另一方就地杀价。证交会与高盛达成和解之前，许多人猜测，作为其条件之一，证交会有可能要求高盛现任领导布兰克费恩退位。果真如此，高盛会被削弱，因为产生新领导和新老领导交班都需要时间。领导的地位是在实践中打出来的。新官上任三把火，有标新立异的意思，但更重要的是要借三把火树立自己的权威。电影《教父》中，老教父死后，新教父大开杀戒。老教父生前没有大开杀戒固然是为了恪守诺言：他生前曾经向仇家保证永不报复。但更重要的是，老教父要给他儿子一个机会，让儿子通过杀人立威。杀人是树立权威的快捷方式，但杀人也需要时间。而华尔街银行的领导要在美国乃至在全世界树立权威，更需要假以时日。如果高盛的一把手真有新老交替，那么新领导需要一段调整和适应的时间，有可能影响高盛的进步。所幸和解并没有要求高盛的领导换马。

2010 年 4 月 16 日，起诉高盛欺诈之初，证交会气势汹汹，大有炸平庐山，停止地球转动之势。但很多人早就放出话来，证交会起诉高盛证据不足，如果欺诈起诉通过法庭审判解决，证交会很可能败北，至少是没有胜诉的把握。也有人说，证交会本来就是虚晃一枪，以起诉欺诈为筹码，逼迫高盛不要干扰金融监管改革立法的工作。和解协议公布的时间也确实蹊跷，几乎与参议院通过金融监管改革法案同步。

二、民事和解

证交会与高盛达成了和解协议，但还要经过法官批准，具体说是要经过芭芭拉·琼斯（Barbara S. Jones）法官批准。琼斯法官是克林顿总统在台上时提名的法官。民主党总统提名的法官自然有民主党的背景。美国总统大多提名本党同志或由本党同志推荐的人为法官。有民主党背景的法官对华尔街大多要求比较严格。当初证交会和美国银行达成和解，就被法官拦了一次——自然是有民主党背景的法官。那位法官非说证交会和美国银行有些问题没有讲清楚，于是驳回和解方案，要求双方重新考虑。法官批准和解协议，通常也就是走走形式。法官可以当真，但拦了一次之后，也不好再拦第二次。证交会和美国银行将和解方案略做调整之后又送回法官并获得通过。

从法理上说，民事和解涉及撤诉。既然双方愿意和解，法官怎好坚持不同意？难道非要双方往死里打？在中国，即便有命案在身，只要肯出钱，给受害人赔偿之后求得谅解，就有从轻处理的可能，实现所谓的刑事和解。华尔街再不好，总还没有杀人，为什么不能通过和解解决问题呢？证交会的领导和下面的普通工作人员也想点到为止，见好就收。靠山吃山，靠水吃水。监管者和被监管者都是资本市场的打鱼人，本是同根生，相煎何太急？证交会和高盛的和解谈判由格雷戈里·帕姆（Gregory K. Palm）与罗伯特·库兹阿米（Robert Khuzami）主谈，两人分别为高盛的首席律师和证交会执法部主任。而出任证交会执法部主任之前，库兹阿米是德意志银行的首席法律顾问。证交会执法部的另一位前主任斯蒂芬·卡特勒（Stephen M. Cutler）离职后担任了摩根大通的首席法律顾问。[317]有了这种同行之间的近邻关系和时常转换角色的关系，虽说是各为其主，但总要手下留情为好。从外面看，证交会与高盛针锋相对，双方的律师打渔杀家，刀光剑影，有许多优美的亮相造型。其实，对这些局中人来说，和解协议只不过是他们所做的又一笔交易而已。

"大雨落幽燕，白浪滔天，秦皇岛外打鱼船。一片汪洋都不见，知向谁边？"资本市场的监管就有这种诗意，资本市场的监管就有这种迷茫。

按照和解协议，高盛吐出 1500 万美元的利润，另拿出 2.5 亿美元赔偿交易的损失方，德国 IKB 工业银行（IKB Deutsche Industriebank）得 1.5 亿美元，苏格兰皇家银行（Royal Bank of Scotland Group）得 1 亿美元。其余的钱上交美国财政部（也就是上交国库）。苏格兰皇家银行是一家国际知名大银行，德国 IKB 工业银行也是一家不小的金融机构。两家金融机构可以自己照顾自己，即便是"上当受骗"，也可以自己通过调解、仲裁或诉讼解决争议，何需证交会代劳？两家金融公司有点像《沙家浜》中的阿庆嫂和《潜伏》中的余则成。只要不遇上"文革"，阿庆嫂这样的人总能逢凶化吉，遇难成祥，就连鬼子来了，她也能以地下工作者的身份出去成功周旋。余则成不仅左右逢源，而且心毒手狠，就连陆主任这样朝夕相处、可亲可爱的同事，他也下得了毒手。证交会本该保护沙奶奶和翠萍这样的投资者。而保护苏格兰皇家银行和德国 IKB 工业银行这样的投资者，如同保护阿庆嫂和余则成这样的人，实在没有必要。金融机构之间看似荒诞的交易，自有其奥妙：许多经办人员就是靠这类交易拿回扣、拿奖金的。到资本市场来弄潮的人，都是人中吕布、马中赤兔，谁也不比谁傻。真正的问题在于，金融机构之间豪赌伤及无辜，最后让纳税人破财买单。但这个理由与高盛欺诈案的案由无关。

三、要加强保密工作

和解协议还留下一个尾巴，欺诈案中唯一被起诉的个人法布里斯·图尔（Fabrice Tourre）并没有被包括在和解之中，证交会还要追究其责任。图尔这个人害苦了高盛，如果不是他乱发邮件，道破创新产品"算盘"的天机，证交会本来拿不到什么过硬的证据。不过，从保护高盛自身利益的角度说，高盛也需要加强内控。员工怎么能够乱发邮件，向外人乱说自己公司的产品？高盛的前领导保尔森就非常注意保密，主要是通过手机联系工作，几乎不用电子邮件。下面的员工还是警惕性太低。但图尔本人的前途倒不会受太大的影响。图尔是欧洲人，已经有人建议，欧洲应该到华尔街人才抄底，把图尔先生请回欧洲传经送宝。

86. 美国资本市场的联合工作组

大国有大国的好处，大国也有大国的难处。中央与地方的矛盾便是大国不变的难题。在美国，这种矛盾主要表现为联邦政府与州政府之间的矛盾。在资本市场监管方面，联邦监管机构与州政府明争暗斗，矛盾不断，直接影响到监管大计。比如，在渣打银行洗钱问题上，财政部与纽约州金融服务局就弄得很不愉快：财政部认为州监管机构好大喜功，多管闲事，而州监管机构则指责联邦监管机构按兵不动，过于礼让华尔街。

政府机构互斗，就无法官官相护。为化解这一矛盾，2012年1月美国政府设立了别动队，全称是"以住房抵押为担保的证券的工作组"（下称"工作组"）。参加工作组的联邦机构有：城市住房部、证交会、联邦住房融资局、联邦调查局和司法部。各州检察长也是工作组成员，纽约州检察长是工作组联席主席，与司法部的高官们平起平坐。

2012年，工作组出手，由纽约州检察长起诉摩根大通旗下的贝尔斯登。根据纽约州的起诉书，2005年至2007期间，贝尔斯登长期欺骗投资者。2007年全年至2008年第一季度，贝尔斯登向投资者出售资产证券化产品，其中伪劣产品甚多。最阴毒的是，贝尔斯登明知房地产抵押贷款（贝尔斯登以此烹调出证券产品）有诈，但并不将房地产抵押贷款退回出售这些贷款的银行，而是与银行私下和解，并将赔款据为己有，而投资者仍然被蒙在鼓里。案发四年之后，美国的州政府终于开始秋后算账。

由州政府秋后算账，其中玄机不小。就资本市场而言，与州政府相比，联邦政府有联邦政府的优势。比如，美国司法部的检察官大多训练有素，其中不乏高手，本领高强，相当于八十万禁军教头林冲。但州检察长出面，也有优势。比如，纽约州起诉贝尔斯登，依据的是州法《马丁法》——一个克敌制胜的法宝。证明欺诈很困难，因为只有证明主观故意，欺诈罪名才能成立。也就是说，不仅要证明被告做了坏事，而且要证明被告是故意做坏事。而坏人总是说自己做了违心的事，说了违心的话。好人奈何？但根据《马丁法》起诉，无需证明欺诈中的主观故意。

州检察官起诉大银行还有一个优势：可以出其不意，攻其不备，要比证交会行动起来方便得多。按照惯例，证交会正式起诉之前，要悄悄地通知被起诉的金融机构，让金融机构有一个私下辩解的机会，让其有一个和解的机会——简单说就是私了。纽约州检察长起诉贝尔斯登事先就没有打招呼。对此，贝尔斯登的母公司摩根大通就很是不满。摩根大通的高管们恼羞成怒，指使公司发言人大肆攻击纽约州的起诉。公司发言人愤怒表示，纽约州起诉之前没有给摩根大通一个辩解机会，而且纽约州只不过是"循环使用个人诉讼中原告已经提出过的主张"——这句话比较恶毒：垃圾废物才循环使用呢！

其实，美国政府对金融寡头们已经是网开一面：贝尔斯登 2008 年案发，工作组到 2012 年才提起诉讼，有些投资者恐怕已经不在人世——资本市场的受害者通常是老年人。"迟到的正义不是正义。"这句话在美国也得到了验证。工作组只不过是追究贝尔斯登的民事责任，没有必要姗姗来迟。刑事诉讼从快、从严、从重，容易造成冤、假错案，但民事诉讼从快、从严、从重似无不妥，有时还是十分必要的。

即便是纽约州的那些"打虎英雄们"，也只是起诉银行，很少追究银行家们个人的法律责任。千百年来，中国的经典问题是只反贪官，不反皇帝，而美国资本市场的经典问题是只查银行，不问个人。当然，在任何国家，政府与权贵之间都不是专政与被专政的关系，更不是监管与被监管的关系。华尔街的银行家们是美国的权贵，政府对他们自然是网开一面，执法时也不失温柔。

美国也有人指出，工作组向贝尔斯登兴师问罪的时机也值得推敲，很可能是受奥巴马指使，以便在总统大选之前为其加分（较民主党而言，共和党与华尔街的关系更加密切）。纽约州是民主党的大本营，现任纽约州检察长也是民主党政客。当然，这种说法只是猜测，奥巴马阵营对此矢口否认。但有一点是可以肯定的：工作组成员是各怀鬼胎，并非出于公心。比如，联邦监管机构与华尔街相从过密，凡事不愿深究，经常为此受到指责。既然这次纽约州的行动是工作组同意的，那么尽管司法部和证交会等联邦机构没有动手，别人也无法指责他们打击奸商不力，至少不能批评他们袖手旁观。而对州检察长来说，有了联合工作组，他们再起诉华尔街银行，联邦监管机构就不会从中作梗，至少不会公开说风凉话。

曾几何时，证券垂直体系被吹得神乎其神，仿佛是克敌制胜的法宝。我们的证券监管机构也效仿美国的监管体系，也是垂直领导，地方人马完全听从中央政府行政机构的指示。但现在看来，监管机构的垂直体系也并不是很灵，至少在美国是有很大问题的。我们这里也有类似的问题。我们各地绕过证监会，大办各种证券交易场所，就反映出统一监管模式失灵。我们也是求助于联席会议，中央各部委之间联合办案。地方政府的官员并非联席会议的成员，但联席会议并不直接调查和处理各地证券交易场所的问题，而是要求地方政府自己调查，自己革自己的命。各地金融办公室又重新被赋予监管证券市场的权力。

87. 瑞士信贷认罪之谜

通常来说，华尔街券商认罚不认错：与美国政府达成和解，缴纳罚款，但既不否认也不承认其过错。这是因为券商担心，一旦他们认罪或认错，要求民事索赔的原告就无需再在法庭上证明其过错，投资者便会蜂拥而至，群起要求赔偿。但这次瑞士信贷承认自己帮助美国富人逃税，同意交纳26亿美元，是近10年来首家国际大券商低头认罪。美国司法部长立刻跳了出来，迫不及待地自吹自擂，说："此案显示，无论其规模如何，无论其全球性影响力如何，任何金融机构都不能高于法律。"

当年会计师事务所安达信被定有罪后，很快就因失去客户而破产。但宣布和解方案之后，瑞士信贷的股票价格上升了1%。瑞士信贷的首席执行官布雷迪·杜根（Brady Dougan）宣称，伏法一事"不会对我们的运营能力和财务能力产生任何重大影响"。那么瑞士信贷为什么能够逢凶化吉、遇难成祥呢？首先是该案中并没有投资者受损，所以不会有普通投资者的民事索赔。更重要的是，美国政府高抬贵手，放了瑞士信贷一马。

按照美国证券法，如果金融机构被定有罪，证交会可以取消其投资顾问的资格，该机构不能再从事理财业务。在瑞士信贷案中，美国司法部与证交会事先达成谅解，证交会不会吊销瑞士信贷的理财执照。甚至有人怀疑，美国政府暗示其他金融机构，可以放心地继续与瑞士信贷进行交易。美国政府并不想安达信破产一事重演。

公司严重违法，通常公司高层要有人出来承担责任。但美国司法部并没有逼迫瑞士信贷高管辞职，这令很多人不满或感到费解。瑞士信贷是瑞士公司，但首席执行官杜根是美国中西部人，为人比较低调，虽然是阔佬，但只开一辆丰田普瑞斯牌汽车。如果瑞士信贷的首席执行官不是美国人，或者是位美国人，但却飞扬跋扈，后果如何就另当别论了。

但凡是瑞士信贷这样的大公司，都以政府为后盾。瑞士信贷能够躲过一劫，还是靠瑞士政府援手。瑞士法律禁止银行向第三方提供客户名单，所以必须由瑞士议会做出决定，允许个案的例外，瑞士信贷才能交出名单。瑞士财政部长亲赴华盛顿协调——也有点上门请罪的意思。之后，美国司法部就不再坚持要求瑞士信贷交出美国客户的名单。当然，美国政府也未必真的希望瑞士信贷交出名单。或许这份名单中有"贵人"，所以美国政府颇有些投鼠忌器的意思。

不过，帮助美国富人逃税的绝非瑞士信贷一家。瑞士是全球顶级富国：2012 年，美国的人均收入为 51 000 美元，而瑞士的人均收入为 79 000 美元。瑞士人富甲天下，但其中有不义之财，瑞士的很多银行帮助美国富人逃税。截至瑞士信贷认罪时，100 家瑞士公司向美国司法部交代了部分问题，争取从宽处理。43 000 个美国人向司法部主动交代问题，争取从宽处理。从补交税和罚款两项中，美国政府的收入已达 60 亿美元。而反过来

说，美国的银行也有帮助其他国家的富人逃税的。迈阿密的许多美国银行
就有很多来路不明的南美客户，其资金也是来路不明，只不过有关国家是
敢怒不敢言，不敢要求美国的银行交出名单。

总之，从表面上看，美国司法部整了瑞士信贷，但实际上双方反复磋
商，历时三年之久。美国司法部对瑞士信贷倍加关心，唯恐下手过重，伤
了瑞士信贷的元气。在资本市场行船，要靠市场，也要靠政府，关键时刻
要靠政府。

88. 公司内部举报之乱

2008 年金融危机之后，有奖举报是美国证券监管的新举措。美国证交
会网站首页第 3 幅图片就是一个铁口哨，图解文字是："提供举报信息，了
解该项目或是申请奖金。"[318] 按照证交会的规定，如果罚金在 100 万美元以
上，举报者可以得到罚金的 10% 至 30%。截至 2017 年 4 月 25 日，证交会
宣布，一次性奖励一位举报者 400 万美元。此前，证交会已向 43 位举报者
发放奖金，总金额达 1.53 亿美元。[319] 证交会还承诺保护举报者，为此还不
许公司管理层调查举报者的真实身份。美国法院已经有了很多判例，重点
是如何保护举报者。巴克莱银行就因为查找举报人而遇到了麻烦。

巴克莱银行内部有人匿名举报公司用人不当。首席执行官杰斯·斯特
利（Jes Staley）下令查出此人。公司内控部门反对查找，但胳膊拧不过大
腿。按照领导指示，公司保卫部门进行了排查，据说还有一家美国的执法
机构协助其进行调查。但斯特利运气不佳，没有查出"内奸"，反而惊动
了英国和美国的监管机构，不仅弄得斯特利本人很被动，巴克莱银行也很
被动。巴克莱银行本来就还没有从过去的丑闻中走出来。巴特莱银行因为
参与操纵伦敦银行同业拆放利率，2012 年被迫向美国监管机构和英国监管
机构缴纳了 2.9 亿英镑的罚款，[320] 巴克莱银行当时的首席执行官也因此而
下台。

但这次巴克莱银行董事会还是要力保现任首席执行官斯特利，为此抢先做出了公司内部调查结论，说他是"诚实地犯了错误"，用汉语表述就是"犯了无心之过"。董事会决定的内部处罚是通报批评和降薪。斯特利是巴克莱银行从对冲基金蓝山资本（Blue Mountain Capital）挖过来的，他曾经在摩根大通工作了约30年，在国际资本市场名气很大。此人确实有一套，在他的调理之下，巴克莱银行的投资银行业务很有起色，排名在业内有所上升。

还有，巴克莱银行这次的匿名举报并不涉及造假或其他重大违规问题，很可能是出于内部人事斗争，是有人要泄私愤。斯特利作为人才被巴克莱银行引进之后，自己又引进人才，呼朋唤友，请来了他过去在摩根大通的一些老同事，其中包括蒂姆·思罗斯比（Tim Throsby），[321]匿名举报揭发的就是这位思罗斯比先生。斯特利愤怒地指出，这"是很久以前的个人问题"，举报没有根据，所以斯特利要查出匿名举报者。斯特利似乎是在打抱不平，有点像《水浒传》中的宋江、宋公明哥哥，为了朋友可以两肋插刀。但恐怕斯特利不只是意气用事，他是想借机立威。

巴克莱银行的匿名举报者可能是无中生有，无事生非，但斯特利大可不必兴师动众（兴师动众就是要兴师问罪）。见怪不怪，其怪自败。实际上，巴克莱银行的内部举报者并没有给银行和斯特利本人造成任何实质性的损害，甚至没有造成任何重大问题，只不过是给斯特利添堵，或是说斯特利自己认为有损其权威。其实，如果斯特利忍一忍，就不会引火烧身了。但很难要求投资银行的领导做到两全。投资银行不乏虎狼之辈，投资银行的领导必须杀伐果断，否则难以立足。投资银行的领导不能温、良、恭、俭、让，哈姆雷特这样优柔寡断的谦谦君子是当不了投资银行领导的。

但无论如何，有奖举报是一个有争议的问题，匿名举报也是一个有争议的问题。举报一词在英语中是"whistle blowing"，意思是吹哨子。"吹哨子"就是大声疾呼，势必行不改名，坐不改姓。而匿名举报则行踪诡秘，有扇阴风、点鬼火的意思。证交会保护匿名举报，但又称举报为吹哨子，这就自相矛盾了。

我国没有关于公司员工举报的立法，也没有专门的行政法规，但有证监会的部门规章。按照证监会发布的《证券期货违法违规行为举报工作暂行规定》，奖励金额通常不超过 10 万元，最高奖励为人民币 30 万元。奖金金额如此之低，实际上是不鼓励公司员工举报。举报自己的雇主，不仅是自绝于雇主，而且今后很难再在行业内立足谋生，30 万元的奖励远不能弥补举报人员放弃高薪就业机会的损失。但我以为，我国的这种安排很对。上市公司难免会有这样或那样的错误，但按照各国证券法，只有披露重大虚假信息直接给投资者造成损失的，上市公司才有赔偿责任。我们个人又何尝不是如此：工作和生活中大错不犯，小错不断。但举报——尤其是匿名举报——不加以区分，大错小错都有可能举报。即便举报最后不了了之，但公司上下人心惶惶，同事之间相互猜疑，鸡飞狗跳，鸡犬不宁，对公司不利，对证券市场不利，对大局不利。

89．"谨慎提示"： 预测误导可以免责

今天，在美国那些愚民的眼中，唐纳德·特朗普（Donald Trump）智勇双全，雄姿英发，羽扇纶巾。特朗普参加总统大选，本来是搅局的票友，不想初选一路领先，气势如虹。可曾几何时，特朗普几近穷途末路。

1990 年代末，身为富豪的特朗普指着纽约街头的一个乞丐说："与我相比，此君身价在数亿美元之上。"同行者问特朗普何出此言。特朗普自称其身背数亿美元债务，而此乞丐无任何债务，所以更富。特朗普耸人听闻了。严格说，并非特朗普本人欠债，负债的是他所设立的各类公司，即便债权人或投资者打上门来索赔，最多是各类公司倒闭，特朗普无须吐出自己的财富，照样追"名模"，照样坐名车。《别人的钱——银行家如何用》（*Other People's Money—And How the Bankers Use It*）：这是美国已故大法官路易斯·布兰代斯（Louis D. Brandeis）经典之作的书名，也是一个警句，揭

示了银行家的真实面目，也揭示了资本市场的本质。如果"银行家"一词是泛指，那么特朗普也是其中的一员。

特朗普的公司发债融资，最后因企业破产无法还债。投资者起诉索赔，但美国法官坚决站在特朗普一边，并就此推出"谨慎提示"（bespeak caution）理论，相关判例也因此而成为经典判例。按照"谨慎提示"理论，如果文件整体上对预测的可靠性有"谨慎提示"（bespeak caution），即便发行人对未来的盈利或其他状况做了错误预测或误导性预测，发行人也无须承担法律责任。法官的原话是这样的："无论原告是否指称，一份文件所包括的肯定性预测/观点有误导性，或是因为没有包括预期或预测而造成误导，但只要文件中包括谨慎陈述，受到挑战的预期陈述或观点在法律上就是非重大性的。"[322]

特朗普案中，特朗普设立了一家合伙企业建造泰姬陵赌场，再设一家融资公司，1988年由其发行债券融资，所筹资金立即贷给合伙企业，用于建造泰姬陵赌场。特朗普为了发债，设立了若干公司和合伙企业，错综复杂、犬牙交错，有如古代的城防工事，不仅有城墙，还有护城河和瓮城，有的还有藏兵洞。融资活动中，公司和合伙企业层峦叠翠，也有城防工事的功效，可以隐藏和掩护最终控制人。

特朗普案的债券募集说明书中有这样一段话："合伙企业相信，泰姬陵营业所产生的利润足以偿还债务（包括利息和本金）。"投资者便一口咬定，这句话构成误导：请看，合伙企业不是破产了吗，当初如何能够信誓旦旦？联邦地区法院和联邦上诉法院的法官都不为所动。招股书中包括谨慎陈述，所强调的内容包括：赌场行业存在激烈竞争；泰姬陵并没有可以用作估值基础的营运历史；泰姬陵规模巨大，大西洋城史无前例；如果出现抵押违约以及泰姬陵随后清算，则企业有可能无法支付债券的利息。[323]

当然，特朗普案中的法官只是说，债券募集说明书的内容"在法律上"并不构成误导。事实上，发债中的误导无处不在。债券募集说明书表示，特朗普本人会为赌场提供 7500 美元的资金，在特定情况下还可以再提供 2500 美元。这就给人一种印象：特朗普会以个人财产投入项目，与投资者共进退，所以投资者尽可以放心。投资者起诉时提出，债券募集说明书中关于特朗普个人的财务信息有误。上诉法院认定，特朗普的个人财务状况与发债并无任何关系。

特朗普所建赌场的名称就有误导：赌场叫什么泰姬陵，似乎特朗普的赌场可以类比印度的泰姬陵，高雅明丽，天长地久。证券市场的很多金融产品或金融机构都有唬人的名字。高盛推出的一种金融产品叫"算盘"——中国的算盘，英文"算盘"（abacus）一词颇有神秘感；从事内幕交易的一只对冲基金叫"帆船"对冲基金。

投资者也是咎由自取。尽管特朗普耍尽花招，但都是些雕虫小技。即便债券募集说明书中没有谨慎提示，投资者也理应知道购买特朗普的融资公司发行的股票存在巨大风险。1988 年特朗普案所发债券的收益率为 14%，而同期高质量公司债券的收益率仅为 9%——这就是最明显的"谨慎提示"。有什么办法呢？人为财死，鸟为食亡。证券市场的投资者也是这样：难免因为贪心而飞蛾扑火，自投罗网。

90. 证券诉讼中的因果关系

最后一搏有两种形式：或是胜利在望，毕其功于一役；或是走投无路，困兽犹斗。美国民事诉讼中也有最后一搏，是困兽犹斗，法律术语是肯定抗辩。肯定抗辩（affirmative defense）是指被告承认原告的指责属实，被告确实从事了原告所指的行为，但被告的行为并没有造成原告的损失。[324]在证券索赔诉讼中，被告也做肯定抗辩，具体概念为损失因果关系。

损失因果关系（loss causation）是指"所称的不当行为与原告最终受到的经济损失之间的因果关系……与侵权法的近因概念有关"。[325]《1995 年私人证券诉讼改革法》（The Private Securities Litigation Reform Act of 1995）[326]

则明确规定，即便证券发行有虚假陈述，只要被告能够证明是其他原因造成了投资者的损失，就无需做出相关赔偿。如此，可以全部或部分避免赔偿。[327]

一、野村困兽犹斗

损失因果关系的举证责任通常由被告承担，而民事诉讼的一方若是负有举证责任，便有负隅顽抗、困兽犹斗的意思：民事诉讼中有举证责任的一方胜诉的可能微乎其微。美国联邦住房融资局诉野村美国控股有限责任公司（下称"野村"）案［Federal Housing Finance Agency v. Nomura Holding America, Inc, 2015 WL 2183875（S. D. N. Y.）］便是一例。

房利美（Fannie Mae）和房地美（Freddie Mac）（下称"两房"）是美国的国企，由联邦住房融资局监管。两房购买了由野村、苏格兰皇家银行等美国金融机构出售的资产证券化产品。金融危机爆发后，资产证券化产品价格暴跌，两房蒙受巨大损失。联邦住房融资局代表两房，向出售资产证券化产品的有关金融机构索赔。16家金融机构选择和解，花钱消灾，支付了大约180亿美元的赔款。但野村和苏格兰皇家银行不服，选择通过诉讼与联邦住房融资局决一胜负。2015年5月11日，美国联邦地区法院判决野村败诉。

野村抗辩主要有两条理由：一是被告所售低劣证券在市场中所占比例甚小，不足以引发市场崩溃，而市场崩溃才是有关证券价格下跌的真正原因；二是两房对市场崩溃也有责任，所以事后无理由就此索赔。野村就第一个理由指出，2004年至2007年之间，美国住房证券化的金额高达3万亿美元，而野村和苏格兰皇家银行所从事的交易仅为24.5亿美元，所占市场份额仅为0.1%。但审理本案的法官丹尼丝·科特（Denise L. Cote）得出的结论正好相反："被告提到宏观经济要素造成损失，债券的有瑕疵的发起和证券化促成了住房市场的崩溃。不仅如此，一旦市场开始崩溃，承销不当的贷款首当其冲，进一步加剧市场崩溃。"按照科特法官的观点，野村的微观责任与市场的宏观因素至少是互为因果。

科特法官还指出，即便退一步说，宏观经济要素是一个原因，野村也必须"量化"该因素所造成的损失部分。在野村案判决书中，科特法官反复使用的一个名词是"分解"（disentangle），要求被告将其违法行为与原告的亏损分解开来。这一举证责任几乎无法完成，很像《威尼斯商人》中索债的商人夏洛克面对的：夏洛克可以从债务人身上切下一磅人肉抵债，但不得危及债务人的生命安全。

野村就第二个理由指出，发生金融危机，美国政府也难辞其咎，事后没有理由再来索赔；两房是政府发起企业，是政府的一部分，所以也没有理由来索赔。科特法官不这样看，她的结论是，原告的身份并非问题所在，被告应当证明的是，造成原告亏损的并不是被告的违法行为，而是其他原因。

二、不容否认理论

为完成其损失因果关系的举证责任，被告要求适用普通法中的不容否认（estoppel）原则。按照这一理论，"一方的立场、态度或行为前后不相符，如果采信后会给另一方造成损失或伤害，则不得采信有关立场、态度或行为"。[328]两房高管在另案中表示，宏观经济因素是造成两房股价下跌的原因，因此两房高管不就股价下跌负责。野村提出，两房不能否定野村所提出的类似理由，否则就是前后矛盾，违反了不容否认原则。

科特法官表示，就野村案而言，应当适用 Adelphia 通讯公司诉高盛公司案［Adelphia Recovery Trust v. Goldman, Sachs & Co., 748 F. 3d 110, 116 (2d. Cir. 2014)］（下称"高盛案"）规则，即，"传统司法适用的不容否认的前提是：（1）一方后来的立场与其先前的立场明显不符；（2）当事方先前的立场被法院在先前的程序中采纳；而且（3）该当事方提出两种立场，就会对要求适用的一方有不公平的不利影响。"

在高盛案中，保证金是作为 Adelphia 通讯公司子公司的财产抵押给证券公司的。Adelphia 通讯公司破产之后，所提资产清单中并没有包括这笔保证金，但之后追讨保证金时又改口，称保证金为母公司的财产。法院认定，高盛案适用不容否认原则。科特法官认定，高盛案与野村案的情况不同：高盛案中当事方是在同一案件中改口，而野村案中则涉及高盛在另案中的抗辩理由。此外，两房高管在另案中的抗辩理由是，两房信息披露不实，公司管理不善，因而造成股价下跌。而另案中法院认定两房并没有做虚假陈述。[329]换言之，法院并没有采纳宏观经济不利的抗辩。

三、举证责任在原告

损失因果关系举证责任通常由被告方承担，但如果原告没有证明被告违反了法定披露责任，原告若要胜诉，就必须完成损失因果关系举证责任，证明其损失是被告行为直接造成的，两者之间并没有其他干预因素。换言之，即便被告没有违反法定的披露责任，仍然可能因其侵权行为给投资者造成损失而需要做出赔偿。

但损失因果责任在原告方时，原告也难以完成这一举证责任。美国不乏这方面的判例，所涉及的具体情况包括："原告没有指称市场对正确披露做出了消极反应"[330]；原告没有提出影响整个市场的因素，所以双方都没有必要明确所称不当行为造成的损失，将其从市场大势中分解开[331]；原告承认，股票价格下跌并不是被告行为所造成的[332]；所称欺诈与原告损失之间相隔时间过长（超过 5 年）[333]。

四、小不忍则乱大谋

一审判决之后，野村的发言人表示要上诉，而且进一步辩解说："野村自信，在其与房利美和房地美的所有交易中，野村始终诚实、透明和专业。"苏格兰皇家银行并未就判决公开发表任何评论，似乎有知难而退的意思。苏格兰皇家银行能够隐忍，野村为什么要迎难而上呢？野村的外部律师判断有误，更确切地说是野村判断有误：外部律师可以出谋划策，但重大问题上何去何从，还是要野村自己拿主意。野村有自己的法务律师，可以审时度势，做出明智的决定，不能意气用事。

或许，野村可能自以为没有做什么坏事，没有什么见不得人的事情，所以不怕通过诉讼解决争端，不怕在世人面前对质。很遗憾，野村运气不好，遇到了科特法官，一位对大银行没有好感的法官。科特法官1994年由民主党总统克林顿提名，此前还担任过检察官，曾经在纽约南区联邦检察官办公室担任过助理检察官和刑事科科长。

野村案判决书中，科特法官反复用的一个形容词是"shoddy"，汉语意为"低劣"，还有"龌龊"的意思，英语的同义词为"shabby"。科特法官的用词就表现出其偏向：如果她是中立的，完全可以不用"低劣"一词，而用较为中性的形容词"低质量"（low quality）。科特法官不仅在用词方面含沙射影，还对野村做了根本性的否定，她说："正如野村的证人和文件所显示的那样，野村的目的是与贷款的出售方一同努力，尽其可能促进野村与贷款出售方之间的良好关系。鉴于这种态度，对于具体警告置若罔闻也就不奇怪了。"

科特法官执笔谠论，洋洋洒洒，判决书长达361页，从法律上全面鞭挞了野村出售低劣金融产品的行为。科特法官用词尖刻，像冬天一样残酷无情，野村因此而愤怒是可以理解的，野村要上诉也是可以理解的。但为大局计，为公司的形象，为公司的长远发展计，野村还不如认罚，给事情一个了断，免得别人再借题发挥。孔子他老人家早就教导过我们："小不忍则乱大谋。"其实，承认错误也并没有什么大不了的：承认错误是为了可以再犯错误，至少在美国资本市场是这个逻辑。

十五、央行妾身不明

作为美国的央行，美联储有监管华尔街银行的职责。金融危机之后，美联储又忙于量化宽松（稀释美元的委婉语），为华尔街输血打气。

91. 量化宽松，饮鸩止渴

"大家的脸上笑嘻嘻，紧紧拥抱在一起。" 2012 年 9 月 12 日，华尔街就是这个意思：银行家们奔走相告，弹冠相庆；美联储主席伯南克宣布启动第三期量化宽松，今后美联储每月投放 200 亿美元，购买以房地产抵押作担保的证券，每月投放不止，直到经济完全复苏。这就是直升机源源不断地运钱——伯南克的名言就是：遇到重大金融危机，央行要不顾一切地提供流通量，像直升机撒钱一样。前两次量化宽松不灵，美联储决心这回要打持久战，不获全胜，决不收兵。伯南克话音未落，美国股价应声而起。

按照伯南克的解释，量化宽松是为了加快经济复苏，以期增加就业的机会。美联储大批购入以房地产抵押作担保的证券，就是为了压低购房贷款利率，鼓励人们买房，借此拉动经济。业内有人估计，如果第三次量化宽松能够奏效，30 年的住房贷款利率可降至 3%。当然，负面影响是通货膨胀迟早要肆虐。美联储本来应当是两手硬，既促进就业，又控制通货膨胀（尽管兼顾两者很难），但美联储这回是铁了心的一手硬，只管促进就业，不问通货膨胀。美联储已经明确表示，美元零利率至少要维持到 2015 年。

美联储第三次量化宽松已经没有悬念，但该政策能否促进经济复苏却是有悬念的。量化宽松有利于华尔街，受惠最多的是美国银行和摩根大通——两家银行是从事混业业务的巨擘，既有商业银行的储蓄业务，又有投资银行的冒险业务。但经济出现衰退时，真正创造就业需要积极的财政政策，政府出钱推动大规模投资。比如，可以借助基础建设拉动经济，至少可以创造就业机会。美国也需要基础建设，许多公路和地铁都需要翻修或重建。奥巴马还想建高速铁路，但国会中两党相互拆台，无法达成一致意见。财政刺激这条路走不通，所以有劳伯南克主席赤膊上阵，勉为其难。

量化宽松难以创造经济繁荣，难以创造就业——如果可以，前两次量化宽松为什么不灵？但对于美国来说，量化宽松至少有一个好处：通过通货膨胀稀释美元，稀释美国的债务。截至 2012 年 7 月，美国所欠外债达 5.3 万亿美元，分别欠日本和中国 1.1 万亿美元。截至 2012 年 9 月，美国的债务高达 16.02 万亿美元，占国民生产总值的 72%。美国债务还在不断上升，2015 年占到国内生产总值的 100%——但这不是美国历史上的最高比例。第二次世界大战后，美国的债务占到国内生产总值的 113%。但当时美国是绝对的世界霸主，德国、日本等国不仅不是美国的竞争对手，而且还是美国产品的出口市场，美国很快降低了其债务。现在不同，尽管美国是唯一的超级大国，但却不再是霸主了，竞争对手层出不穷。而且长期以来，美国人养尊处优，贪图享受，养成了大手大脚的习惯，要靠他们节衣缩食减少债务，简直像是天方夜谭。简言之，美国有 16.02 万亿美元的债务，不搞通货膨胀行吗？

第三期量化宽松应当是有利于奥巴马的，短期内对经济有强心针的作用，而此刻奥巴马正受累于经济的萎靡不振。伯南克也算是报答了奥巴马。伯南克由小布什总统提名当上美联储主席。奥巴马上台之后，伯南克便成了遗老遗少。很多人也以为，伯南克第一任到期之后，奥巴马便会任命前财政部长萨姆斯取而代之，但奥巴马最后选了伯南克。不错，华尔街是希望罗姆尼当选，罗姆尼上台之后多半是要实行对华尔街有利的政策。但伯南克主席现在就推行对华尔街有利的政策，岂不是更好吗？所以华尔街并不反对伯南克的量化宽松政策。既然如此，何不顺水推舟，还奥巴马一个人情？

但不论量化宽松的经济效果如何，该政策对美国的法律和法治造成了很大冲击。按照美国宪法，钱袋掌握在国会手中，如何花钱应当国会说了算。从理论上说，国会议员是民选的，可以代表民众做重大决策。美联储主席和美联储成员虽然由总统提名，但名义上还是由国会任命的。现在美联储不仅印钞票，而且用印出来的钞票买入以房地产抵押作担保的证券，决定如何用钱，实际上已经越了雷池。不过，伯南克主席也是没有办法，国会按兵不动，只好由他越俎代庖。皇帝不急，急煞太监也是可以理解的。

92. 美联储的公开政策

联邦公开市场委员会（The Federal Open Market Committee）的名称很好听，特别是"公开"两字。美国政府标榜自己很公开，而且把政府公开作为一条宝贵经验向全世界推广。可是联邦公开市场委员会一点也不公开：长期以来，就利率做出决策之后，只是发表一个之乎者也的简短声明。欧洲央行并不标榜自己公开，但早就开始召开记者招待会，解释自己的决策。美联储老主席艾伦·格林斯潘不开记者招待会，讲话时也是装神弄鬼，故作高深。很多人表示，格林斯潘说话让人越听越糊涂——老人家就是有这个本领。但并不是老主席使坏，也不是老主席故意要骗人，只是两者都想兼顾：既不肯加息，又要表示自己决心遏制通货膨胀。

金融危机之后，美联储的权力增加，各方对其公开性的呼声日高，美联储不得不有所回应。2011年4月27日，美联储主席伯南克第一次召开了记者招待会，被视为各国人民经济生活中的一件大事——尽管伯南克本人不肯承认，尽管美联储不肯担当，但美元在很大程度上是世界货币。

记者招待会上，伯南克公开表示，要按既定方针办，要坚持几项措施。第一，定量宽松的货币政策不变。美联储将在2011年6月底之前购入6000亿美元的国债。2008年11月至2010年3月，美联储已经购进了1.7万亿美元的国债，压低长期利息，造福于美国的大银行。两三年下来，美联储账上已经趴了两万亿美元，包括1万亿美元的资产抵押债券（mortgage backed securities）。[334]有人严肃地建议，美联储自身的坏账就很多，美联储自己就应当设立一个坏账银行（bad bank）。

第二，美国就业市场情况正在改善。这话有讲究：不是就业正在改善，也不是就业市场正在改善，而是就业市场情况正在改善，这就留有充分的余地。

第三，伯南克表示油价上涨为短期行为，不久即会下降。人们对通货膨胀的长期预期依然稳定。美国的CPI（消费价格指数）不包括能源和食品的价格。

第四，伯南克澄清了"相当长的一段时间"（an extended period）为何意。"相当长的一段时间"特指联邦公开市场委员会召开数次会议的时间段。而在相当长的一段时间，美联储的政策不变。联邦公开市场委员会的下次会议在2011年6月21日至22日举行。

2011年4月27日，美联储预测，2011年美国国内经济增长率约为3.1%~3.3%。而2011年初美联储表示，2011年美国国内经济增长率约为3.4%~3.9%。尽管增长预测下降，但美国股市上扬了。伯南克还是过于乐观了：2011年第一季度美国国内经济增长率仅为1.8%。掌权的人总是不愿意加息，尤其是经济增长缓慢的时候。奥巴马也不希望加息，至少在他竞选连任之时不加。

对于许多国家来说，美国何时加息已经成为难以承受的悬念。据国际货币基金组织估算，从2009年第三季度到2010年第二季度，大量热钱涌入土耳其、南非和泰国，资金量分别达到这些国家国内生产总值的 6.9%、6.6% 和 5%。各国纷纷采取措施，遏制热钱进入，西班牙就股票和债券投资征税，同时提高银行准备金；印度延长投资者必须持有政府债券的时间；韩国限制通过外币融资。国际货币基金组织一向反对限制资本自由流动，但值此危难之际也不得不表示，各国可以使用各种"工具"，暂时限制资本流动。

对于美联储的做法，连华尔街的喉舌《华尔街日报》也产生了疑问。奥巴马指责投机商推高油价，而《华尔街日报》的社论建议奥巴马问一问美联储和财政部；这两个部门是在鼓励全世界对冲美元。[335]《华尔街日报》的社论说得不错，可惜晚了一步，华尔街的银行已经从美联储拿了不少钱了。

美联储内部也有人批评伯南克的政策。费城美联储主席查尔斯·普洛斯尔（Charles Plosser）表示，他当初就觉得定量宽松政策欠妥。在加息问题上，达拉斯美联储主席理查德·费希尔（Richard W. Fisher）与普洛斯尔也是同一个战壕里的战友。但奇怪的是，2011 年 4 月 27 日联邦公开市场委员会的决定是一致通过的，两位分行主席也投了赞成票。联邦公开市场委员会开会之前便有人预测，美联储内会有人发出不同声音，但不会真正推动加息。两位分行主席可能是两面三刀，但他们也确有难处，想加息又下不了手：美国债务太重，公债、私债都重。美国的银行账上还趴着许多有毒证券和贷款。花旗集团分为"好银行"和"坏账银行"，而坏账银行的资产占到银行资产的五分之一。仅花旗集团、苏格兰皇家银行、德国商业银行和汇丰银行四家银行，在美国的有毒资产便多达 1 万亿美元。[336]美国政府也从问题银行处直接或间接地接手了许多债务。截至 2011 年 3 月 25 日，美国的公债为 14.26 万亿美元，是 2010 年美国国内市场总值的 97.3%，2010 年总值为 14.66 万亿美元。

美国参谋长联席会议主席甚至表示，美国赤字是对美国安全的最大威胁。美国素来强调文官指挥军人，军人对内政向来不发表评论。此次军头发话，而且话说得很重，可见美国赤字的严重性。如果美联储加息，对赤字又是雪上加霜。

93. 货币超级宽松政策

如果不搞金融创新，如果银行"本分"的话，其收入则主要来自储户存款利息与银行放贷利息之差。美国的智叟们总喜欢批评中国的货币政策，说是中国不愿意通过利率来调整，总喜欢通过增加银行准备金的办法来控制银行贷款。在这些美国智叟们看来，利率浮动是市场自我调节，而增加准备金则属于宏观调控。但美联储自己就是低息往银行送钱，一送三年，乐此不疲。

美元利息近于零不说，美联储账上还趴了1.7万亿美元的债券，其中很大一部分是"以房地产抵押作担保的证券"[337]——很长的一个名词，英文"mortgage-backed securities"，简称"MBS"。MBS来自所谓的资产池，资产池蓄有一组房地产抵押贷款，并由此制成证券产品出售，其收益来自房地产抵押贷款的本金及利息。直说吧，MBS就是次贷产品，而MBS的制造过程就是所谓的资产证券化。MBS的美妙之处就是将债券变成了证券，让本来是一对一的贷款变成到处乱跑的证券产品——反复倒腾，反复收费。MBS很多是账外资产，是银行在躲猫猫。当MBS再卖不出去的时候，便由美联储吃进，在金融躲猫猫游戏中最后接盘。

在这场躲猫猫游戏中，美联储将华尔街银行的负债变成了自己的负债，所以华尔街的银行就甩掉债务轻装上阵，所以华尔街的银行家们就可以继续分红，所以华尔街的银行家们就要死扛金融创新——MBS就是金融创新。当然，资本市场是零和游戏：银行家们开心之日，就是广大人民群众难受之时。按照国际货币基金组织的预测，到2014年，美国的债务将达到国内生产总值的110%，比2007年的75%要多35个百分点。[338]美国的纳税人要为银行家们的躲猫猫买单。

但由伯南克主席把持的美联储仍然坚持，在今后相当长的一段时间内，还是要坚持零息政策。"相当长的一段时间"（an extended period）是多长时间？伯南克主席本人没有说，大家也说不太清楚。但有一个共识，相当长的一段时间至少是六个月，有可能是一年，甚至是一年半——再长变数就太多了。但美国毕竟还是一个民主国家，国内还可以听到不同意见，美联储内部就有不同声音。美联储成员托马斯·赫尼格（Thomas Henig）就明确要求"结束贷款补贴"，尽快将利率提高到1%。他的理由也很明确：零利率"导致银行和投资者寻求收益率……冒更多的风险，增加杠杆率"。美联储的另一位成员纳拉扬拉·库彻尔拉库塔（Narayana Kocherlakota）也反对低息，生怕因此出现通货膨胀。他主张美联储每个月出售150亿美元至250亿美元的MBS，逐渐收紧银根。

以上两位是美联储中的少数派，大多数成员依然认为通货膨胀并非当务之急，或是认为通货紧缩比通货膨胀更加可怕。但对于通货膨胀，不能掉以轻心。通货膨胀被许多人比作老虎，原因之一是通货膨胀来势凶猛，防不胜防。原因之二是一旦老虎出笼，要将其装回笼子就不容易了。不仅如此，美国有的经济学家还提出，通货紧缩并不一定是件坏事，目前美国就需要通货紧缩。他们的理由是，在相当长的一个时期内，杠杆经济下美国资产虚高，2000年左右上市的高新科技公司的股票大多下跌了80%。金融创新产品使得美国资产虚高，资产价格下跌是件好事而不是坏事。

自2008年1月到2010年6月，美国已有2320亿美元逃离股票市场。同一时期内，有5590亿美元的资金流入债券市场。逃离股市并不等于逃离资本市场，庄家们早已在债券市场守株待兔了。资本市场就是从制度上为投资者布下了天罗地网。宾夕法尼亚大学沃顿商学院的杰里米·施瓦兹（Jeremy Schwartz）教授认为，现在抢购债券和债券期货的投资者，到时候会叫苦不迭，[339]因为通货膨胀率将超过长期债券的回报效率。中国打主权财富基金这张牌自然是有多种考虑，但美元利息的风险也是因素之一。美联储似乎是在那里敲山震虎，引蛇出洞——驱赶外汇储备的美元流向资本市场——至少客观结果如此。

1978年修正后的《联邦储备法》（Federal Reserve Act）为美联储规定

了三大任务：保持价格稳定、维持经济的最大增长和维持最大限度的就业。创造就业成了金融智叟们推行货币超级宽松政策的一大理由。他们的逻辑是，低息促进经济增长，而经济增长促进就业。遗憾的是，这一等式难以成立。就业是经济发展问题，但更是社会问题，很难靠货币宽松政策加以解决。就业问题首先是一个社会问题。日本和德国都经历了金融危机，日本的经济还长期萎靡，被经济学家说成是"垮掉的十年"——至少中国的主流经济学家这样认为。但日本的失业问题远不如美国的严重。1997年的《日本银行法》规定，日本央行的主要使命是：发行货币、维护金融制度和保持价格稳定——没有提到创造就业。有人会说，日本失业不严重，那是因为许多日本女性婚后不出门工作——但这又是一个社会学的命题，尽管也是经济学的命题。

2007年，伯南克主席要求大家保持镇定，说是美国金融界的那点小问题尽在掌控之中。事到如今，伯南克主席也承认，当初他看走了眼，金融危机远比他想的要严重。但这次伯南克主席就是智叟？这次叫人如何相信他和他所代表的华尔街？这次叫人如何相信货币超级宽松政策？

94. 继续稀释美元

刺激经济主要是两手硬：货币政策和财政政策并举。金融战线经常高呼一个口号："积极的财政政策和适度宽松的货币政策。"多么有诗意啊，不仅朗朗上口，而且充满哲学智慧——"积极的"和"适度宽松的"。如果翻译成人话（即正常人听得懂的话），口号的意思是：政府要花钱了，既然百姓舍不得花钱或没有钱花，那么就由政府来替你花——这就是"积极的财政政策"；如果政府没有钱或者钱不够，那么就开足马力印钞票——这就是所谓的"适度宽松的货币政策"。而且妙就妙在"积极的"和"适度宽松的"这两个形容词上。"积极"就是政府使劲花钱，而且如何花钱由政府说了算。"适度"是使劲印钱，但话说得比较婉转，不说"使劲"，而说"适度"。但什么是"适度"呢？那还是印钱的人自己说了算。

2010年10月15日，美联储主席伯南克公开发表讲话，表示美联储已经做好准备，可以再次往金融系统中注钱。具体做法还是定量货币宽松政策，即，购入美国财政部债券或私营部门债券。换句话说，伯南克主席又要开闸放水稀释美元。所谓的货币宽松，说到底就是乱印钞票。这种定量货币宽松政策是伯南克先生的首创发明，他自己也承认，"这种购买债务的战略基本上还没有被检验过"。既然如此，伯南克如何就敢用这等虎狼之药？更何况，乱印钞票的做法伯南克已经试验过了，而且效果并不灵验。尽管美联储已经印发了大量美元，但美国失业率仍然保持在9.5%左右，经济增长也是有气无力。

伯南克等智叟设计的刺激方案的理想流程是：伯南克印出钞票，变相降低利息，银行、商人、企业和百姓手中可以有更多的钱。东西南北中，工、农、商、学、兵，大家都有钱用于生产、消费，形势就可以小好而大好，而且越来越好。很遗憾，美国增多的货币并没有流入需要资金之处。钱从美联储出来之后基本上是三个流向：一部分流入股市，以供金融机构炒股；银行和大公司又截留一部分，用以囤积黄金等贵重金属或大宗产品；另有相当一部分流入国外经济增长较快的市场。

如果一个国家的资本控制较松，外国资金便会汹涌而来。以印度为例，2010年2月到9月的7个月内，外商在印度的直接投资增加了24%，而流入股市的资金则翻了一倍；仅这7个月，便有71亿美元流入印度的股市和债券市场。2010年的前9个月内，285亿美元流入印度的股市和房地产市场，是2009年同期流入外资金额的两倍。印度的股票指数 Sensex Index 12个月内上扬了22%，自2008年以来飙升了114%。印度的卢比（rupee）2010年对美元升值了4%。很遗憾，金融投资不同于实业投资，来去飘忽不定，说来就来，说走便走，造孽后留下许多弃儿。美国的对冲基金在其他国家的股市和房地产市场短线投资，是把其他国家作为金融扫荡的战场，东南亚金融危机的殷鉴不远，令印度朝野提心吊胆。印度还担心卢比增长过快会减少其出口量。从当今国际金融斗争的形势看，资本监管是好得很，而不是糟得很。

伯南克乱印钞票，美国普通百姓还是没有钱消费，所以消费如同一条死狗，随你如何踢还是不动弹。但华尔街有的是钱。预期 2010 年华尔街又要大手分钱，三十多家主要金融机构的从业人员大约可分得 1440 亿美元，比 2009 年的 1390 亿美元还要多出 4%。华尔街 32% 的收入将被用于分配，[340]还不算各位高管本人或通过其所在机构在资本市场投资的收入。这里的华尔街主要指：商业银行、投资银行、对冲基金、私人股权基金、资产管理公司和股票交易所。而华尔街的收入主要来自低息资金的操作和国家市场。从华尔街的情况看，资本市场开心之日，就是劳苦大众难受之时。

人们已经达成共识，负债过重或杠杆举债是造成金融危机的重要原因之一。影片《华尔街》续集《金钱无眠》中有一句台词："杠杆举债是所有邪恶投机之母。"然而，金融危机两年后，杠杆举债在美国仍然大行其道，而且个别幸运的中国人居然也沾了仙气。一位刘姓中国人，严格说是美籍华人，在美国购入多套公寓，自己出资 1300 万美元，举债 1.2 亿美元。[341]这等负债比例，国内的炒房客看到肯定要艳羡不已。

上述问题伯南克主席岂能看不出来？不会的。伯南克幼年即有神童的美称，聪颖好学，过目不忘，曾经夺得全美拼字大赛的大奖。如果伯南克主席明白其中的奥秘，为什么一直向前走，不往两边看？伯南克主席为什么要蛮干呢？伯南克主席也是没有办法。刺激经济应该是财政政策和货币政策两手硬，但现在只剩下以伯南克主席为首的美联储这只孤掌。

积极的财政政策虽是政府替纳税人花钱，但经济衰退期间并不一定是件坏事。美国的高速公路和许多公用设施需要翻修或扩建，借振兴经济之机由政府出面投资，可以一石二鸟。但美国是所谓的民主国家，政府的大笔资金支出需要由国会事先批准，因为议员是由选民直接选出的，可以代表选民授权政府用钱。这种做法理论上不错，只可惜大多数情况下议员们并不代表广大选民的利益，而是代表少数利益集团的利益。国会中的共和党议员拼命阻挠奥巴马行政当局的任何财政政策，对这些共和党人来说，只要他们在台下，经济越糟越好，他们正好借机将民主党人赶下台。

伯南克真是一位好主席，勇于挑重担，财政部不便花钱，那就由美联储多印钞票。当然，从制度上说，伯南克多印钞票也比较便利。美联储的决策者不过 19 人，7 位董事和 12 位地区主席，其中没有一位是民选的，不用考虑什么民选不民选。19 位老爷和太太们组成了联邦公开市场委员会，每年 8 次在华盛顿召开会议，每六周一次，讨论并做出重大货币决策。19 人出席会议，但有投票权的只有 12 人，包括美联储主席在内的 7 位董事以及纽约美联储主席（此兄兼美联储副主席并有常设投票权），另外 11 位地区美联储主席轮流投票，一期一年，每年有四人投票。可以说，只要伯南克主席的决定符合华尔街的利益，就不会有很大麻烦。纽约美联储主席都是由华尔街推出的，自然是站在华尔街一边。其他人如有意见，美联储主席可以背靠背地做耐心细致的政治思想工作。美联储主席掌握美联储的议事程序，在这方面可以因势利导，大做文章。美国不是注重程序吗？程序的意义也就在于此。从这个意义上说，美联储的权力实在是太大，也没有什么民主可言。美国是所谓的民主国家，表面上事事要体现"民意"，但民意实在是不好体现。

另外一方面，财政政策以政府为主导，而货币政策则以私营部门的银行为主导。伯南克印发的美元首先要送到华尔街那些金融家们的手里，经其手转发给用户。而美联储从华尔街那里收购证券，势必会提高那些金融资产的价格。这时候并没有真正的市场价格，因为美联储自愿进货，自愿做冤大头。在这种时候，美国人所大讲特讲的透明度恐怕也会大打折扣。华尔街以及他们在中国的信徒总是强调市场经济，但那是要对金融寡头有利的市场经济，是挂羊头卖狗肉的市场经济。

伯南克肆无忌惮地稀释美元，其中还有一个不可告人的目的，那就是变相耍赖，赖掉美国欠其他国家的债务。当然，此举也有点玉石俱焚的意思，因为稀释美元也害了美国本国的债权人。不仅如此，许多国家的货币仍然与美元挂钩。伯南克的货币政策一出，国际资本市场顿时鸡飞狗跳，鸡犬不宁，不少国家争相贬值自己的货币，生怕其国家的出口受影响。如此一来，货币贬值和通货膨胀在全世界范围内都将愈演愈烈。

95. 欧洲央行的踌躇

2011 年 11 月 18 日，西班牙发行 10 年期债券，收益率高达 7%；西班牙因此每年为其债券多支付 18 亿欧元（合 24 亿美元）。而对意大利来说，政府债券收益率向上浮动 1%，每年就要多支付利息 60 亿欧元（合 80 亿美元）。西班牙和意大利领教资本市场的厉害了：一年三百六十日，风刀霜剑严相逼。债券收益率居高不下，不仅是希腊告急，而且是西班牙告急，意大利告急，法国告急。欧元的大国中只剩一个德国，很有点独木难支的意思了。

各路投资者也闻风而动，纷纷抛售欧元区政府债券。苏格兰皇家银行开始抛售，荷兰的一些退休基金开始抛售，日本人也开始抛售——日本的资产公司（Kokusai Asset Management）抛售了 10 亿意大利债券。对于欧元区的问题国家来说，发债是性命攸关的大事。欧元区国家发过国债，若是利息（行话为"收益率"）上了 7%，这些国家就很难受了。而且收益率一高，先前的投资者也会产生想法，抛售其持有的债券，进一步推高收益率，周而复始，恶性循环。

西班牙总理坐不住了，恳请欧洲央行伸出手来拉兄弟一把。法国也主张欧洲央行购入债券。但德国不同意。在默克尔总理看来，如果欧洲央行出手，势必减轻意大利、希腊、西班牙和法国等国的改革压力，不利于欧元区的根本利益。默克尔总理还把问题提高到了法治的高度，她指出："按照我们对条约的理解，欧洲央行是不能解决这些问题的。"话说得很清楚了，但默克尔总理意犹未尽，2011 年 11 月 17 日又公开表示："如果政治家们指望欧洲央行能够解决问题，那么他们是在自欺欺人。"用词还算客气，但实际上是告诉各方不要痴心妄想，白日做梦。德国就认一个死理：欧元区那些好吃懒做、好逸恶劳的国家必须收收骨头了。货币不能宽松，1920年代的通货膨胀危机再也不能重演。但法国、意大利、西班牙等国并不这样看，在他们看来，有关条约并不限制欧洲央行购买欧元区国家的债券。

这就难为欧洲央行行长了。欧洲央行的新行长马里奥·德拉吉（Mario Draghi）表示，按德国的既定方针办，不会大规模收购债券。到2011年11月初，欧洲银行购入的欧元国家的债券总额为2520亿美元，而美联储已经购入了2万亿美元的美国债券。按照其章程，欧洲央行只有一个目的，就是遏制通货膨胀。美联储不同，它是两手硬，既要遏制通货膨胀，又要创造就业，要在两个相互矛盾的目标之间走钢丝。

不过，欧洲央行也不是完全见死不救。欧洲央行已经悄悄入市，收购欧元区政府债券。按照欧洲央行自己的规定，欧洲央行不得向欧元区国家直接购买其债券，但是可以在市场上购入其债券。欧洲央行购入意大利债券托市，但效果并不明显，西班牙发债收益率上了7%便是证明。要让市场有信心，欧洲央行就必须明确无误地向世人宣布，欧洲央行誓为欧元区国家的坚强后盾，为所有欧元区国家的债务无条件担保。但欧洲央行不肯松这个口。

以上问题是经济问题，更是政治问题。政治问题是欧元区之外的国家爱莫能助的，即便欧元区之外的国家愿意出钱，也解决不了欧元区国家的问题。欧债危机很像大户人家的家庭危机：财主离婚还是不离婚，财主夫妻之间和妻妾之间闹矛盾（欧元区国家有大小之分，尊卑之分，有妻妾同堂的意思），那绝不是穷街坊可以帮助解决的，穷街坊愿意出钱也帮不了忙。欧债危机不是天灾，是人祸，而人祸不好救。

欧洲央行行长德拉吉表示，还是要靠欧元区救助资金，欧元区领导还是要在这方面想办法。哈，还是不死心，还是要寻找冤大头。欧元区国家自己不愿承担亏损，不愿冒亏损的风险，不愿央行出手，所以要在欧元区外寻找冤大头。美联储通过滥印美元为美国的银行输血打气，并且购入银行的大量有毒资产。作为国际货币，欧元远没有美元强，欧洲央行无法通过滥印欧元水淹七军，若是真的滥印欧元，那也是先淹欧元区国家，先淹德国——希腊、西班牙、意大利、法国已深陷重围，反正横竖都一样，死猪不怕开水烫。所以欧元区的政客们要搞什么救助基金，让国际货币基金组织和欧元区的国家认购基金份额。

早些时候日本购入欧元区救助基金，但现在不肯出手，不仅是悔不该当初，而且想再拖上垫背的。亚洲开发银行公开呼吁，中国和印度应当出钱帮助欧元区国家。亚行为什么迫不及待地跳出来呢？德国、法国和欧盟都没有公开要求中国和印度救助欧元区，亚行为什么做呢？难道是皇帝不急，急煞太监？不是的。亚行的头头一直是日本人（世界银行是美国人领导，国际货币基金组织是欧洲人领导，而亚行是日本人当头），其中奥妙耐人寻味。但说穿了，各方主要还是中国出钱；印度的那些外汇远不如中国的多。可资本市场险恶得很，不要说救人，自保都难，很有《葬花辞》的意思："侬今葬花人笑痴，他年葬侬知是谁？"国际上的一些对冲高手表示，日本是他们下一个对冲目标，日本的债务是国内生产总值的200%，日本很可能是继欧元区之后的又一个重债区。

十六、资本市场是一种文化

从全球范围看，证券市场最发达的两个国家是美国和中国，也可以说是中国和美国，或者是排名不分先后。从历史上看，犹太人和华人的财产易主最为频繁，但这两个民族对金钱和财富的追求最为执着。或许，是历史使然，是文化使然。

96. 资本市场是一种文化

欧洲中央银行对欧洲的 130 家银行进行了压力测试，检验其在"不利情况"下是否有充足的资金应变。不利情况主要包括三个因素：经济生产持续下降；失业率高居不下；住房价格持续下跌。[342]测试结果是，130 家银行中，25 家银行不合格，其中包括：希腊 3 家，塞浦路斯 3 家，比利时 2 家，斯洛文尼亚 2 家，法国、奥地利、比利时、葡萄牙、爱尔兰和德国各 1 家，而意大利一个国家便占了 9 家。[343]

为什么意大利会是 9 家？意大利不服，说是压力测试的假定条件之一是意大利经济衰退持续5年，但这种可能性为零。再就是压力测试假定主权债务的利息为6%，但现实中仅为2%。但为何只有1家德国银行不合格，而且不久就补齐了资本？或许，还是与国民性有关，还是与文化有关。意大利人是典型的自由散漫。意大利人不仅能歌善舞，而且黑手党也搞得有声有色。1970年代，意大利政府与黑手党达成秘密协议：意大利政府暂停对黑手党的清剿，而黑手党则停止谋杀意大利法官。这样无组织、无纪律，如何能够办好银行？

拉美人也不太适合搞资本市场，至少不适合搞资本市场的营销工作。拉美人说起话来热情奔放，手舞足蹈，不能给人信任感。法国人也是热情有余，所以金融并非十分发达。但法国人做交易员的不少，以其特有的法兰西浪漫情调，作为操盘手活跃在资本市场上，香港也有不少法国操盘手出没。

德国的银行比较稳健，但德国人和日本人并不适合做资本市场。发展资本市场需要苦干加巧干，而德国人和日本人是苦干加蛮干，比较适合制造业。比如，照相机等精密仪器德国和日本就做得最好，其他国家都做不过这两个国家。欧洲央行和德国央行的总部都在法兰克福，德国又是全球第四大经济体，仅次于美国、中国和日本。法兰克福应当是一个很大的国际金融中心。但作为金融中心，法兰克福的地位远不及伦敦。日本是全球第三经济体，但新加坡已经赶超东京，成为全球第三大外汇交易中心，仅次于纽约和伦敦。

英国人适合搞资本市场。英国人能忽悠，而且忽悠时有绅士风度，面不改色、心不跳，能够给人信任感。英国人老奸巨猾，既能够光明正大，又能够搞阴谋诡计，十分善于推销产品。英国人曾经把鸦片卖给中国，清政府禁烟，英国就出动炮舰强卖。今天英国人又大肆兜售人权，居高临下，趾高气昂，毫无羞愧之心，毫无羞恶之心。有人会说，英国已经不卖鸦片了。是的，英国是不卖鸦片了，英国今天卖金融产品，而且在伦敦城大开方便之门，请各路英豪到伦敦出售金融产品，英国坐地分赃。

资本市场与其他市场一样：推销产品是第一位的，只要能把产品推销出去，就能够生米做成熟饭。我国大力发展资本市场之初，也是先推企业上市，数年之后再谈上市公司退市。最长于推销的是美国人，什么样的金融产品都能够推销出去。推销是美国人的国民情节，阿瑟·米勒的（Arthur Miller）《推销员之死》（*The Death of a Salesman*）之所以打动美国人，就是因为该剧触动了美国人的神经。美国人擅长做介绍：英语浅显易懂，图标一目了然。美国投资银行所做的背景材料，其他国家投资银行不可项背。不错，其他国家投资银行的材料做得也不错，但做投资银行业务的也有很多美国人。

美国人中又以犹太人在金融和银行方面长袖善舞。高盛就是犹太人创立的证券公司，它现在的一把手是犹太人。金融危机前后的两任美联储主席格林斯潘和伯南克都是犹太人。历史上犹太人就长于经商，《威尼斯商人》中的夏洛克便是犹太人。拿破仑主导欧洲大陆之前，"欧洲犹太人的职业选择仅限于商业和金融业"。犹太人经常遭到迫害，所以随时准备亡命，是专业跑路，而金钱是比较容易携带的财产。美国传教士阿瑟·布朗（Arthur J. Brown）在其《辛亥革命》（*The Chinese Revolution*）一书中是这样赞扬犹太人的："西方人都知道犹太人的毅力，他们曾独自面对整个西方世界的绞杀，他们在与希腊人、斯拉夫人和日耳曼人的历史对抗中充分证明了自己民族的优秀。"

但布朗认为中国人又比犹太人优秀。他告诉我们："格兰特将军却发现，在计谋、坚忍和耐力上，中国人都远远超过犹太人。"格兰特为美国南北战争期间的北军总司令，曾经担任过两届总统。格兰特卸任后环游世界，其感慨之一是"他在旅途中发现的最令他震惊的事，是无论在任何地方，中国人与犹太人竞争，中国人都会把犹太人挤走"。这是什么原因呢？《辛亥革命》一书中引用了德国学者李希·霍芬（Ferdinand von Richthofen）的论断："在人类的所有民族中，中国是唯一能够在所有气候条件下——从最严冷的极寒地到最热的赤道——都能进行伟大而持久行动的民族。"

国人还善于走捷径，有时甚至偷工减料、投机取巧。但这恰恰符合资本市场的特点：资本市场就是要化腐朽为神奇；资本市场就是鼓足干劲，力争上游，多、快、好、省地盘活资金。比如，股票和债券等证券原先由企业这样的实体法人发行，但过渡到资产证券化之后，住房抵押贷款就可以转化为证券，发行证券的不再是实体法人，没有高管或董事对证券负责了。

国人还擅长人海战术：北京街头有散发理财产品材料的，还有电话推销理财产品的。过去凡接到此类电话，只要我说自己也是做理财产品的，对方便会知难而退，挂上电话。但 2014 年 10 月之后，我再说自己也是做理财产品的，对方不挂电话了，又问："你是做哪方面理财的呢？"是的，发展资本市场就需要这样百折不挠，多管齐下，不允许存在任何一个死角。资本市场是什么？资本市场就是一场声势浩大的群众运动。是的，"群众是真正的英雄，而我们自己往往是幼稚可笑的"。

一百多年前布朗就看好我们，他在《辛亥革命》一书中是这样赞扬我们的："上海的一家华人店铺的古怪招牌无意间透露出中国人的雄心：'从火炉到雨伞都能修，只要凡人能做的都能做到。'"是的，"从火炉到雨伞都能修"。——资本市场有这个意思。

97. 金融中心之争

金融中心好，国际金融中心更好。金融中心是无烟产业，坐地分钱，招财进宝，而且有品位：来来往往的都是商贾巨富、达官贵人，还有花奴打鼓，巧笑娱国。许多国家至少有一个城市号称金融中心，伦敦、纽约、香港、新加坡、上海、东京、苏黎世、法兰克福，还有迪拜，如果再算上中国许许多多争当金融中心的城市，那么这个世界上的金融中心简直是数不胜数。

到底哪些城市算是国际金融中心呢？Z/Yen 集团是家思想库，推出了

"全球金融中心指数"（Global Financial Centers Index），每年两次评比世界最佳金融中心城市。按照这套指数，2010年伦敦又是位居第一，纽约紧随其后。全球金融中心指数1000分为满分，伦敦得772分，纽约得770分，两个城市难分上下。中国的香港以760分名列第三，与纽约仅有10分之差。而2009年3月评比时，香港还以81分落后。但螳螂捕蝉，黄雀在后。香港紧逼纽约，新加坡又死咬香港，仅以32分之差尾随于后。

按照Z/Yen集团的说法，全球金融中心指数既反映了专业人士的意见，又包含了客观因素——诸如房租、机场和公共交通。但全球金融中心指数新近改由卡塔尔赞助，在此之前一直由伦敦城赞助，有伦敦城的形象工程之嫌。美国人就不相信这套指数——伦敦怎么可能排在纽约前面呢？2009年，美国的彭博新闻（Bloomberg News）也对全球金融中心进行了排名，其结果是纽约第一。彭博新闻的评判也很有权威，其根据是1500位投资人、交易员和分析师的反馈。其中29%的人认为纽约为金融第一城，17%的人选伦敦，11%选上海。东京最惨，只得了1%的选票。

纽约和伦敦作为金融中心有座次之争，但业内人士普遍同意，伦敦、纽约、香港和新加坡为世界四大金融中心。四处的股票交易量占全球总量的70%。四座城市中，纽约和伦敦是盎格鲁-撒克逊文化，纽约更是现代证券交易所和证券法的发祥地。香港和新加坡则代表了亚太地区的新兴市场。四座城市都是沿海城市，是蓝色的海洋文明，香港和新加坡还是集装箱运输集散地（如此看来，非沿海城市很难争抢国际金融中心的地位）。

伦敦和纽约的市民多以英语为母语，而英语又是当今世界法律、金融和其他行业的工作语言。仅凭语言一项，伦敦和纽约便得了先手。但语言方面新加坡和香港也有优势。新加坡虽是以华人为主的城市和国家，但却选择英语作为官方语言。英语也是香港的工作语言。双语是香港和新加坡争当国际金融中心的优势，其他亚洲城市望尘莫及。

但归根结底，国际金融中心最根本的条件是放松监管，甚至是取消监管。金融危机之后，英国加紧了监管，2009年还对高管收入做了一次性征税。结果国际金融界就颇有微词，有些机构还撤出了伦敦。金融巨头们最恨征税，新加坡善解其意，根本就不征资本收益税。纽约之所以是许多金融巨头的首选，就是因为这里的监管外紧内松，是刑不上大夫，礼不下庶人，十分有利于金融街的豪强。彭博新闻的分类评比中，纽约金融创新排第一。所谓金融创新，大多是为了绕过法律监管。但凡金融创新搞得好的地方，金融监管都是形同虚设。发展多层次市场的要害，也是要求放松或取消监管。

华尔街的喉舌《华尔街日报》有个经济自由度指数，给各国家和地区打分（美国人似乎很喜欢给其他国家和地区打分），已经评了 15 年。按照 2009 年的排行榜，中国香港排第 1，新加坡排第 2，美国和英国分别为第 6 和第 10，日本排第 19，德国排第 25。最后一名朝鲜排第 179 位。

名列前茅的香港和新加坡青出于蓝而胜于蓝，要比纽约和伦敦更加亲近豪强。比如，两地都决心成为亚洲的瑞士——不，应该说是成为世界的瑞士。长期以来，瑞士擅长为全世界的富人秘密理财——不是瑞士银行家们有什么特别过人之处，而是因为瑞士是富人避税的天堂。但迫于德国、法国和美国的强大压力，瑞士的银行不得不有所收敛。德、法、美三国更拿出重金，直接收买瑞士银行中的工作人员，诱使其提供富户的名单，瑞士再要为这些国家的富人保密就比较困难了。香港和新加坡则乘虚而入，力争取代瑞士，成为世界富人存钱的天堂。马不吃夜草不肥，人不发横财不富，全球金融中心似乎也是这个意思。

香港并不担心新加坡赶超，而是视上海为强劲对手。香港金融中心的地位，很大程度上得益于中国经济的繁荣。接纳富人秘密存款这种事情，上海似乎还不好意思去做，这就输了香港一分。如此看来，在建设金融中心方面，死守善道是劣势而不是优势。对于这一点，凡我同志，都应当有清醒的认识。这是方向路线问题，决不可以掉以轻心。

在过去一个相当长的阶段内，我们的口号一直是把证券市场办成一个公平、公允、公正的清凉世界。美国的金融家们还伪装成白求恩大夫式的国际主义战士，不远万里来给我们传经送宝。美国的智叟们把他们的监管机构、法院和法官吹得神乎其神，还介绍了许多判例。现在人们终于发觉上当，现在人们终于很少再提"公平、公允、公正"的口号——当初我们喊此口号的时候，那些华尔街的老爷和太太们就暗中发笑。披露也好，规定也好，那都是给外人看的，圈内又是一套规则。金融危机之后，世人恍然大悟，资本市场这个地方黑幕重重。证券法管天、管地，就是不管资本市场的关键问题：账外交易、金融衍生产品、对冲基金，这些问题都在监管之外，都在证券法律范围之外。资本市场这个地方越黑，前来浑水摸鱼的人越多，市场做得也就越大。

对金融中心来说，关键的关键是交易量，谁有交易量，谁就是老大。遗憾的是，金融中心的利益与金融中心所在国家的利益并不完全一致，有的时候甚至与国家利益背道而驰，纽约和伦敦的金融繁荣更是以牺牲其他国家的利益为代价。相反，国际金融中心稍逊风骚的国家并不落后，同样可以大国崛起。东京、法兰克福还有巴黎虽不是顶级国际金融中心，但日本、德国和法国的人民安居乐业，丝毫不比美国人民生活得差。

98. 瑞士联合匪徒

瑞士是个弹丸小国，人口只有 760 万，国民经济生产总值远比许多国家都低，其领导人出国访问自然不能吆三喝四、人五人六。但瑞士却是一个富得流油的国家。2008 年，瑞士的人均国民生产总值排第六位，仅次于卢森堡、挪威、卡特尔、冰岛和爱尔兰。2005 年瑞士家庭收入平均约为81 000美元，美国只有加州这样的富州才能赶得上瑞士 2005 年的数据。世界首富是卢森堡，人均国民生产总值 56 380 美元，其次为挪威 51 810 美元、瑞士 49 600 美元，然后是美国 41 440 美元。

瑞士靠什么生财呢？这样说吧，什么卖钱瑞士就生产什么。瑞士有许多拳头产品：雀巢咖啡、巧克力、手表和精准仪器、药品、乐器、化工产品、电子产品，还有瑞士军刀，可以说是应有尽有。当然还有银行业，这是瑞士经济的主要支柱之一。银行业一直是瑞士经济的主打行业，占到瑞士国民经济生产总值的 12%，瑞士约有 100 万人在金融行业就业。金融危机凸显了银行的作用和问题。证券市场好的时候，大浪滔滔，泥沙俱下，但也挡不住大江东去。市场不好的时候，那是水落石出，各种问题浮出水面，过去不成问题的事情也成了大问题，甚至弄得亲人反目。美国就抓住瑞士 UBS 的一些问题不放。

美国与瑞士不是什么亲人，出手自然没有什么顾忌。美国政府非说因为美国人在海外逃税，美国政府每年损失 1000 亿美元。[344] 帮助美国富人逃税的国家或地区不少，美国自己也并不是一点问题都没有。2007 年，特拉维尔州所吸引的来自外州的个人资金或公司资金达到 2.6 万亿美元。有一项调查是比较了 60 个司法辖区的情况之后，排出隐秘性和吸引外来资金前五名。特拉维尔州名列第一，其他四个辖区依次为卢森堡、瑞士、开曼群岛和英国。[345] 但美国政府首先拿 UBS 开刀。UBS 很快服软，同意向美国政府支付 7.8 亿美元的罚款，并向美国政府提供大约 250 个人的姓名。但美国政府仍然不依不饶，两天之后起诉 UBS，指控其帮助多达 5.2 万美国客户隐瞒账户，违反了美国的税法。美国政府要求 UBS 披露更多的账户（＝户所有人），其账户资金总额达 148 亿美元。[346]

美国人如此穷追不舍，瑞士人自然觉得很委屈。瑞士银行的某些存款来路不明，这是路人皆知的事情，而其由来已久。第一次世界大战之后，欧洲许多国家的货币不稳，瑞士法郎比较坚挺，脱颖而出，成为资金的避风港。德国纳粹抢来的黄金存到了瑞士的银行，德国犹太人的钱也存在瑞士的银行。当然，如果犹太人死于大屠杀，存在瑞士银行的钱到底归谁就成了一个问题。1990 年代末，瑞士的银行拿出 12.5 亿美元设立了一个赔偿基金。菲律宾独裁者马科斯等许多独裁者也喜欢把其不义之财存进瑞士的银行。瑞士人民很勤劳，也很勇敢，但仅凭勤劳、勇敢是发不了大财的。"马不吃夜草不富，人不发横财不富"，这句话似乎也适用于瑞士。

美国这个时候兴师问罪，与金融危机不无关系。金融危机来了之后，到处都要钱，弄得美国政府捉襟见肘。对美国上万亿美元的赤字来说，从瑞士这里追讨数亿、数十亿美元的税款等于杯水车薪，但也是聊胜于无。UBS 是瑞士的头号券商（UBS 是商业银行，也是从事投资银行业务的券商），也是国际资本市场的一条大虫，紧随美国的头等券商之后。美国这次是追剿借助 UBS 逃税的美国人。但若是能够同时打击 UBS，那也算是一石二鸟，伤其九指或断其一指都行。

但打狗还要看主人，更何况，UBS 还不是一条狗，而是涉及瑞士国计民生的一家大银行。代客理财是瑞士一些银行的大业务。UBS 为外国个人投资者管理的资产达 6 700 亿瑞士法郎（合 5 700 亿美元），占瑞士的银行所管理的资产总额的 18%。瑞士的银行所管理的各类资产的总额是 38 000 亿瑞士法郎，其中 14 000 亿瑞士法郎的资产是外国机构投资者的，1330 亿瑞士法郎是外国公司的资产。[347]UBS 的麻烦就是瑞士的麻烦。美国政府对 UBS 大打出手，瑞士政府不能袖手旁观，坐视不救。瑞士的一家金融监管法院下令，UBS 不得答应美国的要求。瑞士法院颇有路见不平，拔刀相助的意思，主动给了 UBS 一个拒绝交出名单的借口。瑞士的司法部长亲赴美国，与美国司法部长面谈此事。根据瑞士的法律，税务欺诈属于犯罪行为，而逃税则不是。UBS 交出的名单只涉及"很明显"的税务欺诈，但税务欺诈与逃税之间的界线很难区分，UBS 和瑞士政府还是有回旋余地的。

美国驻瑞士前大使则出来和稀泥，在英国的《金融时报》上发表文章，题为《美国必须小心对待自己的瑞士朋友》。[348]文章说瑞士的银行在美国创造了约 50 万个工作职位，是美国的朋友而不是敌人。外交上瑞士也是美国的朋友。美国在古巴和伊朗没有大使馆，相关事务均由瑞士代为料理。

瑞士政府力保 UBS，力保瑞士的银行。2008 年 UBS 亏损 170 亿美元，瑞士的第二大银行瑞士信贷（Credit Suisse）亏损 70 亿美元，瑞士政府拿出 600 亿美元来帮助银行渡过难关。但 UBS 有点不自爱，缺少节制。2008 年 UBS 还是发了 17.7 亿美元的年终奖，[349]老百姓意见很大，已经到了群情激奋的地步，UBS 的业务也因此受到影响。

瑞士人自己对 UBS 也有喊打的声音。UBS 来自"瑞士联合银行"的英文"Union Bank of Switzerland"中三个英文词的第一个字母。有人将其改为"United Bandits of Switzerland"，中文的意思是"瑞士联合匪徒"。不过，还没有人公开把华尔街的那些人称作"金融匪徒"。

十七、为美国资本市场卸妆

"常恨世人新意少，爱说南朝狂客。把
破帽年年拈出。"

99. 金融创新好在哪里？

保罗·沃尔克（Paul Volcker）问过世人："谁能给我一丝客观证据，证明金融创新带来了经济增长，只要一丝证据就行。"沃尔克 80 多岁了，1980 年代担任美联储主席，挽狂澜于既倒，遏制并扭转了飞涨的通货膨胀率，建立了不世之功。但就是因为老先生反对搞金融创新，号召人们警惕华尔街，所以备受排挤，被美国政界和金融界冷藏二十多年，直到金融危机之后他才重新出现在殿堂之上。

一、金融创新是什么？

我以为，金融创新大致有三种。第一种是规避法律的金融创新。比如，从美国引进的资产证券化便是此类金融创新。资产证券化的要害是债务表外化，有很大的欺骗性和很大的风险。所以，我们的监管机构给金融机构分配资产证券化的额度，煞有介事，好像监管很严的样子。可就其法律属性而言，信托公司发行的信托产品、商业银行发行的理财产品也是证券，却长期不受我国《证券法》的规制，在证券监管部门的监管范围之外。《证券法》规定，"证券业和银行业、信托业、保险业实行分业经营……国家另有规定的除外"。这就很清楚，既然是"国家另有规定的除外"，那么分业应当是常态，而混业则是例外。可是银行借助理财产品暗度陈仓，大举入侵证券业，金融业的混业成了常态。

第二种金融创新是朝三暮四的创新。成语"朝三暮四"，意思是反复无常，但其出自的典故是：中国古代有位老人养猴，要给其群猴减食，每只猴一日七粒栗，早四粒、晚三粒，猴子群起反对；老人家随即改口，说是早上三粒，晚上四粒，于是猴子们就坚决拥护，衷心支持，气氛十分热烈。朝三暮四的金融创新大多出于营销目的，而很多顾客就像那位中国古代老人所喂养的猴子。此类金融创新的实质是换汤不换药，就像西装领带的款式，由宽到窄，又由窄到宽，周而复始，反复拉锯。信托公司就是这样的金融创新。1979 年，信托公司在神州大地问世，1980 年代遍地开花，1992 年为其鼎盛时期，全国有不下 1000 家的信托公司。但信托公司祸国殃民，弄得金融业鸡飞狗跳，鸡犬不宁，弄得很多人心惊肉跳。1998 年，浦东银行上市前，当时的人民银行行长戴相龙专门指示，浦东银行的"银行业务范围内不得有信托业务……"[350]1990 年代末，信托公司得到成功遏制。但信托公司又重新粉墨登场，声称要给资本市场带来活力。真是"兵无常势，水无常形"——吾人深得《孙子兵法》的真谛。信托公司成为监管的灰色地带，是商业银行和影子银行交会之处。

第三种金融创新是有益于真正经济增长的创新，是有益于人民的创新，有如中国古代发明纸张，有如爱迪生发明电灯——真正的一灯能除千年暗。货币就是这样的创新，银行就是这样的创新。但这种金融创新少而又少。顾名思义，创新就是有别于他人，有别于常规。从概率上说，从逻辑上说，创新不可能层出不穷，否则就不是创新了。如果创新可以一蹴而就，那就成了金融魔术，而金融魔术迟早是要穿帮的。迄今为止，我们的金融创新大多是模仿和照搬华尔街的做法，其中大多是金融魔术。借用钱钟书在《围城》中的一句话，就是"活像那第一套中国裁缝仿制的西装，把做样子的外国人旧衣服上两方补丁，也照式在衣袖和裤子上做了"。

但还有第四个问题，既然有真正造福于人类的金融创新，那么如果我们不高举金融创新这面大旗，是不是就会坐失良机，无缘走在世界各国的前列？不会的。如果别人真有成功的金融创新做法，我们完全可以很快吸取。我们完全可以少安毋躁，后发制人。我们没有必要抢先，没有必要匆匆似丧家之犬，慌慌如漏网之鱼。真正美好的东西是天长地久的。争当第一是有风险的，金融骗局经常以金融创新的面目出现，结果金融危机是过七八年来一次——不，应当说是过三五年来一次。

其实，美国的金融创新并不是什么好东西，并没有优化配置资源。试问，美国要削减中学教师的薪酬和待遇，美国优化资源了吗？恐怕没有。美联储不断金融创新，向市场投放货币，但美国中、小企业还是缺钱，嗷嗷待哺，美国优化资源了吗？恐怕没有。奥地利、瑞典、德国、丹麦、加拿大、澳大利亚、日本等许多国家没有大搞金融创新，但这些国家不是照样过得很好？人民不是照样安居乐业（其人均收入还有高过美国的）？

金融创新主要是为银行家赚钱。金融创新的一个主要结果是，银行的自有资产和银行所管理的资产吹气球似地升值，所产生的利润也迅速上升，至少是短期内如此。银行从业人员的收入也随之大幅度提高。按照业内通行的做法，从业人员的收入与其业绩挂钩，其创造的利润多，收入自然也就多。至于泡沫破裂，资产价格狂跌，那就由政府出面援手，借助通货膨胀冲洗债务，同时再次洗劫中产阶级的财富。美国的金融模式大致如此，美国式的金融创新大抵如此。

二、"常恨世人新意少，爱说南朝狂客。把破帽年年拈出。"

"常恨世人新意少，爱说南朝狂客。把破帽年年拈出。"银行家们及其代理人们鼓吹金融创新是件咄咄怪事。从社会分工上说，创新最多的是音乐家、画家和作家，但他们并不夸耀自己在创新，因为他们深知创新之难。诸君请听贝多芬，请听肖邦，他们的音乐是真正的创新，他们天才地、全面地继承、捍卫和发展了人类文明，把人类文明提高到了一个崭新的阶段。但贝多芬和肖邦的主旋律并不多，多的是变奏——他们的创新也不多。艺术家创新难，银行创新就更难。而且银行的本职工作就不是创新，银行是社会的后台，银行应当回归后台。银行家需要的是保守，而不是创新。银行家们接待客户时着装都比较保守，政治上也比较保守，其金融产品为什么就要创新？

其实，世界哪有那么多的创新？即便真有那么多的创新，我们也难以承受。如果一日三餐有鱼虾，菜肴天天有创新，我们大多数人的肠胃都受不了。在今天这个世界上，"创新"产品已经让人眼花缭乱，体力和精神上都难以承受。银行家们自己在体力和精神上便难以承受，被自己设计的创新产品搞乱，金融危机一来，手忙脚乱，六神无主，每次都需要用纳税人的钱才能渡过难关。

100. 避税： 美国资本市场的主旋律

房价受三大要素影响：第一是地点，第二是地点，第三还是地点。公司的净利润也受三大要素影响：第一是避税，第二是避税，第三还是避税。

2014 年 7 月 18 日，美国制药公司 Abb Vie 与英国制药公司 Shire 达成协议，前者以 540 亿美元收购后者 25% 的股份。按照美国的《国内税收法典》，一家公司只要有另一家公司 20% 的股份，就可以实现倒置（inversion），即，通过并购改变收购公司的纳税地点。Shire 的总部在都柏林，注册地是著名的离岸避税地英国属地泽西。Abb Vie 计划通过倒置，将公司的税率由 22% 降至 13%。Abb Vie 并非标新立异；美国正在上演公司版的出埃及记，许多公司已经或正在考虑通过并购实现倒置。

美国财政部长雅各布·卢（Jacob Lew）对此大为不满，呼吁美国企业发扬爱国精神，不要转移纳税地。部长大人是在说梦话了。须知，美国式市场经济就是为富不仁，信的就是"人不为己，天诛地灭"，商业决不会为"爱国"所累。而且美国很多人对爱国有一种根深蒂固的怀疑。美国有一句名言："每回有人挥舞爱国大旗，总是把沾有粪便的那端塞到你手中。"

Abb Vie 出走他乡，也是迫不得已，并非蓄意挑战美国政府。Abb Vie 做的是实业，家大业大，搬家不易，即便是法律上换一个纳税地点，那也是兴师动众，手忙脚乱，目标很大。相比之下，金融机构避税就要轻巧得多，可以借助金融创新产品悄悄地实现避税，至少是短期内可以避人耳目。巴克莱银行和德意志银行研发的"篮子期权"（basket option）就有如此妙用。这些账户名义上归巴克莱银行或德意志银行所有，但账户完全由对冲基金文艺复兴技术（Renaissance Technologies）控制，交易由其定夺，利润也完全归其所有。可以说，篮子期权是张冠李戴，是狸猫换太子，说得更直白就是指鹿为马。双方如此煞费苦心，到底有什么好处？有的。文艺复兴技术满一年后行使篮子期权，将这些特殊账户上的资产作为长期资产，借此大量避税。尽管这些账户上的很多股票和债券被视为长期资产，但是很多时候文艺复兴技术持仓不过数秒钟，这就让知情者很不理解。而另一方面，巴克莱银行和德意志银行甘冒风险提供篮子期权，为的是能够抓住文艺复兴技术这样的大客户；对冲基金的交易多，为其交易提供服务的银行可以收取丰厚的手续费，此类业务也因此被称作"优质经纪服务业务"（prime brokerage business），为美国投资银行提供的总收入曾经达到一年 120 亿美元。

美国的对冲基金很多，但过去 20 年中，利润最高的是文艺复兴技术和SAC 资本投资顾问（SAC Capital Advisors）这两家对冲基金。文艺复兴技术管理的资产多达 270 亿美元，收费还特别高，管理费是所管理资产金额的5%，投资净利润分成可高达 40%。而业内的费率通常是管理费为资产金额的 2%，20%的利润归资产管理公司。文艺复兴技术的创始人詹姆斯·西蒙（James Simon）是一位数学教授，本科毕业于麻省理工学院，在加州大学伯克利分校获得博士学位。

文艺复兴技术收费如此之高，应当是有绝活的。但按照美国参议院小组委员会的调查报告，文艺复兴技术的相当一部分净利润来自避税。1998年至2013年，有十多家对冲基金借用篮子期权，成功避税60多亿美元。国内税务局调查了6年，也没有查出个所以然。参议院中有部分议员对此十分不满，2014年7月21日公布了一份报告，对避税问题抓住不放。

不管是 Abb Vie 的倒置，还是对冲基金的篮子期权，都是为了减税——减税就是美国资本市场的主旋律。投资银行业务和证券交易业务是资本市场的两大核心业务，而投资银行业务又以承销业务和并购业务为主。Abb Vie 和文艺复兴技术都要避税，但 Abb Vie 的倒置完全合法，而文艺复兴技术则有违法之嫌。卷入此事的金融机构都矢口否认自己有违法违规行为，但其中不少机构又表示已经停止了相关业务。国会的调查很可能成为马后炮。资本市场的许多创新就是这样：打一枪，换一个地方。

101. 离岸金融中心： 大国逐鹿的必争之地

塞浦路斯的危机表明，离岸金融中心是国际资本市场的战略要地。塞浦路斯的银行储户来自各大洲，除塞浦路斯人之外，还有俄罗斯人、德国人、法国人和英国人，许多跨国公司也屯金此处，背后还有国家利益。塞浦路斯强征储蓄税，一时间财阀闻风丧胆。

离岸金融中心对中国也有不可忽视的影响，许多跨国资本通过离岸金融中心进入中国大陆。有统计表明，进入中国的外资中，至少有16.9%的部分是先在离岸金融中心落脚，具体分布是：萨摩亚群岛2.1%，巴巴多斯0.3%，塞舌尔0.4%，百慕大0.4%，毛里求斯1.1%，开曼群岛2.3%，英属维京群岛9.7%。其中有鱼目混珠的：中国大陆的公司在离岸金融中心设立一家子公司或母公司，借此摇身一变，以外资的身份重返大陆，享受中央政府或地方政府提供的某些特殊优惠。

一、离岸中心，在岸中心

离岸金融中心的英文是"offshore financial center"，缩写为"OFC"。但凡有了缩写的名词，其影响不容小觑。从狭义上说，离岸金融中心大多是些较小的岛国和英国在加勒比海的属地，如塞浦路斯和英属维京群岛。离岸金融中心的吸引力在于低税和保密性强。除离岸金融中心之外，还有在岸金融中心（onshore financial center），长于提供金融专业服务，其典型代表是卢森堡和瑞士。介于两者之间的是所谓的"中岸司法辖区"（midshore jurisdiction），其典型代表是香港和新加坡。但从广义上说，离岸金融中心一词包括在岸金融中心和中岸金融中心，而三者的共同特点是能够提供避税服务，所以三者又统称"避税地"（tax haven）。

"避税地"一词1950年才出现，但离岸金融中心的概念始于19世纪的美国。新泽西州率先放宽企业注册和纳税的法律要求，借此吸引公司前来注册。特拉维州随即效仿，而且大获成功，青出于蓝胜于蓝。这一新生事物背后的推手是华尔街的律师事务所。

1960年代出现了欧洲货币市场，泛指美国之外的美元储蓄、英国之外的英镑储蓄以及其他欧洲货币在母国之外的储蓄。由于欧洲货币市场的出现，许多跨境交易基本不受监管。国际大银行对此十分欢迎，巴拿马、开曼群岛和海峡群岛应声而起，成为欧洲货币市场活动的中心。1970年代和1980年代，离岸金融中心增加到50个，资产金额增加，资产结构更为复杂。1990年代，一些海湾国家和非洲国家也加入了离岸金融中心的行列。苏联解体之后，原先的一些加盟共和国又跻身于离岸金融中心。许多后起的离岸金融中心主要从事电子商务和网上赌博。

离岸金融中心还有精细的分工。爱尔兰是共同基金扎堆注册的好去处。荷兰是全球最大的公司避税地，很多跨国公司在荷兰设立控股公司，再转而投资其他地方，以避免派息时必须代扣的税款。荷兰大办离岸金融业务实在有些不应该。荷兰是世界上最富有的国家之一，其主权财富基金的资产达到 7000 万亿美元，还要干些城鼠社狐、鸡鸣狗盗的勾当，实在匪夷所思。但从另一个角度说也不奇怪：荷兰是老牌殖民主义国家，一直比较擅长商业活动，荷兰的怡和洋行在东亚活动的历史很长。

百慕大人口 6.5 万，是全球再保险公司最大的注册地。卢森堡人口不过 52.5 万，与金融业有关的工作职位却有 1.3 万个，几乎是每五人中便有一人在金融业工作。卢森堡也是共同基金注册的集中地，此处注册的共同基金的资产多达 3.2 万亿美元，尽管这些共同基金主要在其他地方开展业务。

离岸金融中心跨国公司用得很多，仅英国的巴克莱银行在开曼群岛便有 18 家子公司。维京群岛的英文缩写是 BVI，已经成为离岸公司的代名词。美国佛罗里达州的迈阿密则是拉美人秘密存款的地方。列支敦士登与瑞士的关系比较密切。而塞浦路斯则是俄罗斯人的避税天堂，很多俄罗斯人在此存款避税，其存款金额可达 30 亿欧元。塞浦路斯征收存款税，也是要割俄罗斯储户的肉。普京总统亲自出来说话，指责塞浦路斯的做法不公平、不专业。

《经济学人》专门做了一览表，介绍主要离岸金融中心的业务：百慕大，保险公司注册集中地；英国，空壳公司、合伙企业和各类基金；英属维京群岛，公司注册枢纽，与中国关系颇深；开曼群岛，多元服务，以对冲基金为主；海峡群岛，信托、银行业务、保险和私募股权基金；塞浦路斯，俄罗斯人钟情的离岸金融中心；迪拜，中东的瑞士；曼岛，银行、公司和人寿保险；列支敦士登，信托业务，与瑞士关系极深；卢森堡，公司避税和海外基金；马歇尔群岛，秘密公司、船运，与美国关系密切；毛里求斯，投资印度和非洲的跳板；摩纳哥，欧洲权贵钟情的避税地；巴拿马，基金会和空壳公司的集中地；萨摩亚群岛，后起之秀，监管宽松，亚洲投资者常在这里设立控股公司；塞舌尔，俄罗斯投资者和非洲投资者常用的离岸金融中心；新加坡，信托注册集中地，新兴财富管理中心；瑞士，仍然是离岸私人银行中心；美国，迈阿密是离岸金融中心，特拉维尔州和内华达州是股东匿名公司注册集中地。

离岸金融中心从无到有，从小到大，不断发展壮大，已成为众多的国际金融中心，所屯集的资金高达 20 万亿美元。[351]但与此同时，离岸金融中心也是问题成堆，积重难返。金融危机之后，欧美国家意识到，离岸金融中心有些尾大不掉，个人和公司隐蔽在这里，不仅避税偷税，而且兴风作浪，在金融危机中推波助澜，甚至是始作俑者。经济合作与发展组织是欧美国家的俱乐部，该组织试图对离岸金融中心有所约束，但已经是力不从心了。

离岸金融中心是资本市场的规制不对称的结果。各国证券法都强调披露，其目的是通过披露克服资本市场的信息不对称，但很少有人提到资本市场的规制不对称，尽管信息不对称正是由于规制不对称所造成的。资本市场的批评者和叫好者几乎都同意，资本市场必须是公开、公正和公平的。我们称其为三公原则，并将其写进了《证券法》，借助国家立法机构全国人民代表大会，以国家大法的形式肯定了三公原则。美国证券法的披露原则也是同样的意思，与我们的三公原则表述不同，但意思是一样的。三公原则的成立依赖于一个重要假定，即，资本市场是可以做到公开、公正、公平的。但塞浦路斯以及其他离岸金融中心恰恰证明，资本市场根本无法做到公开、公正和公平。权贵就是可以在离岸金融中心泊放巨款，注册公司（除避税之外，还可以隐瞒股东身份）。离岸金融中心就是法律允许的藏兵洞，可以埋伏神兵千百万，神出鬼没，以一当十，克敌制胜。而这种不披露又是各资本大国所认可的，因为权贵需要这些藏兵洞。这就从根本上否定了三公原则。而塞浦路斯的危机也表明，往好的方面说，三公原则是一种无法实现的崇高理想；从坏的方面说，三公原则对投资者起到了欺骗作用，至少是起到了误导作用，混淆视听，形左而实右。

二、糟得很，还是好得很？

离岸金融中心是许多公司的注册地，更是许多基金的注册地。开曼群岛只有 5.7 万人，但却是对冲基金的主要注册地，全球排第一。截至 2013 年 1 月，全球 6999 家对冲基金的注册地分布如下：开曼群岛 38%，特拉维尔 35%，卢森堡 6%，爱尔兰 5%，英属维京群岛 4%，美国 3%，百慕大 2%，其他地方 7%。其他地方就包括英国，英国一心争取成为各类基金注册地的首选，但并不能够如意。2011 年，欧洲注册的各类基金的资产总额为 1000 亿英镑，在英国注册的基金的资产总值只占 20%，而 2000 年时这个比例还是 34%。卢森堡和爱尔兰借低税优势抢走了不少业务。

为了扭转颓势，英国财政部提出，取消赎买基金单位的印花税。做到这点之后，英国就可以与爱尔兰持平了，而卢森堡则仍然征收少量的印花税。[352]卢森堡和爱尔兰都为基金提供了避税利器，分别叫特殊投资基金（Specialized Investment Fund 或 SIF）和合格投资基金（Qualifying Investor Fund 或 QIF）。两种避税利器虽能招财进宝，但是能避的税目太多，英国政府不敢痛下决心效仿。卢森堡和爱尔兰反正没有多少自己的企业，外国基金少纳税或不纳税无妨，只要能来落脚就行，来这里落脚就可以创造就业机会。但英国本国的企业就很多，如果引进卢森堡和爱尔兰的优惠税收做法，怕是本国就有很多公司趁机漏税偷税。

离岸金融中心和在岸中心是糟得很，还是好得很，有截然相反的两种观点。唱糟者指出，个人或企业在其他司法辖区避税，但在本国仍然享受政府所提供的各种服务，这种安排有失公允。此外，还有公司借助离岸金融中心进行非法活动。比如，EADs 是欧洲的一家航天和军工企业，通过其在开曼群岛的子公司向沙特行贿。离岸金融中心黑幕重重，监管和法治都无从谈起。英国就是英属离岸金融中心背后的黑手。《宝藏群岛》（*Treasure Islands*）一书的作者尼古拉斯·夏克斯逊（Nicholas Shaxson）指出，这些避税港"大多有腐败之嫌疑，却没有恰当的调查。凡此种种问题，追查到伦敦之后便没有下文"。[353]英国法官在本土有刚正不阿的英名，富贵不能淫，威武不能屈，但英属群岛却是乌烟瘴气的地方，法官作奸犯科的也不在少数。

对冲基金的管理人则为离岸金融中心叫好。他们理直气壮地表示，对冲基金吸引的是国际投资者，基金所在地自然也应当是在中立的司法辖区。唱好离岸中心的一方还提出，离岸金融中心有助于金融创新，公司自我保险便是一例。该业务首先在百慕大推出，然后扩展到其他离岸金融中心。保险是很肥的业务，如果公司自己能做这项业务，自然是肥水不流外人田。受美国各州法律的限制，美国公司在国内无法有效开展自我保险的业务，但在离岸金融中心就可以随心所欲了。

高盛也曾经拥有过百慕大的一家叫 Ariel Re 的再保险公司。这家公司肥得流油，2012 年，高盛股权业务的收入为 82 亿美元，再保险业务就为高盛创造了 10.8 亿的收入。[354]但由于巴塞尔三协议对银行资本有新要求，高盛只能忍痛割爱，出让了其在 Ariel Re 公司中 75% 的股权。尽管最后成交价不明，但高盛曾经表示，要以大约 10 亿美元的价格出让这部分股权。高盛还将保留公司 25% 的股权，继续从事再保险业务。

富人和公司通过离岸金融中心避税并非新的做法，已有 50 多年的历史。欧美国家的政府对此并不十分认真，是得过且过的态度。但 2008 年金融危机之后，欧美各国政府的态度有所改变。2009 年 4 月，G20 伦敦首脑会议达成共识，严厉打击避税地胡作非为的活动。截至 2010 年，许多离岸金融中心与主权国家和其他司法辖区签订信息交换协议，总数多达 500 个。但这些协议大多是一纸空文。离岸金融中心提供信息的前提是，索要信息的国家必须先证明，其要求是基于合理怀疑，而非捕风捉影。符合这一先决条件非常困难。

不过，德国、英国和法国还是追回了一部分避税款。截至 2011 年 1 月，英国多收了 6 亿欧元。德国追回了 40 亿欧元。美国也有所斩获，从瑞士的银行收了不少钱。2013 年，美国政府还告示各离岸金融中心，必须将其美国客户的详细情况提供给美国有关当局。

三、理财与避税

理财业务是一块金融机构都想吃的肥肉。大型金融机构争得大批客户之后，不仅可以收取丰厚的手续费，而且可以调动大批资金排兵布阵，在资本市场打歼灭战，让普通投资者成为釜底游鱼。

理财业务中，为富豪和超级富豪提供的私人银行业务又占了一大块。对富豪和超级富豪来说，理财业务的主要吸引力是避税。这方面瑞士有得天独厚的优势：在瑞士逃税败露，只需要承担民事法律责任。这样一来，在全球私人理财业务中，瑞士的银行独占鳌头。据估算，瑞士替全球富人管理着 2.1 万亿美元的资产。但金融危机之后，瑞士的理财业务受到重创，打击主要来自美国。金融危机之后，美国手中少了不少好牌，所以比较着急，别人出牌美国也盯得比较紧，瑞士首先中枪。UBS 花钱消灾，2009 年向美国支付了 7.8 亿美元的罚款。瑞士希望能够一揽子交易，与美国全盘解决所有问题。但美国不同意，非要慢慢折磨瑞士，不愿意让瑞士随便解套。德国对瑞士也是步步紧逼，瑞士希望向德国交纳罚款了事，不愿披露其德国客户的身份，但德国政府不肯松口。

过去瑞士私人银行业务的利润两倍于英国的同类业务，瑞士的银行可以将避税所得的一部分转换为收费。但金融危机之后这笔钱不好赚了。瑞士银行的保密之前曾经壁垒森严，"二战"期间犹太人的存款也遇到了麻烦，但在金融危机之后受到了彻底的撼动。

面对不断来自美国和邻国的压力，瑞士也考虑过改弦易辙。瑞士政府曾经有过一项立法设想：如果客户拒绝保证其遵守了税法，银行就不得接受其存款。但在瑞士银行的强烈反对之下，这项建议也胎死腹中。瑞士正在丢失理财业务，其中相当一部分流向亚洲，主要是流向新加坡。

四、新加坡经验值得注意

法国总统奥朗德向富人开刀，年收入 100 万欧元者纳税的税率为 75%。法国前预算部长科胡扎克（Jérôme Cahuzac）是位征税干将，叫嚣"纳税是社会契约的基石"。但就是这位科胡扎克，本人在瑞士的银行有秘密账户，后来又悄悄把钱转移到新加坡。媒体曝光此事后，科胡扎克先是矢口否认，但政府立案调查之后，他又从实招来，承认自己在新加坡的秘密账户上有 60 万欧元的存款。

科胡扎克是媒体紧盯的目标，但仍然选择把钱藏到新加坡，此地对富人账户的保密工作是做得很好。多年来，国际金融界传闻不断，说是瑞士以及欧洲其他金融中心的资金正源源不断地流向新加坡。欧美政府到处追查漏税大户，有我们 1980 年代到处抓负心郎"陈世美"的劲头，所以富人的资金也被逼外逃。新加坡政治和经济都很稳定，成为西方自己进军亚洲的桥头堡。今后 15 年内，新加坡和香港加在一起，其管理的资产有望超过瑞士管理的资产。除了欧洲来的钱之外，新加坡还有其他财源：东南亚等国的富豪愿意将钱转移到新加坡，印度尼西亚的富人更是愿意就近把钱存到新加坡，中国大陆和印度的富豪也有在狮城存钱的。

新加坡已经成为离岸金融中心中的佼佼者。当然，办好离岸金融中心不容易，需要天时、地利、人和。加勒比海的离岸金融中心有迤逦的风光和温暖的气候，地中海岛国塞浦路斯也有美丽的阳光，所以很多人愿意到这里来工作和学习。苏联解体之后，资本主义在俄罗斯复辟，其形式是"匪徒资本主义"，黑帮赚钱后立刻将钱转移到海外。10 年之内，俄罗斯有 3000 亿美元的资产被转移到国外，[355]瑞士、华尔街和伦敦城都从中分得一羹，因为这几处的金融服务业比较发达，很多专业人士可以为俄罗斯的新贵们出谋划策。

俄罗斯的黑钱中还有一部分流入了中东的迪拜和以色列。迪拜是中东的金融中心，俄罗斯人要在这里抢点，而以色列有许多来自俄罗斯和苏联的犹太移民，俄罗斯的新贵中又不乏犹太人，他们在以色列有文化认同感。作为离岸金融中心，塞浦路斯吸引外资也有独到之处。塞浦路斯与俄罗斯一样，都信仰东正教，而且塞浦路斯的警方只管治安，不愿过问或深究金融犯罪。还有，冷战期间克格勃在塞浦路斯很有势力，将其作为监控中东的跳板和后方基地，其影响一直延续到今天。

那么新加坡有什么呢？新加坡为银行保密，新加坡的执法人员只是管好治安，很少过问金融秘密。新加坡还有人才，国民受教育程度高，从高官到贩夫走卒，几乎人人都是双语，英语说得像母语一样好。但新加坡终年赤日炎炎，又是孤悬海上，若论气候和地理位置，绝非宜居城市。所以，除了提供高端金融服务之外，新加坡还必须提供特别优质的低端服务。贫寒起盗心，温饱思淫欲。但凡金融繁荣的地方，必定是声色犬马，纽约如此，香港如此，伦敦如此，新加坡也是如此，否则的话，富豪和权贵就无法逍遥，自然也就不愿来此落脚。

新加坡是儒家小国寡民的经典范例，是现代儒家之都，但为了发展经济，也提供了吃、喝、嫖、赌的一条龙服务。滨海湾金沙酒店（Marina Bay Sands）是集赌场、饭店、娱乐为一体的一条龙服务景点，由美国赌场胜地运营商 LVS（拉斯维加斯金沙）建造，2010 年 4 月开业。滨海湾金沙酒店 57 层的楼顶是"空中泳场"（skypod）——不是泳池，是游泳场，很大的一片，像个小湖。新加坡没有好的沙滩，商人便在楼上造了人工小湖，游客戏水时可以鸟瞰城内林立的高楼，真有天上人间的意思。为了吸引大陆游客，饭店也是煞费苦心。饭店从中国国内找了些红男绿女，在大堂内吹吹打打，演奏邓丽君的歌曲。很多游客是大陆来的，服务员中也有很多是大陆来的，但经济活动却在新加坡进行，由新加坡整合了各方资源。新加坡长于整合资源，既整合了旅游资源，也整合了资本市场的资源。

新加坡的经验表明，真要高速发展经济，很多事情就不能求全责备。真心发展资本市场，对很多坏人、坏事就不能零容忍。魔术师可以穿西方的燕尾服，也可以穿中国的长袍，但不能让他们只穿短裤、背心登台，不能不让他们戴高礼帽，否则他们就没有办法变魔术了。

新加坡政府是两手硬，既提供色情服务和赌场服务，又能确保社会治安，秩序井然，实属不易。有人认为小国容易治理，但世界上不乏战乱小国和贫困小国。新加坡在治国方略方面还是道行很深的。新加坡的经验值得注意。

五、大国逐鹿的必争之地

离岸金融中心是大国、富国之间的博弈。全球外商投资中，30%假道离岸金融中心。离岸金融中心能够成为避税地，而长期以来欧美国家听任其存在，这本身就是大国角逐的结果。即便到了今天，欧美国家对离岸金融中心的讨伐仍然是三心二意，欲说还休，欲进还退，首鼠得很。

佛罗里达州的迈阿密就是一个避税地，为拉丁国家的权贵提供银行秘密账户。美国不仅可以从中获得经济利益，而且可以暗中掌握拉美政要和权贵的动向，是一石数鸟的好买卖。正因为如此，美国拒绝向拉美国家提供美国有关银行客户的名单。

塞浦路斯之所以能够成为离岸金融中心，最后又陷于债务危机之中，也是大国角逐的结果。塞浦路斯2004年加入欧盟。欧盟本来应当事先对塞浦路斯的银行做一次全面审计，所有新成员国都必须走这道程序，但欧盟对塞浦路斯却网开一面。塞浦路斯是一个弹丸小国，本来并无实力抗争，但希腊杀出来助其一臂之力。[356]塞浦路斯人中希腊后裔占到了近半数，另一半是土耳其人。希腊坚持要把塞浦路斯拉入欧盟，如果欧盟要对塞浦路斯进行严格审计，希腊将否决东欧国家要求加入欧盟的申请。而德国和法国急于将波兰和捷克这两个传统西欧盟友拉入欧盟，德、法两国出于无奈而做出妥协，允许塞浦路斯顺利进入欧盟。

塞浦路斯知恩图报，投桃报李，塞浦路斯的银行慷慨贷款给希腊，4

年之内贷款额从 60 亿美元增加到 120 亿美元。仅希腊政府的债券，塞浦路斯的银行就购买了 30 亿，希腊债务危机爆发之后，塞浦路斯银行无法追回贷款，银行的债权人损失了 75%的债权。这些债权人中很多是外国人，有法国人、德国人、俄罗斯人，还有许多跨国公司。

英国有军事人员常驻塞浦路斯，他们自然在当地的银行开有账户。来自法国、德国和俄罗斯的富人和公司是贪图塞浦路斯的低税和银行账户的保密性：在银行账户保密方面，塞浦路斯与瑞士做得一样好，而塞浦路斯的税率比瑞士的还要低。但俄罗斯在塞浦路斯还有战略考虑。塞浦路斯发现了大量天然气储藏，俄罗斯是天然气生产大国，担心自己的天然气市场会受到冲击。俄罗斯军方也有战略利益。如果叙利亚总统阿萨德倒台，俄罗斯势必丧失其在叙利亚的军港，也是俄罗斯在中东的唯一军港，塞浦路斯的前哨地位因此也突显其重要性。

反过来说，欧盟则是千方百计地想把俄罗斯的势力从塞浦路斯挤出去：卧榻之侧，岂容他人酣睡。两德统一之后，德国已经成为欧盟的领袖，不仅是欧盟的旗手，而且全方位复兴，其情报机构也开始在国际上崭露头角。德国情报机构 BND 查明，俄罗斯有 80 个金融寡头获得了塞浦路斯的国籍。德国对此表示严重关注，理由是塞浦路斯公民也是欧盟的公民，可以在欧盟到处乱跑，有的俄罗斯人混杂其中，实有隐患存在。经过德国施压，塞浦路斯对其银行 10 万欧元以上的储户强征高税，以获得欧盟和国际货币基金组织的援助资金。这次希腊无法援手；希腊已先于塞浦路斯陷入债务危机。

中国也是利用离岸金融中心的大国。英属维京群岛与中国有千丝万缕的联系，这里注册的公司的许多股东是中国人。维京群岛还有神奇的可变权益实体，英文是"variable interest entity"，简称"VIE"。"VIE"由一系列复杂的合同构成，按照这些合同的约定，中国大陆的公司将其收益汇入这些 VIE，外国投资者则将资金汇入 VIE，而与 VIE 相关的一家公司又在香港上市吸金。VIE 的好处妙不可言，既可以避税，还可以掩盖最终股东的身份，借此规避中国的某些法律禁区：中国的某些行业禁止外商投资进入。[357]

不说假话，办不成大事。古今中外凡成就大业者大多如此：声东击西，虚虚实实，明修栈道，暗度陈仓。西方国家高举人权大旗，反对死刑，反对各种形式的杀生，甚至还开始研究动物权利。但与此同时，美国、英国、德国都大量出口武器，赚了很多的钱。在全球军备出口销售市场中，美国、俄罗斯、德国和法国所占份额分别是30%、26%、7%和6%。离岸金融中心又何尝没有这个意思？制约资本市场的证券法强调披露，但离岸金融中心则是反其道而行之，重在隐蔽，重在诡秘。

为了发展资本市场，我们应当向欧美国家看齐，中国是不是也应当考虑有一个自己的离岸金融中心？我们的改革开放也应当考虑抢钱、抢人、抢地盘。是不是在海南也办他一个离岸金融服务中心，至少做些免税业务？有人会说，中国已经有一个离岸金融中心了：香港就是广义上的离岸金融中心，香港每年平均有5万家新公司注册。行业调查显示，5年之内香港有可能成为全球最大的离岸公司所在地。但有两个离岸金融中心也未尝不可，美国至少有三个离岸金融服务中心：特拉维州、内华达州和佛罗里达州。

当然，离岸金融中心也有风险，塞浦路斯便是一例，成也萧何，败也萧何。此外，即便我们愿意搞一个离岸金融中心，即便我们能够防范离岸金融中心的风险，还有一个很大的难处，就是人民币不能自由兑换。要想招财进宝，还必须有新的制度设计。

即便货币自由兑换的问题可以变通，即便万事俱备，还会遇到来自欧美国家的阻力，他们不愿有人与他们争夺财源和税源。无论是个人、机构还是国家，在资本市场这个地方，从来都是只许自己放火，不许别人点灯。对于国际货币中美元的霸主地位，世人或羡慕，或忌恨，或想入非非——我们是三种感觉都有，不少人还跃跃欲试，要与美国一争高低。但美元的霸主地位是打出来的，是用鲜血和生命换来的，是美国赢得两次世界大战和冷战的结果。枪杆子里面出政权，枪杆子里面出霸权——资本市场也不例外。

离岸金融中心之争，不只是金融方面的较量，也是整体实力的较量。曾几何时，大国首脑会面，商谈的话题首推裁军，而今天则大多是谈汇率和金融监管，但武力和实力仍然很重要。在今天的金融战线上，虽然很少直接舞枪弄棒，但背后仍有刀光剑影，至少还有斗篷和匕首：俄罗斯和德国两国的情报机构在塞浦路斯较劲便是一例。

102. 避税胜地卢森堡

卢森堡是欧洲最大的人民币业务中心。卢森堡也是三大阿拉伯金融中心，仅次于沙特阿拉伯和马来西亚。卢森堡有地理优势，地处欧洲要津，比邻法国、德国和比利时。

金融行业的成功人士大多很有钱，追求生活享受，需要吃好、穿好、住好、玩好。卢森堡在这方面狠下功夫，金融客们在这里可以买到高级葡萄酒、艺术品、贵金属和其他财宝。卢森堡要跻身于全球三大免税港，另两大免税港为新加坡和日内瓦。当然，仅能提供吃、喝、玩、乐的场所，是不能成为国际金融中心的。

金融界人士对金钱非常饥渴，赚钱不仅是他们的目标，也是他们的工作方式和存在方式。除了少数天才艺术家和天才作家之外，靠专业技能发大财的人几乎没有。而卢森堡的发财方式是提供避税胜地。在卢森堡注册的控股公司大约有5万家，美国公司海外营业所产生的利润中的9%来自卢森堡，而其在当地的雇员仅为海外员工的0.1%。2014年，在卢森堡注册的共同基金所管理的资产总额达到3.3万亿美元。百事可乐和联邦快递等跨国公司在卢森堡都有避税安排。

卢森堡原先也是搞实业的，炼钢也很是发达，炼钢与农业是经济的两大支柱。但1970年代后，炼钢业逐渐向不发达国家迁移，卢森堡只能另辟蹊径，在金融方面狠下功夫。具体做法是两手硬：一是创建避税地；二是为客户严守秘密。结果成功吸引了巨额外资。卢森堡是4000家基金的后台服务中心，涉及资金额达 3.7 万亿美元。

对于工商企业来说，卢森堡的纳税审批有三大好处：（1）若是卢森堡的税务部门对纳税结构有疑问，公司可以再行调整；（2）税务部门批准后，有效期至少 5 年；（3）相关内容保密。毕马威（KPMG）在卢森堡的一位合伙人对卢森堡的税法赞不绝口，说是"法律非常清楚。即便法律不清楚，与各部的沟通渠道也非常畅通"。免税是一个法律业务，但跨国公司在卢森堡避税，设计避税安排的大多是四大会计师事务所。四大会计师事务所雇有许多税法律师，提供避税法律服务由来已久。在卢森堡，普华永道（Price Waterhouse Coopers）为数百家跨国公司提供了避税方面的法律服务。

卢森堡的免税批复曾经由马里乌斯·科尔（Marius Kohl）一人说了算。只需与科尔见一面，纳税批复就可以搞定。公司税务顾问可以在科尔的办公室内坐等批文。科尔手下有 50 人，税务审批全部是他一人操办。你说他是大权独揽也好，工作勤勤恳恳也好，反正他工作很忙——很辛苦的，经常从早上工作到晚上 9 点，而且还敢于担当。卢森堡每年获得的公司税高达 15 亿欧元。卢森堡有人认为他是民族英雄，应该给他授勋。

科尔在任 22 年，2013 年终于退休。之后，税务审批改由一个 6 人小组负责，而且废除了口头批复的做法，批文也不是立等可取的了，公司有时必须等上 6 个月。这也是迫于欧盟的压力。欧盟对卢森堡的做法十分恼火，曾经威胁要把卢森堡告上法院。欧盟无权决定成员国的税法，但有权调查成员国是否以"国家援助"的形式给企业优惠待遇，产生了不利于竞争的影响。迫于无奈，卢森堡提供了一些关于避税方面的信息。

卢森堡是一个弹丸小国，人口不过 55 万人，但在欧盟内势力不小。卢森堡是欧盟的创始国，而且善于在德国和法国之间搞折中，在两者之间搞斡旋，这就是善于在老虎与狮子之间周旋，可以借力打力。卢森堡还是欧洲法院的所在地。欧盟现任主席让-克洛德·容克尔（Jean-Claude Juncker）也是卢森堡人，1995 年至 2013 年期间此兄任卢森堡总理。就是在他领导之下，卢森堡大赶快上，迅速成为国际著名避税胜地。

卢森堡也有其委屈之处：避税是一种供求关系，卢森堡是供应方，提供了避税胜地，但美国和其他国家是需求方，这些国家的企业需要避税。这些国家完全可以制定法律，禁止本国到卢森堡这样的避税地避税，但是他们没有这样做。换言之，美国等国的当权派并非真心阻止其企业到海外避税。由此看来，作为全球避税胜地，卢森堡还是大有用武之地的，作为国际金融中心，卢森堡也是大有前途的。

103. 高峡出平湖

美国不开金融工作会议。但新年伊始，华尔街也要谋篇布局，统筹规划。一年之计在于春，农业社会是这样，后现代社会似乎也还是这样。

2012 年，华尔街的牧羊者们已经为投资者准备好了投资大餐：投资美国非金融业大型跨国公司。按照某些分析师的说法，美国大公司兵强马又壮，因为这些公司削减了开支，提高了生产率，而且海外投资获利颇丰。美国这只白头鹰蠢蠢欲动了。相比之下，欧元区是蓬间雀，不想当也得当，至少得当一段时间。

一、"风刀霜剑严相逼"

病来如山倒，病去如抽丝。以德国为首的欧元区国家在苦撑，希望假以时日，债务危机好好地去。但债权人和评价机构却不肯放过它们，步步紧逼，真的是"一年三百六十天，风刀霜剑严相逼"。2012 年 1 月 13 日，标准普尔就下调了欧元区国家的信用级别：意大利落了一个 BBB+；西班牙得了一个 A；葡萄牙被打入垃圾信用级别；法国和奥地利双双失去 AAA 信用级别。

法国财政部长强作镇定，说法国信用级别下调"并非好消息，但也不是灭顶之灾"。确实，2011 年 12 月，标准普尔就喊狼来了，放言下调欧元区国家的信用级别，市场已经消化了坏消息，有关国家的发债成本暂时不会提高。但法国信用级别下调之后，某些商业银行会有些困难；必须有更好的资产，替换法国债券。欧元区的领导人义愤填膺，指责标准普尔是在搅局。

标准普尔则称欧元区各国政府行动迟缓，拿不出行之有效的应对措施，欧元区将因此而陷入经济衰退而不能自拔。标准普尔的原话是这样的："今天的调级之举主要是出于我们的评估，即，尽管欧洲决策者近几周来有政策举措，但可能无法充分解决欧元区正在发生的系统性压力。"标准普尔并非无中生有。按金融界的说法，法国、西班牙、希腊和葡萄牙已经进入经济衰退。意大利债务缠身，还要勒紧裤带开源节流，离经济衰退也不远了。就连强大的德国也是步履维艰，有可能在 2012 年步入经济衰退。德国目前的债务占其国内生产总值的 80%。标准普尔已经放出话来，如果该比例达到 100%，德国的信用评级也会被调低。[358]

信用级别下调，最难过的要数法国。有些法国人思想上转不过弯来：法国是欧元区当之无愧的老二，可如今老二却没有了 AAA 信用评级。无须过于伤心难过。世界老大美国也没有 AAA 信用评级，不是照样低息发债？世界各地的投资者不是照样纷至沓来吗？当然，美国有其特殊性，是世界上最大的经济体，远非法国能比。那么法国就死心塌地地当老二，死心塌地地跟德国走，不要再给德国总理默克尔添乱了。难为默克尔一位女总理，既要压希腊政府让步，又要与国际金融家们斗智斗勇，萨科齐总统应当多配合才好，应当安心当好副手。

德国、荷兰、芬兰和卢森堡仍然保留了各自的 AAA 信用评级，只是奥地利失去了 AAA 信用评级。奥地利一直是拉着德国衣襟的小兄弟，德国兴，则奥地利兴。但近年来奥地利悄悄地往东发展业务，尤其是与匈牙利打得火热。奥地利和匈牙利曾经是一个国家，史称奥匈帝国。匈牙利的国内政治动荡有可能对奥地利银行产生不利影响。

欧元区的老大难问题还是希腊。希腊与其债主的谈判也陷入僵局。

2010 年 10 月，欧盟曾经表示愿意注销希腊 1000 亿欧元（合 1278 美元）的坏账，条件是债券持有人自愿放弃 50% 的债权。这是德国总理默克尔的主张，以求银行和其他私人投资者一同分担损失，不能让欧元区国家的纳税人死扛，尤其是不能让德国的纳税人死扛。但持有希腊主权债务的银行和私人投资者们至今不肯正式让步。

欧元区债务这摊浑水不好蹚，资本市场的浑水都不好蹚：华尔街等银行家们在暗处，而政府却在明处，陷进去之后只能是被动挨打。截至 2011 年 9 月 30 日，华尔街几家大银行对希腊、爱尔兰、意大利、葡萄牙和西班牙各国债务的敞口分别为：摩根大通 152 亿美元；美国银行 130 亿美元；花旗集团 72 亿美元；高盛 25 亿美元；摩根士丹利 21 亿美元。美国证交会认为，美国大型金融机构的披露远不如人意，"内容和展示都似是而非"。2012 年 1 月 6 日，证交会发出指引，要求美国上市银行进一步加强披露：细化其对欧元区债务的敞口的具体分类，标明主权债务、金融机构债务和非金融机构公司债务的敞口；说明信贷违约掉期；以及购买信用保护无法弥补损失的情况。[359]但证交会的通知只是一个指引，并无强制性的效果，内容也比较含糊，给华尔街金融机构留下了充分的回旋余地。这也是证券法的一大特点：披露是虚，隐瞒是实。

回想欧元区债务爆发之初，国际货币基金组织和法国号召中国携外汇储备驰援，国内也有人跟着起哄，跃跃欲试，摩拳擦掌，非说救助欧元区是可以大有作为的。回头来看，实在令人后怕。

二、高峡出平湖

"高峡出平湖。神女应无恙，当惊世界殊。"金融危机之后的一大奇观是，某些公司信用级别高过了国家信用评级。国家的信用级别应当高出公司的信用级别。如果国家资不抵债，万不得已也就是多印货币而已，可如今大公司的股票和债券反而成了投资者追捧的资产。

国债和公司债都有保险可买，国际市场的行情可参看 1000 万美元债务 5 年期的保费。2011 年 12 月的行情是：挪威国债为 6.2 万美元，雀巢公司债券为 6.6 万美元，美国国债为 6.9 万美元，与可口可乐公司债券的金额相同。意大利 1000 万美元国债 5 年期的保费为 53.3 万美元，俄罗斯国债 5 年期的保费为 30.3 万美元，法国国债 5 年期的保费为 24.5 万美元，德国国债 5 年期的保费为 12.1 万美元。[360]俄罗斯国债的保费比法国和德国的国债 5 年期的保费要高很多，但俄罗斯曾经慷慨表示，为了挽救欧元，愿意出钱救助。真是咄咄怪事。

2011 年初美国的股市仍然比较低迷，大公司的股价普遍偏低。同中国一样，如何让投资者重归股市也是美国资本市场的重大课题（中、美两国真像：骨子里像，表面上也像）。2012 年初，美国财政部 10 年期债券的收益率仅为 2.1%，真正的蝇头小利，但大批投资者就是抱着美国国债不放，不愿到股市来中流击水。

资本市场需要动人的故事和美好的传说，需要百年传统，需要全新感受。2012 年的故事是美国非金融类大公司有了新动向：大幅度增派股息和大量回收公司股票，"超值回报"投资者，争取投资者更大的支持，争取投资者购买更多的股票。据传，美国非金融业大公司的现金很多，2011 年底可达 2 万亿美元。美国大公司的债务与盈利之比已由 1996 年至 2009 年的 2.4 倍降至 2011 年的 2 倍。大公司资产中的现金比例也由 1996 年至 2009 年的 7.3% 增加到 2011 年的 11.3%。某些公司的现金可占到其资产的 10%。这些公司中有微软和谷歌等软件公司，还有万事达和咨询公司埃森哲（Accenture）。

麦当劳更是新被挖掘出来的派息典型，被树立成 2012 年的资本市场标兵。麦当劳意气风发，一路派息走来，而且自 1976 年逐年提高派息。2012 年，麦当劳派息有可能派到每股 2.8 元；与此同时，麦当劳的股票价格已经达到每股 99.70 美元。[361]真是汉堡不让苹果：使用苹果手机很性感，吃垃圾食品也很性感。

有人预计，美国大公司很可能会大量回购其发行在外的股票。2011年，标准普尔500股票指数中的上市公司共支付了2406亿美元的股息，比2010年的2050亿美元多出不少，尽管仍然赶不上2008年的2478亿美元。不过，美国的业内人士很乐观，预计2012年标准普尔500股票指数中的上市公司派息可达2520亿美元。2011年仍有101家美国公司减少或暂停派发股息，但仍然为2006年以来最低。[362]

美国利率很低，有些公司甚至通过举债筹资回购自己的股票。2011年英特尔以及家具公司家得宝（The Home Depot）举债回购股票的金额达到20亿美元。2012年美国大公司回购股票的金额有可能达到每季度750亿美元至1000亿美元。

滋阴还需补阳——预测投资热点也需要对冲。在吆喝美国主街大公司的股票的同时，华尔街的一些分析师依旧看好新兴市场。欧美国家债务与其国内生产总值之比高达100%或100%以上，日本的更高，已达到250%。相反，中国的债务与国内生产总值之比仅为17%（但2017年该比例已经一跃而进入全球高比例之中），而且中国存款率还高。美国的储蓄率为零，而中国的储蓄率则占到收入的三分之一。巴西也被看好：巴西地大物博，石油、矿产资源丰富，沃野千里，是一块大肥肉。

三、姑妄听之

美国训练出来的经济学家全世界乱跑。美联储是资本市场大本营的中枢机构，能够在这里工作的经济学家和领导应当是精英中的精英，理当料事如神，与华尔街遥相呼应，引领全球经济。但事实并非如此。美联储曾经预测，2011年美国的通货膨胀为1.0%至1.9%，但通货膨胀实际上达到了2.5%；美联储预测2011年美国的国内生产总值增长率可达3.4%至3.9%，但实际增长率只有1.8%。当然，对美联储的领导不能求全责备；美联储领导必须讲政治，必须悄悄地为通货膨胀放行，必须诱使投资者入市，他们报喜不报忧也是情有可原的。但即便是美联储高层领导为了讲政治而言不由衷，这批高层领导也确实是一批装腔作势的庸人，美国政府最新披露的文件也证明了这点。

美联储定期召开高层内部会议，讨论国际大气候和国内小气候，会议记录隔 5 年解密。2012 年 1 月解密的会议记录涉及 2006 年 12 月美联储的高层内部会议。当时美国的住房市场已露败象，为推销库存住房，开发商开始向购房客户赠送汽车。美联储的官员们在会上将此引为趣谈，嘻嘻哈哈，很不严肃。他们以为，金融创新已经分散市场风险，资本市场可以千秋万代地安全运行下去。

美联储的高官预测经济的能力不佳，但长于溜须拍马，对当时的美联储主席格林斯潘极尽吹捧之能事。纽约美联储主席盖特纳表示："格林斯潘的伟大还没有被人们充分认识。"盖特纳意犹未尽，又对格林斯潘肉麻地说："我觉得，从概率上说，未来我们会发现，你比我们现在想的还要好。"[363] 就是这样一个小丑，布什总统下台之后，又被奥巴马总统延揽，官升一级，成了美国财政部长。美国资本市场由这样一批花奴监管，爆发大规模的金融危机是迟早的事。很遗憾，我们国内很多人依然主张以美国为师，让人不寒而栗。

104. 希腊危机的地缘政治

希腊举行全民公决，拒绝债权人提出的救助方案。从表面上看，希腊人是众志成城，铜墙铁壁。但 6 天之后，希腊总理向债权人提交的方案与公决前债权人提出的方案大同小异，人称该方案是 95% 德国的方案，5% 希腊的方案。但在德国的主导之下，债权人提出了比公决前更为苛刻的方案：希腊人必须增税、减少养老金，还必须拍卖国有资产用于偿债。希腊接受了城下之盟。美国人看了直摇头，说是希腊已经丧失了主权。

希腊议会也乖乖地接受了德国主导的方案。2015 年 7 月 15 日，希腊议会批准了以德国为首的债主强加给希腊的受援条件，但希腊由此与德国结下了深仇大恨。希腊国防部长愤怒指出，所谓的救助计划，无异于德国、荷兰、芬兰和波罗的海国家策动了一场政变，剥夺了希腊的主权。希腊媒体还叫嚣，这是德国100年来第三次摧毁欧洲文明。言外之意，德国人是在发动第三次世界大战，至少是在发动欧洲大战。

从表面上看，希腊债务危机是经济问题，是欠债还钱的问题。但从更深广的意义上说，希腊债务危机是欧洲争雄的问题，是地缘政治问题，也可以说德国问题重新出现。

一、"泼皮"希腊

泼皮是流氓、无赖的意思。希腊人赖账像泼皮。希腊文明是古老的文明，但今天的希腊人除了生活在同一块土地上之外，与古希腊文明并无关系。

希腊领导人哗众取宠，表现拙劣，形同小丑。希腊领导人可以据理力争，做哀兵之争。是的，希腊乱借钱有责任，但银行乱放贷也同样有责任，而且向希腊放贷的大多是德国和法国的银行。但希腊领导人却完全是骄兵的做派。希腊哀求债主施舍，希腊总理不以为耻，反以为荣，去欧盟开会，嬉皮笑脸，很不严肃，自由散漫，无组织、无纪律，不尊重他的欧洲同事，也不尊重自己的同胞。希腊政府的发言人也是信口开河，被问及希腊的去留问题时，愤怒地表示，退出欧元区的应当是德国，而不是希腊。希腊议会也很不严肃：同一个议会，当初批准公决，回过头来又批准政府的方案。哀兵必胜，骄兵必败。

谈判中希腊政府没有预案B，也可以说是没有办法制定预案B，因为75%的希腊人不想退出欧元区。2015年7月6日，希腊全民公决的结果是：参加公决的人中，61.3%拒绝接受债权人的方案，37%愿意接受。希腊政府一口咬定，公决只是为了表明公众反对债权人的方案。希腊政府根本没有准备发行本国货币，结果事到临头，希腊银行现金短缺，欧洲央行拒绝向希腊银行提供紧急贷款，希腊银行就没有现金支付提款储户，最后只能妥协。

希腊确实不可救药。希腊就业者中，三分之二的人少报或根本不报税。希腊地下经济占到经济总量的24%，而该比例在欧洲国家平均为19%。政府所征收的各种费用，占到希腊劳动成本的43%。其实，设立欧元区之前，各方早已知道，希腊就是烂泥扶不上墙。德国对此也是心知肚明。既然如此，当初为什么还要拉希腊入伙呢？一方面是盲目乐观，但另一方面是德国有野心。德国想当欧洲的霸主，至少是想当欧洲的盟主。

二、"第四帝国"？

什么是德国问题？德国问题就是德国的帝国情结，德国要当欧洲的霸主，至少是要当盟主。德国曾经被视为欧洲的野蛮人，这些野蛮人取代了罗马分裂后的西罗马。德国是欧洲列强中的后起者，与欧洲老牌帝国矛盾不断，战争不断。为了争夺霸权，20世纪两次世界大战，都是德国打响第一枪。大战之初，都是德国先占上风，但最后以惨败告终。两德统一之后，德国又卷土重来，又想问鼎欧洲。德国还与法国结成了神圣同盟：德国是大掌柜，法国是二掌柜。

欧美有人认为，德国开始成为第四帝国。历史上德国有过三次帝国：962年至1806年的神圣罗马帝国，1871年至1918年是第二帝国，1933年至1945年是第三帝国。两德统一之后，德国有8226.4万人，是欧洲第一大国（俄罗斯有1亿多人，但俄罗斯是欧亚大国，不算纯粹的欧洲国家）。对于英国和法国来说，两德统一之后，"德国问题"令人担忧，而对于西班牙、葡萄牙、意大利和希腊等南欧国家来说，"德国问题"已经是现实问题了：在德国的高压之下，这些债务国不得不节衣缩食，实行所谓的紧缩政策。这次德国又逼迫希腊签订城下之盟。业内人士都承认，债权人迟早必须减免希腊的债务：希腊砸锅卖铁也还不起欠款。德国也知道必须减免希腊的债务，但要希腊首先无条件投降，然后再谈债务减免。哈佛大学的经济学家理查德·帕克（Richard Parker）认为，德国是师承美国：二战结束后，德国先无条件投降，美国才向西德提供食物援助，提供被命名为"马歇尔计划"的经济援助。

在很多人看来，"第四帝国"不是一个贬义词。2015 年，德国有一本新书《中间地带的强国》（*The Power in the Middle*）问世，公开鼓吹德国要在欧洲担负起领导责任，因为欧盟无法担当此任，其他欧洲国家也无法担当此任。第四帝国是好事还是坏事，要取决于德国是否真有悔过之心。很多人以为，德国已经就屠杀犹太人做了深刻反省，痛心疾首，态度诚恳，所以不应当再揪住德国的历史不放，所以第四帝国并非坏事。恐怕问题没有这么简单。德国或许是真心悔过，但也可能是迫于犹太人和美国的压力，不得不虚与委蛇。今天犹太人在美国坐大，甚至可以左右美国政府。以色列总理对奥巴马总统的伊朗政策不满，就通过犹太人的关系，直接到美国国会发表演讲，抨击奥巴马行政当局，事先连招呼也不给奥巴马打。是的，德国很可能是迫不得已，在屠杀犹太人的问题上，只能夹起尾巴，至少是暂时先夹起尾巴。

对其以工业化方式屠杀犹太人，德国或许有悔过之心，但德国仍有杀戮之心。德国是军火出口大国，按人口比例，军火出口在全世界可以排第一。军火出口作何用？军火出口后就是用于杀戮。军火出口的前提是什么？军火出口的前提就是让其他国家打起来，不打就不需要军火。

即便德国人有心悔过，也很难保证不再重蹈覆辙。纳粹德国与成吉思汗不同。成吉思汗的蒙古是游牧民族，但大屠杀发生之时，德国早已脱离狩猎和采摘文明，已经孕育了贝多芬、肯特和歌德这样伟大的音乐家、哲学家和文学家。从文明程度上说，德国已经是成年人了，已经长胡子了，不可能不懂仁者爱人的大道理。德国人当然知道自己在干什么，如果当时不知道，以后恐怕就很难知道；如果当时是误入歧途，就很难保证以后不会再误入歧途。所以希腊人民不服啊！二战期间，德国入侵希腊，对希腊人民犯下了滔天罪行，今天又逼希腊还债，所以在很多希腊人看来，第四帝国是个坏东西。

放下屠刀，立地成佛——这是劝人从善的良好希望。可惜，江山易改，本性难移——这才是现实的写照。德国意欲称雄是本性难移，两线作战也是本性难移。第一次世界大战，德国在东线同俄罗斯作战，在西线同法国、英国和美国作战。第二次世界大战，德国又是两线作战，在东线同苏联作战，在西线还是同法国、英国和美国作战。德国今天又是两线作战，既要就乌克兰与俄罗斯对阵，又要逼希腊就范。当然，与前两次世界大战不同，这次打的是金融战和经济战。尽管乌克兰东部有军队交火，对以德国为首的欧盟来说，主要还是烧钱。以德国为首的欧盟支持乌克兰与俄罗斯为敌，需要慷慨出钱，欧盟出 18 亿欧元（合 21 亿美元），美国出 21 亿美元。但乌克兰仅 2015 年一年资金短缺便达 150 亿美元，乌克兰东部战事一天便要消耗 1000 万美元。两线作战难免掣肘：乌克兰与希腊危机是联动的，希腊危机加剧，德国在乌克兰问题上便消停一些。

三、英、美搅局

除德国和法国之外，历史上英国也想当欧洲的霸主。英国人似乎有先见之明，没有加入欧元区，所以置身希腊危机之外。但即便没有希腊债务危机，即便英国当初知道希腊不会有危机，英国也不会加入欧元区。英国的既定国策是，欧洲哪一个国家强大，英国便与之为敌：拿破仑意欲称霸欧洲，英国便组织反法联邦；德皇威廉意欲称雄欧洲，英国便拉上法国和俄罗斯组织反德联盟。总之，英国当不了欧洲的盟主，也决不允许其他人当稳盟主。今天德国和法国执欧盟牛耳，英国就要搅局：英国终于发出了退出欧盟的吼声。

美国是全球第一霸主，但世界之大，美国无法处处分神，所以有意将欧洲的警察任务分包给德国。德国已经在"北约"的旗号下，向海外派遣成建制的部队。英国也想承包欧洲的防务，但英国的实力不敌德国，而且不是欧洲大陆国家，无法承包欧洲防务。但对德国逞能，英国耿耿于怀。

英美关系中，英国自甘为小弟，甚至是自甘为臣妾。这也是英国的狡猾之处：龙门能跳，狗洞能钻。但德国就没有英国人这么狡猾，还不愿意自甘为妾。德国和美国的两国关系中，德国也有自认为受冤屈的时候，也有不愿夹尾巴的时候。这时候美国老大哥就要出面敲打德国。美国监听德国总理电话，事发后德国朝野哗然，大骂美国无耻，而且不依不饶，美国怎么道歉也不行。但德国的情报机构也监听"北约"盟国土耳其领导人的电话。在美国的"帮助"之下，土耳其"恰好"知道了德国人的监听行为，土耳其又朝野哗然，大骂德国无耻。德国朝野这才偃旗息鼓，乖乖地不再作声。这就很不知趣，很没有自知之明。德国自己想当老大，应当知道老大上面还有老大。自己无耻又骂别人无耻，就会自取其辱。往更深处说，德国如此没有自知之明，如何真能悔过？

德国人的祖先日耳曼人历史上便极具攻击性，法国就有日耳曼人征服的遗迹。法国也称法兰西，法兰西来自德文的 Frank，当年一个叫作法兰克的日耳曼部落就在今天的法国境内横冲直撞。英国人也称盎格鲁-撒克逊（Anglo-Saxon）人，而盎格鲁与撒克逊是两个古老的日耳曼部落，打败罗马人后在英伦三岛定居。德国人和英国人有血缘关系，但争霸时也各不相让，你死我活。这也并不奇怪，为了争夺皇权，玄武门兵变，李世民弑父杀兄。

四、希腊债务危机中的乱仗

欧洲大国博弈中，俄罗斯举足轻重。俄罗斯打败过拿破仑，苏联打败过希特勒。这次希腊也与俄罗斯眉来眼去，尽管还不至于另寻新欢，也要吓吓欧盟。从另一方面说，希腊也必须与俄罗斯周旋。希腊在欧盟内是小兄弟，但在巴尔干半岛也想当霸主。阿尔巴尼亚、塞尔维亚、保加利亚和罗马尼亚等国的一些银行中，希腊持股可达到15%至20%。巴尔干半岛大多是斯拉夫民族，俄罗斯也是斯拉夫民族，而且历史上就以斯拉夫国家的保护者自居。如果说拉丁美洲是美国的后院，那么巴尔干半岛就是俄罗斯的后院。希腊插足巴尔干半岛，不能不与俄罗斯维持好关系。

希腊确实是焦头烂额，但债主的日子也很不好过。荷兰财政部长表示，像希腊这种闹法，谈判就没法进行了，因为只要希腊不满，就借公决推翻方案，债主是很坐腊的。希腊问人借钱，满地打滚撒泼。希腊之所以有恃无恐，一方面是死猪不怕开水烫，反正是烂命一条，放胆一搏或许还有可能柳暗花明。更重要的是，欧元区国家中还有同情支持希腊的。现在内情已经公开，法国总统奥朗德对希腊颇有恻隐之心，坚决主张对希腊宽大为怀。

法国同情希腊，并非完全没有道理。欠债还钱，杀人偿命。古往今来，这似乎是一条颠扑不破的真理。但也有例外。1953年美国豁免了德国的债务，后来才有1960年代和1970年代的德国经济奇迹。如果说美国政府豁免了德国的外债，那么德国对内债就完全是赖账了。1948年，德国发行新马克，取代旧马克，但旧马克的持有人无法以旧换新。德国政府宣布旧马克作废，每人发给1000新马克作为补偿。更重要的是，法国对德国颇有戒备之心：是老二对老大的戒心。从历史上看，不管是国家结盟，还是黑帮抱团，尽管老大、老二同属一个阵营，但各自又要拉帮结派。主帅要有自己的亲兵卫队，副统帅也想要有自己的基本队伍。欧盟内的德国有自己的基本队伍，奥地利、荷兰和北欧国家拥戴德国，这些国家历史上也曾经是帝国。世人都知道丹麦是曲奇和白马王子的故乡，但历史上是维京海盗，曾经横行欧洲，第二次世界大战中，纳粹德国还有维京师。奥匈帝国是欧洲的老牌帝国。或许，这些国家也要借尸还魂？但在国民性和气质方面，法国与希腊等南欧国家更为接近，也是浪漫多于严谨，激情多于勤奋，而且同属拉丁语系。更重要的是，法国人自己也喜欢乱花钱，所以与希腊人是同病相怜。

德国已经不相信欧盟对希腊财务状况的评估，要求由国际货币基金组织来做这项工作，因为德国认为，欧盟内部很多人对于希腊过于同情。换言之，德国认为欧元区内有第五纵队，有些国家要挖德国的墙脚。是的，霸主不好当，盟主也不好当。庆父不死，鲁难未已。希腊危机的连续剧还要演下去，欧元的连续剧还要演下去。

105. 有钱，还是比较有钱？

谁是富人，谁是中产阶级，这是收税的首要问题。对于民主党来说，富人是征税的重点对象。美国总统奥巴马的态度很明确：征税以家庭年收入 25 万美元画线，如果是单身，则以年收入 20 万画线。对此，大多数美国人拍手称快：劫富济贫，大快人心事。年收入在 25 万美元的美国家庭应当算是富人了，其总数不到美国人口的 2%。但这些肥仔自己觉得不富，叫苦不迭，批评奥巴马的标准没有任何经济分析基础，有很大的随意性。

有人说，奥巴马是向克林顿学习：1993 年，克林顿总统以家庭年收入 25 万美元画线，税率为 39.6%。而在此之前，老布什担任总统的时候，美国以家庭 8.65 万美元画线，税率为 31%。[364]

富人与富豪不同，对待两者应当有所区别，把征税的重点放在富豪身上。但里根上台之后，按税率计算，美国富人纳税越来越少。2010 年，美国最富的 400 人缴税的税率平均只有 16.6%。超级富豪纳税的税率低于普通百姓，因为其收入大部分来自投资，而投资的长期资本收益税只有 15%。1950 年代、1960 年代和 1970 年代，美国的最高税率达到 70%。即便是1986 年里根总统当政的时候，美国最高的税率也达到 50%。但现在美国是富豪和华尔街操纵的愚人乐园。

如果从税率看，巴菲特和比尔·盖茨为富不仁，其财富的很大一部分来自少纳的税，可以说是不义之财。相反，家庭年收入 25 万美元或略高于25 万美元的美国人的所得税税率却近 40%。所以，家庭年收入 25 万美元的美国人就很不服气，他们认为自己也是好人——比较而言，他们也是受剥削、受压迫的。

家庭年收入 25 万美元的美国人还控诉道，如果算上通货膨胀，1993 年的 25 万美元相当于 2010 年的 38.6075 万美元。此外，以 25 万美元为线一刀切，也忽略了地区差异。同中国一样，美国各地区经济发展水平也是参差不一。如果生活在阿肯色州的小石城，年收入在 25 万美元以上，那是有点人上人的感觉了。如果生活在纽约市，年收入 25 万美元，不过是个小康水平，连住在曼哈顿也比较困难。

2002 年至 2008 年期间，美国塔尖的 2% 的富人的收入增加了大约 30%（合 26.1930 万美元），而同期内 90% 的收入下端的人收入下降了 34%（相当于 1170 美元）。这个时期也是美国资本市场大发展的阶段，同时也是美国经济开始走下坡路的时期。美国的经济问题不是增长的问题，也不是技术创新的问题，而是贫富不均的问题。美国之所以发生金融危机，之所以经济长期低迷，贫富不均是一个很重要的原因。富人消费大多集中在奢侈品，结果导致经济畸形发展，穷人无钱消费，社会资源被用于浪费性生产和不稳定的生产。再有，如前所述，因为资本收益税率远高于个人所得税率，美国有钱人投资股市和房市，进一步扭曲市场的正常需求。

那么美国一般中产阶级家庭的收入到底是多少呢？一家国际金融机构做了抽样调查，了解美国 50 个州的 1766 个家庭（样本比较多了）2010 年的年收入。调查结果是，49% 的家庭有孩子，平均家庭人口 3.1 人；28% 的人单身；63% 的人已婚；平均家庭年收入为 6 万美元。

其实，家庭年收入 6 万美元，在美国应当算是中上收入。2009 年，美国的人均国内生产总值只有 45 934 美元。当然，中国人均国内生产总值更少，只有 6786 美元，俄罗斯 14 927 美元，韩国 27 938 美元，科威特 37 503 美元，而卢森堡则达到 79 163 美元。[365]

还是这家国际金融机构，对中国比较有钱的三个家庭做了调查，分别为：一线城市北京的一家比较有钱的人，家庭年收入为人民币 52 万元（约合 9.0516 万美元）；二线城市成都一家比较有钱的人，家庭年收入为人民币 26.2 万元（约合 3.8016 万美元）；三线城市烟台一家比较有钱的人，家庭年收入为人民币 12 万元（约合 6 万美元）。三口之家年收入为 52 万人民币，在北京是过得笑眯眯的了，但还不能算作富人，北京的生活费用已经高出了美国的平均水准。

了解谁有钱很重要，了解财富分布也很重要，对税收重要，对大力发展资本市场更重要。一切经济活动都有双重性：既创造财富，又重新分配财富。资本市场也是如此，而且以重新分配财富为主。中国的老、少、边、穷地区华尔街金融机构是不去的，它们主要集中在经济发达地区猎食，主要以有钱和比较有钱的人为下手目标。

106. 谁是 1%？

中产阶级曾经是很热的话题，中产阶级被视为社会中坚，有利于社会的稳定和发展。现在变了，中产阶级的财富大为缩水，其影响力量也大为减小。美国朝野关注的是富人，其人数占美国总人口的 1%。

那么谁是 1% 呢？现在可以掌握的最新信息是，2010 年共有 1.19 亿美国家庭申报了联邦税，其中 1% 的家庭收入为 110 万美元。但 1% 应当不是超级富豪，所以富人中还要划分，还有一个 0.1% 的富豪，其 2007 年的收入占到美国所有人总收入的 12.3%。

传统上，美国 1% 的富人很多是医生和律师，分别占到 1% 中的 16% 和 8%。1979 年至 2005 年期间，占总人口 1% 的富人中的金融从业人员比例飙升，由 8% 上升到 13.9%。占总人口 0.1% 的富豪中，金融从业人员的比例飙升得就更快，由 11% 上升到 18%。传统上，公司高管曾经在富豪中占最高比例，但随着资本市场的壮大，作为一个群体，他们已经让位给投资银行家、对冲基金管理人、私募基金管理人和公司律师。2009 年，前 25 位的对冲基金的投资者的总收入为 250 亿美元，大约是标准普尔 500 股票指数的公司首席执行官收入总和的六倍。加利福尼亚大学的斯蒂夫·卡普兰（Steve Kaplan）教授的结论是，金融是造成不平等的原因。所谓"金融"指的就是资本市场。

富人地位可以传代，父母有钱，其子女也可能有钱。"穷不过三代，富不过三代"是中国的古训，在美国并不适用。其实，只要不发生革命和大规模动乱，财富和富人的地位都会固化。究其具体方式而言，联姻仍然是固化富人地位的重要方式，门当户对有大智慧。1979年，1%的富人中也有与蓝领或其他低阶层人结婚的，比例为7.9%，但到2005年，该比例下降到6.4%。与此相反，金融、房地产和法律界从业人员联姻的百分比则由3.5%上升到8.8%。

与联姻相比，参政、议政乃至执政对致富和守富更为重要。1%的富人中的共和党人多于民主党人。富人和普通民众都关心政府赤字和失业的问题，只不过富人更关心政府赤字而已。但富人经常两面下赌，既支持共和党，又支持民主党。高盛前领导保尔森就是两面下赌，他本人给共和党捐款，太太给民主党捐款。富人长于虚与委蛇，也能够忍受胯下之辱：龙门能跳，狗洞能钻——否则就不可能发家致富。相比之下，倒是穷人爱认死理，比较容易上当受骗。比如，美国很多穷人酷爱枪支、笃信宗教，而且还无比爱国，对以上三个问题的热情远大于其"仇富"心理。

近年来，美国的贫富差别仍在扩大。2010年，1%的家庭的税前收入占全国家庭税前收入的15%，而1980年该比例为8%。2007年金融危机爆发之前，资本市场达到鼎盛时期，美国1%富人的收入占到所有人收入的23.5%，为80年内之最，金融危机后该比例有所回落，但2009年仍为17.6%。

为遏制贫富差别的进一步扩大，奥巴马提出均贫富，而且为此要对富人增税。富人及其代理人极力反对，声称对富人增税会拖累美国经济。可是，北欧国家和澳大利亚富人纳税的税率很高，贫富差别很小，但经济并不差，甚至比美国的还要好。2012年，美国人均生产总值为51 749万美元，而北欧国家的人均生产总值更高：挪威99 558美元，瑞典55 041美元，丹麦 56 321 美元。澳大利亚人均生产总值为 67 556 万美元。而北欧国家和澳大利亚的贫富差别都比较小，远低于美国的贫富差别。

或许，占人口比例 1% 的富人拖了美国的后腿。

107.《21 世纪资本论》：声讨资本市场的战斗檄文？

当今世界资本为王，而学术界则是经济学为王。试看今日各国奔走于殿堂之上的学者，大部分人是经济学家。他们大多以策士、国士自居，不仅有治国良策，还有平天下的良策，羽扇纶巾，挥斥方遒。经济学家中偶尔也有悲观的，法国学者托马斯·派克蒂（Thomas Piketty）就是一位。在其新作《21 世纪资本论》（*Capital in the Twenty-First Century*）一书中，他雄辩地证明，美国富人将进一步扩大贫富差距，中产阶级的境况还将下降。

令人称叹的是，《21 世纪资本论》一书问世数日，便售出 20 万册，在亚马逊畅销书排行榜上名列第一。由于上网成瘾，很多人不看书、不看报，别说是学术著作，小说能卖 5000 册也已属不易。《21 世纪资本论》一书如此畅销，确有独到之处。派克蒂用了 15 年的时间，研究了美国、英国、德国和日本等 30 个国家的税法历史，其结论是，富人越来越富，但财富并没有下渗到中产阶级和低收入阶层。金融危机数年之后，美国股票价格又重新攀高，但普通民众的实际收入仍然没有提高。派克蒂否定了美国过去100 年内的税法政策。

《21 世纪资本论》一书反响巨大，因为该书道出了许多中产阶级的苦水，说出了他们的心声。贫富差别不仅使得美国中产阶级苦苦挣扎，其他地方的中产阶级也是苦不堪言。我国台湾地区的情况就很能够说明问题。为吸引台湾富人的资金回流，台湾当局降低了台湾的遗产税。但台湾的投资机会有限，大量资金回流后进入房地产市场，结果台湾的住房价格飙升。台湾不仅是年轻人买不起住房，就连教书十多年的法律教授在台北也买不起住房，只能到附近的小城购房。

是的，贫富差别加剧是许多国家和地区的问题，美国倒并非首恶，但作为世界上唯一的超级大国，美国有示范作用。所以，派克蒂以美国作为其研究和批判的对象。派克蒂的研究结果表明，今天美国1%的富人的财富仍然略少于法国大革命前法国1%富人的财富，但正在接近这个比例。但即便达到了该比例，美国也不会发生革命。美国是一个帝国，可以剥削全世界，而且美国并不存在饥饱问题，能够吃饱肚子就不会有人铤而走险。

"最可恨，那些毒蛇猛兽，吃尽了我们的血肉。一旦把它们消灭干净，鲜红的太阳照遍全球。"贫富差距是一个老生常谈的问题，《国际歌》对此早有声讨，并非派克蒂的新发现。但《21世纪资本论》也有新角度，就是借助对税法的分析，再次证明同一论断，而且证据确凿，让对方哑口无言。学术论作要成为雄文必须做到两点：一是要有出奇制胜的观点；二是要有好的论据。如果不做耐心细致的研究，就很难服众。登高一呼，应者如云。大多数情况下，只有政治家才有这样的号召力。不过，如果能够很好地将学术性与通俗性结合起来，学者也可以惊世骇俗。由美国学者撰写的《大国的兴衰》（*The Rise and Fall of the Great Powers：Economic Change and Military Conflict from1500-2001*）和《文明的冲突》（*The Clash of Civilization and the Remaking of World Order*）是这样的作品，由法国学者撰写的《21世纪资本论》也是这样的作品。

派克蒂能够写出擎天之作有其内因。此君是位神童，22岁就获得了博士学位，数学和经济学的教育背景都很强。派克蒂是伦敦政治经济学院和法国学术机构联合培养的博士，1993年至1995年在美国麻省理工学院任教。派克蒂既有法国社会主义情节，又熟悉英美的那一套。派克蒂还将自己的成就归功于外因，就是他很早便离开美国，否则必然陷于美国经学派的怪圈，在各种数学模式中打转转，不可能有全新的历史观。美国的学术研究也是画地为牢，胁迫学者研究一些边边角角的问题，穷经皓首却言不及义。

派克蒂讨论贫富差距，但矛头直指资本。派克蒂认为，各国资本收益的税率太低，远低于劳动收入的税率，所以导致贫富差距日益扩大。派克蒂的观点我们似曾相识。是的，《21 世纪资本论》响应了《资本论》的观点。派克蒂确有自由派立场，时常为法国的自由派报纸《世界报》（*Le Monde*）撰写文章。派克蒂的父母参加过 1968 年的巴黎学生运动，也是反对富人统治集团的。

《21 世纪资本论》的结论很不乐观。派克蒂断言，在今后几年内，贫富差别还将进一步扩大。派克蒂认为，只有战争期间，贫富差别才会显著减少。原因是富人失去了大量财富，或是政府直接干预。派克蒂阐述了贫富差别的严重问题，但他本人的生活还是优哉游哉的，5 月又携全家到外地度假。法国人酷爱度假，视其为一种神圣权利。法国远不如美国富裕：2013 年美国人均国内生产总值为 52 737 美元，而法国只有 35 843 美元。但法国的生活质量却比美国的要高出许多：贫富差别较小或许是一个原因。

欧美金融乱世（结束语）

金融危机后天下大乱，美国人已经开始偷猪了。2011 年 9 月份，美国多处生猪失窃。一个叫拉斐特的地方有 150 头猪被窃，都是要出栏的大肥猪，失主自称经济损失达 3 万美元。同月，艾奥瓦州每周有 20、30 头猪被盗，而另一个叫作丽莲湖的地方有 594 头猪不翼而飞——偷猪贼偷得顺手；美国农场主的住处离猪场都比较远。美国是一个出江洋大盗的地方，教父这样的黑帮头领可与《水浒传》中的英雄一比高低，但金融危机使其堕落到鸡鸣狗盗、城鼠社狐的地步，中、美两国人民走得更近了——我真是说不出来的高兴。美国经济学家惊呼：世风日下，人心不古，皆因经济形势恶化而起。

美国经济确实不好。2011 年 8 月份，美国住房建筑跌幅大于 5%，超过人们预期。美国的失业率仍然高达 9.1%。2000 年，美国 4620 万人处于贫困线之下。奥巴马上台之后一直和稀泥，要当八级泥瓦匠，但保守派毫不手软，对他仍然像严冬一样残酷无情。美国的群众开始上街了，打出的旗号是"占领华尔街"。

一、占领华尔街

占领华尔街运动中还没有人唱《国际歌》，但已经有点《国际歌》的意思了。纽约市内静坐抗议者可以数周享受免费三餐，吃得膘肥体胖，油光水亮。据静坐地点周围餐馆的人介绍，他们不断接到国际长途电话，为示威者订吃、订喝。国际长途电话来自德国、法国、意大利和西班牙。

继纽约之后，许多欧洲国家和亚洲少数国家也发生了类似的抗议活动。但总的来说，这场运动是散兵游勇，无组织、无纪律，并没有形成左右局面的力量。统治阶级并不害怕，华尔街并不害怕。某个对冲基金经理对抗议者嗤之以鼻，称其是"破衣烂衫的乌合之众，只知道性、毒品和摇滚乐"。在这位先生的眼里，占领华尔街完全是痞子运动。这位先生的批评并非无稽之谈，占领华尔街虽然没有打、砸、抢，但已有令人不快之事。芝加哥5位美国花木兰冲入美国银行在当地的营业部大厅，在厅内倾倒垃圾。[366]纽约公园大道791号大楼内有许多豪宅，里面住着摩根大通的第一把手杰米·戴蒙、报业大王鲁伯特·默多克（Rupert Murdoch）、工业巨子大卫·科赫（David H. Koch）。占领华尔街运动中有人跑到这里抗议。这就是找不到坟堆乱磕头了。金融寡头根本不吃这一套。花旗集团的第一把手潘伟迪表示："随时愿意与上门的抗议者恳谈。"这就很不严肃，有些戏弄抗议者的意思。

他们应当到国会去、到白宫去。美国也有群众运动，但主要是历史上白人对黑人嫌疑人实施死刑。即便是真要对华尔街的金融寡头专政，那也要启动法律程序，由美国司法部或地方检察官立案调查并起诉。对华尔街做任何重大限制，需要通过美国国会立法才能实现。所以到白宫和国会前去抗议，远比到白宫和金融寡头的私宅前去抗议更有威力。很可惜，占领华尔街运动还没有提出自己的纲领和具体要求。

占领华尔街运动群龙无首，难成气候。1960年代美国民权运动之所以能够风起云涌，席卷全美，马丁·路德·金（Martin Luther King, Jr）发挥了重大作用。马丁·路德·金是思想家、雄辩家和鼓动家，《我有一个梦想》的演说感动了美国黑人，感动了美国白人，甚至感动了中国人。毛主席都发表庄严声明，声援美国黑人的抗暴斗争。占领华尔街没有马丁·路德·金这样的人为其灵魂。不仅如此，就连马丁·路德·金也已经被美国统治阶级塑造成一个正统人物。招安不仅是招活人的安，而且招死人的安。

　　占领华尔街无组织、无计划、无脚本。相反，共和党的茶党却是有组织、有计划的。茶党是右翼背景，有财阀作后盾，很容易拉起一支队伍，做到有组织、有计划。茶党后面是有钱人，兵强马又壮。只要有了钱，就可以找到亡命之徒，还可以找到美国的诸葛亮。总之，共和党的茶党是自上而下的运动，而占领华尔街是自下而上的运动。华尔街的金融机构更是有组织、有纪律，相当于一支常备军：招之即来，来之能战，战之能胜。推手不同，组织形式和力量也不同。华尔街在美国和国际上都有坚强的组织，如美国商会的能量就很大，而且有跨国界的影响力。就连证券交易所和证券行业协会也是美国金融巨子们自己的组织。民主党的中坚力量是穷人，平常就是吃救济的，拿不出钱来慰劳大家，就不太好拉队伍，有了队伍也不太好带。

二、应当从路线斗争的高度看问题

　　在反对华尔街的问题上，美国人远没有他们在堕胎问题上那么激动。认识不高是一个原因。没有正确的理论，就不可能有正确的实践。占领华尔街运动的口号是反对贪婪。但华尔街远不是什么贪婪问题。贪婪，谁不贪婪？资本市场的弄潮儿个个贪婪，就连贩夫走卒也难逃贪婪之嫌疑。华尔街的问题是金融暴政的问题。金融危机之后，华尔街的银行接受政府巨额救助，而银行家们照样分发巨额奖金，而且非说此等做法合情、合理、合法。我们不禁要问：这种法律到底是什么法律？这种制度到底是什么制度？有一种可能，法律并不坏，制度也不坏，只是执行法律的人不好。可是，如果坏人当道，那仍然是一个制度问题：一个制度下如果总是坏人当道，这个制度不可能是什么好制度；因为坏人当道，所以才出现了坏制度。

　　金融危机和占领华尔街运动还再次提醒我们，以选举为基础的美国式民主有很大的局限性。美国的政治实践表明，除共和党和民主党之外，是不可能有其他第三党发挥政治作用的。当共和党和民主党在大政方针方面保持高度一致的时候，选民是无选择可言的，只能依靠选举之外的手段实现诉求。美国著名刑事辩护律师克拉伦斯·达罗（Clarence Darrow）在为劳工领袖辩护时指出："与接受教育和包团组织相比，投票只是第二位的……各位大多每天工作八小时。你们是靠投票争取到八小时工作日的吗？不是的。之所以有每天八小时，是因为工人们放下工具，拒绝工作，直到争取到每天工作八小时。就是这样，他们首先争取到每天工作十二小时，然后是十小时，然后是八小时。不是靠投票争取的，而是靠放下工具……然后政客们才制定法律，规定每天工作八小时：法律只是胜利的产物……"

占领华尔街运动的一大难处是，缺少打头阵的人。今日美国吃紧的主要是中产阶级。金融危机前后美国富人的日子越过越好，芝麻开花节节高。底层民众反正是穷人，日子并无变化，反正其基本福利得到了保障。美国统治阶级为底层人民提供基本保障，以免他们起来闹事。这样一来，占领华尔街运动就少了生力军：穷人充当死士的多，为理想献身的人少。

即便占领华尔街运动能够像美国民权运动那样声势浩大，胜利那天仍然遥遥无期。当年美国各大城市有百万人卷入民权运动和反对越战的游行示威，无数民众走上街头与前来镇压的军警展开英勇搏斗，但美国当权派动用武力镇压，而且仍然顶住压力死扛，又将越战拖了三四年。美国民权运动至今仍然没有取得彻底胜利，甚至出现了统治阶级反攻倒算的现象。

占领华尔街运动到底向何处去？这仍然是一个悬念。或许，经过一段时间之后，这场运动就会自动偃旗息鼓、销声匿迹。运动缺乏中坚力量，三教九流、鱼龙混杂，各打自己的旗号，各种问题交织在一起，相互转换，让人难以预测结果。或许，最后可能会落实到税收和就业问题上。但金融危机、经济衰退也是与国际贸易联系在一起的。美国当权派正力图转移斗争大方向，将斗争矛头指向中国。

三、阶级斗争一抓就灵？

贫富悬殊是很多祸害的根源。约翰·肯尼斯·加尔布雷斯（John

Kenneth Calbraith）教授是经济大萧条的权威专家，他的矛头便直指收入不均，将其作为经济不景气的第一成因：

> 收入分配如此不均，就意味着经济依赖于高投资或奢侈品消费者的高消费，或是同时依赖两者。富人不能够购买大量面包。如果富人要花掉其得来的收入，那必然是购买奢侈品或投资新厂和新项目。可惜，与每周收入 25 美元的工人的面包和房租支出相比，投资和奢侈品消费必定受更多的错误影响，起伏波动更大。可以推定，1929 年 10 月股市崩盘的消息传来，高端消费和投资特别易受影响。[367]

今日美国穷人越来越穷，富人越来越富。2000 年，美国 4620 万人落入贫困线之下，而富人却优哉游哉，年收入 50 万至 100 万美元者、100 万美元以上者、400 位超级富豪纳税税率依次递减，分别为 24%、23% 和 18%。[368] 年收入 5 万美元以下者所得税的税率是 7.2%，年收入 5 万美元至 10 万美元者所得税的税率是 8.9%，年收入百万美元以上者所得税的税率是 18%。换言之，美国中产阶级要被扒两层皮：收入分配时要被扒掉一层皮，纳税时要再被扒掉一层皮。

中产阶级拥戴奥巴马，本以为他上台之后会调整大政方针，但奥巴马上台之后一直和稀泥，要当八级泥瓦匠。保守派毫不手软，对他仍然像严冬一样残酷无情。总统大选临近，美国经济毫无起色，奥巴马只能一搏，提出对富人增税。奥巴马已经提出"千万富翁"和"亿万富翁"的概念。共和党随即攻击奥巴马是在大搞阶级斗争，奥巴马则一口咬定，增税是数学问题（即，完全是出于经济考虑），而不是阶级斗争问题。奥巴马本可以理直气壮地回答说，大搞阶级斗争的正是华尔街和共和党右翼。华尔街与华盛顿沆瀣一气，巧取豪夺，难道这不是阶级斗争吗？可惜，华尔街与华盛顿结盟，奥巴马也是其中的重要一员：他力主无条件救助华尔街，并任命华尔街的代理人盖特纳为财政部长。更重要的是，2008 年的总统大选中，奥巴马拿了华尔街的巨额政治捐款，要他旗帜鲜明地与华尔街做斗争，这个弯子他不好转。奥巴马提出向富人增税，已经是勉为其难了。奥巴马还是想脚踩两只船，既取悦于穷人，又不妨碍他得到富人支持。

四、欧元区还需下回分解

美国焦头烂额，欧元之存亡也是一大悬念。大选迫近，由于经济萎靡，奥巴马的支持率也低迷不起。这个阿斗总统开始着急了，像热锅上的蚂蚁。他多次打电话给德国总理默克尔，敦促欧洲朋友们再努力一把，力争把欧元区的问题限制在最小的范围之内。美国与欧元区的贸易并不多，但生怕欧元区失火带邻居，殃及已经是问题缠身的美国。

国家首脑通宵开会的情况比较少，欧元区 17 国的国家领导人真辛苦了一次，从 2011 年 10 月 16 日一直开到 2011 年 10 月 17 日凌晨四点才达成协议。问题重大，不解决不行，德国总理称欧洲正在经历第二次世界大战以来最大的危机。但金融机构又死不肯松口：以德国为首的国家要求银行将希腊欠它们的债务减少 60%——行话消发，但银行一直死扛，不肯松口，尽管希腊债券交易的价格仅为票面价值的 40%。银行鬼哭狼嚎也可以理解，2011 年 7 月它们已经同意自愿消发 21% 并得到了政府的认可，但现在又将消发增加到 60%，叫它们如何受得了。这是所谓的贴墙谈判，即，各方都背靠墙壁，无路可退，必须达成协议。最后总算达成协议：银行同意消发 50%。

德国总理默克尔是一位女性，但面对国家大银行的压力，她比布什总统和奥巴马总统都更加硬气，针锋相对，寸土必争。其实，与银行相比，一个国家的中央政府还是要强大得多：政府若是真不援手，银行的损失更大，弄不好血本无归。在德国总理默克尔的领导之下，欧元区政府比美国政府做得漂亮。金融危机之初，华尔街告急，美国政府不惜任何代价救助，华尔街将许多有毒债务推给政府，没有做任何消发。

2011 年 11 月 2 日至 4 日，20 国集团将在法国召开首脑会议。为了在首脑会议争取主动，欧元区首脑必须先劈出三板斧：希腊的债主消发；增加欧洲救助资金；各大银行再融资。银行消发的事欧元区已经达成协议，同时 17 国也同意救助金从 6100 亿美元增加到 1.4 万亿美元，但具体如何筹款，各国领导还需要动脑筋、想办法。欧元区国家还商定，各大银行再融资的金额至少要达到 1500 亿美元。

欧洲领导的所作所为还只是救急，并不能解决根本问题，欧元区仍然是苟延残喘。有一种观点是，希腊注定是要违约的，长痛不如短痛，让希腊趁早退出欧元区。银行固然有可能血本无归，但政府却可以省下钱来救助其他国家。即便按照最乐观的估计，到 2020 年，希腊所欠的债务仍然要占到其国内市场总值的 120%。但值此危难之际，希腊如何能够顺风顺水，平安抵达 2020 年？

资本市场黑幕重重。由于大量发展资本市场，结果全面金融化，根本无法计算金融衍生产品的金额。意大利所欠债务到底是多少，意大利自己也说不清，各方估计约在 1.9 万亿欧元至 2.6 万亿欧元。1.9 万亿欧元至 2.6 万亿欧元，两个数字之间有很大的差别。政府想要实施救助也很困难，新兴市场国家要来援手也容易上当受骗。

金融危机背后都有黑手，欧元区债务危机背后也有黑手。目前就连欧元区政府都不知道，欧洲债务的信贷违约掉期的交易方到底是谁，华尔街在其中又扮演了何种角色。信贷违约掉期就是金融保险，如果借贷方违约，出售信贷违约掉期方就必须向购买方付款。信贷违约掉期是场外交易，几乎不受监管。金融危机发生时，就是这些信贷违约掉期弄得银行家和监管者魂飞魄散。金融危机从开始到现在已经有四年了，但金融监管仍然没有实质性的改变。2011 年 10 月 16 日至 17 日的首脑会议上，银行就威胁政府，如果消发 50% 或 60%，就会被视为违约，成为"信贷事件"（credit event），触发信贷违约掉期的付款要求。德国倒并不在乎信贷事件，但国际货币基金组织着急。不知道国际货币基金组织是代表谁的利益？法国是担心信贷事件的，而国际货币基金组织的第一把手是位法国人。

意大利也是一个悬念。欧元救助金主要是要保卫西班牙和意大利，在两国出现重大问题时，用金钱设置"防火带"。葡萄牙、西班牙和爱尔兰已经暂时稳住了阵脚，意大利成了欧元区的软肋。总之，欧元区还会有许多故事，还需下回分解。

五、小国寡民有何不好？

欧元区危机对大一统模式提出了疑问。就在几年之前，对许多国家来说，能够加入欧盟和欧元区是一件很幸福的事情。欧盟和欧元区被视为通往集体幸福的康庄大道。连一些欧洲之外的国家也想加入欧盟。以色列和土耳其地理位置上不属于欧洲，土耳其至多是半个欧洲国家，但这两个国家也曾眼巴巴地要加入欧盟。但今天如果能够再选择一次，很多国家不会选择加入欧元区，至少法国不愿带小弟希腊玩。法国总统萨科齐在接受电视台采访时便公开表示，当初接纳希腊加入欧元区是一个错误。希腊的经济数据是假的，希腊根本就没有准备好。萨科齐总统差点说希腊人是骗子。

德国也是叫苦不迭，早知如今，何必当初？可如今木已成舟，再要解体不仅技术上困难，经济成本也很高。有人推算，欧元果真解体，第一年内边缘国家的成本可达40%～50%，核心国家的成本也要达到20%～30%。货币统一和散伙也像婚姻，欧元是先结婚、后恋爱：重大问题留待日后解决。但离婚总是有代价的，而且离婚本身就是一道坎，不是说离就能够离的；如果一方愿离，一方不愿离，遇到中国法官就不让你离。

美国哥伦比亚大学的经济学教授罗伯特·蒙代尔（Robert A. Mundell）号称欧元之父，不知道他当初是如何构思的？难道大师就没有看出各国财政政策的隔离势必拖垮货币统一？欧债危机之后，甚至有人提出，欧洲是不是中了美国人的奸计。蒙代尔现在又到中国乱跑，在北京金融街一带出没，还到江浙一带大肆活动。蒙代尔又在设计国际货币，还为人民币量身定做各种特别提款权方案。这个狗头军师可能还要害人。

有人又把欧元提到统一和分裂的高度，说是欧元存则欧洲兴，欧元亡则欧洲亡。德国是当今欧洲的霸主，默克尔是当今欧洲的齐桓公小白，要以和平和经济的方式维护欧洲的和平发展大业。经济上欧元区对德国也是有好处的，德国40%的出口产品销往欧元区；[369] 如果没有欧元区，德国肯定无法在欧元区其他国家出售如此多的产品，德国的出口不会如此顺畅。但德国仍然不能痛下决心，领导欧元区各国走财政一体化的道路。

即便德国有此政治意愿，做起来也比较困难。欧元区内就是许多小圈圈，西班牙、意大利、葡萄牙和希腊是一个小圈圈，其信用评级分别为AA、A+、BBB-和CC。德国、法国、荷兰、卢森堡和奥地利是一个小圈圈，这些国家都是3A级信用评级。但法国似乎是在另一条贼船上，与意大利等国相似。芬兰与瑞典、挪威和丹麦等北欧国家是一个小圈圈。

欧元区想靠文明方式统一，靠唱《欢乐颂》统一，意思、意图都好，但落实比较困难。中国的一统天下是打出来的，美利坚合众国的辽阔土地也是打出来的。美国的大片国土是通过征战得来的，新墨西哥州和得克萨斯州都是美国人通过战争从墨西哥抢来的。即便是北美十三州的土地，也是从印第安人那里抢夺来的。南北战争既是解放黑奴的战争，也是一场维护统一的大战。今天美国仍然是战争不断，借此加强国内的凝聚力；尽管国内不打，但对外征战不断。美国宪法和宪政只是温柔的一面，而且主要适用于美国国内和美国公民。

2000多年前秦始皇靠杀人统一中国，2000多年后也还是要靠杀人建立政权，而且必须比秦始皇还要秦始皇。夺取政权之后，为了巩固政权，需要抓一批、杀一批、关一批。还要考虑太监文化，缺乏太监精神就不利于统一。彗星袭月，白虹贯日，苍鹰击于殿上。《战国策·唐雎不辱使命》一文让我们看到春秋战国时代我们民族澎湃的血脉："伏尸二人，流血五步"——果真有这种精神，中央集权是比较困难的，大家还是小国寡民。

欧债危机也给全球化打上了问号：连欧元区都搞不好，如何搞好全球化呢？瑞士和新加坡这样的小国寡民有什么不好？

六、大哥不好当

德国是欧元区内当之无愧的头号强国，意气风发，斗志昂扬，政治、经济、社会都好，而且德国人爱劳动、讲纪律，勤劳勇敢，真的是"军队向前进，生产长一寸。加强纪律性，革命无不胜"。但是法国不服啊，法国不仅要以二当家的自居，而且非要摆出一副双雄会的架势。

若是遂了法国人的心愿，欧洲央行最好是向美联储学习，多印钞票，全面化解欧债危机。欧债危机中法国陷得很深，法国三大银行——巴黎银行（BNP Paribas）、兴业银行（Societe Generale）、农业信贷银行（Credit Agricole）都向欧元区的债务国购买了巨额债券。[370]法国希望稀释货币，但德国不同意；德国担心欧洲央行被卷入主权债务危机之后，欧元区的通货膨胀有可能失控。法国一计不成，又生一计。法国提出，应当把救助基金办成一家银行，由其购买欧元区国家的主权债务，并以债权作为抵押，向欧洲央行借钱——华尔街的惯用伎俩。这样一来，救助基金的资金实际使用时，金额至少可以放大一倍。法国还是变相地要求欧洲央行蹚浑水。德国自然还是不同意。既然德国不愿这样做，那只好另辟蹊径，让新兴经济国家成为请君入瓮的对象。

向新兴经济国家讨要经济援助，法国总统萨科齐倒是比德国人积极得多。萨科齐脸皮比较厚，又哭又笑，又哭又闹。萨科齐好大喜功，喜欢放空炮。默克尔也把萨科齐当枪使，凡事让他冲在前面。德国人尚有羞恶之心，不好意思出面要穷国的钱。德国人表面上很硬气，一副不吃嗟来之食的样子。德国财政部长公开表示，德国无意寻求欧洲之外的救助，因为从来就没有免费的礼物。这位财政部长更公然叫嚣，欧元区不会为了寻求投资者而做出政治让步。[371]可惜，如果欧元区向自己经常猛烈抨击的对象寻求经济帮助，这本身就是一种政治转向。

欧债危机还是要靠德国力挽狂澜。德国总理默克尔两手硬：一方面压债权银行让步，另一方面要希腊、西班牙等债务国勒紧裤带，搞紧缩政策。德国总理默克尔敢于压欧元区中的问题国家勒紧裤带，那也是因为她心中有底：这些国家表面上鬼哭狼嚎，非说自己揭不开锅了，但其实膘厚得很，挤压一下总能榨出很多油来。欧债危机爆发后，这些国家依然富有。希腊家庭平均可支配收入为 4.41 万欧元，紧缩政策对希腊家庭的平均影响为5500 欧元，紧缩政策的不利影响极小。欧元区其他几个老大难国家的情况大致相同：爱尔兰家庭平均可支配收入为 4.35 万欧元，紧缩政策对爱尔兰家庭的平均影响为 3600 欧元；葡萄牙家庭平均可支配收入为 3.24 万欧元，紧缩政策对葡萄牙家庭的平均影响为 2200 欧元；西班牙家庭平均可支配收入为 4.41 万欧元，紧缩政策对西班牙家庭的平均影响为 2000 欧元；意大利家庭平均可支配收入为 4.26 万欧元，紧缩政策对意大利家庭的平均影响为 1100 欧元。欧洲头号强国德国的日子就更好了：德国家庭平均可支配收入为 4.26 万欧元，紧缩政策对德国家庭的平均影响为 300 欧元。[372]

从希腊的家庭收入看，生活水准方面，希腊与德国不差上下。这样看来，债务国希腊是很有钱的。在我看来，这些欧洲人简直是生活在天堂里，不仅比中国人的日子过得好，而且比美国人的日子过得好。

很多人抱怨欧元区政府行动太慢，德国政府行动太慢，默克尔总理行动太慢。但不到最后关头，银行的那些老爷们和太太们（主要是老爷们）是不肯妥协的。其实，本来就不应该快，一快便忙中出错。欧元区 17 国讨论银行消发（减免债务）时，谣言四起，有道是信贷违约掉期的金额很大，若是消发太狠，很可能会使欧洲的大银行触礁或翻船。但 17 国达成协议之后，市场内又有人说信贷违约掉期所涉及的金额不大。即便该金额很大，也应当让银行消发。其实，真要是天下大乱，那也是乱了金融寡头，教育了人民。金融家们更加害怕金融崩溃，一旦他们的银行破产或是清算，就会水落石出：他们的许多不法行为就会大白于天下。

大德国刚刚搞定银行，希腊总理又忽然表示，需要全民公决同意，方可接受欧元区首脑会议的方案，否则无法向希腊人民交代。这就拖了欧元区的后腿，而且也拖了20国集团会议的后腿。希腊的态度不定，救援方案如何定？在德国和法国的重压之下，希腊政府总算放弃了全民公决的想法。但事态的发展也证明了默克尔的英明：银行减免希腊所欠债务的50%，希腊尚且百般不愿意，若是仅减免21%或40%，那希腊岂不是更要发难？

希腊人还讲怪话、翻旧账，说是德国人历史上就侵略过希腊，如今借债务危机卷土重来、欺负希腊。这就有些乱民不讲道理的意思了：既是德国人蛇蝎心肠，当初为什么要借德国人的钱？债权人实在是不好当，对希腊这种债务国要多倍小心。

如果我们当初借钱给希腊，是不是也会落得德国这个下场？如果我们借钱给欧元区，今后是不是也会落得这个下场？在资本市场，如果我们自以为已经把最坏的情况估计到了，还是要把事情再往坏处想；如果我们以为已经把银行家们和政治家们想的不能再坏了，还是要把他们再往坏处想。美国金融危机和欧债危机便是教训。凡我同志，切不可掉以轻心。

七、梅花欢喜漫天雪

我一向以为欧美人比较讲逻辑，尤其是比较讲形式逻辑，但在欧元危机上却不太讲逻辑：既希望中国出资援手，又说中国不是非市场经济国家，劳工标准过低，中国有的是血汗钱。既然如此，欧元区国家为什么要用这笔血汗钱？这就是不讲逻辑，这就是搞双重标准。

欧盟一直将中国作为非市场经济国家对待，在关键时候和关键问题上对中国多方打压。这是中国加入世界贸易组织时留下的一条尾巴：中国实际上是世界贸易组织的候补成员。这里又是双重标准，又是不讲逻辑。连《华尔街日报》也承认，俄罗斯和印度政府严重干预经济，但欧美国家却并不与这两个国家为难。美国自己也扭曲了市场，通过政府以纳税人的钱救助华尔街。当然，美国是不会批评自己的。

欧盟已经公开表示，不会在贸易方面向中国让步。既然如此，我们应当坐等欧元区国家自己做出决定，后发制人。欧元区自己都没有决定的事情，我们如何说话？若是欧元区国家真的需要中国援手，那么这些国家自会提出要求和交换条件。再者，按照加入世界贸易组织时所签订的协议，2016 年中国将自动获得市场地位。因此，即便欧盟立即给予中国市场经济的地位，那也不过是提前了三四年而已，充其量不过是鸡肋而已。

还有，救助欧元区银行或国家，技术上也有困难，就是不知道他们到底有多少坏账。坏账查是查不清的，涉及金融机构的尽职调查常常是隔雾观花。银行等金融机构不是知无不言，而是吞吞吐吐，很多问题都是深藏不露，外人根本不知道其中的陷阱有多深。像"三陪"场所的风尘女子，风情万种，浓妆艳抹，加之灯光幽暗，恩公们哪里看得清其本来面目？美国银行收购美林之前，派出大批人马，进行了尽职调查，但并没有发现美林深藏不露的问题。摩根大通收购贝尔斯登之前也做了尽职调查，但仍然不清楚其中各种机关暗道。摩根大通干脆要求美国政府对贝尔斯登可能出现的敞口提供担保。这也给了我们以警示：乱局之下，中国救助欧元区于事无补，是自己割肉喂肥那些金融大盗，而且还会助长歪风邪气。

只要有政治意愿，欧美的债务问题一夜之间便可以消失。欧美有的是钱，但贫富差别悬殊，而且国家有难，富人见死不救。欧元区债务危机也可以归咎于贫富差别，欧元债务本身就是财富向富人转移。欧元债务是富国借钱给欧洲穷国，但钱到穷国之后流入了穷国富人的手中。汽车是当下中国城市居民的玩具，私人游艇是国外富豪的玩具。2002 年到 2011 年 9 月，向西方国家客户交付游艇的数字如下：意大利 758 艘、美国 254 艘、荷兰 188 艘、土耳其 150 艘、英国 86 艘，[373]意大利的游艇居然比美国的还多，这个国家焉能不败？

欧元区国家的央行有的是黄金，抛售一些黄金，就可以安然渡过难关，并不迫切需要外援。欧元区国家比我们有钱。2010 年中国人均收入至多4 000多美元，而希腊人均收入已达 26 000 欧元，差别如此悬殊。如果再用穷人的钱去救助富人，那实在是情理不容。

要救欧元区，本当由国际货币基金组织领衔主演，该组织设立的初衷就是要成为一支金融危机的救火队。可惜，国际货币基金组织是一个拆烂污的组织。当初东南亚发生金融危机，国际货币基金组织是发放了救急贷款，但其颐指气使，提出种种苛刻的条件，话也说得很难听。你要是给欧元区国家加一些条件试试，加一条它们都不答应。既然如此，根本就没有必要力挺国际货币基金组织。试问，倘若中国有难，国际货币基金组织会来救吗？即便国际货币基金组织会来救，难道不会加上无数苛刻的条件吗？

欧美国家口口声声要搞市场经济，那么就请他们首先以身作则吧，就让欧元区的朋友们真正市场一把吧！让德国、法国、意大利和西班牙那些滥发贷款的银行碰壁或倒闭吧！"梅花欢喜漫天雪，冻死苍蝇未足奇。"难道这不是市场经济的精神吗？

八、新兴市场何处去？

欧美国家凄风苦雨，新兴市场国家也叫苦不迭。老贼伯南克发行天量美钞，输出通胀，水淹七军（伯南克是个比偷猪贼更坏的大盗）。都说大乱之后是大治，但今天的世界是越来越乱，大治之日遥遥无期。1929 年美国股市崩盘引发全球经济危机，直到 1939 年第二次世界大战爆发，经济危机的恶果方被冲淡。金融危机是经济大萧条之后最严重的一次经济危机，如何收场至今仍然是一个悬念。

截至 2011 年 10 月 6 日，针对中国的发行在外的信贷违约掉期已经多达 83 亿美元。[374]这就比较令人费解了：欧元区国家又死皮赖脸地要求中国出资援手，说明中国经济形势一派大好。既然如此，为什么会有人看低中国的偿债能力呢？

注 释

一、什么是证券？

1. Henny Sender, Beijing tolerance of financial experiments reaches limit with ICOs, *Financial Times*, September 6, 2017, p. 12.

2. Caroline Binham, Coin offerings face patchwork of regulations, *Financial Times*, FT Weekend, 25 November/26 November 2017, p. 14.

3. The Business Roundtable v. S. E. C, 905 F. 2d 406 (D. C. Cir 1989).

4. Civil Action No. 4: 13-CV-416.

5. https://www. sec. gov/oiea/invstor-alerts-and-bulleins/ib_ coinofferingsInvestor Bulletin: Initial CoinOfferings, 2017 年 12 月 1 日访问。

6. 《关于防范代币发行融资风险的公告》第 2 条："本公告发布之日起，各类代币发行融资活动应当立即停止。"

7. 《关于防范代币发行融资风险的公告》第 1 条第 2 款："代币发行融资中使用的代币或'虚拟货币'不由货币当局发行，不具有法偿性与强制性等货币属性，不具有与货币等同的法律地位，不能也不应作为货币在市场上流通使用。"

8. BBC, Newshour Extra, Broadcast Alive, December 7, 2017.

9. BBC, Newshour Extra, Broadcast Alive, December 7, 2017.

10. 施蒂格利茨教授的原话是："比特币就是要洗钱，是想避税、逃税，是想避免公开，所有活动都是邪恶的。" BBC, Business Daily, December 1, 2017.

11. BBC, Business Daily, December 1, 2017.

12. Caroline Binham, Coin offerings face patchwork of regulations, *Financial Times*, FT Weekend, 25 November/26November 2017, p. 14.

13. Case 1: 14-cr-002-43, JSR Document 17, Filed 04/10/11.

14. Title 21 U. S. Code, Sections 812, 841 and 846.

15. Title 18 U. S. Code, Sections 1956 (2) (2) (A).

16. BBC, Newshour Extra, Broadcast Alive, December 7, 2017.

17. Ralph Atkins, Cryptocurrency rise poses dilemma for circumspect Swiss, *Financial Times*, 31 October, 2017, p. 20.

18. BBC, Newshour Extra, Broadcast Alive, December 7, 2017.

19. Blockchain, The great chain sure of being about things, *The Economist*, 31 October 2015, https://trove. nia. govau/work/199210232, 2017 年 12 月 1 日访问。

20. Ralph Atkins, Cryptocurrency rise proses dilemma for circumspect Swiss, *Financial Times*, 31 October, 2017, p. 20.

21. Caroline Binham, Coin offerings face patchwork of regulations, *Financial Times*, FT Weekend, 25 November/26November 2017, p. 14.

22. Arian Chen, Who is Satoshi Nakamoto?, 载 https://www. newyorker. com, 2017 年 12 月 7 日访问。

23. Caroline Binham, Coin offerings face patchwork of regulations, *Financial Times*, FT Weekend, 25 November/26 November 2017, p. 14.

24. https://www. sec. gov/oiea/investor-allerts-and-bulletins/ib_coinofferingsInvetorBulletin: Initial Coin Offerings, 2017 年 12 月 1 日访问。

25. https://www. sec. gov/oiea/investor-allerts-and-bulletins/ib_coinofferingsInvetorBulletin: Initial Coin Offerings, 2017 年 12 月 1 日访问。

26. Union Square Venures Stories by Top Bloggers on Notey, http://www. notey-com/blogs/union-square-ventures, 2017 年 12 月 1 日。

27. Ben McLannahan, Not even SEC probe can damp demand for initial coin offerings, *Financial Times*, 9 December/10 December 2017, p. 17.

28. Louise Lucas, Alibaba takes $ 25. 4bin in one-day sale, *Financial Times*, 13 No-

vember 2017, p. 15.

29. Ben McLannahan, Not even SEC probe can damp demand for initial coin offerings, *Financial Times*, 9 December/10 December 2017, p. 17.

30. Caroline Binham, Coin offerings face patchwork of regulations, *Financial Times*, FT Weekend, 25 November/ 26 November 2017, p. 14.

31. Caroline Binham, Coin offerings face patchwork of regulations, *Financial Times*, FT Weekend, 25 November/ 26 November 2017, p. 14.

32. Arian Chen, Who is Satoshi Nakamoto? , https://www. newyorker. com, 2017 年 12 月 7 日访问。

33. Arian Chen, Who is Satoshi Nakamoto?, https://www. newyorker. com, 2017 年 12 月 7 日访问。

34. The New Yorker: The Bitcoin Boom, 载 https://www. newyorker. com/tech, 2017 年 12 月 1 日访问。

35. [英] 乔治·奥威尔著, 孙仲旭译:《一九八四》, 上海三联书店 2009 年版, 第 29~30 页。

36. BBC, Newshour Extra, Broadcast Alive, December 7, 2017.

37. Tracy Alloway and Eric Platt, Start of the peer-to-peer show as Lending Club leaps 65% on debut, *Financial Times*, December 12, 2016, p. 1.

38. Tracy Alloway, Lending Club IP rides wave of easy money, *Financial Times*, December 10, 2014, p. 16.

39. Finance and economics, Lending Club, December 13, 2014, p. 65.

40. Finance and economics, Lending Club, December 13, 2014, p. 65.

41. 张莉:"P2P 配置火爆, 高杠杆交易风险值得警惕", 载《中国证券报》2014 年 12 月 10 日, 第 A6 版。

42. Tracy Alloway and Arash Massoudi, Lending Club investors set for windfall, *Financial Times*, December 3, 2014, p. 16.

43. 英文"capital market", [美] R. J. 舒克:《华尔街词典》, 陈启清译, 中国商业出版社 2002 年版, 第 105 页。

44. 信息披露："中银理财 7 天债券型证券投资基金更新招募说明书摘要"，载《中国证券报》2014 年 2 月 7 日，第 A15 版。

45.《中国保监会关于保险资金投资创业板上市公司股票等有关问题的通知》，保监发〔2014〕1 号。

46. 吕雅琼："诚至金开 2 号投资者讨说法，工行人士称下周答复"，载《第一财经日报》2014 年 8 月 12 日，第 2 版。

47. Reuters, Buffett Says Derivative Bets May Cost His Company Money, *The New York Times*, May 3, 2009.

48. Gretchen Morgenson and Don Van Natta Jr. , Even in Crisis, Banks Dig in for Battle Against Regulation, *The New York Times*, June 1, 2009.

49. Charles R. Geisst, *Wall Street*, Oxford University Press, 2004, pp. 157~158.

50. Mary Williams Walsh, Inquiry Asks Why AIG Paid Banks, CBS News, March 27, 2009.

51. 黄明："某些国企如此愚蠢"，载 http://www. funds. hexun. com/2009 - 05 - 26/118048640. html-，2017 年 12 月 17 访问。

52. Gillian Tett, Aline van Duyn and Jeremy Grant, Let battle commence, *Financial Times*, May 20, 2009.

53. Stephen Gandel, Tempted to Buy Bank Stocks? Better Think Twice, *Time*, April 3, 2009.

54. Masimo Calabresi, Banks Balk at Selling Toxic Assets, *Time*, April 16, 2009.

二、投资银行业务：发行和并购

55. Chad Bray and Matthew Goldstein, U. S. Gives All Firms Secrecy In I. P. O. s, *The New York Times*, July 1, 2017, p. B1.

56. 全文见 http://www. gpo. gov/fdsys/pkg/BILLS-112hr3606enr/pdf/BILLS-112hr3606enr. pdf。

57. Chad Bray and Matthew Goldstein, U. S. Gives All Firms Secrecy In I. P. O. s, *The New York Times*, July 1, 2017, . p. B1.

58. Rana Foroohar, Public offerings that serve a wealthy few, *Financial Times*, 24 July 2017, p. 9.

59. Lex, US IPO reform, stage fright, *Financial Times*, 1July/2July, 2017, p. 18.

60. Schumpeter, Why America should worry about the shrinking number of listed firms, *The Economist*, April 22nd, 2017, p. 62.

61. Rana Foroohar, Public offerings that serve a wealthy few, *Financial Times*, 24 July 2017, p. 9.

62. Lex, US IPO reform, stage fright, *Financial Times*, 1July/2July, 2017, p. 18.

63. Tom Braithwaite, Investing in US private groups is no cure for post – IPO extinction, *Financial Times*, 1 July/2 July, 2017, p. 13.

64. John Dizard, The Argument to be a buyer of Saudi Aramco, *Financial Times FTfm*, 24 July 2017, p. 9.

65. John Dizard, The Argument to be a buyer of Saudi Aramco, *Financial Times FTfm*, 24 July 2017, p. 9.

66. Laura Noonan, Investors strive to stop US bank chiefs' high pay crossing Atlantic, *Financial Times*, 24 July 2017, p. 14.

67. Louise Lucas and Peter Wells, China's big teck trio look to de–Faang US rivals, *Financial Times*, 2 June 2017, p. 15.

68. Rana Foroohar, Big Tech is cut off from the real world, *Financial Times*, 3 July, 2017, p. 9.

69. "相互作用的计算机服务的任何供应商或使用者不应被视为由信息内容其他供应人所提供的融合信息的出版人或发表言论人"。47 U. S. C. § 230 (c) (1).

70. Rana Foroohar, Big Tech can no longer police itself, *Financial Times*, 28 August 2017, p. 9.

71. Sam Schechner, EU Faces Off With U. S. Tech Firms, July 3, 2017, p. B3.

72. Sam Schechner and Natalia Drozdiak, U. S. Tech Giants Meet Their Match in EU Regulators, *The Wall Street Journal*, July 1~2, 2017, p. B1.

73. Sam Schechner and Natalia Drozdiak, U. S. Tech Giants Meet Their Match in EU

Regulators, *The Wall Street Journal*, July 1~2, 2017, p. B1.

74. Ben Mclannahan, Wall Street's top bankers sell their own groups' shares as Trump rally reverse, Financial Times, August 28, 2017, p. 1.

75. Attracta Mooney, Most asset managers to absorb research cost, *Financial Times*, *FT fm*, September 4, 2017, p. 1.

76. Attracta Mooney, Fund industry to pay for research itself, *Financial Times*, *FT fm*, September 4, 2017, p. 10.

77. Alison Tudor, Armies of Researchers Target China Firms, *The Wall Street Journal*, June 29, 2011, p. 1.

78. Kate O'Keefee, Fitch Cites China-Firm Risks, *The Wall Street Journal*, July 19, 2011, p. 20.

79. Peter Lattman, A Lehman Case Emerges More Than 2 Years After Collapse, Deal Book, *The New York Times*, December 20, 2010.

80. Dan Fitzpatrick, BoA to Pay $ 8.5 Billion Settlement, *The Wall Street Journal*, June 30, 2011, p. 1.

81. Akex H, Pollock, Our Financial Crisis Amnesia, *The Wall Street Journal*, July 11~13, 2014, p. 10.

82. Steven L. Emanuel, *Corporations*, Beijing: Citic Publishing House, 2003, p. 396.

83. The Lex Column, Chinese stock in US, *Financial Times*, March 3, 2011, p. 14.

84. Bloomberg, Nasdaq OMX to vet reverse-merger firms before share listing, *South China Morning Post*, May 3, 2011, B 3.

85. Nicole Bullock and Richard Waters, Wall Street opens back door to the tech IPOs, *Financial Times*, September 20, 2017, p. 20.

86. Scheherazade Daneshkhu, Unilever chief let off the hook, *Financial Times*, February 20, 2017, p. 14.

87. Jack Nelson, Unilever's responsible capitalism should be lauded, *Financial Times* FTfm, 6 March 2017, p. 10.

88. Scheherazade Daneshkhu, Unilever chief let off the hook, *Financial Times*, Febru-

ary 20, 2017, p. 14.

89. Scheherazade Daneshkhu, Unilever chief let off the hook, *Financial Times*, February 20, 2017, p. 14.

90. Will Hutton, Companies with a declared purpose performed better, *Financial Times*, 6 March, 2017, p. 10.

91. Paul Murphy and Murad Ahmed, Dealmaker helped kill Kraft Heinz move for Unilever, *Financial Times*, 27 February, 2017, p. 18.

92. Philip, Delves Broughton, How Buffett learnt to win friends and influence people, *Financial Times*, 4 February/5February, 2017, p. 7.

93. Jennifer Hughes, Homesick Chinese opt for transaction, *Financial Times*, December 22, 2015, p. 16.

三、资产管理

94. Sheelah Kolhatkar, and Sree Vidya Bhaktavatsalam, The Colossus of Wall Street, December 13~19, pp. 60~66.

95. Madison Marriage, Active equity funds lose $ 350 bn, *Financial Times*, December 12, 2016, p. 1.

96. Chris Newlands, Bogle: ETFs have beaten hedge funds, *Financial Times*, *FTfm*, March 6, 2017, p. 6.

97. Sarah Krouse, $ 1 Trillion and Counting: ETFs Widen Gap, August 2, 2017, p. B1.

98. Chris Newlands, Bogle: ETFs have beaten hedge funds, *Financial Times*, *FTfm*, March 6, 2017, p. 6.

99. Stephen Foley, Mutual funds suffer investors' ire, *Financial Times*, December 30, 2016, p. 15.

100. Tanzeel Akhtar, Europe's ETF Trek Is Speeding up, *The Wall Street Journal*, June 5, 2017, p. B5.

101. Tanzeel Akhtar, Europe's ETF Trek Is Speeding Up, *The Wall Street Journal*,

June 5, 2015, p. B5.

102. David Michaels, Deutsche Borse: Set to Go It Alone, *The Wall Street Journal*, March 6, 2017, p. B6.

103. Rule 22e-4 (a) (4) .

104. Sarah Krouse, BlackRock Reduces Fees on Its ETFs, *The Wall Street Journal*, October 6, 2016, p. B5.

105. John Authers, Excesses of ETF industry should face review, says father of passive investing, *Financial Times*, 12 December 2016, p. 15.

106. Tanzeel Akhtar, Europe's ETF Trek Is Speeding up, *The Wall Street Journal*, June 5, 2017, p. B5.

107. Robin Wigglesworth, Hedge funds deposed in smart beta's sights, *Financial Times*, December 2, 2016, p. 18.

108. Jennifer Thompson, Investing in a theme? There's an ETF for that, *Financial Times*, 11 September 2017, p. 6.

109. Tanzeel Akhtar, Europe's ETF Trek Is Speeding Up, *The Wall Street Journal*, June 5, 2015, p. B5.

110. Stephen Foley, Mutual funds suffer investors' ire, *Financial Times*, December 30, 2016, p. 15.

111. Jacky Wong, A Bubble Bursts in Hong Kong, *The Wall Street Journal*, April 26, 2017, p. B10.

112. John Sedgwick, Hong Kong warns on passive governance, *Financial Times*, *FTfm*, 20 March 2017, p. 5.

113. Aime Williams, MSCI research finds 6, 500 mutual funds have exposure to controversial weapons, *Financial Times*, *FTfm*, 27 March 2017, p. 2.

114. Chris Flood, ETF price-bubble fears grow in US, *Financial Times*, *FTfm*, 20 March 2017, p. 2.

115. Chris Newlands, Bogle: ETFs have beaten hedge funds, *Financial Times*, *FTfm*, March 6, 2017, p. 6.

116. Chris Flood, $ 4 tn exchange traded fund industry draws more scrutiny, *Financial Times*, 29 May 2017, p. 2.

117. Trading Room, ETFs eating US stock market, as number of lists climbs, *Financial Times*, 28 January, 2017, p. 18.

118. Chris Flood, $ 4 tn exchange traded fund industry draws more scrutiny, *Financial Times*, 29 May 2017, p. 2.

119. Asjylyn Loder, Snafu Hits NYSE's Platform For ETFs, *The Wall Street Journal*, March 22, 2017, p. B6.

120. Asjylyn Loder, Snafu Hits NYSE's Platform For ETFs, *The Wall Street Journal*, March 22, 2017, p. B6.

121. Miles Johnson, ETF in the spotlight as innovation stirs up memories of crisis, *Financial Times*, November 1, 2016, p. 20.

122. Joe Rennison and John Authers, Cap-weighted trackers a trap for the unwary, *Financial Times*, 30 October 2017, p. 20.

123. Joe Rennison and John Authers, Cap-weighted trackers a trap for the unwary, *Financial Times*, 30 October 2017, p. 20.

124. Joe Rennison and John Authers, Cap-weighted trackers a trap for the unwary, *Financial Times*, 30 October 2017, p. 20.

125. Barbara Novick, How Index Funds Democratize Investing, *The Wall Street Journal*, January 1, 2017, p. A11.

126. Miles Johnson, ETF in the spotlight as innovation stirs up memories of crisis, *Financial Times*, November 1, 2016, p. 20.

127. Hildy Richelson & Stan Richelson, *Bonds*, New York: Bloomberg Press, 2011, p. 341.

128. Hildy Richelson & Stan Richelson, *Bonds*, New York: Bloomberg Press, 2011, p. 374.

129. Hildy Richelson & Stan Richelson, *Bonds*, New York: Bloomberg Press, 2011, p. 341.

130. Laura Noonan and Chris Flood, Commerzbank prepares to spin off ETF arm, *Financial Times*, February 14, 2017, p. 14.

131. John Authers, Excesses of ETF industry should face review, says father of passive investing, *Financial Times*, December 12, 2016, p. 15.

132. Chris Flood, $4 tn exchange traded fund industry draws more scrutiny, *Financial Time*, *FTfm*, 29 May 2017, p. 2.

133. David Benoit, Icahn Calls BlackRock 'Extremely Dangerous', *The Wall Street Journal*, July 17~19, 2015, p. 21.

134. 李富："50ETF 期权运行的基本特征"，载《中国期货》2015 年第 2 期，总第 44 期，第 2 页。

135. 上海证券交易所衍生品业务部："上海证券交易所股票期权市场发展报告"，载《上海证券报》2017 年 2 月 10 日，第 8 页。

136. 上海证券交易所衍生品业务部："上海证券交易所股票期权市场发展报告"，载《上海证券报》2017 年 2 月 10 日，第 8 页。

137. 南方富时中国 A50 ETF 是海外最大的 ROFII A 股 ETF。"2015 年 6 月份上证综指从 5178.19 点的高位快速回落至 4000 点之下时，南方富时中国 A50 ETF 在 6 月 29 日至 7 月 6 日仅 5 个交易日里，出现 3.65 亿个基金单位的净申购，净流入资金近 40 亿元人民币，但很快，外资乘随后的反弹迅速出货，精准地做了一把短线。"时娜、张亿："解密外资 A 股淘金术"，载《上海证券报》2016 年 4 月 8 日，第 1 页。

138. Chris Flood, Treasure map of the ETF world revealed, *Financial Time*, *FT fm*, 25 September 2017, p. 10.

139. Finance and economics, Crazy little thing called leverage, *The Economist*, May 22nd, 2010.

140. James B. Steward, The Birthday Party, *The New Yorker*, February 11, 2008.

141. Martin Arnold, Revolving door leaves investors dizzy, *Financial Times*, August 2, 2010.

142. Martin Arnold, CIC in secondary market push, *The Financial Times*, February

18, 2010.

143. Les, Sovereign Wealth Funds, *The Financial Times*, May 12, 2010.

144. Finance and Economics, Survival of the richest, *The Economist*, August 21, 2010.

145. James B. Stewart, The Birthday Party, *The New Yorker*, February 11, 2008.

146. Schumpeter, The eclipse of the public company, *The Economist*, August 21, 2010.

147. LLP ［306（c）］1002.

148. Nelson D. Schwartz, Wall Street's Man of the Moment, *Fortune*, March 5, 2007.

149. Jamil Anderlini and Robert Cookson, Agricultural Bank of China turns to sovereign funds to boost float, *The Financial Times*, June 15, 2010.

150. Lingling Wei and Dinny McMahon, CIC may buy Harvard's stakes in U. S. real estate, *The Wall Street Journal*, August 4, 2010.

151. Finance and Economics, Chip off the new block, *The Economist*, February 14, 2009.

152. 森迪普·塔克：“亚洲主权基金拟入股美国页岩气企业”，载《金融时报》2010 年 5 月 20 日。网址：http://www. ftchinese. com/story/001032704，2017 年 12 月 17 日访问。

153. Heard on the Street, Capital-hungry banks in China have big helper, *The Wall Street Journal*, May 17, 2010.

154. Margaret Coker and Liz Rappaport, Libya's Goldman Dalliance Ends in Losses and Acrimony, *The Wall Street Journal*, June 1, 2011, pp. 12~13.

155. Tom Braithwaite, Levin leads push for fresh probe of Goldman, *Financial Times*, May 19, 2011, p. 15.

156. President's Working Group On Financial Markets, Hedge Funds, Leverage, And The Lessons of Long-Term Capital Management 1 (1999).

157. Staff Report To the United States Securities And Exchange Commission 3 (2003).

158. ICA § 3 (a).

159. ICA §§ 10, 13（a）, 30 and 31.

160. ICA § 36（b）.

161. ICA § 80a-3（c）（7）.

162. ICA § 80a-3（c）（1）.

163. IAA § 203（b）（3）.

164. 15 U. S. C. § 80b-2（11）.

165. Henry Campbelll Black, *Black's Law Dictionary*, St. Paul：West Publishing Co. 1990, p. 625.

166. 证券投资基金作为一种以信托关系为基础的融资资金组织起源于英国。最初的英国证券投资基金实行契约性基金，以后逐渐选择了公司型模式。《证券投资基金》编写组：《证券投资基金》，上海财经大学出版社 2002 年版，第 71~72 页。

167. Steven L. Emanuel, *Torts*, New York：Wolters KLuwer, 2015, p. 206.

168. Michael Wursthorn, Brokerages Tack to the Adviser Model, *The Wall Street Journal*, January 9, 2017, p. B5.

169. Michael Wursthorn, Barred Brokers Still Given Advise, *The Wall Street Journal*, November 4~6, 2016, p. B8.

170. Michael Wursthorn, Brokerages Tack to the Adviser Model, *The Wall Street Journal*, January 9, 2017, p. B5.

171. Anna Nicolaou, Female brokers face sex bias, US study finds, *Finanical Times*, 14 March 2017, p. 16.

172. Finance and economics, Regulating investment advice, *The Economist*, April 18, 2015, p 59.

173. Michael Wursthorn, It's Came Over for Broker Commissions, *The Wall Street Journal*, October 12, 2016, p. B7.

174. Davisy Maxey, The Fiduciary Rule's Opponents, *The Wall Street Journal*, February 16, 2017, p. B5.

四、交易

175. Edward Luce, The short-sighted US buyback boom, *Financial Times*, September

22, 2014, p. 9.

176. Dan Strumpf, Buyback Binge Fuels U. S. Stocks, *The Wall Street Journal*, September 17, 2014, p. 15.

177. Dan Strumpf, Buyback Binge Fuels U. S. Stocks, *The Wall Street Journal*, September 17, 2014, p. 15.

178. Edward Luce, The short-sighted US buyback boom, *Financial Times*, September 22, 2014, p. 9.

179. Anat Admati and Martin Hellwig, *The Bankers' New Clothes: What's Wrong with Banking and What to Do about It*, Princeton University Press, 2013.

180. ［美］史迪文·L. 斯瓦兹：“时间的视野：解析当前投资者与未来投资者的冲突”，白哲译，载《法大民商经济法评论》（第2卷），中国政法大学出版社2006年版，第422页。

181. Business, The repurchase revolution, *The Economist*, September 13, 2014, p. 64.

182. Business, The repurchase revolution, *The Economist*, September 13, 2014, p. 64.

183. Mattew Saltmash, UBS Reports $ 2 Billion Loss by Rogue Trader, *The New York Times*, September 15, 2011.

184. Sam Jones, Losses at UBS revised up to $ 2.3 billion, *Financial Times*, September 19, 2011.

185. At SocGen, Rogue Trader Left Shadow That Lingers, *The Wall Street Journal*, September 19, 2011.

186. Paul Sonne, UBS Says Rogue Trading Cost It $ 2 Billion, *The Wall Street Journal*, September 16~18, 2011, p. 18.

187. Editorial, Systemic failure in investment banks, *Financial Times*, September 16, 2011, p. 10.

188. Gina Chon and Tom Braithwaite, Volcker rule heralds new era, *Financial Times*, December 11, 2013, p. 1.

189. 王艳伟：“狂发指基被套，易方达自购大亏1.6亿”，载《第一财经日报》2011年12月8日，第A版。

190. 五家机构的英文名称分别是：the Federal Reserve, the Feral Deposit Insurance Corporation, Securities and Exchange Commission, the Commodity Futures Trading Commission and the Comptroller of the Currency。

191. Scott Patterson and Andrew Ackerman, 'Volker Rule' Faces Last-Minute Hurdles, *The Wall Street Journal*, November 21, 2013, p. 24.

192. Summary, Expand Market-Making Services, *Caixin Century Weekly*, February 4, 2013, p. 104.

193. Deborah Ball, Europeans' Assets Take Flight, *The Wall Street Journal*, December 19, 2011, p. 17.

194. Ajay Makan and Vivianne Rodrigues, Skeptical investors race to safety of US money market funds, *Financial Times*, December 30, 2011, p. 1.

195. Gregory Meyer, Gold price hits lowest point in six months as dollar surges, *Financial Times*, December 30, 2011, p. 11.

196. Jack Farchy, Bulls expect gold to charge beyond $ 2,000 mark this year, *Financial Times*, January 7/January 8, 2012, p. 12.

197. James Politi, Optimism over US economy but dangers lurk in background, *Financial Times*, December 30, 2011, p. 3.

198. David Wessel, *In Fed We Trust*, New York：Crown Business, 2009, p. 208.

199. Finance and economics, Click to trade, *The Economist*, April 22nd2017, p. 63.

200. Leaders, Broken dealers, *The Economist*, April 22nd, 2017, p. 12.

201. Finance and economics, Click to trade, *The Economist*, April 22, 2017, p. 63.

202. Philip Stafford, Personal touch 'critical' as banks trim brokers, *Financial Times*, 29 June, 2017, p. 18.

203. Stephen Foley, Mutual funds suffer investors' ire, *Financial Times*, December 30, 2016, p. 15.

204. Attracta Mooney, Central banks' QE retreat sparks bond bubble fears, *Financial Times*, FTfm, 24 July 2017, p. 6.

205. Attracta Mooney, Central banks' QE retreat sparks bond bubble fears, *Financial*

Times, FTfm, 24 July 2017, p. 6.

206. Attracta Mooney, Central banks' QE retreat sparks bond bubble fears, *Financial Times*, FTfm, 24 July 2017, p. 6.

五、证券交易所与证券交易场所

207. Finance and economist, Metal cashing, *The Economist*, May 12, 2012, p. 70.

208. Jack Fachy and Anousha Sakoui, LME's three suitors all in with a shout as bids pass 1 bn pound mark, *Financial Times*, May 18, 2012, p. 20.

209. Jack Farchy and Phillip Stafford, NYSE eliminated from LME bidding, *Financial Times*, May 16, 2012, p. 19.

210. 秦伟:"港交所谋划贷款 30 亿美元",载《21 世纪经济导报》2012 年 4 月 13 日,第 12 版。

211. Duncan Mavin, Hong Kong Bankers Feel the Squeeze, *The Wall Street Journal*, May 10, 2012, p. 32.

212. Martin Arnold, Banks begin to pull business out of Barclay's 'dark pool', June 27, 2014, p. 1.

213. 刘玉凤:"两大抓手给力经济'发动机'",载《上海证券报》2011 年 3 月 8 日,第 3 版。

214. Graham Bowley, Exchanges Duel for Customers, *The New York Times*, March 7, 2011.

六、内幕交易

215. Diana B. Henriques, U. S. Chemist Is Charged With Insider Stock Trades, *The New York Times*, March 29, 2011.

216. Jonathan Macey, Deconstructing the Galleon Case, *The Wall Street Journal*, April 20, 2011.

217. Frank Partnoy, The real insider tip from the Galleon verdict, *Financial Times*,

May 16, 2011.

218. Finance and economics, Network effects, *The Economist*, March 12, 2011, p. 77.

219. Finance briefing, Insider trading or legitimate analysis? *Financial Times*, March 7, 2011, p. 13.

220. Chad Bray and Vnessa O'Connell, Lawyer, trader face insider charges, *The Wall Street Journal*, April, 7, 2011, p. 25.

221. Robert Pear, Insider Trading Ban for Lawmakers Clears Congress, *The New York Times*, March 22, 2012.

222. Susan Pulliam, Michael Rothfeld and Jenny Strasburg, Consultant payouts hint insider probe will broaden, *The Wall Street Journal*, January 11, 2011, p. 12.

223. United States v. Gilbert, [1981-82 Transfer Binder] Fed. See. L. Rep. (CCH) p. 98, 244.

224. Stein, 456 F. 2d at 846.

225. United States v. Mulheren, 938 F. 2d 364 (2rd Cir. 1991).

226. SEC v. Carter Hawley Hale, 760 F. 2d 945 (9th Cir. 1985).

227. SEA Rel. 19244.

228. 薛波:《元照英美法词典》,法律出版社 2003 年版,第 111 页。

229. United States v. O'Hagan, 521 U. S. 642 (197).

230. Tom Mitchell, Insider Dealing Sentence Is A First for Hong Kong, *Financial Times*, http://www. ftchinese. com/2008-07-18.

231. Editorials, Market justice, *Financial Times*, March 30, 2010.

232. Jonathan Macy, Deconstructing the Galleon Case, *The Wall Street Journal*, April 20, 2011, p. 18.

七、华尔街银行

233. FT Reporters, Banks in $ 12. 5bn subrime payout, December 24~25, 2016, p. 1.

234. James Shotter, Hedge fund jitters deepen concern over Deutsche Bank, *Financial Times*, September 30, 2016, p. 1.

235. Andrea Thomas and Bertrand Benoit, Deutsche Bank's Public Lashing, *The Wall Street Journal*, October 3, 2016, p. B7.

236. James Shottter, Deutsche Bank's swing to profit eases pressure amid turbulence, *Financial Times*, 28 October, 2016, p. 1.

237. Julie Steinberg, Deutsche's Asia CEO Is Latest Departure, *The Wall Street Journal*, June 15, 3016, p. B7.

238. Gillian Tett, Clawbacks emerge as a vital weapon in finance, *Financial Times*, September 30, 2016, p. 13.

239. Claire Jones, IMF warnsrecord debt of $ 152tn poses threat to global economy, *Financial Times*, October 6, 2016, p. 1.

240. Briefing, Young people living with parents, *Financial Times*, 27 October, 2016, p. 2.

241. Claire Jones, IMF urges 'deep reform' at European banks, *Financial Times*, October 6, 2016, p. 2.

242. Guy Chazan, US accused over Deutsche Bank storm, *Financial Time*, October 2016, p. 15.

243. Nelson D. Schwartz and Eric Dash, In Private, Bankers Dismiss Protesters as Unsophisticated, *The New York Times*, October 14, 2011.

244. Nelson D. Schwartz and Susanne Craig, On Wall Street, the single-zero bonus, *The New York Times*, January 2, 2011.

245. Lex, Morgan Stanley, *Financial Times*, January 21, 2011, p. 12.

246. Sebastian Mallaby, Goldman can't be pretend customers come first, *Financial Times*, January 20, 2010.

247. Justin Baer and Francesco Guerrera, M Stanley defers 60% of bonuses, *Financial Times*, January 21, 2011, p. 13.

248. Susanne Craig and Eric Dash, Study Points to Windfall for Goldman Partners, DealBook, *The New York Times*, January 18, 2011.

249. Susanne Craig and Eric Dash, Study Points to Windfall for Goldman Partners,

DealBook, *The New York Times*, January 18, 2011.

250. Martin Wolf, Why breaking up is so hard to do, *Financial Times*, September 21, 2011, p. 9.

251. Hal Weitzman, An uncertain outlook for Main Street, USA, *Financial Times*, September 15, 2011, p. 7.

八、华尔街枭雄

252. Graham Bowley, Mack and Gorman Address the Troops, *The New York Times*, September 11, 2009.

253. Aaron Lucchetti, Morgan Stanley lags behind peers, *The Wall Street Journal*, September 14, 2009.

254. Books and arts, Book of revelations, *The Economist*, October 31, 2009, p. 89.

255. Finance and economics, Mack moves on, *The Economist*, September 19, 2009, p. 81.

256. Graham Bowley, Morgan Stanley Tries on a New Psyche, *The New York Times*, January 17, 2010.

257. Francesco Guerrera and Justin Baer, Mission to trim giants girth, *Financial Times*, January 23/January 24, 2010.

258. Susanne Craig and Joann S. Lublin, What-ifs for Goldman, *The Wall Street Journal*, May 6, 2010.

259. Ben Protess, Regulators Investigating MF Global for Missing Money, *The New York Times*, October 31, 2011.

260. Azam Ahmed and Ben Protess, As Regulators Pressed Changes, Corzine Pushed Back, and Won, *The New York Times*, November 3, 2011.

九、网络公司

261. Madhumita Murgia and Adam Samson, Uber losses operator license in London as

transport agency cites safety failings, 23 September/24 September, 2017, p. 1.

262. Madhumita Murgia and Adam Samson, Uber losses operator license in London as transport agency cites safety failings, 23 September/24 September, 2017, p. 1.

263. Tim Bradshaw, Uber settles US complaint that it failed to protect data of customers and drivers, *Financial Times*, 16 August 2017, p. 11.

264. Greg Bensinger, Uber Settles With FTC Over Data – Privacy Probe, *The Wall Street Journal*, August 17, 2017, p. B2.

265. Editorial Comment, Uber pays the price for trampling on public trust, 23 September/24 September, 2017, p. 1.

266. Editorial Comment, Uber pays the price for trampling on public trust, 23 September/24 September, 2017, p. 1.

267. Telis Demos, Morgan Stanley Bets on Affirm, *The Street Journal*, October 14~16, 2016, p. B7.

268. Chuin-Wei Yap, Big China Lenders Dwarf Online Rivals, *The Wall Street Journal*, December 14, 2016, p. B6.

269. Tells Demos and Rachel Witkowski, States, U. S. , Spar Over Online Banking, *The Wall Street Journal*, Juanuary 1, 2017, p. B5.

270. Chuin-Wei Yap, Big China Lenders Dwarf Online Rivals, *The Wall Street Journal*, December 14, 2016, p. B6..

271. Tells Demos and Rachel Witkowski, States, U. S. , Spar Over Online Banking, *The Wall Street Journal*, Juanuary 1, 2017, p. B5.

十、中介机构

272. Jennifer Smith and Ashby Jones, Law Firms Look to Asia, *The Wall Street Journal*, December 20, 2011, p. 20.

273. Jonathan D. Glater, Even Law Firms Join the Trend to Outsourcing, *The New York Times*, January 13, 2006.

274. Megan Murphy, Pay – back time as bankers shed hair shirts, *Financial Times*,

June 15, 2011.

275. Susan Pulliam and Tom McGinty, U. S. Congress helped banks defang key ac-counting rule, *The Wall Street Journal*, June 4, 2009.

276. Business, Going for the auditors, *The Economist*, January 1, 2011, p. 49.

277. Binymin Appelbuaum and Eric Dash, Standard & Poor Cuts U. S. Debt for the Fu-ture Time, *The New York Times*, August 5, 2011.

278. Eric Dash, AAA Rating is a Rarity in Business, *The New York Times*, August 2, 2001.

十一、公司治理

279. Stephen Foley, Battle for the boardroom, *Financial Times*, April 24, 2014, p. 5.

280. Francesco Guerrera and Justin Baser, Goldman board in line of fire at annual meeting, *Financial Times*, May 7, 2010.

281. Joe Bel Bruno and Brett Philbin, Blankfein aims to rebuild Goldman image, *The Wall Street Journal*, May 10, 2010.

282. Brooke Masters, The high-stakes games, backstabbing and greed behind Lehman's demise, *Financial Times*, April 16, 2010.

283. Brooke Masters, The high-stakes games, backstabbing and greed behind Lehman's demise, *Financial Times*, April 16, 2010.

十二、监管机构

284. Nelson D. Schwartz and Swell Chan, In Greece's Crisis, Fed Studies Wall St. 's Activities, *The New York Times*, February 26, 2010.

285. Stephanie Kirchgasessner and Justin Baer, Ex-New York Fed chief's share deal scrutinized, *Financial Times*, March 20/21, 2010.

286. Editorials, NY Fed reform, *The Financial Times*, May 18, 2010.

287. Sewell Chan, Consensus for Limits to Secrecy at the Fed, *The New York Times*,

May 9, 2010.

288. Tom McGinty, Staffer one day, opponent the next, *The Wall Street Journal*, April 6, 2010.

289. Opinion: Review & Outlook, *The Wall Street Journal*, April 21, 2010.

290. Michael Duffy, Is Pitt's SEC a Toothless Watchdog?, *Time*, July 8, 2002.

291. Susanne Craig and Joann S. Lublin, What-ifs for Goldman, *The Wall Street Journal*, May 6, 2010.

292. Regulation, In Goldman's Defiance, A Hint of Truce, *Bloomberg Businessweek*, May 3~May 9, 2010.

293. S. E. C. Choice Is Sued Over a Merger of Regulators, *The New York Times*, January 12, 2009.

294. Amir Efrati, Madoff chasers dug in vain, for years, *The Wall Street Journal*, January 6, 2008.

295. Stephen Gandel, Goldman Sachs v. Rolling Stone: A Wall Street Smackdown, *Time*, July 2, 2009

十三、监管机构人物志

296. Michael Crowley, Risky Business, *Time*, October 25, 2010.

297. Devin Leonard, Obama's Tormentor, *Bloomberg Businessweek*, November 14, 2010.

298. Barney Jopson and Alistair Gray, Wells chief savaged in Congress over fake accounts, *Financial Times*, September 21, 2016, p. 1.

299. Editorial, The high cost of Wells Fargo's sales practices, *Financial Times*, 14 September 2016, p. 10.

300. Rachel Louise Ensign, Anupreeta Da and Rebecca Ballhaus, Mnuchin Turned Crisis Into Profit, *The Wall Street Journal*, December 2~4, 2016, p. A6.

301. Ben Mclannahan, Goldman maintains its influence in corridors of power, *Financial Times*, December 2, 2006, p. 6.

302. Dave Michaels, SEC Pick Adviser Firms, *The Wall Street Journal*, February 21, 2017, p. B7.

303. Kara Scannell, SEC nominee set to lighten the rules burden, *Financial Times*, 7 February, 2007, p. 13.

304. Kara Scannell, SEC nominee set to lighten the rules burden, *Financial Times*, 7 February, 2007, p. 13.

305. Kara Scannell, SEC nominee set to lighten the rules burden, *Financial Times*, 7 February, 2007, p. 13.

306. Dave Michaels and Andrew Ackerman, Senators Question SEC Nominee, *The Wall Street Journal*, March 24~26, 2017, p. B5.

307. Dave Michaels and Andrew Ackerman, Senators Question SEC Nominee, *The Wall Street Journal*, March 24~26, 2017, p. B5.

308. Maureen Farrell, Snap Cuts a Favorable Bank Deal, *The Wall Street Journal*, January 23, 2017, p. B5.

309. Dave Michaels and Andrew Ackerman, Senators Question SEC Nominee, *The Wall Street Journal*, March 24~26, 2017, p. B5.

310. Jack Ewing, Europe Banks Seek More Cash From Central Bank, *The New York Times*, November 22, 2011.

311. Tom Lauricella, A Break in Europe's Debt Gloom, *The Wall Street Journal*, December 5, 2011, p. 23.

312. Finance and economics, Brink think, *The Economist*, November 19, 2011, p. 67.

十四、监管方式

313. Finance and economics, Germany's highest court censures its biggest bank, *The Economist*, March 26, 2011, p. 71.

314. Justin Baer, Deutsche Bank hit by US lawsuit, *The Financial Times*, May 4, 2011.

315. The Lex Column, JP Morgan, *Financial Times*, September 27, 2013, p. 12.

316. John Curran, Goldman Sachs Settles with SEC, Stock Soars, *Time*, July 16, 2010.

317. The Generals Who Ended Goldman's War, Louise Story, *The New York Times*, July 16, 2010.

318. http://www.sec.gov/news/press-release/, 2017 年 5 月 6 日访问。

319. https/www.sec.gov/whistleblowerinformation-/, 2017 年 5 月 6 日访问。

320. Laura Noonan, Barclays chief faces sanctions over pursuit of whistleblower, *Financial Times*, April 11, 2017, p. 13.

321. Emma Dunkley, Barclays chief in regulatory inquiry over whistleblower, *Financial Times*, April 11, 2017, p. 15.

322. In Re Donald J. Trump, 7 F. 3d 357 (3d Cir. 1993).

323. In Re Donald J. Trump, 7 F. 3d 357 (3d Cir. 1993).

324. 刑事案件中的肯定抗辩包括：精神失常、自卫、无意识行为、胁迫、案发时不在现场。Henry Campbell Black, *Black's Law Dictionary*, St Paul: West Publishing Co., 1990, p. 60.

325. Lattanzio v. Deloitte & Touche LLP, 476 F. 3d 147, 157 (2d Cir. 2007).

326. Pub. L. No. 104-67. 109 Stat. 737.

327. 修改后的《1933 年证券法》第 12 条的内容为："任何人发行或销售证券，如果能够证明依据本条第（a）（2）款可以索赔的金额的任何部分或全部，并不是由于招股说明书或口头通讯不实或遗漏为使陈述不误导而在其中需要陈述的重大实事而造成的相关证券的价值减少，而此人被称有此法律责任，那么视具体情况而定，这部分或这部分金额无需赔偿。"15U. S. C. § 771 (b).

328. Henry Campbell Black, *Black's Law Dictionary*, St Paul: West Publishing Co., 1990, p. 551.

329. Federal Housing Finance Agency v. Nomura Holding American, Inc., 2015 WL 2183875 (S. D. N. Y.).

330. Lentell v. Merrill Lynch & Co, 396 F. 3d 161 (2d Cir. 2005).

331. Castellano v. Young & Rubicam, Inc., 257 F. 3d 171, 188~89 (2d Cir. 2001).

332. Powers v. British Vita, P. L. C, 57 F. 3d 176, 180 (2d Cir. 1995).

333. First Nationwide Bank v. Gelt Funding Corp, 27 F. 3d 763, 765 (2d Cir. 1994).

十五、央行妾身不明

334. Allan H. Meltzer, The Fed Should Consider a 'Bad Bank', *The Wall Street Journal*, April 8~10, 2011, p. 11.

335. Review & Outlook, Fleeing the Dollar Flood, *The Wall Street Journal*, April 25, 2011, p. 11.

336. Finance and economics, Taking out the trash, *The Economist*, March 26, 2011, p. 71.

337. Finance and economics, The Federal Reserves, *The Economist*, April 24, 2010.

338. Keith Bradsher and Sewell Chan, I. M. F. Gives Debt Warning for the Wealthiest Nations, *The New York Times*, March 21, 2010.

339. Jeremy Siegel and Jremy Schwartz, The Great American Bond Bubble, *The Wall Street Journal*, August 19, 2010.

340. Liz Rappaport, Aaron Lucchertti and Stephen Grocer, Wall Street pay a record $ 144 billion, *The Wall Street Journal*, October 13, 2010.

341. Maura Weber Sadovi, China plays silent partner in U. S. , *The Wall Street Journal*, October 13, 2010.

十六、资本市场是一种文化

342. Marin Arnold and James Politi, Roman bankers protest at stress test results, *Financial Times*, October 27, 2014, p. 19.

343. FT Reporters, Italy comes under pressure after nine banks fail ECB stress tests, *Financial Times*, October 27, 2014, p. 1.

344. Kate Pickert, A Brief History Of: Swiss Banks, *Time*, February 26, 2009.

345. Reuters, Delaware trumps Switzerland in secrecy stakes, *China Daily*, November

3, 2009, p. 17.

346. Arian Cox, UBS Heped 52, 000 Customers Evade US Taxes, Claims Lawsuit, *Financial Times*, February 19, 2009.

347. David Crawford, Swiss consider loosening of banking secrecy laws, *The Wall Street Journal*, March 9, 2009.

348. Fiath Whittlesey, America must treat its Swiss friend with care, *Financial Times*, March 2, 2009.

349. Helena Bachmann, The Swiss Question Their Once Proud Banks, *Time*, March 5, 2009.

十七、为美国资本市场卸妆

350. 刘诗平："浦发银行初创记"，载《财经国家周刊》2012 年 6 月 25 日，第 102 页。

351. Leaders, The missing $ 20 trillion, *The Economist*, February 10, 2013, p. 11.

352. Steven Johnson, UK fund domicile fightback, *Financial Times*, March 25, 2013, p. 2.

353. Michael Peel, In a sea of trouble, *Financial Times*, January 13, 2011, p. 7.

354. Tracy Alloway, Goldman, sells Ariel stake via private placing, *Financial Times*, February 22, 2013, p. 15.

355. Misha Glenny Russian cash in Cyprus is no mere financial problem, *Financial Times*, March 25, 2013, p. 9.

356. Misha Glenny, Russian cash in Cyprus is no mere financial problem, *Financial Times*, March 25, 2003, p. 9.

357. David Barboza, A Loophole Poses Risks to Investors in China Companies, DealB%k, *The New York Times*, available at http://dealbooknytimescom/2012/01/23/a-loophole-poses-risks-to-investors-in-chines···2012−1−31.

358. Liz Alderman and Rachel Donadio, Downgrade of Debt Ratings Underscores Europe's Woes, *The New York Times*, January 13, 2012.

359. Andrew Ackerman and Liz Moyer, SEC Asks for Debt Disclosure, *The Wall Street Journal*, *January* 11, 2012, p. 16.

360. David Wessel, World's Supply of 'Safe' Assts Runs Short, *The Wall Street Journal*, December 22, 2011, p. 8.

361. Tells Demos, US groups have $ 2tn to play with this year, *Financial Times*, January 6, 2012, p. 15.

362. Christine Hauser, Dividends Rise in Sign of Recovery, *The New York Times*, January 10, 2012.

363. Binyamin Appelbaum, Inside the Fed in 2006: A Coming Crisis and Banter, *The New York Times*, January 12, 2012.

364. Andrew Ross Sorkin, Rich and Sort of Rich, *The New York Times*, May 14, 2011.

365. Mark Whitehouse, Politics Plays Role in Economic Status, *The Wall Street Journal*, May 17, 2011, p. 6.

欧美金融乱世（结束语）

366. Kirk Johnson, Response of the Police Is Expanding With Protests, *The New York Times*, October 11, 2011.

367. John Kenneth Gralbraith, *The Great Crash* 1929, USA: Penguin Books, 1954, p. 195.

368. Briefing, Rate Reversal, *Time*, October 3, 2011, p. 18.

369. Michael Schuman, Why Germany Can't Save Europe, Much Less the World? *Time*, October 3, 2011, p. 31.

370. Alex Barker, EU to assess banks' needs, *Financial Times*, October 6, 2011, p. 1.

371. Quentin Peel and Gerrit Wisemann, German minister says EU should take the lead on transaction tax, *Financial Times*, October 30, 2011, p. 1.

372. Sally Gainsbury and Kerin Hope, Greece's pain twice that of Ireland and

Portugal, *Financial Times*, October 18, 2011, p. 4.

373. Victor Mallet, Smart money is tempted to splash out, *Financial Times*, September 21, 2011, p. 6.

374. Lisa Pollack and Robin Wigglesworth, China sees surge in trading of CDS, *Financial Times*, October 6, 2011, p. 1.

致　谢

　　临到书稿付印，总是不断发现需要修改之处，给编辑平添很多麻烦。感谢邝技科编辑的耐心和细心，消灭了许多文字上的错误。图书封面表达书的主题不易，好的图书封面设计就是艺术品。感谢雷猛编辑不厌其烦，多方联系协调，图书封面有了传神效果。中国政法大学出版社第四编辑部刘知函主任七年前便与作者商谈此书。感谢知函的雅意。

　　衷心感谢读者，其中有许多新老同事和编辑，同声相应，同气相求，我只是努力道出朋友们的心声。如普希金所述，我们很多人不敢懈怠，"只为珍爱友人的亲切情谊"。